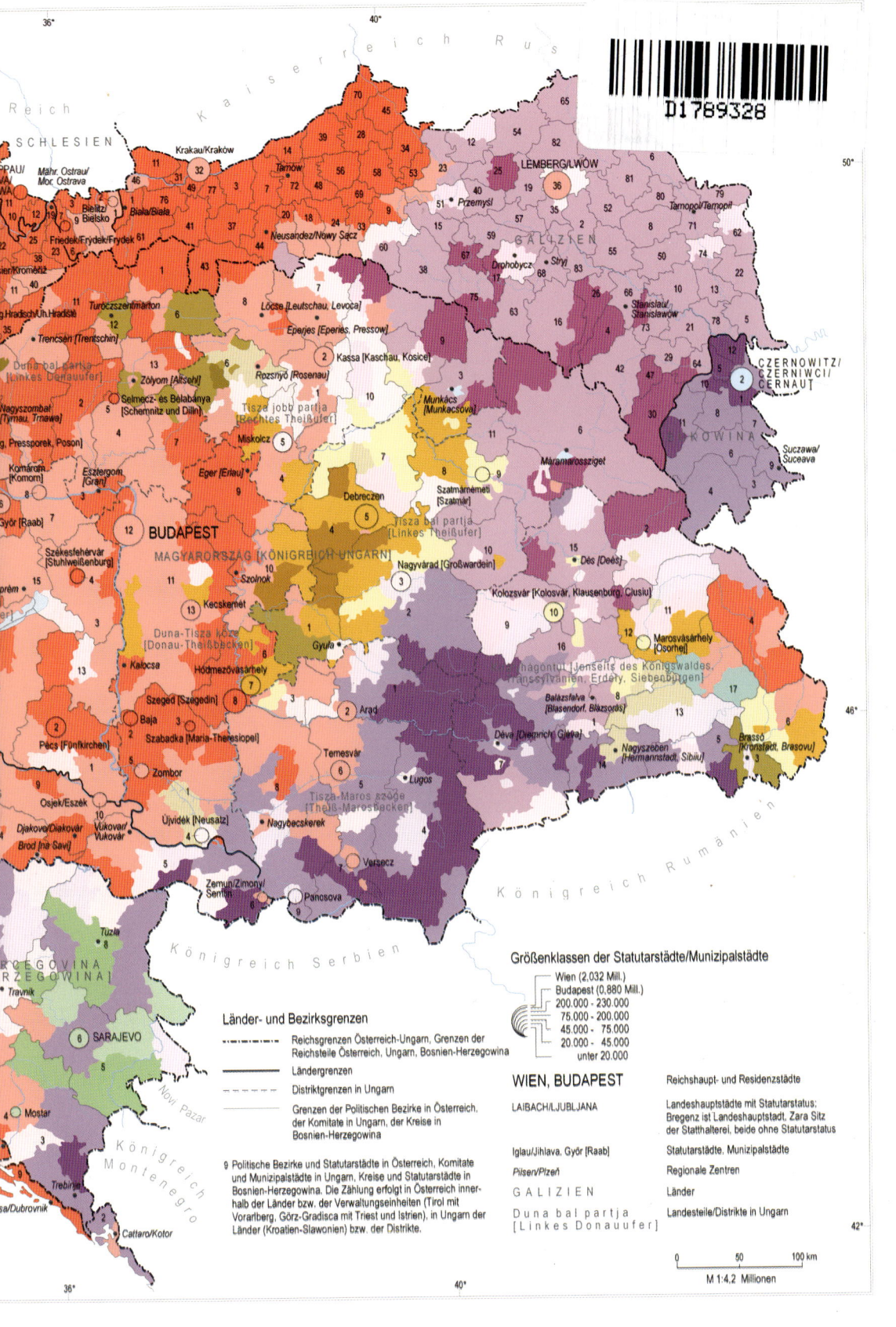

böhlau

RUPERT KLIEBER

jüdische christliche muslimische

Lebenswelten

der Donaumonarchie
1848–1918

BILDRECHERCHE UND REGISTER:
FERDINAND KOLLER

Böhlau Verlag Wien Köln Weimar

Gefördert durch
die österreichische Forschungsgemeinschaft

das Bundesministerium für Wissenschaft und Forschung und

die Kulturabteilung der Stadt Wien

die Stiftung »Living-Together«

Bibliografische Information Der Deutschen Bibliothek:
Die Deutsche Bibliothek verzeichnet diese Publikation in der Deutschen Nationalbibliografie;
detaillierte bibliografische Daten sind im Internet über http://dnb.ddb.de abrufbar.

Coverbild: Pessach-Feier einer jüdischen Familie in Galizien mit zwei Armeeangehörigen
(Foto 1915), IMAGNO / Austrian Archives.
Karte im Vorsatz übernommen aus: Helmut Rumpler und Martin Seeger,
Die Habsburgermonarchie 1848–1918, Band IX: Soziale Strukturen, 2. Teilband: Die Gesellschaft
der Habsburgermonarchie im Kartenbild. Verwaltungs-, Sozial- und Infrastrukturen.
Nach dem Zensuns von 1910, 2010

ISBN 978-3-205-78384-8

© 2010 by Böhlau Verlag Ges.m.b.H. und Co.KG, Wien · Köln · Weimar
http://www.boehlau.at
http://www.boehlau.de
Gedruckt auf umweltfreundlichem, chlor- und säurefrei gebleichtem Papier

Druck: General, H-Szeged

Inhaltsverzeichnis

Inhalt

Inhalt

Inhalt

Vorwort

Das Institut für Kirchengeschichte an der Universität Wien hat vor geraumer Zeit seinen Forschungsschwerpunkt auf eine »Geschichte des Kirchlichen und Religiösen Alltags« gesetzt. Damit sollten jüngere historiographische Ansätze verstärkt auch für die »Kirchengeschichte« fruchtbar gemacht werden. Bisheriger Höhepunkt in diesem Bemühen war ein Internationales Symposium 2003 (siehe Tagungsband: »Impulse für eine Religiöse Alltagsgeschichte des Donau-Alpen-Adria-Raumes«, Wien 2005).

Die Einladung der Herausgeber der Reihe »Die Habsburgermonarchie 1848–1918«, in einem Band über »Soziale Strukturen« den Beitrag »Konfessionen« zu bestreiten, kam dem Autor daher sehr gelegen. Sie nötigte ihn, gründlich über den Tellerrand der eigenen Fachdisziplin zu schauen und sich neben der katholischen in vier weitere konfessionelle »Diskurs-Traditionen« einzuarbeiten (die jüdische, muslimische, ostkirchliche, protestantische). Die am Institut entwickelten methodischen Überlegungen konnten am Beispiel der großen »religiösen Landschaften« der ausgehenden Monarchie einem »Feldversuch« unterzogen werden und mussten ihre Brauchbarkeit erweisen. Das Unternehmen ist bald über den ursprünglich geplanten Beitrag hinausgewachsen und mündete in eine zweite Doktorarbeit. Das vorliegende Buch stellt eine überarbeitete und bebilderte Version dieser Arbeit dar und ist weiterhin in einem engen Zusammenhang mit dem Beitrag zur »Habsburgermonarchie« zu sehen: Es bildet die anschauliche materielle Basis zur dort gebotenen vergleichenden Auswertung.[1]

Dank gebührt Univ. Prof. Dr. Karl Heinz Frankl als dem emeritierten Vorstand des Instituts für Kirchengeschichte für eine langjährige akademische Beheimatung, stete wissenschaftliche Anregung und vielfältige wohlwollende Förderung – der Band darf auch als verspätetes Präsent zu seinem 70. Geburtstag gelten. Die Studie hat überdies sehr von der ökumenisch-kollegialen Beratung durch Univ. Prof. Dr. Rudolf Leeb von der Evangelisch-Theologischen »Schwesternfakultät« profitiert. Ihr Erscheinen wurde durch eine maßgebliche finanzielle Unterstützung vonseiten der Österreichischen Forschungsgemeinschaft, des Bundesministeriums für Wissenschaft und Forschung, der Kulturabteilung der Stadt Wien sowie der Stiftung »Living-Together« ermöglicht.

---

1 Rupert Klieber, Soziale Integration durch Religion? Die konfessionellen Milieus der Habsburgermonarchie und ihr Einfluss auf die Lebenspraxis der Bevölkerung, in: Helmut Rumpler und Peter
   Urbanitsch (Hg.), Die Habsburgermonarchie 1848 bis 1918, Band IX: Soziale Strukturen, im Druck.

Über »Mentalitäten« und »Lebenswelten«

Die neuen Ansätze einer Sozial- und Alltagsgeschichte und die Analyse von »Lebenswelten«

In den 1980er Jahren wurden Größen der deutschen Historikerzunft (wie Jürgen Kocka, Hans-Ulrich Wehler, Wolfgang J. Mommsen) zunehmend durch »junge Wilde« herausgefordert, die sich um das inhaltlich noch vage Banner einer »Alltagsgeschichte« sammelten. Die Aufbegehrer kritisierten nicht nur die traditionelle Geschichtsschreibung und ihre Konzentration auf Politik und Staat, Wirtschaft und Wissenschaft und ihre »großen Männer«. Sie wehrten sich auch gegen die moderne sozialgeschichtliche Einebnung von Abertausenden individuellen Denk- und Lebenswelten zu Datenmaterial für historische Statistiken. Die etablierten Historiker schlugen nach Kräften zurück: Am 35. Historikertag 1984 in Berlin unterstellten sie den neuen Konzepten »Neoromantik« und bezeichneten sie als »Modetorheit«. Ihre Vertreter wurden als »Barfußhistoriker« diskreditiert, die naive Ansichten der grün-alternativen Szene ins Feld der Geschichtswissenschaft verpflanzen wollten.[1]

Erst ein Jahrzehnt später haben sich die Wogen geglättet. Es war inzwischen deutlich geworden, dass der »alltagsgeschichtliche Aufbruch« eine berechtigte Skepsis gegenüber einem oft allzu simplen Fortschrittsdenken der Zeit und ihrer Geschichtsschreibung artikulierte. Das Registrieren der »Kosten, Brüche und Katastrophen« der modernen Gesellschaft führte auch zu wachsender Aufmerksamkeit für die Verluste und Verlierer der geschichtlichen Entwicklungen überhaupt. Und diese klare Wende in der Betrachtungsweise war keineswegs ein bloß »deutsches« Phänomen:

In sehr ähnlicher Weise reagierten Sozial- und Kulturhistoriker in allen westlichen Ländern, in Italien, Frankreich, England, den USA, Schweden, der alten Bundesrepublik, Japan, aber auch anderswo, auf die ältere Sozialgeschichte und den herkömmlichen Marxismus und forderten eine ›mikrohistorische‹ Geschichte des Alltags. Seit der Aufklärung hat es keinen solchen gleichartigen internationalen Diskurs gegeben. Die Traditionen der Sozialgeschichte, die in Frankreich, den USA und Deutschland in den ersten zwei Dritteln dieses Jahrhunderts bestimmend waren, unterschieden sich in nationalen Nuancen viel stärker, als es die neue Kulturgeschichte tut.[2]

Schwieriger als anderswo gestaltet es sich in den deutschsprachigen Landen jedoch, den neuen Ansatz angemessen zu bezeichnen. Der Trend bewegt sich immer stärker weg von »Alltagsgeschichte« hin zu anderen Bezeichnungen, die das Gemeinte präziser und umfassender treffen wollen. Behindert wurde die Suche immer wieder durch Einwände gegen Titel, die durch ihre Vergangenheit »belastet« schienen (v.a. »Kulturgeschichte«), auch wenn sie international längst üblich waren. Georg G. Iggers spricht summarisch von »Neuer Kultur- und Sozialgeschichte«;[3] Wolfgang Hardtwig möchte die »Alltags-« besser »Erfahrungsgeschichte« nennen.[4] In Anlehnung an amerikanische und englische Vorbilder segelt die Disziplin seit einigen Jahren auch unter dem Namen »Historische Anthropologie« (seit 1993 auch eine Zeitschrift),[5] obwohl diese Bezeichnung nicht weniger problematische Assoziationen weckt. Wolfgang Reinhard hat sich für den Titel »Historische Kulturanthropologie« entschieden.[6] Davon abgesehen verdrängt der Begriff »Lebenswelt« zunehmend die Rede vom »Alltag«. Der Begriff hat seine Wurzeln im Kulturprotestantismus des 19. Jahrhunderts (als Pendant zur »Kulturwelt«). In den letzten Jahren wurde er in breiter Front aufgegriffen (v.a. für Buch- und Ausstellungstitel) und in zahlreichen Studien beschreibend eingesetzt, nicht selten als Synonym für die ältere Forschungskategorie »Milieu«.[7]

Angesichts dieser komplexen Entwicklung wurde zuweilen schon der Niedergang des Forschungskonzeptes bzw. eine Banalisierung seiner Ideen beschworen.[8] Diese Befürchtungen waren übertrieben. Was als kritisches und politisches Projekt begonnen hat, ist inzwischen fester Bestandteil des historischen Betriebes geworden. Die mit den neuen Ansätzen entstandene Vielfalt der Fragen und Methoden wird inzwischen als Verdienst gewürdigt, ja als angemessene Antwort auf die Vielschichtigkeit von Vergangenheit geschätzt. Auch darüber, was den »alltagsgeschichtlichen« Beitrag zur Geschichtsschreibung ausmacht, herrscht weitgehend Einigkeit. »Alltagsgeschichte« zielt demnach auf eine »schrittweise Rekonstruktion des Handelns und Verhaltens, des Deutens und Fühlens der Menschen«.[9] Sie ebnet die vielen Schicksale nicht zum statistischen Durchschnittswert ein, sondern zeigt anhand exemplarischer Einzelfälle die Bandbreite individueller Reaktionen auf kulturelle und politische Umfelder auf. Deshalb bleibt eine Option für die sog. Kleinen Leute zumindest in einem Punkt prägend: Der Blick auf ihr Verhalten und ihre alltäglichen Schlussfolgerungen aus dem Geschehen erweist sie als Subjekte der Geschichte. Ihr Alltag tritt gleichberechtigt neben jenen der »großen« Entscheidungsträger, der schon bisher Aufmerksamkeit gefunden hat. Methodisch ist es vor allem die »dichte Beschreibung« (Clifford Geertz) spezifischer geschichtlicher Situationen, von der »Alltagsgeschichte« zehrt. Der bewusst »ethnologische« Blick auf die Vergangenheit und der

Respekt vor ihrer (teilweisen) »Fremdheit« sollen Kurzschlüsse allzu raschen »Verstehens« vermeiden.

Die »Kirchengeschichte« war von diesen Diskussionen der letzten zwanzig Jahre vergleichsweise wenig betroffen. Das hat im deutschsprachigen Raum spezifische Gründe. Ihre Vertreter sind in der Regel an theologischen Fakultäten angesiedelt, d.h. sie haben meist einen theologischen bzw. keinen geschichtswissenschaftlichen Ausbildungsweg hinter sich. Nach den Erfordernissen der theologischen Lehrpläne haben sie »Universalisten« für zweitausend Jahre Geschichte der Kirche(n) zu sein. Ob sie darüber hinaus Ambitionen für historische Spezialgebiete entwickeln, ob ihre Ergebnisse von der Historikerzunft anerkannt werden bzw. ob sie am allgemeinen Geschichtsdiskurs teilnehmen oder nicht, hängt ausschließlich von ihren fachlichen und persönlichen Kapazitäten ab. Dementsprechend hoch ist der Anteil an Fachvertretern, deren Arbeiten zwar bewundernswerten Fleiß und akribischen Forschergeist erkennen lassen, die jedoch unbelastet von Methodenfragen bleiben. Kontroversen entzündeten sich am ehesten um die Frage des »theologischen« Charakters von Kirchengeschichte.[10] Eine gründliche Theoriediskussion, wie sie Hans Reinhard Seeliger 1981 vorgelegt hat, steht einsam auf weiter Flur. Er hat dabei die Defizite und Einseitigkeiten der »Kirchengeschichten« auf den Punkt gebracht.[11] Unter den Gesamtdarstellungen jüngeren Datums war es bemerkenswerter Weise der Dogmatiker Hans Küng, der sich offen für neue Ansätze gezeigt hat und daraus einen Katalog kirchengeschichtlicher Fragestellungen entwickelt hat.[12]

Anders die Situation in Ländern wie Frankreich und Italien, deren Universitätsstrukturen keine strikte Trennung in »Kirchen-« und »Profan«-Geschichtsschreibung kennen. Sie senden seit geraumer Zeit Impulse aus, die allmählich auch den deutschen Sprachraum erreichen. So hat etwa das Projekt einer *Storia sociale e religiosa* italienischer Regionen Anregungen gegeben, die zur Anwendung für Forschungsfelder nördlich der Alpen einladen.[13] Sie haben wohl auch das Ihre dazu beigetragen, dass nun auch deutschsprachige »Profanhistoriker« dem Faktor Religion in steigendem Maße Bedeutung beizumessen scheinen (in Österreich u.a. Michael Mitterauer, Meta Niederkorn). In der Regel geschieht dies bislang an der etablierten Kirchengeschichte vorbei.[14] Eine gewichtige Ausnahme davon ist der Schweizer Urs Altermatt (Freiburg), der auf vielen Ebenen eine Vermittlerrolle einnimmt und Konzeptionen einer »Religiösen bzw. kirchlichen Alltagsgeschichte« im Rahmen der Kirchengeschichte mehrfach vorgestellt und beworben hat.[15] Von den deutschsprachigen Kirchenhistorikern haben sich explizit Heinz Hürten und Andreas Holzem der Problematik angenommen.[16] Das optimistische Plädoyer Holzems zur unverkrampften Öffnung für die neue Theorie- und Methodenvielfalt hat bislang nichts von seiner Gültigkeit verloren:

Es dürfte deutlich geworden sein, dass man die Probleme theoriegeleiteter Forschung nur verschiebt, wenn man auf die Theorie insgesamt zu verzichten vorgibt. Theorien in der Katholizismusforschung […], von kleiner und mittlerer ›Reichweite‹ gleichsam, sind unverzichtbar.[17]

Vom Leben mit dem Glauben

Konturen einer »Kirchlichen Sozial- und Religiösen Alltagsgeschichte«[18]

Im Herbst 2003 hat ein Symposium zur »Religiösen und kirchlichen Alltagsgeschichte des Donau-Alpen-Adria-Raumes« in Wien den Versuch unternommen, sozial- und alltagsgeschichtlichen Impulse aus der jüngeren Geschichtsdiskussion in die »Kirchengeschichte« zu vermitteln.[19] Renommierte (Kirchen-)Historiker wurden aufgefordert, jeweils aus dem eigenen Forschungsbereich einen für sie wichtigen Aspekt von »Alltagsgeschichte« zu bezeichnen und zu illustrieren. Das in einem Tagungsband publizierte Ergebnis erscheint auf den ersten Blick wie eine Sammlung von zusammenhanglosen Kleinstudien, die von spätantiken Bekleidungssitten über die im Reich frierenden italienischen Nuntien bis hin zum rühmlichen Engagement eines Waldsassener Stadtpfarrers für Heimatvertriebene reicht.[20] In der Auswertung ergaben sich daraus jedoch die Umrisse jenes Erkenntniszugewinnes, den eine Erweiterung der Perspektiven auf »Lebensweltliche Analysen« für die »Kirchen- bzw. Konfessionsgeschichte(n)« verspricht. Welche Aufgaben zeichnen sich demnach für sie ab?

Eine illustrierende Aufgabe als »Anwalt des Konkreten«

Die (Kirchen-)Geschichtsschreibung der vergangenen zwei Jahrhunderte neigte zu großen Entwürfen und hat hilfreiche Periodisierungen, Strukturmodelle und Interpretationsmuster erarbeitet (z.B. die Kategorien »Konfessionalisierung«, »Säkularisierung«, »Modernisierung«). Sie haben sich in hohem Maße bewährt und werden durch neue Ansätze wie die »Alltagsgeschichte« nicht ersetzt oder überflüssig, sondern ergänzt. Schon aus didaktischen Überlegungen heraus liegt ihr Mehrwert darin, sonst allzu abstrakte Ergebnisse zu konkretisieren. In dieser ergänzenden Funktion ist »Alltagsgeschichte« die faktisch beliebig vermehrbare Beschreibung vergangener Wirklichkeiten – abzulegen in den von der Strukturgeschichte säuberlich beschrifteten Fächern des geschichtswissenschaftlichen Setzkastens. Diese pragmatische Definition deckt vermutlich den überwiegenden Teil der Praxis ab. Aber die Potenzen von »Alltagsgeschichte« sind damit keineswegs ausgeschöpft, sondern entfalten erst in weiteren Facetten ihre eigentliche Wirkung.

Abb. 1: Aufstellung der Gläubigen des rumänischsprachigen Dorfes Felkenyér im ungarischen Komitat Hunyad zur traditionellen Wasserweihe (Foto 1910), Museum für Völkerkunde in Budapest.

Eine »religiöse Alltagsgeschichte« nimmt auch die Frauen und Männer der »gläubigen Basis« der Konfessionen als geschichtliche Subjekte ernst und untersucht ihre religiösen Denk- und Handlungsmuster. Dabei zeigt sich oft ein kreativer Umgang der Betroffenen mit den normativen Vorgaben ihrer Glaubensgemeinschaften, der christliche wie außerchristliche Elemente verbindet. Das typisch ostkirchliche Fest der Großen Wasserweihe am Fest Epiphanie (= Erscheinung des Herrn, 6. Jänner) geschieht in Erinnerung an die Taufe Jesu im Jordan, bei der ihn laut biblischem Zeugnis eine himmlische Stimme erstmals als Gottessohn offenbarte. Im Rahmen der Feier wird jeweils ein örtlicher Fluss oder Teich durch das Eintauchen eines Kreuzes geweiht; die Gläubigen trinken von diesem Wasser bzw. nehmen es als Heil- und Abwehrmittel mit nach Hause.

Eine korrigierende Aufgabe als »Anwalt von Vielfalt und Fremdheit«

»Alltagsgeschichte« respektiert die lebendige Vielschichtigkeit der Vergangenheit und akzeptiert auch ihre bleibend »fremden« Elemente. Damit zwingt sie die Geschichtsschreibung, ihre Ergebnisse nicht allzu vorschnell zu verallgemeinern, ihre Perspektive nicht allzu sehr kulturell oder konfessionell zu verengen und sich nicht einem allzu großen Optimismus darüber hinzugeben, was alles von der Vergangenheit »verstehbar« gemacht werden kann. Sie steht mit am Triumphwagen, wenn die siegreichen Generäle des Geschichtsdiskurses ihre Beute an Kategorien und Modellen dem jubelnden Publikum vorführen, und flüstert ihnen unablässig ins Ohr: Bedenke, dass sie nur Konstruktionen sind!

»Alltagsgeschichte« leistet in diesem Sinne die Kärrnerarbeit tausendfacher Versuchsreihen, in denen die geschichtlichen Interpretationsmuster stets aufs Neue ihre Gültigkeit erweisen müssen. In diesem Sinne hat etwa Frank Fätkenheuer die inzwischen fest etablierte Kategorie der »Konfessionalisierung« durch »Lebensweltliche Analysen« Frankens um 1600 zu erschüttern versucht.[21] »Alltagsgeschichte« stößt gerade in Fragen der Religiosität nicht selten auf erstaunliche Konstanten, die scheinbar mühelos Epochengrenzen überspringen: Etwa in der Erwartung konkreter »Nützlichkeit« von Heiligen.[22] Immer wieder zeigt sie auch die Grenzen von gängigen Kategorisierungen auf: Sie konnte nachweisen, wie durchlässig mitunter vermeintlich starre Konfessionsgrenzen waren, oder wie sehr populärreligiöse Bewegungen des 19. und 20. Jahrhunderts eine allzu simple Modernisierungsthese in Frage stellen.[23] In diesem Sinne ist »Alltagsgeschichte« mehr als bloße Illustration. Sie wird zur Kontroll- und Korrekturabteilung der Historikerwerkstatt.

Eine emanzipatorische Aufgabe als »Anwalt der Kleinen Leute«

»Alltagsgeschichte« ist kein Privileg der Kleinen Leute; auch Fürsten und Bischöfe haben ihren »Alltag«, der schon häufig Gegenstand historischer Betrachtungen war. Theologisch und politisch brisant wird das Konzept »Alltagsgeschichte« jedoch dadurch, dass es jeden »Alltag« für gleich untersuchenswert hält. Mit dieser Option folgt »Alltagsgeschichte« einem Impuls aus jüdisch-christlichem Erbe, der jedes Individuum als Gotteskind ernst nimmt, und überträgt es in die Praxis der Geschichtsschreibung: Religiös gesprochen fragt sie nach dem erschlagenen »Bruder Abel«, sorgt sich um die »geringsten Schwestern und Brüder« und unterscheidet die Absichten und Taten der Menschen, die sie beurteilt. Damit eng verwandt ist die politische Bedeutung von »Alltagsgeschichte« für die Konzeption von »Menschenrechten« sowie für Demokratie: Sie alle geben der Expertin und dem Unbedarften, der Vermögenden wie dem Mittellosen eine gleichwertige Stimme und Würde. Und sie verweigern die Bagatellisierung menschlicher Kollateralschäden für angeblich hehre Prinzipien oder Zukunftsvisionen. »Alltagsgeschichte« wird in dieser idealen Sicht zur Dienerin der Demokratie und zum verlässlichen Anwalt der Kleinen Leute.

»Religiöse Sozial- und Alltagsgeschichte« und Kirchengeschichte

Von ihrem Gegenstand her hat die traditionelle Kirchengeschichtsschreibung aller Konfessionen unweigerlich eine stark institutionelle Schlagseite. Sie ist verankert in lebendigen Gemeinschaften, die ihr »Wir-Gefühl« auf einer kontinuierlich gedachten Geschichte von mehreren Tausend Jahren aufbauen. Die Vorgaben ihrer Gemeinschaften verführen sie leicht dazu, »fremde« bzw. abweichende religiöse Ausdrucksformen als minderwertig oder defizient einzuschätzen. Indem »Religiöse Alltagsgeschichte« diese »Fremdheit« respektiert, ist sie dafür ein wichtiges Korrektiv. Sie heftet sich auf die Spur allgemeiner menschlicher Bedürfnisse, die von der Theologie oder kirchlichen Praxis ihrer Zeit missachtet oder aber befriedigt werden.

Im Idealfall kann Kirchengeschichte mit diesem Instrumentarium den Kirchenleitungen sowie den übrigen theologischen Disziplinen einen wertvollen Dienst erweisen: Sie beurteilt (mit aller nötigen Vorsicht) die Auswirkungen der Lehrsätze oder disziplinären Anweisungen auf den Alltag der Menschen und ihre Folgen für die Lebensqualität und -chancen der Betroffenen. Sie bietet damit ein seriöses Instrument zur theologischen »Unterscheidung der Geister« an und hält Kriterien bereit, die Qualität von kirchlichen Satzungen an ihren »Früchten« erkennbar zu machen.

Um diesen anspruchsvollen Dienst für die eigene Kirchengemeinschaft zu leisten und zugleich als Gesprächspartner für andere Historiker anerkannt zu sein, braucht »Kirchengeschichte« nicht zur »Geschichte des Christentums« oder zur »Religionsgeschichte« mutieren. Es genügt, sie gemäß der Impulse von »Alltagsgeschichte« und getreu einer von allen Kirchen geteilten Einsicht als »Geschichte der Getauften« bzw. »Geschichte der Christen« fortzuschreiben – im Respekt vor ihrer Vielfalt in Raum und Zeit, mit Blick auf ihre kirchlichen wie außerkirchlichen Aspekte ebenso wie auf die prägende Kraft der »Wir-bildenden« kirchlichen Gemeinschaften, denen die Betroffenen durch Geburt oder Entscheidung angehören. Unter diesen Vorzeichen kann sie auch glaubwürdig andere Konfessionen in den Blick nehmen und gerade im Vergleich der Konfessionen wertvolle Erkenntnisse sowohl für die Allgemeinheit als auch für die jeweilige Glaubensgemeinschaft gewinnen.

Von den Steinchen lückenhafter Mosaikbilder

Der unvermeidlich fragmentarische Charakter vorliegender Studie

»Alltagsgeschichte« ist, so wurde dargelegt, ein gleichsam mikroskopischer Blick auf zeitlich wie räumlich sauber abgegrenzte historische Situationen, mit einem für Fremdes offenen, quasi ethnologischen Blick. Sie und andere kulturhistorische oder »lebensweltliche« Analysen wollen in erster Linie einen Perspektivenwechsel erreichen – nicht zuletzt hin zu allen von »Geschichte« Betroffenen. Sie werden in ihrer Gesamtheit als Subjekte von Geschichte ernst genommen. Muss eine Studie zu den »Konfessionen der Donaumonarchie« an solchen Vorgaben nicht von vornherein scheitern?

Das Untersuchungsfeld ist ein vielschichtiges politisches Gebilde mit zuletzt etwa fünfzig Millionen Einwohnern. Es stellte ein komplexes Geflecht aus großen und kleinen Sprach- und Volksgruppen bzw. sozialen und gesellschaftspolitischen Verhältnissen dar. Dieses unter dem (erst recht komplizierenden) Kriterium »Konfession« in angemessener Seriosität »alltagsgeschichtlich« oder »lebensweltlich« untersuchen und darstellen zu wollen, erscheint größenwahnsinnig. Es würde eine Fülle von Spezialuntersuchungen voraussetzen, die derzeit weder existiert noch auf absehbare Zeit existieren wird. Sie neu zu schaffen überstiege die Kapazität jedes Forschenden; auch die vorliegende Studie kann sie nicht bieten. Muss deshalb aber die Flinte ins Korn geworfen werden?

Die oben wiedergegebenen Plädoyers für Methodenvielfalt und einen unterstützenden statt dominierenden Einsatz von »Theorien mittlerer Reichweite« machen Mut, allen Widrigkeiten von Quellen- und Forschungslage zum Trotz den Versuch zu wagen: einer Kirchen- bzw. Konfessionsgeschichte aus anderer Perspektive. Sie versteht sich nicht als Ersatz für die bestehenden Standardwerke[24] oder auch nur als Kritik an ihnen. Diese bilden vielmehr Fundament und Hintergrund der Ausführungen. Sie werden gleichsam vorausgesetzt und erlauben es, konfessionsstatistische, amtlich rechtliche und organisatorische Angaben auf ein Mindestmaß zu beschränken. Die vorliegende Studie will sie vielmehr erweitern, ergänzen und vertiefen.

Vom angestrebten Perspektivenwechsel her ist sie freilich auch ein gewisses Korrektiv zu ihnen. Sie integriert vor allem die herkömmlich vernachlässigte gläubige Basis vollwertig in die Betrachtungen und schenkt ihr damit jene überfällige Aufmerksamkeit, die ihr nicht allein aus numerischen Gründen gebührt. Dies geschieht nicht in erster Linie aus hehrem Gerechtigkeitsempfinden. Vielmehr verbinden sich damit Erwartungen auf Erkenntniszugewinne und für eine (zumindest bescheidene) Erweiterung bzw. Akzentverschiebung in der öffentlichen Wahrnehmung eines bedeutenden Feldes geschichtlicher Forschung.

Die Studie speist sich aus nahe liegenden Gründen nur in eingeschränktem Maße aus eigenen Detailstudien auf archivarischer Grundlage. Zum überwiegenden Teil basiert sie auf der Auswertung einer breiten Palette einschlägiger zeitgenössischer wie historiographischer Literatur. Sie wurde systematisch nach jenen meist raren Fundstücken durchforstet, die eine Kirchen- bzw. Konfessionsgeschichte aus veränderter Perspektive unterstützen. Diese Fundstücke bilden Mosaiksteinchen. Die vorsichtig damit gelegten Bilder bleiben notgedrungen lückenhaft. Häufig müssen Glücksfunde aus einzelnen Regionen oder zu speziellen Fragen *pars pro toto* als Grundlage für allgemeine Schlussfolgerungen dienen – solange genug Anhaltspunkte vorliegen, dass sie mehr als eine zufällige, rein lokale Gegebenheit bezeichnen.

Quellenlage und Literatursituation sowie die gewählten Perspektiven bestimmten in hohem Maße den Einsatz der methodischen Hilfsmittel. Alltagsgeschichtlich und lebensweltlich relevante Informationen konnten vor allem in (auto-)biographischen Berichten erwartet werden. Oder sie werden aus Studien bezogen, die ihrerseits Autobiographien methodisch ausgewertet haben bzw. mit den Mitteln der sog. Oral History (= Geschichte auf der Basis von Zeitzeugen-Berichten) erstellt worden sind. Literatur dieser Art existiert nicht für alle Konfessionsfamilien in derselben Dichte und Qualität. Tragische Ironie des kurzen Katastrophenjahrhunderts von 1914 bis 1989 ist ja, dass alltagsgeschichtlich relevante Studien vor allem für jene Milieus existieren, die aufgrund der dramatischen politischen Entwicklungen auf immer untergegangen sind. Die Betroffenen verspürten verständlicherweise eher als ihre glücklicheren Zeitgenossen das Bedürfnis, ihre Erinnerungen an eine versunkene Welt schriftlich festzuhalten: z.B. an die verschwundenen ostjüdischen Milieus oder jene der heimatvertriebenen Deutschen.

Bezüglich der Organisation von Personen auf gesellschaftlichem bzw. politischem Terrain unter konfessionellen Vorzeichen boten einschlägige milieu-analytische Ansätze wertvolle Hilfe. Für mentalitäts- und sozialgeschichtliche Aspekte lieferten wiederum einige statistisch auswertbare Datenreihen interessante Rückschlüsse für die Relevanz und Durchsetzungskraft religiöser bzw. kirchlicher Regelungen.

Hauptgegenstand und Leitmotiv der Studie ist somit die Frage, in welcher Intensität und in welchen Formen der Faktor »Religion« das Leben der Bewohner der Habsburgermonarchie bestimmte. Um diese Frage zu beantworten, wurden einzelne untersuchte regionale »Lebenswelten« auf ihre religiösen Seiten hin ausgewertet. Die Aufmerksamkeit galt vor allem jenen »kulturellen Codes«, welche die Konfessionen ihren Mit-

Abb. 2: Ruthenische Begräbnisprozession nach griechisch-katholischem Ritus in Galizien (Foto um 1910), IMAGNO / Austrian Archives.

Religiöse Grundvollzüge (Taufe oder Beschneidung, Eheschließung mit religiösem Zeremoniell, religiös gestaltete Grabbegleitung) gehörten für praktisch alle Bewohner der Monarchie zur Selbstverständlichkeit. Eine demonstrative Verweigerung derselben erregte Aufsehen und beschränkte sich vor 1918 auf eine kleine Minderheit. Praktisch alle Schulpflichtigen genossen in irgendeiner Form eine amtliche religiöse Unterweisung ihrer Glaubensgemeinschaft, ein großer Teil von ihnen besuchte in den betroffenen Jahrzehnten sogar eine kirchlich bzw. konfessionell definierte Schule. Die Gemeinden aller Konfessionen bildeten lokale und überregionale Netzwerke mit solidarisierender Wirkung.

gliedern bevorzugt vermittelten. Daran anknüpfend wird gefragt, inwieweit sich solche Kulturelemente bis hin zum »Stallgeruch« einzelner Konfessionen bzw. von besonders intensiv religiös geprägten konfessionellen »Submilieus« verdichtet haben. Damit verwandt sind Fragen nach den milieubildenden und alltagprägenden Kräften der einzelnen Glaubensgemeinschaften. Dabei muss berücksichtigt werden, dass diese keineswegs homogen waren und zuweilen von starken inneren Spannungen geprägt wurden, die aus verschiedenen Interpretationen gemeinsamer religiöser Vorgaben resultierten. Sie lassen die Konfessionen streckenweise eher als lose Milieu-Koalitionen denn als einheitliche Größe erscheinen. Am schwierigsten ist wohl die Frage zu beantworten, inwieweit es den kirchlichen Gemeinschaften und Konfessionen tatsächlich (noch oder erneut) gelungen ist, so etwas wie »Sinnprovinzen« der Donaumonarchie zu bilden.[25]

Die Studie reiht die Konfessionsfamilien nicht wie üblich nach ihrer Stärke oder staatsrechtlichen Stellung (meist Katholiken vor Protestanten, Orthodoxen, Juden, Muslimen). Ihre Reihung richtet sich vielmehr nach der *Anciennität* der Religionsgemeinschaften überhaupt, d.h. nach ihrem Alter bzw. ihrer historischen Wahrnehmbarkeit als eigenständige Größe. Dies ergibt die Reihung: Juden vor byzantinischen und orientalischen Christen, Katholiken, Muslimen und Evangelischen.

Als gelungen wird der Autor dann seine Studie betrachten, wenn sie wenigstens ansatzweise sowohl die illustrierende wie die korrigierende und emanzipatorische Funktion von »Lebensweltlicher Analyse« bzw. »Alltagsgeschichte« vor Augen führen kann. Wir Nachgeborenen stehen auf den Schultern unserer »Ahnengenerationen im Glauben« in jenem bemerkenswerten mitteleuropäischen politischen Gebilde, das wir als »Habsburgermonarchie« bezeichnen. Sie haben wie Millionen vor und nach ihnen auch um ihren Glauben gerungen und aus ihrer Religiosität Energie für ihren Alltag geschöpft. Ihre Erfahrungen sind unser gemeinsames Erbe und können vielleicht auch unsere Gegenwart inspirieren. All diese Kleinen und Großen Leute sind ein würdiges gemeinsames Thema von Geschichte und Theologie, somit auch von Kirchen- und Religionsgeschichte(n).

Konfessionelle Lebenswelten
der Habsburgermonarchie
1848–1918

Vom disparaten Umgang mit einem fordernden Erbe

»Religion« im Leben der jüdischen Reichsbevölkerung

Die jüdischen Bürger der Habsburgermonarchie unterlagen in punkto Religion keinen anderen Bedingungen als ihre christlichen und muslimischen Landsleute. Für die traditionell lebende jüdische Mehrheit (v.a. in Galizien, Ostungarn und der Bukowina) bildete die Religionszugehörigkeit zweifellos den wichtigsten Faktor, um die eigene Identität zu bestimmen – ähnlich wie bei den christlichen Armeniern, Griechen und den großen Volksgruppen ostkirchlicher Tradition (den Ukrainern, Serben, Rumänen). Wie bei den Evangelischen löste sich ein großer Teil der jüdischen Gemeinschaft von der Fixierung auf Heilige Schriften und praktizierte eine recht selbstbestimmte und kulturbetonte Religiosität (ein »Kulturjudentum« analog dem »Kulturprotestantismus«). Vergleichbar den Katholiken und Muslimen führte auch bei Juden erst die Kenntnis einer separaten Heiligen Sprache in die inneren Kreise eines religiösen Expertentums. Und wie die Gläubigen aller Konfessionen wurden auch die jüdischen Zeitgenossen von einer zunehmenden Religionskritik verunsichert, die sich entweder abgeklärt gelehrt, salopp zeitgeistig oder aggressiv politisch äußerte. Sie forderte zur Stellungnahme heraus und blieb nicht ohne Wirkung. Nicht wenige veranlasste sie, ihre religiösen Praktiken aufzugeben oder gar die Zugehörigkeit zur Religionsgemeinschaft zu widerrufen. Für andere wiederum war sie ein Grund, erst recht am Glauben der Väter festzuhalten oder ihn nun aktiv zu propagieren. Im Unterschied zu den anderen Religionsgemeinschaften der Habsburgermonarchie aber war das Judentum von all dem Genannten zugleich und in außergewöhnlicher Intensität betroffen. Und bei keiner anderen Konfession war die Palette der gelebten Möglichkeiten so auffällig breit gefächert wie bei den jüdischen Untertanen Franz Josef I., der neben seinen vielen anderen Titeln auch den eines »Königs von Jerusalem« führte, der noch aus Kreuzfahrerzeiten stammte.

»Die Juden« waren zudem mit einem Gemisch von alten und neuen, überwiegend jedenfalls negativen Vorurteilen konfrontiert, die zuzeiten und mancherorts stärker oder schwächer zum Ausdruck kamen. Sie reichten von den kleinen Aversionen des Alltags bis hin zu bizarren Phantasien von Ritualmorden: Die bigotte polnische Landfrau ebenso wie die vornehme Freundin einer Jüdin des gehobenen Prager Bürgertums hielten es noch zur Wende ins 20. Jahrhundert für möglich, dass Juden zu Pessach Christenblut benötigten.[1] Anschuldigungen dieser extremen Art sind in jenen Jahren noch in mehreren Gegenden des Reiches erhoben worden. Sie konnten die Bevölkerung über Wochen aufwühlen und beschäftigten sogar die Gerichte (u.a. 1882 im ungarischen Tiszaeszlár, im böhmischen Polná 1899, im galizischen Zablotow 1903).[2] Einen publizistischen Höhepunkt bildete in dieser Hinsicht die sog. Affäre August Rohling um die Auslassungen eines Prager Theologieprofessors zum Talmud Mitte der 1880er Jahre.[3] Zwischen 1848 und 1914 kam es wiederholt zu pogromartigen Zusammenrottungen gegen jüdische Mitbürger oder Einrichtungen (z.B. Pressburg zu Ostern 1848; Prag 1844, 1848, 1897; Budapest 1883).[4] Zu gewaltsamen antijüdischen Ausschreitungen kam es zur Jahrhundertwende auch im Zuge einer religiösen Abstinenzbewegung im südpolnischen Raum, befand sich doch ein Großteil der lokalen Schenken in jüdischer Hand.[5] Erst recht konnte der antisemitische politische Radau vor allem zu Wahlzeiten und in den Ostgebieten des Reiches lebensbedrohliche Ausmaße annehmen.[6]

Vor dem komplexen Gemenge von Vorurteilen versagte letztlich jede Art von Gegenwehr, ob privater oder organisierter Art (wie Abwehrvereine oder Richtigstellungen in jüdischen Presseorganen.[7] Und selbst mutige Auftritte (z.B. eines jüdischen Vaters beim Schuldirektor: … *sagen Sie den Kindern, Christus stinkt nicht, daher auch der Jude nicht*)[8] verschafften bestenfalls vorübergehend Erleichterung. Unter allen Volksgruppen der Monarchie wurden sonst wohl nur die »Zigeuner« so hartnäckig abschätzig taxiert. Von diesen unterschied sie jedoch ein rasanter Prozess der Assimilierung, d.h. der weitgehenden kulturellen Anpassung an die Umgebung. Er katapultierte eine erkleckliche Zahl jüdischer Persönlichkeiten bzw. Familien durch wirtschaftlichen, wissenschaftlichen oder künstlerischen Erfolg – oft innerhalb einer Generation – aus dem gesellschaftlichen Abseits in die höchsten Sphären der Reichsgesellschaft. Aber selbst für die Empfänge der höchsten jüdischen Finanzaristokratie, bei denen sich die gesellschaftliche Elite des Landes einstellte, gab es subtile Formen der Abgrenzung: … *der Fürst kam auf den Judenball, aber die Fürstin blieb zu Hause, oder vielmehr der Fürst ließ sie als sein besseres Selbst zu Hause […].*[9]

Das negative Judenbild der übrigen Bevölkerung störte nicht nur die rasante Assimilierung weiter jüdischer Kreise ab 1848, sondern stand auch quer zur 1867 erreichten gesetzlichen Gleichstellung zu allen anderen Bürgern. Sie hemmte auch Aufnahme und Fortkommen von Juden in öffentlichen Einrichtungen, etwa als Armeediener. Als ab 1853 Unteroffiziere ins zivile Beamtentum wechseln konnten, blieben Juden von der Finanz- und Justizverwaltung ausgeschlossen, weil sie als bestechlich galten. Der spätere General Alexander Eiss († 1921) behauptete, allein 34 Duelle »wegen Angriffen auf seine

Abb. 3: Israelitischer Gottesdienst mit Soldaten des Ersten Weltkriegs bei Trient (Foto o. J., zwischen 1914 und 1918), Bildarchiv ÖNB.

Trotz bestehender antisemitischer Ressentiments galt die österreichisch-ungarische Armee neben der französischen als besonders »judenfreundlich«. Ab 1866 wurden von ihr eigene »Feldrabbiner« zur kultischen bzw. geistlichen Betreuung jüdischer Soldaten besoldet (zuletzt 76 Feldrabbiner im Jahr 1918).

Religion« ausgefochten zu haben.[10] Dennoch galt die österrcichisch-ungarische Armee zusammen mit der französischen als die »judenfreundlichste« Europas. Ab 1866 verfügte sie auch über »Feldrabbiner«. Zum Ende der Monarchie 1918 standen 76 jüdische Religionsdiener in den Soldlisten.[11]

Einen politischen Wendepunkt und ein Signal für die Grenzen der Integrationsbereitschaft der nicht-jüdischen Bevölkerungsmehrheit markiert nicht zuletzt die Wahl des deklarierten Antisemiten Dr. Karl Lueger zum Bürgermeister der Reichshauptstadt im Jahr 1897. Sie wurde gegen erhebliche Widerstände ertrotzt, hatte zur allgemeinen Erleichterung aber kaum praktische abträgliche Folgen für die jüdischen Stadtbewohner.[12] Nach Henry Cohn gab nicht so sehr die französische Dreyfuß-Affäre als vielmehr diese Entwicklung in Österreich bzw. in Wien den entscheidenden Anstoß für Theodor Herzls »Bekehrung zum Zionismus« als einer modernen Form jüdischer Identität.[13]

Aufnahmewilliger zeigte sich, zumindest vordergründig, die magyarische »Leitkultur« bzw. die Gesellschaftselite in der östlichen Reichshälfte, in der auch viele jüdische Persönlichkeiten geadelt wurden.[14] Wenngleich nur kurz regierte ein jüdischer Bürgermeister die Hauptstadt Budapest.[15] Während vergleichbare Pariser Clubs selbst konvertierte Juden ausschlossen, gehörten dem *Nemzeti Casino* als einem der beiden führenden Einrichtungen dieser Art in Budapest im Jahr 1913 zehn Mitglieder großbürgerlich jüdischer Herkunft an – sie waren freilich überwiegend nobilitiert und konvertiert. Clubs der ungarischen Gentry blieben hingegen Juden eher verschlossen und öffneten sich bestenfalls Konvertiten.[16] Und eine schwer bestimmbare Anzahl von Landsleuten taxierte auch hier ihre jüdischen Mitbürger bestenfalls als »50-Kreuzer-Magyaren« (nach dem Wert der Stempelmarke zur Namensänderung).[17]

Zur Komplexität der »Jüdischen Frage« gehörten aber auch Regungen eines innerjüdischen Antisemitismus. Er konnte sich auf verschiedenen Ebenen äußern: in der Verachtung der Assimilierten für die rückständigen »Kaftanjuden« des Ostens (die »galizische Barbarei«)[18]; im Selbsthass bzw. in schonungsloser gegenseitiger Kritik innerhalb jüdischer Intellektuellen- und Künstlerkreise;[19] in den zionistischen Programmen zur Ausmerzung »jüdischer« Untugenden und Forderungen nach sportlichwehrhaftem Auftreten der Schicksalsgenossen.[20] Er äußerte sich mitunter auch in der Geringschätzung der eigenen klein-bürgerlich kommerziellen jüdischen Herkunft bei Personen, die sich persönlich oder politisch von ihrer Familie emanzipierten[21]:

Der merkantile Geist der Verwandtschaft, dieses ewige Zweckdenken, und noch dazu das Denken an sehr kleine Zwecke, erzeugte in mir, ich kann es nicht leugnen, antisemitische Regungen. […] Auch ich habe diesem instinktiven Antisemitismus meiner Jünglingsjahre einen entscheidenden Ruck zu danken, nämlich die Loslösung von der Familie.[22]

Es sind somit hoch verdichtete mentale und soziale Wandlungsprozesse, die es zu berücksichtigen gilt („Eine Revolution, wie sie kein Volk gesehen hat“).[23] Sie verzehrten bei den Betroffenen enorme Energien, setzten aber auch kreative wie destruktive Kräfte frei. In Summe ließen sie die jüdische Bevölkerung der Monarchie – nicht zuletzt in der »Religiösen Frage« – gleichsam zum »Versuchslabor« bzw. zum »Druckkessel der Moderne« werden. Die Komplexität der vielen Umstände macht es noch schwerer als sonst, aus dem Gesamt die Dimensionen und Wirkungen des »Faktors Religion« herauszufiltern.

Um der großen Bandbreite »jüdischer religiöscr Wirklichkeiten« der Monarchie einigermaßen gerecht zu werden, empfiehlt sich eine Annäherung von den einander gegenüber liegenden Polen her: dem religiös durchtränkten Alltag der orthodoxen und chassidischen Subkulturen auf der einen Seite und den konfessionell bestimmten Bereichen in den Lebenswelten der assimilierten jüdischen Kreise in den Haupt- und Provinzstädten der Monarchie auf der anderen Seite. Beide Lebenswirklichkeiten sind durch Publikationen (auto-)biographischer Natur jüngeren Datums gut dokumentiert, wenn auch besser für die Reichshälfte westlich der Leitha als für jene östlichc dieses Grenzflusses zum Königreich Ungarn.[24]

Die Sonderwelten orthodoxer und chassidischer Traditionen

Neben den Beschränkungen der staatlichen Gesetze (v.a. für die Niederlassung und im Eherecht) separierte zur Mitte des 19. Jahrhunderts auch das eigene traditionelle Regelwerk des sog. aschkenasischen europäischen Judentums noch fast alle jüdischen Regional-Milieus der Monarchie streng von ihrer Umgebung. Etliche dieser Milieus (v.a. die Traditionsgemeinden Westungarns, orthodoxe Gemeinden in Ostungarn und Galizien) blieben dieser Lebensweise auch noch über das Ende der Monarchie hinaus treu. Ihre zahlreichen, den Alltag unmittelbar betreffenden religiösen Vorschriften (für Kleidung, Haartracht, Essen, Sozial- und Sexualverhalten, häusliche Rituale) formten Sonderwelten von einer religiösen Dichte, wie sie auf christlicher oder muslimischer Seite höchstens strenge Orden oder Sekten schufen.

Die Fundamente der religiösen Absonderung, die eine jüdische Aufklärung seit dem 18. Jahrhundert stetig unterspülte,[25] bildeten zum einen separierte Wohn- und Arbeitswelten (»Ghetto«, »Judengasse«, »Schtetl«), zum anderen die überkommenen Vorstellungen zu Volk, Messias und Gesetz.[26] Die Betroffenen betrachteten sich fast ausschließlich im Lichte der religiösen Überlieferung: als Glieder des »jüdischen Volkes«, das von Gott ins Exil geführt wurde und auf seine Erlösung harrt. Anders als bei den jüdischen Dorfgesellschaften in Bayern, Baden oder im Elsass kennzcichnete die ostjüdischen Traditionsmilieus auch ein ausgeprägtes Misstrauen gegenüber den *Gojim* (= nichtjüdischen Landsleuten).[27]

Hauptadressaten der weit reichenden Vorschriften waren die männlichen Glieder der Gemeinschaft. Die praktischen Mühen ihrer Umsetzung lasteten jedoch eher auf den Frauen. Sie mussten für eine »reine«, koschere Küche sorgen und dabei viele Tabus hinsichtlich der Auswahl, Aufbewahrung und Zubereitung der Speisen beachten. Und sie hatten mit viel Aufwand die Rahmenbedingungen und Bestandteile für die häuslichen religiösen Rituale im Wochen- und Jahreskreis herzustellen (v.a. für Sabbat und Pessach).[28] Nicht selten mussten Frauen überhaupt die gesamte Familie auch materiell versorgen: Wenn das Familienoberhaupt sich tagein tagaus (und im Extremfall auch viele Nachtstunden) seiner vornehmsten Pflicht, dem »Lernen« widmete (= Talmud- und Bibel-Studium).[29] Mitunter eine gute Tarnung für Arbeitsscheu:

> […] *sie grübelten und spintisierten Tag um Tag, Sommer und Winter, an dunklen und noch ›ungeklärten‹ Talmudstellen herum und suchten aus Worten und Sätzen, deren hieroglyphenartige Bildung vielerlei Deutungen ermöglichten, immer wieder einen neuen Sinn zu bilden. […] obwohl man ziemlich genau orientiert darüber war, daß sich diesem Beruf des ›Lernens‹ viele Familienväter widmeten, die zu untüchtig oder zu träge waren, um eine lebensvollere Aktivität zu entfalten.*[30]

Die Stufe der (talmudischen) Gelehrsamkeit konnte auch den Wert am Heiratsmarkt bestimmen.[31] Der Grad der Annäherung an das Ideal eines »gelehrten«, familiär und wirtschaftlich wohlgeordneten Lebens bestimmte die Zugehörigkeit zur Gruppe der *Schejnen* (= »Schönen«, Angesehenen) bzw. der *Proste* (= Gewöhnlichen, Hinterbänkler in Synagogen).[32] Diese Hochschätzung traditioneller Gelehrsamkeit ließ die Umwandlung einer Schule in eine Synagoge geradezu als Degradierung erscheinen.[33]

In die Pflicht lebenslangen »Lernens« wurde ein Knabe aus traditionell-jüdischem Haus bereits mit etwa drei Jahren genommen, praktisch parallel zur Sprechfertigkeit. Ein ritueller Haarschnitt markierte das Ende einer somit sehr kurzen unbeschwerten Kindheit.[34] Erstes und häufig einziges Unterrichtsziel war das Erlernen des Hebräischen anhand bzw. zum Verständnis der heiligen Texte. Ob, ab wann und in welchem Umfang auch Töchter auf diese Art geschult wurden, lag im Ermessen des Familienoberhaupts. Meist beschränkte sich die Lese- und Schreibausbildung bei Mädchen aufs Jiddische – geschrieben mit hebräischen Buchstaben und ausreichend für einen gut eingeführten Fundus religiöser Frauenliteratur. Eine im Talmud unterwiesene Frau galt traditionell hingegen als keine »gute Partie«.[35] Die Geringschätzung spiritueller Frauenschulung öffnete Mädchen aus gutem Hause wiederum früher als ihren Brüdern das Tor zu weltlicher Bildung.[36] Höchster weiblicher Rang im Gemeindeleben war jener der Vorbeterin der Frauen in der Synagoge, wo sie sich generell sehr viel seltener einfanden als Männer.[37]

Wenn finanziell irgendwie möglich wurden Kinder Privatlehrern anvertraut.[38] Sie rekrutierten sich häufig aus fortgeschrittenen mittellosen Talmudstudenten, für die es Vermittlungsagenten und alljährlich regelrechte Versteigerungen in Zentralorten gab.[39]

Abb. 4: Jüdischer Wanderlehrer in einem Dorf in den Karpaten (Postkarte vor 1914), Jüdisches Museum Wien / Archiv.

Nach traditionell-jüdischer Anschauung unterliegen alle männlichen Glieder der Gemeinden einer lebenslangen »Lernpflicht«, worunter primär die Beschäftigung mit heiligen Texten verstanden wird. Sie setzt praktisch parallel zur Sprechfähigkeit mit etwa drei Jahren ein. Der praktischen Umsetzung dieses Ideals widmete sich in den ostjüdischen Gemeinden der Monarchie eine Heerschar von jüdischen Gemeinde- oder Privatlehrern, für die es regelrechte Verteilerbörsen an zentralen Orten gab. Säkular gewendet bildete das traditionell hohe Lernethos auch die mentale Grundlage für ein auffallend hohes Bildungsengagement innerhalb der assimilierten jüdischen Milieus.

Unbemittelte vertrauten ihre Söhne in der *Cheder* (= religiösen Grundschule) den lokalen Lehrern an, denen das harte Los des Einpaukens nach herkömmlicher, an Züchtigung reicher Methode ein knappes Existenzminimum sicherte.[40] Eventuell assistierende Gehilfen waren in den Gemeinden auch für niedere rituelle Dienste zuständig: z.B. das Waschen von Geschirr in fließendem Gewässer vor erstmaligem Gebrauch oder das tägliche Beten des *Schma Jisrael* (»Höre Israel ..« = traditionelles jüdisches Glaubensbekenntnis) im Kreis seiner Schüler am Wochenbett einer Mutter mit männlichem Nachwuchs.[41]

Ausgeprägte lokale Nachbarschaftshilfe und geregelte Stipendien sollten gewährleisten, dass niemand aus finanzieller Not »ungelehrt« blieb. Insbesondere förderte ein ausgefeiltes Kostgänger-System nach altem Herkommen die Schüler einer *Jeschiva* (= Talmud-Schule).[42] Feierliches Ende der männlichen Initiation (= Einführung in die Erwachsenenwelt) bildet(e) die *Bar-Mizwa* mit dem öffentlichen Lesen eines Tora-Abschnitts vor versammelter Gemeinde. Mit ihr ist der junge Mann den Rechten und Pflichten der Erwachsenenwelt unterworfen und heiratsfähig. Vornehmste Sohnespflicht danach wird der *Kaddisch* (= Totengebet) für die Eltern.[43] Vorher aber galt es noch weltlichen Übergriffen zu entkommen: seltener der Schul-, nach Kräften aber der Wehrpflicht. Die Söhne aus traditionellem Hause trachteten ihr damals häufig durch Loskauf zu entkommen oder durch vorsätzliches *Abschinden* (= Entkräften durch Schlafentzug, Alkoholexzess, abträgliche Kost) unmittelbar vor der Assentierung (= Überprüfung der Militärtauglichkeit).[44]

Die zweifellos wichtigste lebensgeschichtliche Wende im Leben einer Frau bildet gemäß orthodoxer jüdischer Tradition die Hochzeit. Ihre Bedeutung veranschaulicht nicht zuletzt ein emotional bewegendes Ritual: das Abscheren der Haare. Sie sollten nach altem Herkommen für den Rest der Tage durch Hauben bzw. Perücken ersetzt werden. Die Härte dieser Forderung machte sie je länger je mehr zum Ausfallstor für erste Schritte hinaus aus der abgezirkelten Welt religiöser Gebote und Tabus und hin zu immer weiter gehenden Kompromissen mit der kulturellen Umwelt: Selbst Töchter traditioneller Familien setzten zunehmend durch, das eigene Haar zu behalten (wenn auch unter einer Perücke oder Haube).[45] Zuletzt unterwarfen sich fast nur mehr Rabbinerfrauen der rigiden Norm und manches Enkelkind erschreckte sich beim völlig unvermuteten Anblick des federnartigen Flaums auf dem kahlen Schädel der Großmutter.[46]

Das auch sonst aufwendige Ritual einer »koscheren Hochzeit« zwischen rituellem Tauchbad und dem »Legen-Führen« (= ersten Alleinsein mit dem Bräutigam) erlebten betroffene Mädchen meist sehr früh. Selbst wenn sie sich noch dagegen sträubten, wie z.B. die knapp zwölfjährige Hinde Bergner (*1870) aus begüterter traditioneller Familie des Städtchen Redim (polnisch: Radymno, gelegen zwischen Jaroslau und Przemyśl), führten ihnen die Eltern und eine mit Vermögensstand wachsende Schar von *Schadchen*

Abb. 5: Ostjüdisches Bethaus mit einer durch Holzgitter abgegrenzten sog. »Frauen-« oder »Weiberschul« (Foto um 1905), IMAGNO / Franz Hubmann.

Von den offiziellen Strukturen der Religionsgemeinschaften blieben die Frauen fast vollständig ausgeschlossen. Die einzige offizielle Frauenfunktion in jüdischen Gemeinden hatten etwa »Vorbeterinnen« der Frauen in den Synagogen inne. Indirekt konnten Frauen jedoch auf den amtlichen Bereich als Ehefrauen von »Religionsdienern« Einfluss nehmen. Von Rabbiner- oder Pastorenfrauen wurde beispielsweise erwartet, dass sie eine Vorbildrolle für die gesamte weibliche Hälfte der lokalen Gemeinden einnehmen.

(= Ehe-Anbahnern) zur genormten »Beschau« immer neue, viel versprechende »Partien« zu, bis die Erwartungen zweier betroffener Familien ausreichend zur Deckung gelangten.[47]

Generell unterlag auch die jüdische Bevölkerung der Habsburgermonarchie dem europäischen Trend zu späteren Eheschließungen und kleineren Familien.[48] Untersuchungen für Ungarn zeigen, dass das Durchschnittsalter von Brautleuten in der zweiten Hälfte des 19. Jahrhunderts sowohl in einer traditionellen als auch einer gemäßigt konservativen (sog. neologischen) Kommune bei 27 bzw. 26 Jahren für Männer und bei 21 bzw. 20 Jahren für Frauen lag. Spezifisch für Galizien war, dass ein hoher Prozentsatz der traditionellen Eheschließungen – auch um einschränkende gesetzliche Altersregelungen zu umgehen – nicht staatlich registriert wurde. Die meisten Geburten galten daher offiziell als illegal (1895: 79 %, 1903: 67 % !); viele von ihnen (vor allem bei weiblichem Nachwuchs) wurden erst gar nicht der Behörde angezeigt.[49]

Hohen religiösen Stellenwert maß (und misst) die traditionelle jüdische Glaubens- und Lebenswelt der *Mitzwe* (= guten Tat) zu. Neben hehren Zeichen der Nächstenliebe zählten dazu landläufig auch banale Maßnahmen wie das Erschlagen einer Spinne, das siebenundsiebzig Sünden aufwog.[50] In ihrer Gesamtheit bildeten sie das Fundament für vormoderne Mechanismen der sozialen Absicherung bedrohter Existenzen, etwa durch Bewirten oder Beschenken durchreisender oder verarmter Glaubensgenossen.[51] Ziel vieler karitativer Vorkehrungen der Gemeindetraditionen war nicht zuletzt, auch Armen die Erfüllung religiöser Pflichten zu ermöglichen: von der Anschaffung von Seder-Wein bis zur Finanzierung der totenkultischen Rituale.[52]

In den bitterarmen jüdisch geprägten Landstrichen Galiziens, wo mitunter 80 % der Bevölkerung eines Dorfes wie Toporiv nahe Brody ohne Einkommen waren, bot allein diese religiös motivierte Wohltätigkeit die Lebensgrundlage für ganze Heerscharen von »Luftmenschen«: Dorfgehern, Orts- und Wanderbettlern ohne jedes geregelte Einkommen. Zeitgenössische Schätzungen für Galizien um 1900 gingen von ca. 200.000 Betroffenen aus, deren Mobilität sich mit dem Ausbau des Eisenbahnnetzes steigerte (die Strecken Krakau – Lemberg 1861, Lemberg – Czernowitz 1866) und sie immer öfter bis in die Vororte Wiens spülte.[53] Nach einer Untersuchung von 1910 war die Hälfte der etwa 800.000 galizischen Juden ohne Unterhalt (!).[54] Dieser Umstand kann kaum ohne Wirkung darauf geblieben sein, überhaupt ein Leben nach den strengen Vorgaben der religiösen Tradition führen zu können oder zu wollen.[55]

Die weitgehende Autonomie lokalen jüdischen Lebens sowie die arge soziale Bedrängnis fast aller strenggläubigen Milieus förderte zudem die Verquickung altehrwürdiger Bibel- und Talmudfrömmigkeit und darauf aufbauender Gemeinde- und Familienliturgien mit einer breiten Palette magischer Praktiken des Alltagslebens.[56] Besonders dicht rankten sie sich (wie bei den andersgläubigen Landsleuten) um die Lebenswenden von Geburt, Hochzeit und Tod. Zahlreiche, im Guten wie Bösen ins Leben der Menschen eingreifende Geister und Tote stammten aus lokalen Volkstraditionen oder waren spezifisch jüdischen Ursprungs. Die Erzählungen über sie hatten meist pädagogische Pointen:

> [...] *Wenn sich jemand beim Brotschneiden den Finger verletzte, dann hatte ein Dämon seine Hand unter das Messer gestoßen. Wenn man sich seinen Knöchel an einem Stein verstauchte, dann lebte Asmodai in diesem Stein. Wurde ein Kind totgeboren oder starb kurz nach der Geburt, so hatte Lilith es geraubt. Wann immer ein Unglück oder Unheil geschah, immer waren Dämonen oder Tote am Werk gewesen. / Pünktlich um Mitternacht, wenn die ganze Welt Kopf steht und der Hahn beim untergehenden Mond kräht, öffnen sich die Gräber. Myriaden von Seelen [...] verlassen jetzt ihre Ruhestätte und marschieren in die Synagoge, [...] um dafür zu büßen, dass sie zu Lebzeiten nicht die Thora studiert haben.*[57]

Altes Herkommen und Gebräuche eines Gemeindelebens blieben auch in den Traditionsgemeinden Westungarns bis ins frühe 20. Jahrhundert erhalten. Sie wurden dort zunehmend museal gepflegt und sind entsprechend gut überliefert. Das betrifft die aufgrund adeliger »Schutzpolitik« seit dem 16. Jahrhundert entstandenen sog. Sieben Gemeinden mit ausgeprägter Selbstverwaltung: Eisenstadt, Mattersburg, Deutsch-Kreutz, Kobersdorf, Lackenbach, Frauenkirchen und Kittsee.[58] Wie in den ostjüdischen Kommunen bildete die hier mit wertvollen liturgischen Gegenständen und prachtvollen Thorarollen reich ausgestattete »Schul« (Synagoge) das gesellschaftliche Zentrum der Gemeinde. Ihr dienten neben dem Rabbiner ein Schächter, *Melamed* (= Lehrer), *Chasan* (= Kantor) und *Schammes* (= Faktotum).

Zwei Hammerschläge des *Schammes* an ein Brettchen am Hauseingang riefen den Hausvorstand zweimal täglich zum Synagogen-Gebet mit Gebetsmantel und Gebetsriemen; drei Hammerschläge zeigten den Tod eines Glaubensgenossen an. Vorbeter trugen dort ein altertümliches *Häubenbretl* am Kopf (= Barett aus schwarzem Filz), während einfache »zur Tora Gerufene« nur mehr Zylinder trugen; orthodoxe Rabbiner des Ostens hingegen trugen gleich Grenadieren hohe schwarze Pelzmützen.[59] Synagogensitze hatten ihren Preis je nach ehrenvoller Lage und wurden an die Söhne weitergegeben.[60] Unbrauchbar gewordene Gebetstexte und abgenutzte Schaufäden der Gebetsmäntel sammelte man im »Schemeskastl« des Synagogenvorraums, um sie von Zeit zu Zeit förmlich zu bestatten. Sobald ein Kind den ersten Wurm in einer Kirsche meldete, erließ der Rabbiner eine Warnung zur Vorsicht vor ritueller Verunreinigung. Den Zug der Brautleute zur *Chuppa* (= Baldachin), unter dem im Freien die Trauung vollzogen wurde, begleitete in Westungarn lebhafte Marschmusik, wobei im späteren 19. Jahrhundert bezeichnender Weise der Rákóczi- den Radetzky-Marsch ablöste.[61]

Obwohl etablierte Rabbinische Instanzen sie scharf verurteilten, sind auch die chassidischen Gruppen Galiziens und Ostungarns zu den strikt separierten traditionellen

Gruppen zu rechnen. Die Glanzzeit dieser Tradition lag vor 1848, als charismatische religiöse Anführer eine Art jüdisch-mystische Erweckungsbewegung entfacht hatten. Deren Wohnsitze bzw. Synagogen waren seit damals regelrechte Wallfahrtszentren. Nach der Jahrhundertmitte litt die Reputation der Chassidenhöfe (z.B. im galizischen Bels und in Ujfeherto bei Debrecin)[62] darunter, dass die dynastisch nachgerückten Erben der legendären *Zaddikim* (= Gerechten)[63] meist nicht mehr deren Charisma besaßen und ihre Funktionen oft allzu durchsichtig geschäftlich oder gar offen unwillig ausübten.[64]

Dennoch rückten weiterhin Tausende (vorwiegend Frauen) an, die von ihren wie Heilige verehrten Leitfiguren nicht zuletzt Fürsprache bei Gott in allerlei Notlagen sowie Wunder- und Orakelfähigkeiten erwarteten.[65] Die Verehrung konnte ähnlich wie bei Heiligen der russischen Orthodoxie so weit gehen, dass man Speisen verkostete, *die durch ihren heiligen Mund geheiligt waren.*[66] Eine engere Jüngerschar, meist aus der ärmeren jüdischen Männerwelt, drängte sich dort Sabbat für Sabbat – was sie notgedrungen der sonst »heiligen Häuslichkeit« der familiären Sabbatfeiern entfremdete.[67] Zur eigentlichen Feier trugen die Älteren einen schwarzseidenen, oft scharf nach Tabak riechenden Kaftan sowie den *Schtraml* (= ein Sabbat-Barett, von dem dreizehn kurze, dunkelbraune Zobelschwänze hingen). Bei allzu großer Zudringlichkeit wurden Anhänger, die teilweise eine wochenlange Anreise auf sich genommen hatten, mitunter drastisch auf Distanz gehalten (z.B. mit Schimpf und Schlägen).[68]

Wesentlicher Bestandteil der chassidischen Lebenswelt war zweifellos eine tiefe Spiritualität, die Martin Buber zu Anfang des 20. Jahrhunderts in attraktiver Form in den Westen vermittelte. Er stieß dabei etwa mit Vorträgen in Prag 1909 gerade bei jüdischen Jugendlichen aus vollkommen assimilierten Familien auf überraschend positives

Abb. 6: Feier des Yom-Kippur (= Versöhnungsfest) in einer galizischen Synagoge (Foto um 1910), IMAGNO / Franz Hubmann

Große Teile traditioneller ostjüdischer Regionalmilieus der Monarchie suchten sich in ihrer Lebensweise streng von ihrer Umgebung abzugrenzen. Anders als jüdische Dorfgemeinden in Bayern, Baden oder im Elsass kennzeichnete sie ein ausgeprägtes Misstrauen gegenüber den *Gojim* (= nichtjüdischen Landsleuten). Mitunter drastisch reagierten sie auf Anpassungs- und Modernisierungsbestrebungen in den eigenen Reihen. Das »Versöhnungsfest« gehört zu den jüdischen »Hochfesten« im Jahreskreis, die in den Synagogen festlich begangen werden. Nach Ausweis zeitgenössischer Berichte erinnerten sich selbst assimilierte sog. »Drei-Tages-Juden« zumindest zu Neujahr, Pessach und an Yom-Kippur ihrer religiösen Herkunft.

Echo.[69] Einer von diesen, Georg Langer, schlug sogar für längere Zeit mitten in seiner assimilierten Prager Umgebung den harten Weg chassidischer Lebensweise ein:[70] Mit Kaftan und Schläfenlocken auftretend misstraute er fortan selbst koscheren Gasthäusern der Stadt, was seinen Speisezettel praktisch auf Zwiebel und Brot reduzierte. Seine Schilderungen des chassidischen Ostens der Monarchie bieten rare Einblicke ins eigenwillige Milieu. Zu ihren Härten gehörte demnach auch die Verweigerung von Blickkontakt und Tischgemeinschaft mit Frauen, zuweilen selbst mit der Ehegefährtin.[71] Ebenso ein rein rituelles Verständnis männlicher Hygiene, die sich auf das wöchentliche gemeinsame Eintauchen in ein schlammiges Bad in der *Mikwe* (= Ritualbad) und das Benetzen der Finger beschränken konnte.[72] In wörtlicher Umsetzung des Schriftwortes von einem »offenen Herzen« gingen die Belser *Chassidim* winters wie sommers mit einer teilweise entblößten Brust.[73]

Eine Sondergruppe unter den Traditionsjuden bildeten die sog. Karäer im galizischen Halicz, in den 1880er Jahren ca. 40 bis 50 Familien. Sie ließen keine Heilige Schrift abseits der Thora gelten (= die sog. Fünf Bücher Moses, d.h. die ersten fünf Bücher der Hebräischen Bibel bzw. des »Alten Testaments« der Christen). Ähnlich ostkirchlichen Sekten fristeten sie streng separiert als Landwirte und Tagelöhner ihr Dasein; ihre Söhne wurden beim Heer meist dem Sanitätsdienst zugewiesen.[74]

Die strenggläubigen jüdischen Gruppen waren nicht nur harmlose Verweigerer der hart anstürmenden Moderne. Vielmehr wehrten sie sich mitunter drastisch gegen »Störungen« von innen und außen, etwa mit Steinwürfen auf Eindringlinge in ihre traditionelle Wohnviertel. Extrembeispiel dafür war die Vergiftung des aus Hohenems nach Lemberg berufenen und von lokalen Traditionalisten über Jahre angefeindeten aufgeklärten Rabbiners Abraham Kohn im Jahr 1848.[75] Karl Emil Franzos erlebte als Kind in Czortkow die Ablehnung seiner chassidischen Umgebung, die ihm als Sepharden (= Juden altspanischer Tradition) und später als überzeugtem »Kulturdeutschen« galt.[76] Vom rabbinisch gelehrten Schwiegergroßvater wusste die Galizierin Hinde Bergner (*1870) zu berichten, dass er nur mit Mühe einem *Anathem* (= rituellen Verstoß aus der Gemeinde) entging, als er mit einem deutschen Buch ertappt wurde.[77] Ziel der Verachtung waren dabei vor allem »Kompromissler« in den eigenen Reihen. In diesem Sinne brandmarkte eine Synode von Michalowitz im chassidisch geprägten, wirtschaftlich unterentwickelten ungarischen »Unterland« im Jahr 1865 allein das Erlernen einer fremden Sprache als »Verrat am Judentum«[78] – das Synodenpapier unterschrieben 25 ultraorthodoxe Rabbiner, denen sich nachträglich 46 weitere anschlossen. An abschottenden Maßnahmen hielt es u.a. unmissverständlich fest:

[…] Es ist verboten, einen religiösen Lehrvortrag in einer Sprache zu halten, deren sich die Völker der Welt bedienen. Ebenso ist es verboten, einen solchen Lehrvortrag anzuhören. […] Der Prediger muß in jener jüdisch-deutschen Sprache predigen, deren sich die gesetzestreuen Juden hierzulande beim Reden zu bedienen pflegen […]. Es ist verboten, irgend eine jüdische Gepflogenheit oder einen synagogalen Brauch, der uns von unseren Vorvätern herabgekommen ist, zu verändern.[79]

Das idealtypisch geschilderte streng religiöse Milieu bestand freilich nur in schrumpfenden Nischen in seiner reinen Form. Typisch für die jüdische »Grenzgeneration« (Theodor Herzl)[80] des Untersuchungszeitraums waren mehr oder weniger weit gehende Kompromisse mit der neuen Zeit, die sich von den Großeltern über die Eltern zu den Kindern in der Regel gehörig erweiterten.

Arrangements mit der neuen Zeit erforderte vor allem die allgemeine Schulpflicht, die allmählich auch hinterste galizische Dörfer erreichte. Die mit jeder Lehrergeneration »aufgeklärter« agierenden traditionellen *Melamdim* (= Lehrer)[81] wurden dadurch zu Nebenlehrern außerhalb bzw. zu Vorschul- oder Religionslehrern innerhalb der allgemeinen Schulbildung. Ein Kompromiss mit der Moderne konnte wie in Ungarisch-Brod auch darin bestehen, dass an ein Jüdisches Privatgymnasium eine Talmudschule mit orthodoxen Lehrern angeschlossen war, was naturgemäß eine Doppelbelastung für die Schüler bedeutete.[82] Andererseits brauchte es gerade solche »doppelt ausgebildeten« Fachleute, wie etwa der Floridsdorfer »Bezirks-Rabbiner« Dr. Joseph Bloch einer war: Der unermüdliche publizistische Kämpfer wider den antisemitischen Ungeist konnte nur so die pseudowissenschaftlichen Ergüsse Professor August Rohlings über den Talmud parieren – eine Aufgabe, vor der die »neologen« (aufgeklärt konservativen) zwei Stadt-Rabbiner Wiens kapituliert hatten. Die antisemitische Bewegung musste sich daraufhin um neue, nun vorwiegend religionsfremde und der modernen Rassenlehre entlehnte Reizthemen umschauen.[83]

Persönliche Zeugnisse weisen darauf hin, dass Glaubensgenossen aus gemäßigt konservativen Familien leichter zu einem intellektuell und persönlich befriedigenden religiösen Standort im Leben fanden als Renegaten streng orthodoxer Milieus, die in punkto Religion leicht ins gegenteilige Extrem eines glaubenslosen Zynismus verfielen:

Diese [Wiener Kaffeehäuser] *waren eigentlich Sammelstätten aller Unzufriedenen und Schiffbrüchigen. Es waren Leute, die aus den Jeschiwas kamen, die also in der rabbinischen Literatur bewandert waren, aber den Weg in die moderne Bildung nicht*

*gefunden hatten. Von der Religion hatten sie sich abgewandt, aber eine bürgerliche Exis-
tenz hatten sie nicht gefunden, so hatten sich in ihnen Missmut, Verdruß, Frivolität und
Zynismus angehäuft, […].*[84]

Umgekehrt konnten die in den orthodoxen *Jeschiwot* zwar körperlich verkümmerten,
aber im Auswendiglernen und Deuten von Texten bestens Trainierten nach einem
Wechsel ins weltliche Schulsystem oft große Wissensmengen innerhalb kürzester Zeit
verarbeiten.[85] Die »Gelehrsamkeit« (traditioneller oder moderner Art) nahm in der
kulturellen Werte-Skala aller jüdischen Milieus unangefochten einen Spitzenplatz ein.
Das damit verbundene exorbitante Lernethos bildete zur Untersuchungszeit die sicht-
barste Brücke zwischen den jüdischen Lebenswelten fast aller Schattierungen, die in der
Habsburgermonarchie und darüber hinaus anzutreffen waren.

Der Umgang mit Religion im assimilierten Judentum

Wenngleich das vorangehende Jahrhundert in vielfacher Weise Vorarbeit dafür geleistet
hatte, bildete dennoch die Revolution von 1848 die eigentliche Initialzündung für den
gesellschaftlichen Aufbruch weiter Teile des Judentums der Donaumonarchie.[86] Über-
proportional hoch war die Beteiligung aufgeklärter jüdischer Kreise an den revolutio-
nären Vorgängen vor allem in Wien und in Ungarn.[87] Hier wie auch in polnisch- und
italienischsprachigen Reichsteilen war dieses Engagement eng mit den jeweiligen nationalen Aufbrüchen verwoben, was nicht ohne interne Spannungen abgehen konnte und
ein Fanal für spätere Verstrickungen in komplexe Nationale Fragen bildete.[88] Insgesamt
hatten die Entwicklungen zur Folge, dass die assimilationswillige jüdische Bevölkerung
in etlichen Regionen (z.B. in Ungarn, Böhmen, Galizien) einen zweifachen Transformationsprozess durchlief: zuerst in die deutsche »Leitkultur« des Habsburgerreiches
und ihr spezifisches Aufklärungs- und Bildungsideal, danach in eingeschränktem

Abb. 7: Laubhüttenfest bei einer orthodox-jüdischen Familie in Ungarn (Foto 1906),
Museum für Völkerkunde in Budapest.

Im Unterschied zu den meisten christlichen Traditionen lag und liegt der Schwerpunkt traditioneller jüdischer Religiosität nicht auf Gemeindeebene sondern im Bereich der Familie und
ihrer »Hausliturgien« (die wöchentlichen Sabbatfeiern bzw. das jährliche Pessach-, Laubhüt-
ten und Purimfest). Die praktischen Mühen der Festgestaltungen lasteten vor allem auf den
Frauen, die mit viel Aufwand die Rahmenbedingungen und Bestandteile für die häuslichen
religiösen Rituale im Wochen- und Jahreskreis herzustellen hatten.

Maße in die immer selbstbewusster agierenden nicht-deutschen Nationalkulturen (der Ungarn, Tschechen, Polen etc.).[89]

Die 1848 erzielte Verschmelzung der jüdischen mit der allgemeinen politischen Emanzipation setzte sich im hohen Einsatz jüdischer Kreise zugunsten liberaler Parteien bzw. Presseorgane fort. Es waren diese sendungsbewussten, intellektuell regen, kulturell assimilierten und religiös weitgehend abgenabelten jüdischen Vertreter eines »Fortschritts« auf allen Linien, die für die gegnerischen Überzeugungen von der politischen Unzuverlässigkeit, ja einer die Gesellschaft zerstörenden Kraft des »Judentums« das entsprechende Fundament bildeten:

> *Im siebenten und achten Jahrzehnt des vorigen Jahrhunderts standen die Juden Österreichs vollständig in dem Banne der sogenannten liberalen Verfassungspartei, waren ihr [...] dermaßen verschworen, daß jeder Ausdruck divergierender Meinung nicht nur als Ketzerei, sondern geradezu als Verrat am Judentum galt. [...] Der Liberalismus erschöpfte sich in religiöser Freigeisterei, welcher sich in den Spalten der von Juden geleiteten Wiener Tagespresse breit machte. Das war wenig vorsichtig, reizte natürlich zu Widerstand.[90]*

Sie dienten nicht zuletzt den Vordenkern des modernen katholischen Antisemitismus (wie Sebastian Brunner und Albert Wiesinger in der Wiener Kirchenzeitung, dem polnischen Priester Stanisław Stojałowski, dem tschechischen Priester Rudolf Vrba) als Argument, die »Juden« als treibende Kraft hinter liberaler Kirchenfeindschaft und dem Streben nach »Entchristlichung« der Gesellschaft zu entlarven.[91]

Die Desintegration des bürgerlichen Liberalismus und seiner Institutionen, aus denen die »Christen« zunehmend in nationale und antisemitische Organisationen abwanderten, ließ viele jüdische Mitglieder verwaist zurück. Nach und nach erbte die sozialdemokratische Bewegung dieses bürgerlich-liberale jüdische Engagement – ungeachtet eines Wirtschaftsprogramms, das den Eigeninteressen der Betroffenen oft widersprach. Folgte die Verbindung anfänglich oft nur dem schlichten Kalkül »Die Feinde meiner Feinde sind meine Freunde«,[92] so wurde »die Partei« für viele ihrer Herkunftsreligion Entfremdete immer stärker eine neue weltanschauliche Heimat, der sie nun ihrerseits nicht selten mit geradezu religiöser Inbrunst dienten.[93]

Das Streben nach Assimilation, die antisemitischen Aufwallungen in ländlichen Regionen und ein zunehmender wirtschaftlicher Druck auf traditionelle jüdische Arbeitsfelder (wie Klein- und Zwischenhandel) förderten in beiden Reichshälften die jüdische Emigration nach Übersee sowie die Binnenmigration in Richtung größerer

Abb. 8: Traditionelle »Ostjuden« am Mathildenplatz (heute: Gaußplatz) in Wien (Foto 1915),
Bildarchiv ÖNB.

Der Ausbau des Eisenbahnnetzes (Wien–Krakau 1858, Krakau–Lemberg 1861, Lemberg–
Czernowitz 1866) erhöhte die Mobilität der sozial schwachen ostjüdischen Bevölkerung drastisch und spülte einen rasch wachsenden Teil von ihnen in die Vorstädte der Metropolen der
Monarchie. Mehr als in Budapest und Prag bewirkte dieser Trend eine spektakuläre Zunahme
der jüdischen Bevölkerung von Wien (1857: ca. 10.000; 1910: 175.318). Das Gros des jüdischen
Zuzugs nach Wien kam vorerst aus Ungarn und Mähren, erst in den letzten Jahrzehnten vor
dem Weltkrieg überwog die Zuwanderung aus Galizien.

Städte.[94] Mehr als in Budapest und Prag bewirkte dieser Trend in Wien eine spektakuläre Zunahme des jüdischen Bevölkerungsanteils (von 1,1 % im Jahr 1857 auf 14 % im Jahr 1910 bzw. von weniger als 10.000 auf 175.318). Das Gros dieses Zuzugs kam hier zuerst aus Ungarn und Mähren, erst in den letzten Jahrzehnten überwog die Zuwanderung von meist armen und traditionell-religiösen Galiziern.[95]

Die zunehmende Verstädterung des jüdischen Bevölkerungsanteils der Donaumonarchie stand wiederum in direktem Zusammenhang mit sinkenden Geburtenraten, der Hebung des Altersdurchschnitts und immer häufigeren Mischehen, die in der Regel gegen ein jüdisches Bekenntnis der Eheleute bzw. ihrer Nachkommen zu Buche schlugen.[96] Assimilierte jüdische Familien, die es im Handel, im Bankenwesen und in der Industrie zu großem Wohlstand gebracht hatten, bildeten in Ungarn einen großen Teil der großbürgerlichen Elite, während der hohe und niedere Adel des Landes ein unternehmerisches ökonomisches Engagement aus Standesgründen vernachlässigte.[97] Die ca. 1.200 davon betroffenen Familien (Richtwert: mehr als 1.500 Gulden Steuerleistung) waren ungefähr zu 20 % jüdischer Herkunft (Zeitraum 1888 bis 1903). Das entsprach in etwa dem jüdischen Bevölkerungsanteil von Budapest (1890: 21 %; 1900: 24 %), lag jedoch weit über dem jüdischen Anteil der Gesamtbevölkerung Ungarns (1890: 4,2 %; 1910: 4,5 %). Diese wirtschaftliche jüdische Elite wiederum betraf lediglich 0,5 % der heimischen Glaubensgenossen. Zeichen ihrer gezielten und erfolgreichen Assimilierung in die magyarische Gesellschaft, die erst nach der Jahrhundertwende ernsthafte Krisensymptome zeigte, waren steigende Zahlen von Mischehen mit »Christen« (vor allem nach der konfessionellen Gleichstellung 1895) sowie häufigere Verleihungen von Adelstiteln an jüdische Persönlichkeiten ohne vorhergehende Konversion (z.B. die Familien Goldberger 1867, Kornfeld 1891).[98]

Für Wien hat Steven Beller in einer umfassenden Studie den Nachweis geführt, in welch hohem Maße die viel gerühmten Kulturleistungen des Fin-de-Siècle eine »innerjüdische« Angelegenheit waren, sowohl hinsichtlich der Produzenten als auch der Konsumenten. Sie basierten demnach vor allem auf der ins Kulturelle gelenkten »Lern- und Ausbildungswut« der assimilierten jüdischen Elite. Den Spitzengymnasien der Stadt bescherte sie in den Jahren 1870 bis 1910 einen jüdischen Schüleranteil von 40 % (jüdischer Bevölkerungsanteil zwischen 9 und 12 %). Aufgeschlüsselt nach den Berufsfeldern der Väter lag dieser Anteil noch bedeutend darüber: Handel 81,3 %, Finanzwelt 59,6 %, Industrie 58,1 %, Medizin 48,9 %.[99] Auch in Budapest wiesen die führenden Gymnasien der Stadt (der Lutheraner, der Piaristen) sowie einige Studienfächer der Universität (v.a. Medizin, Pharmazie, Jus) gegen Ende des 19. Jahrhunderts einen vergleichbar hohen jüdischen Studentenanteil auf (Lutheraner-Gymnasium: 50-60 %; Medizin 45–50 %,

Pharmazie 1913/14: 30,5 %).[100] Insgesamt lag in Ungarn der Anteil jüdischer Mittel-
schüler zwischen 1880 und 1910 zwischen 19,8 und 22,8% (in Budapest zwischen 35,8
und 41,4 %) bei einem jüdischen Anteil an der Gesamtbevölkerung wie erwähnt von
etwas über 4 %.[101] Eine Aufzählung ungarischer Intellektueller und Künstler jüdischer
Herkunft liefert Zahava Szász Stessel.[102]

Der These Bellers hat Ernst Gombrich leidenschaftlich widersprochen und sie als
philosemitische Variante von Rassismus gekennzeichnet. Die von Beller genannten
jüdischen Kulturschaffenden und Wissenschafter hätten ihre Leistungen nicht qua
»Juden« erbracht und kaum positive Bezüge zur Religion ihrer Herkunft gehabt. Mit
ihnen nun ein »jüdisches Wien« oder »jüdisches Fin-de-Siècle« zu feiern, wiederhole
antisemitische Unterstellungen anderer Zeiten.[103] Diese Bedenken sind ernst zu nehmen. Sie können vielleicht aber mit dem Hinweis darauf entschärft werden, dass es
selbstverständlich keine »rassischen« sondern spezifische soziale, kulturelle und religiöse
Vorgaben waren, die das von Beller skizzierte Phänomen hoher jüdischer Präsenz in
einigen Lebensbereichen erklären:

- Aus genannten wirtschaftlichen und gesellschaftspolitischen Gründen war die Verstädterung bei der jüdischen Bevölkerung überdurchschnittlich hoch.
- Das kulturell-religiöse Erbe begünstigte ein außergewöhnliches Lernethos.
- Der ungleich tiefere Graben zwischen überlieferter Religiosität und »aufgeklärtem«
  zeitgenössischem Selbstverständnis machte jüdische Zeitgenossen mehr als andere
  geneigt, Konventionen generell in Frage zu stellen bzw. hinter sich zu lassen.

Die numerische Stärke (insbesondere in den beiden Hauptstädten), eine vergleichsweise
hohe Intellektualität und das ausgeprägte Bedürfnis, eine zurückgelassene traditionelle
Religiosität kulturell zu sublimieren, ließen somit die assimiliert-jüdischen Milieus –
modellhaft für die gesamte Gesellschaft – zum besonders guten, aber beileibe nicht einzigen Nährboden einer praktisch areligiösen, jedoch zu ästhetischen Höchstleistungen
angespornten Moderne werden.

Prominentes Beispiel für die Verachtung des kleinbürgerlich-jüdischen Herkunfts-
milieus des Vaters bzw. für das Bestreben, es durch die Ideale des im Gymnasium vermittelten Konstrukts vom »klassischen Altertums« zu ersetzen, ist Sigmund Freud.[104]
Ebenso bestätigen viele (Auto-)Biographien die herausragende Rolle der Kultur als
Substitut für die von Generation zu Generation schwächere religiöse Bindung. Im Alltag wirkte sich das auf vielfältige Weise aus. Zur *Bar-Mizwa* verschenkte man deutsche
Klassiker; herbei gefieberte Theater- und Opernpremieren ersetzten fehlende religiöse

Erregungen.[105] Das spirituelle Vakuum füllten nicht selten auch philosophische und esoterische Weltentwürfe, für die das 19. und frühe 20. Jahrhundert besten Nährboden bildete (z.B. die Theosophische Gesellschaft, Friedrich Nietzsche).[106]

Besonders aus den 1870/80er Jahren existieren vermehrt Klagen über ein bedenkliches Absinken des religiösen Niveaus in den aufgeklärt bürgerlichen jüdischen Gemeinden. In Triest wurden damals auch Apostaten (= aus der Glaubensgemeinschaft Ausgetretene) weiter am jüdischen Friedhof begraben und unbeschnittene Knaben gemischter Ehen als Juden immatrikuliert.[107] Am Beispiel einer Klage über die Zustände in mährischen Gemeinden:

Ohne Weisel (= Vorsteher), ohne Rabbiner, von profanen, unwissenden Leuten geleitet, ohne System, ohne Religion, indifferent im höchsten Maße, ohne Gemeinsinn gehen Schule, Synagoge, nein, auch die früher wenigstens in Anregung gebrachten Institutionen dem Verfall entgegen. […] Die Schuljugend wird verwahrloset, die jungen Leute, welche ohnedies vom zeremoniellen Judentum nichts wissen und im Elternhause letzteres nicht üben, die Männer, welche von jüdischer Geschichte und unseren Erlebnissen wenig oder gar nichts wissen und hiedurch an dem Rettungsanker Religion keinen Gefallen und keine Stütze finden, das jüdische Weib, welches früherhin die Stütze des Hauses, die Erzieherin ihrer Kinder war, sind dem religiösen Wandel fremd. Der Gottesdienst wird vernachlässigt, und zwar derart, daß am Eingang des Sabbat fünf bis acht Erwachsene und hiezu im übrigen Kinder, welche nicht Bar Mizwa sind, den Tempel besuchen.[108]

Traditionelle jüdische Religiosität zog sich in einige Nischen zurück. Die von den Strenggläubigen abschätzig als »Drei-Tages-Juden« Bezeichneten ehrten bloß noch die Festtage Pessach, Neujahr und Yom-Kippur.[109] Im Tempel oder in der Synagoge fanden sie sich zur Beschneidung von Söhnen, deren *Bar-Mizwa* sowie zu Beerdigungen ein. Ihre Kinder besuchten den (aufgeklärten) jüdischen Religionsunterricht, dem etliche Absolventen ein schlechtes Zeugnis ausstellten.[110] Letzte Verbindungselemente zur Herkunft bildeten auch Legate und testamentarische Zuwendungen an jüdische karitative Einrichtungen.[111] Franz Kafka hat diesem »Religionsverlust« innerhalb einer Generation in seinem »Brief an den Vater« ein berührendes literarisches Dokument gesetzt:

[…] Du hattest aus der kleinen ghettoartigen Dorfgemeinde wirklich noch etwas Judentum mitgebracht, es war nicht viel und verlor sich noch ein wenig in der Stadt und beim Militär, immerhin reichten noch die Eindrücke und Erinnerungen der Jugend knapp zu

einer Art jüdischen Lebens aus, [...] aber zum Weiter-überliefert-werden war es gegenüber dem Kind zu wenig, es vertropfte zur Gänze, während Du es weitergabst [...]. Du gingst an vier Tagen im Jahr in den Tempel, warst dort den Gleichgültigen zumindest näher als jenen, die es ernst nahmen, erledigtest geduldig die Gebete als Formalität, setztest mich manchmal dadurch in Erstaunen, dass Du mir im Gebetbuch die Stelle zeigen konntest, die gerade rezitiert wurde, im übrigen durfte ich, wenn ich nur (das war die Hauptsache) im Tempel war, mich herumdrücken, wo ich wollte. Ich durchgähnte und durchduselte also dort die vielen Stunden (so gelangweilt habe ich mich später, glaube ich, nur noch in der Tanzstunde) und suchte mich möglichst an den paar kleinen Abwechslungen zu freuen, die es dort gab, etwa wenn die Bundeslade aufgemacht wurde, [...]. Sonst aber wurde ich in meiner Langweile nicht wesentlich gestört, höchstens durch die Barmizwe, die aber nur lächerliches Auswendiglernen verlangte, also nur zu einer lächerlichen Prüfungsleistung führte, und dann, was Dich betrifft, durch kleine, wenig bedeutende Vorfälle, etwa wenn Du zur Thora gerufen wurdest und dieses für mein Gefühl ausschließlich gesellschaftliche Ereignis gut überstandest oder wenn Du bei der Seelengedächtnisfeier im Tempel bliebst [...]. – So war es im Tempel, zu Hause war es womöglich noch ärmlicher und beschränkte sich auf den ersten Sederabend, der immer mehr zu einer Komödie mit Lachkrämpfen wurde, [...]. Wie man mit diesem Material etwas Besseres tun könnte, als es möglichst schnell loszuwerden, verstand ich nicht; gerade dieses Loswerden schien mir die pietätvollste Handlung zu sein.[112]

Ergebnis der Assimilation war in der Regel kein vollständiges Aufgehen in der regionalen Leitkultur der Mehrheitsbevölkerung als vielmehr eine Akkulturation in ein Drittes, das weder mit der traditionellen Herkunft noch mit der nicht-jüdischen Umgebung identisch war. Ausdruck dafür war das Unter-sich-Bleiben im gesellschaftlichen Verkehr sowie bei der Wahl des Ehegatten und hinsichtlich der gewählten Wohngegend oder des bezogenen Wohnhauses.

Soziale Barrieren kennzeichneten vor allem Provinzstädte und Gegenden, die oft nach Jahrhunderten erstmals wieder mit jüdischen Bewohnern konfrontiert waren. Salzburg erlebte 1867 seinen ersten jüdischen Zuzug. Der steirische Landtag genehmigte 1861 die neuen Grazer Stadtstatuten, die nach langem wieder Übernachtungen (!) von Juden in der Stadt zuließen.[113] Heftig war auch der Widerstand tonangebender mittelständischer Kreise in den deutschsprachig geprägten Königlichen Freistädten Oberungarns gegen die gesetzlich ermöglichte Ansiedlung von Juden, deren Geschäftskonkurrenz man fürchtete.[114] Vor allem auf der gesellschaftlich bedeutenden Ebene der Vereine grenzten sich die Lokalgesellschaften nach kurzer liberaler Euphorie in wach-

sendem Maße wieder von ihren jüdischen Mitbürgern ab, auch wenn diese sich bis in die Landestrachten hinein anzupassen bereit fanden und lokale »Bekehrungen« zum oder vom Antisemitismus stets möglich blieben. Ersatz schufen dann eigene jüdische Vereine, meist im religionsnahen Bereich.[115]

Weniger hoch scheinen die gesellschaftlichen Barrieren in den Kleinstädten Ungarns gewesen zu sein: Zumindest in Abaújszántó luden die etwa eintausend jüdischen Bewohner zu den privaten Purim- oder Hanukkah-Feiern immer auch ein oder zwei christliche Freunde; der Umgang mit dem anderen Geschlecht nicht-jüdischer Provenienz wurde freilich eher Burschen als Mädchen zugestanden.[116] Eine jüdische »Insel der Seligen« bildete in gewisser Weise die Bukowina und ihre Hauptstadt Czernowitz (1910: 28.613 Juden = 32,1 % der Bevölkerung). Die Pattstellung zwischen Rumänen, Ruthenen und Deutschsprachigen (inklusive der Juden), die unterentwickelten nationalistischen Ambitionen dieser Sprachgruppen und die hier ungefochtene Autorität der österreichischen Verwaltung bescherten der Stadt sowohl jüdische Bürgermeister (1905–1908, ab 1913) als auch ein breites Spektrum jüdischer Organisationen.[117]

Am konsequenten Ende der »Anpassung« an die gesellschaftliche Umgebung rangierte der Bekenntniswechsel, in der Regel die Taufe. Schon vor der Revolution hatten schätzungsweise drei Viertel der zwischen 1787 bis 1847 geadelten jüdischen Familien Wiens diesen Weg beschritten.[118] Sie und all jene, die ihnen darin folgten, gehörten damit im strengen Sinne nicht mehr zum jüdischen Teil der Reichsgesellschaft. Sie blieben es *nolens volens* dennoch, weil die Konversion die Identitätsfrage meist nicht erledigte, sondern nur verlagerte. Insbesondere wenn pragmatische Überlegungen die Entscheidung bestimmt hatten und keine neue religiöse Bindung erfolgte, konnte sich nach eigenem Zeugnis selbst die nachfolgende Generation noch als »Zwitterwesen« empfinden:

Abb. 9: Dachgleichenfeier für die Synagoge von St. Pölten (Foto 1913), Stadtarchiv St. Pölten.

Die liberalen Gesetze ab den 1860er Jahren ermöglichten die Niederlassung jüdischer Bürger in Städten und Regionen, die ihnen aufgrund restriktiver Bestimmungen oft Jahrhunderte lang verschlossen waren. In der Folge wurde in den Mittelstädten der Monarchie eine jüdische Infrastruktur neu aufgebaut. Salzburg erlebte 1867 seinen ersten jüdischen Zuzug. Der steirische Landtag genehmigte 1861 neue Grazer Stadtstatuten, die erstmals seit langer Zeit wieder Übernachtungen (!) von Juden in der Stadt zuließen. Widerständig zeigten sich die deutschsprachig geprägten Freistädte Oberungarns gegenüber der befürchteten jüdischen Geschäftskonkurrenz. Nach kurzer liberaler Euphorie grenzten sich viele Lokalgesellschaften auf der Ebene der Vereine zunehmend wieder von ihren jüdischen Mitbürgern ab. Ersatz schufen eigene jüdische Vereine, die meist im religionsnahen Bereich angesiedelt waren.

Die Taufe machte auf meine Eltern keinen besonderen Eindruck. Sie waren beide Frei-geister und gingen ebenso oft in die Kirche, wie sie vorher den Tempel besucht hatten, nämlich nur, wenn sie mussten. (Konfirmation und Heirat der Kinder). Sie fühlten sich weder als Juden noch als Christen. […] Nun. Paul Barnay, bist du ein Jude – bist du ein Christ? […] Nach meiner Überlegung war ich nicht Fleisch, nicht Fisch. Das ließen mich meine jüdischen Mitschüler stärker fühlen, als die christlichen.[119]

Auch im politischen wie kirchenpolitischen Bereich ließen antisemitische Zeitgenossen keinen Zweifel daran, dass Konvertierte eben nicht »Blut von gleichem Blute« waren. Und man sorgte dafür, dass die jüdische Abstammung auch bei Getauften nicht ver-gessen wurde: z.B. beim Erzbischof Theodor Kohn von Olmütz und bei Victor Adler oder wenn ein tschechischer Abgeordneter behauptete, dass zwei Drittel der Beamten im Finanzministerium der Hauptstadt »getaufte Juden« wären.[120] Auch die ehema-ligen Glaubensgenossen sparten nicht mit Spott über das Bestreben, *durch Taufwas-ser den verblaßten Namen aufzufrischen*[121] und sorgten zuweilen schlagfertig dafür, dass »Bekehrte« ihre Vergangenheit nicht zu rasch verdrängten:

Überlieferter Dialog zwischen dem (getauften jüdischen) Baron Henikstein und (dem jüdischen) Baron Königwarter vor Pessach: *»Jetzt kommt bald das Fest, an dem ihr die Ägypter bestohlen habt.« »Warum ihr? […], beim Stehlen waren Sie doch noch mit dabei.«*[122]

Konvertiten hatten natürlich auch ihre liebe Not, sich in die diffizilen Alltagsrituale und religiösen Verhaltensweisen ihrer neuen (christlichen) Glaubensgemeinschaften zu fügen. Ihre darin aufwachsenden Kinder genierten sich dann mitunter für ihre Eltern, wenn sie sich etwa in einer katholischen Kirche notorisch falsch verhielten.[123]

Vergleichende Studien zeigen, dass die »Taufquote« (= jährliche Taufen von Juden pro 10.000 Einwohner) in Wien dreimal so hoch lag wie jene von Berlin (38 zu 13), was mit Sicherheit keine so ungleich stärkere Assimilation anzeigt. Vielmehr resul-tierte sie aus einem größeren »Taufdruck« durch andere gesellschaftliche wie gesetzli-che Bedingungen. Das katholische Österreich forderte für den gewährten Aufstieg von Juden einen höheren »Taufzoll«. Die österreichische Gesetzgebung etwa schloss Ehen zwischen Christen und Nichtchristen aus (§ 64 ABGB, gültig bis 1938). Kinder aus jüdischen Familien konnten hier im Unterschied zu Preußen auch nur zusammen mit wenigstens einem Elternteil getauft werden.[124] Zwar blickte Österreich auf keine Preu-ßen vergleichbare Tradition der »Judenmission« bis in die zweite Hälfte des 19. Jahrhun-derts zurück, doch »entfremdete« beispielsweise die Stadt Wien noch lange jüdische Findelkinder ihrer Herkunft, indem sie sie meist christlichen Eltern anvertraute.[125]

Abb. 10: Dr. Theodor Kohn, Fürsterzbischof von Olmütz (1892–1904, †1915), aus einem Prachtband der sog. Leo-Gesellschaft über »Die Katholische Kirche unserer Zeit und ihre Diener in Wort und Bild«, 1899 (Foto vor 1899).

Theodor Kohn kam 1845 im mährischen Bresnitz / Březnice als Sohn einer armen Familie zur Welt. Er wurde 1871 zum Priester geweiht; das Olmützer Domkapitel wählte den damals 47-jährigen Theologieprofessor 1892 als ersten Bürgerlichen zum Erzbischof des (traditions-) reichen Bischofssitzes. Sein jüdischer Großvater väterlicherseits (Jakob) war im März 1826 samt Familie (Frau Rosalia und der zweijährige Sohn Joseph, Vater des Theodor) zur katholischen Kirche konvertiert; erst ein Hofdekret vom Juni desselben Jahres erlaubte aus solchem Anlass eine Namensänderung. Eine wachsende Schar von deutsch- wie tschechischsprachigen Gegnern des Erzbischofs zog bei ihren Angriffen auf den Kirchenfürsten immer ungenierter auch die antisemitische Karte. Im Jahr 1904 resignierte Kohn auf Anraten der römischen Kurie auf sein Amt und zog sich mit reicher Abfindung aber verbittert auf ein Schloss in der Steiermark zurück, wo er 1915 verstarb.

Der überwiegende Teil der Konversionen erfolgte erwartungsgemäß in Richtung katholischer Kirche, wobei das Jahr 1868 eine gewisse Trendwende markiert. In Wien waren von 1748 bis dahin nur 5,5 % jüdischer Konvertiten protestantisch getauft worden (zwei Drittel nach Augsburgischem, ein Drittel nach Helvetischem Ritus). Zur Wende ins 20. Jahrhundert wandte sich bereits ein Viertel der Übertretenden dem Protestantismus zu. Eine Hälfte der Betroffenen wurde katholisch, das restliche Viertel entschied sich gegen jede Konfession. Nach 1868 wurden auch häufiger die eigenen Vornamen bei der Taufe beibehalten.[126]

Prominentes Beispiel für den religionskritisch begründeten Bruch mit dem Judentum unter Inkaufnahme familiärer Turbulenzen war der großbürgerlich erzogene und samt den Kindern protestantisch getaufte Gründervater der österreichischen Sozialdemokratie, Victor Adler. Nachdem Adlers Eltern 1884 vom Papst empfangen worden waren und sich in Rom katholisch hatten taufen lassen, verschaffte auch er sich mit seiner Taufe das »Entrebillet zur europäischen Kultur« (Diktum Heinrich Heine) – das Leiden seiner Frau in Kauf nehmend, für die dieser Schritt eine »große schmerzliche Prüfung« bedeutete:

> *Victor und ich kamen aus einem ganz verschiedenen Milieu. Er suchte sich vom Judentum und allen jüdischen Gebräuchen energisch loszulösen, da er all dies für kulturfeindlich ansah. Ich hingegen glaubte noch immer, zum auserwählten Volk Gottes zu gehören und da mir meine Eltern Autoritäten bedeuteten, fromme Juden waren, die streng die Vorschriften und Gesetze einhielten, so war ich von allem überzeugt, ohne je darüber nachgedacht zu haben, ohne daß mir Kritik in den Sinn gekommen wäre.* [127]

In Böhmen mit seinem vor 1914 nie über 1,8 % steigenden jüdischen Bevölkerungsanteil war diese ultimative Form der »Assimilation« vor allem ein Phänomen Prags, das einen immer höheren Anteil aller böhmischen Juden absorbierte (1869: 17 %; 1910: 34 %), nicht jedoch der schrumpfenden kleinen jüdischen Gemeinden am Land.[128] Zwischen 1868 und 1917 verließen hochgerechnet 1.375 Mitglieder (760 Männer und 605 Frauen) die jüdische Gemeinde der Stadt: 792 (= 58 %) in Richtung katholische Kirche, 197 (= 14 %) zugunsten protestantischer Bekenntnisse, 30 (= 2 %) für andere religiöse Gemeinschaften, 356 (= 26 %) aber in die offizielle Konfessionslosigkeit; der überwiegende Teil (= 1.151 Personen) tat dies nach 1888.[129]

Aus den Standesangaben zu schließen war der häufigste Grund zum Austritt (besonders für Frauen) eine Eheschließung mit einem andersgläubigen Partner. Eine besondere Rolle spielten wohl auch Karrierefragen (v.a. im öffentlichen Dienst), war doch ein Großteil der Betroffenen zwischen 18 und 30 Jahre alt.[130] Die Bewegung war freilich keine Einbahn: Im selben Zeitraum konvertierten 326 Personen (91 Männer und 235 Frauen) zum Judentum (224 Katholiken, 28 Protestanten, 44 Gläubige anderer Bekenntnisse sowie 38 Konfessionslose); nur ein Fünftel davon (= 69 Personen) waren »Heimkehrer« (als Juden Geborene).[131] Die Analyse einer vergleichbaren Liste von 233 Übertritten zwischen 1877 und 1939 zur Grazer Kultusgemeinde[132] weist erwartungsgemäß Eheschließungen als Hauptmotiv für diesen ungewöhnlichen Schritt auf (bzw. seinen Widerruf nach einer Scheidung) und zeigt einen entsprechend hohen Anteil von Frauen.[133]

Jüdische Milieus verbindende Einrichtungen und Bewegungen

Mehr als bei den »kirchlich« und damit stärker institutionell organisierten christlichen Konfessionen und wie schon in den Jahrhunderten davor blieb im jüdischen Bereich die (Groß-)Familie die entscheidende Instanz, jüdische Identität und eine entsprechende religiöse Alltagsgestaltung zu vermitteln. Davon abgesehen verwandten die offiziellen Organe des Judentums einige Mühen darauf, die inhomogene Glaubensgemeinschaft beisammen zu halten. Mit traditionellen und modernen organisatorischen und kulturellen Mitteln versuchten sie, wenigstens ein Mindestmaß religiös-ritueller Lebensführung ihrer Mitglieder zu gewährleisten. Dies gelang um so eher, wenn Entscheidungen auf der Ebene lokaler Gemeinden belassen wurden. Vorstöße zur Errichtung überregionaler Strukturen hingegen stießen rasch an die Grenzen des Umsetzbaren.

Den Balanceakt zwischen Tradition und aufgeklärter, fortschrittsgläubiger Gegenwart hatte vor allem die Schicht der »jüdischen Religionsdiener« zu leisten (Rabbiner, Prediger, Kantoren etc.). Wie ihre Kollegen in den evangelischen Kirchen standen sie oft unter enormem Erwartungsdruck ihrer »Wähler« bzw. »Brotgeber«: der örtlichen *Kehilla* (= Kultusgemeinde) bzw. ihrer jeweiligen gewählten Vorstände. Diese setzten sich meist aus tonangebenden lokalen Honoratioren zusammen und waren nicht selten Schauplätze heftiger Parteifehden.[134] Insbesondere in Großstädten wie Wien konnte das für Betroffene jahrelange Anfeindungen bis hin zu schlechten »Pressekritiken« für Predigten bedeuten:

> *Bei jeder meiner Predigten saßen in den vorderen Bänken abgedankte Rabbiner, verunglückte Rabbinatskandidaten und dergleichen katilinarische Existenzen, die nur darauf warteten, ein tadelndes Urteil fällen und verbreiten zu können.*[135]

Traditionelle Gemeinden wiederum sträubten sich gegen Anregungen der Behörden, die auf einen höheren Organisierungsgrad der »Glaubensgemeinschaft« abzielten. Insbesondere wehrten sie sich dagegen, die Kompetenzen und Ausbildung der Rabbiner nach dem Muster christlicher »Geistlicher« zu gestalten. Andererseits waren Konfliktfälle zwischen Gemeindevorständen und jüdischen Religionsdienern fast notorisch und konnten oft nur durch staatliche Verwaltungsorgane geschlichtet werden. Diese unterstützten – insbesondere während der sog. Konkordatszeit (zwischen 1855 und 1870; im Wesentlichen die Phase des Neoabsolutismus) – eher die Positionen der streng Religiösen als jene der »Reformer«.[136] Ihre Versuche aber, überregionale jüdische Instanzen auf- oder auszubauen (etwa Rabbinerkonferenzen, Kreisrabbinate in Böhmen und Galizien oder ein Landesrabbinat wie in Mähren) erzielten meist nicht den erwünschten Effekt oder scheiterten gänzlich.[137] In Ungarn führten sie 1871 zur formellen Aufspaltung der Glaubensgemeinschaft zu praktisch eigenständigen jüdischen Denominationen mit unabhängigen Zentralinstanzen (die »Israelitische Landeskanzlei« der reformorientierten sog. Neologen, die »Orthodoxe Israelitische Landeskanzlei« sowie den sog. Status-quo-ante-Gemeinden, die sich keiner der beiden neuen Zentralinstanzen unterwerfen wollten).[138]

Besonders krass prallten die Gegensätze in Budapest aufeinander. In der mit ca. 3000 Plätzen größten Synagoge Europas predigte man bereits wenige Jahre nach ihrer Eröffnung 1859 ungarisch. Zum Horror der Orthodoxen wurde sie auch mit einer Orgel ausgestattet. Sie schufen sich deshalb 1872 ein eigenes Gotteshaus nach Plänen

Abb. 11: Die Kantorenfamilie Rabinowitsch mit den Eltern Philipp Wolf und Amalie sowie den Kindern Frieda, Emil, Kurt und Elsie (Foto St. Pölten ca. 1912), Archiv INJOEST.

Die Schicht der »jüdischen Religionsdiener« (Rabbiner, Prediger, Kantoren etc.) in reformjüdischen Stadtgemeinden hatte einen ständigen Balanceakt zwischen der althergebrachten Tradition und einer fortschrittsgläubigen Gegenwart zu leisten. Wie ihre Kollegen in evangelischen Kirchen standen sie unter dem Erwartungsdruck ihrer »Wähler« bzw. »Brotgeber«, der örtlichen *Kehilla* (= Kultusgemeinde) bzw. ihrer gewählten Vorstände. Diese Gremien setzten sich meist aus lokalen Honoratioren zusammen und waren nicht selten Schauplätze heftiger Parteifehden. Ein zur Mitte des 19. Jahrhunderts in Wien geleisteter »Inkulturationsschub« hat das traditionelle jüdische Gebets- und Gemeindeleben in die Welt des deutschen Bildungsbürgertums übersetzt (sog. »Wiener Stil«). Dabei wurden Gebet-, Religions- und Liturgiebücher erarbeitet, welche die überkommenen hebräischen Texte parallel mit qualitätvollen deutschen Übersetzungen präsentierten. In Gegenden, in denen andere Umgangssprachen dominierten, erhielt Deutsch dadurch beinahe den Charakter einer jüdischen Sakralsprache.

von Otto Wagner.[139] Zur Jahrhundertwende gab die ungarische Judenschaft bereits zu 85 % als Muttersprache »Magyarisch« an. Entsprechend heftig wurde um die Ausgestaltung einer staatlich anerkannten Ausbildungsstätte für Rabbiner gerungen, welche die traditionelle *Jeschiva* (= Talmudschule) von Pressburg ablösen sollte.[140] Im Jahr 1877 öffnete in Budapest ein staatlich finanziertes neologisches Rabbinerseminar samt jüdischer Lehrerbildungsanstalt seine Pforten und wurde wenige Wochen später mit königlichem Besuch beehrt.[141]

Für die westliche Reichshälfte spielte das jüdische Seminar im deutschen Breslau eine vergleichbare Rolle als »Lieferant« für jüdische Religionsdiener. Die gesetzliche Lage forderte hier doppelt (theologisch wie allgemein-wissenschaftlich) ausgebildete Kandidaten.[142] Der Andrang von Bewerbern auf entsprechende Stellen scheint groß gewesen zu sein. So wählte der Vorstand der Grazer Kultusgemeinde 1877 seinen ersten Rabbiner aus vierzig Bewerbern aus (Dr. Samuel Mühsam 1837–1907). Sein gar aus achtzig Kandidaten auserkorener Nachfolger David Herzog (1869–1946) war promovierter semitischer Philologe und hatte zudem mit Auszeichnung das Rabbinerseminar in Berlin absolviert.[143]

Hinsichtlich ihrer Rechtsgrundlage sowie ihres organisatorischen und gottesdienstlichen Erscheinungsbildes waren die regionalen Kultusgemeinden in der Regel Produkte eines »ersten Transformationsprozesses«: Er hatte das traditionelle jüdische Gemeindeleben in die Kultur des deutschen Bildungsbürgertums übersetzt. Dabei wurden Gebet-, Religions- und Liturgiebücher erarbeitet, welche die traditionellen hebräischen Texte parallel mit qualitätvollen deutschen Übersetzungen präsentierten. In Gegenden, in denen andere Umgangssprachen dominierten, erhielt Deutsch dadurch beinahe den Charakter einer jüdischen Sakralsprache. An ihr hielt man zäh auch dann weiter fest, wenn man im Alltag längst in Ungarisch, Tschechisch oder Polnisch kommunizierte. Diesen Sprach-Konservativismus konnten auch jene jüdisch-tschechischen Nationalisten nur teilweise überwinden, die in einem ambitionierten Kraftakt große Teile dieser deutsch-jüdischen Sakralliteratur ins Tschechische übertragen ließen.[144]

Ein ähnlich konservativer Zug kennzeichnete in Böhmen auch das jüdische konfessionelle Schulwesen, das vor allem in den Jahren des kirchlichen Einflusses auf die Grundschulen vor 1868 auf- und ausgebaut worden war. Die Verantwortlichen hielten auch unter den neuen Schulgesetzen an der Existenz und an der vorwiegend deutschen Ausrichtung dieser Konfessionsschulen fest: 1884/85 unterrichteten 114 solcher Schulen 4.470 Schüler, das war ca. ein Drittel des gesamten jüdischen Schulaufkommens (17 % des Gesamtböhmischen); 96 (= 84 %) von ihnen waren in tschechischsprachigen Städten und Dörfern lokalisiert. In den deutschsprachigen Städten Böhmens hingegen existierten lediglich zehn Schulen in jüdischer Schulträgerschaft. Noch 1910 besuchten 89 % aller jüdischen Grundschüler deutsche Unterrichtsanstalten. In den höheren Schulen verstärkte sich dieser Trend eher noch – ungeachtet der Tatsache, dass viele von ihnen (besonders in Prag) von katholischen Orden betrieben wurden.[145] Die Desintegration des Prager deutschen Liberalismus und die zunehmende antisemitische Radikalisierung der Stadtpolitik in den Jahren 1895 bis 1900 führten jedoch dazu, dass diese Sprachenpräferenz kippte und in der Folge ein Großteil der jüdischen Stadtbevölkerung gegenüber den Behörden Tschechisch als »Umgangssprache« deklarierte.[146]

Die Fundamente für ein gemäßigtes Reformjudentum waren schon im Vormärz (respektive vor 1848) gelegt worden. Sie wurden vor allem in Deutschland erarbeitet und orientierten sich unübersehbar am protestantischen Gottesdienst. Ihr zentrales Element war eine lange erbauliche Predigt in deutscher Sprache. Ein Großteil der vergleichbaren jüdischen Synagogen in Deutschland ging dabei soweit, traditionelle Glaubensinhalte wie die erhoffte »Rückkehr nach Zion«, die Restauration »Davidischer Herrschaft« und die »Erneuerung des Opferkultes« aus ihren Gebetbüchern ganz zu verbannen. Nur ca. 15 % von ihnen hielten zwar weiter daran fest, interpretierten sie aber im übertragenen Sinne. Anders die Entwicklung in Österreich. Hier wollte man den Bedürfnissen der assimilierten Gemeindemitglieder nach Ästhetik und Erbauung soweit wie möglich entgegen kommen, ohne aber die orthodoxen Glaubensgenossen zu verprellen.[147]

Pionierin dieser eher »schonenden Transformation« war die Gemeinde der Residenzstadt Wien. Von hier strahlte dieser »Wiener Stil« aus in die Gemeinden anderer Reichsstädte und andere Länder (Pest, Prossnitz, Prag, Lemberg, Krakau, Brody, Warschau, Odessa); er war auch das Vorbild für die sog. Neologie in Ungarn. Seine Schöpfer waren der Wiener Gemeindeseelsorger Isaak Noah Mannheimer (1793–1865, in Wien seit 1825)[148] und der Wiener Oberkantor Salomon Sulzer (1804–1890, in Wien ab 1826).[149] Sie hielten an der hebräischen Gottesdienstsprache fest (Ausnahme: deutsche Predigt) und vermieden jede Änderung, die den rituellen Normen des *Schulchan Aruch* (= normatives Handbuch bzw. Rituale zum jüdischen Gesetzeswerk der *Halacha*) offen zuwiderlief.[150] Zum Prüfstein für die Reformwilligkeit wurde vor allem die Einführung einer Orgel. Sie ließ sich im Unterschied zu fast allen deutschen Reformsynagogen in Wien nicht durchsetzen. Die Traditionsgebete überantwortete man hier 1870 nach harten Auseinandersetzungen dem individuellen Gebet, um sie nach der Jahrhundertwende wiederum laut ertönen zu lassen.[151]

Reformunwillig erwiesen sich in Wien vor allem die zahlreich zuwandernden traditionell-religiösen (west-)ungarischen Juden. Im Jahr 1869 waren über 42 % aller neugeborenen jüdischen Kinder gebürtige Ungarn, ebenso etwa die Hälfte aller 1870 mosaisch Getrauten. Sie sammelten sich bevorzugt in der privaten *Schiffschul*-Synagoge und drohten gerne mit »Sezession« (und damit der Einstellung ihrer Zahlungen). Spannungsgeladen blieb das Verhältnis der Wiener Israelitischen Kultusgemeinde auch zur überschaubaren Gruppe sephardischer Juden der Stadt (1870: 1,4 % der Wiener Juden, meist eingewandert aus Balkanländern und der Türkei). Sie verloren 1890 per Gesetz ihre Selbstständigkeit als eigene jüdische Gemeinde, wogegen sie ungeachtet einiger Kompromissversuche bis zum Ende der Monarchie mit einiger Emotionalität ankämpften.[152]

Dass die wichtige Gemeinde der Residenzstadt anders als die Judenschaft Ungarns trotzdem geeint blieb, war nicht zuletzt das Verdienst ihrer drei geistlichen Gemeindeleiter vor 1918. Jeder von ihnen präsentierte sich im Auftreten und seinen Argumentationen jeweils »konservativer« als der unmittelbare Vorgänger: Auf den »Religionslehrer« Mannheimer folgten der »Prediger« Adolf Jellinek (1821–1893, in Wien ab 1856) und der »Rabbiner« Moritz Güdemann (1835–1918, in Wien ab 1866), jeweils ausgebildet an einer Universität und dem Jüdisch-Theologischen Seminar in Breslau. Güdemann kamen in den heißen Phasen der Wiener Reformdiskussion 1871/72 nicht zuletzt seine freundschaftliche Kontakte zu den Wortführern der anderen jüdischen Gruppierungen zugute: so zum sephardischen Rabbiner Reuben Baruch; vor allem aber zu Rabbi Salomon Spitzer, dem inoffiziellen Haupt der ungarischen Orthodoxen, um den sich 400 (!) deklarierte Reformgegner scharten; danach auch zu Jacob Fleissig, der diesem 1872 nach einem missglücktem Abspaltungsversuch nachfolgte.[153]

Wie sehr Positionierungen in innerjüdischen religiösen Fragen mit soziologischen Gegebenheiten einhergingen, demonstriert das Beispiel Ungarn. Die Häupter der Orthodoxen stammten in der Regel aus deutschsprachigen und galizischen Familien des Landes und waren meist kleine Handwerker und Händler. Die Führer der *Haskala* (= jüdischen Aufklärung) bzw. der reformfreudigen Neologen hingegen waren meist Einwanderer aus böhmischen Landen (v.a. aus Mähren) bzw. deren Nachkommen und stellten in hohem Maße die großbürgerlichen Spitzen des Wirtschaftslebens.[154]

Vergleichende Studien mit Deutschland, Frankreich und England weisen darauf hin, dass es nicht zuletzt die nationale Komplexität der österreichischen Reichshälfte war, die einige Besonderheiten der Identitätsstiftung seiner jüdischen Bewohner erklärt. Das betraf zum Beispiel eine fast religiöse Anhänglichkeit für die herrschende Dynastie, die praktisch das gesamte Spektrum jüdischer Milieus überspannte. Damit zusammenhängend war auch ein spezifisches »österreichisches« Nationalgefühl bei ihnen verankert, in der Folge aber auch ein stärkeres »jüdisches Nationalbewusstsein« als Alternative zu den wachsenden (und Juden ausschließenden) Nationalismen der übrigen Volksgruppen.[155] Aus diesen Faktoren sowie aus sozialen Gründen resultierte auch die vergleichsweise größere Bedeutung der »Religion« für die kollektive Selbstbestimmung der Juden der Monarchie.[156] Eine Sonderstellung nahm dabei die wohlhabende jüdische Gemeinde Triests ein, die früh für die italienische Sprache optiert hatte und zwischen (emotional unterstützter) Irredenta und (wirtschaftlich gebotener) Kaisertreue hin und her gerissen wurde.[157]

Die Kultusgemeinden beschränkten den Radius ihrer Aktivitäten keineswegs auf gottesdienstliche Belange. In moderner Ausweitung der traditionellen Armensorge bildeten sie auch Plattformen für zahlreiche private wie gemeindliche karitative Initiativen. Dass ein Bedarf dafür mehr als gegeben war, offenbaren Analysen der sozialen Zusammensetzung vieler Gemeinden: Nur ca. ein Drittel der Mitglieder der Wiener »Israelitischen Kultusgemeinde« (1910 ca. 175.000) sah sich beispielsweise in der Lage, den geforderten Jahresbeitrag von zehn Kronen zu leisten.[158] Die zwei Hauptstädte des Reiches waren überdies bevorzugte Ziele einer steten und wachsenden Binnenmigration, an die sich die Hoffnungen vieler auf einen Aufstieg aus bitterer Armut knüpften. Ebenso wie die bedeutende Emigration nach Übersee (zwischen 1881 und 1910 ca. 200.000 Juden aus Galizien) bot sie aber auch eine Möglichkeit, »familienschonend« aus der oft als rigide empfundenen religiösen Enge der dörflichen Heimat auszubrechen.

Die mittellosen Ankömmlinge wurden an den Zielorten ihrer Wanderungen im besten Falle von einem zunehmend dichter geknüpften Netz karitativer Einrichtungen aufgefangen. Um sich besser abzustimmen und möglichen Missbrauch hintan zu halten, schlossen sich diese in Wien schließlich zu einer Dachorganisation samt einem Zentralregister zusammen (»Zentralstelle für das jüdische Armenwesen«). Laut Hödl versammelten sich unter diesem Dach die Organisationen: »Erster österreichischer Hilfsverein für Jüdische«, »Osten«, »Bikur Hilim«, »Israelitischer Wohltätigkeits- und Krankenunterstützungsverein«, »Verein zur Errichtung von Volksküchen«, »Einheit«, »Achwah-Brüder«, »Israelitischer Frauen-Verein«.[159] Mindestens ebenso gut entwickelt präsentierte sich gegen Ende der Untersuchungszeit die jüdische Armenfürsorge in Budapest.[160] Im Unterschied zur traditionell-religiösen Wohltätigkeit knüpften diese modernen Organisationen ihre Hilfe vielfach an moralische Vorleistungen oder arbeitsethische Bedingungen. Ihre Fürsorge galt im Sinne der »aufgeklärten« Armenpflege bevorzugt der »würdigen, verschämten Armut«, während sie obstinate oder »aus eigener Schuld« Mittellose nach Möglichkeit aussiebte.[161]

Einige soziale Vereine wollten im Sinne der Prävention die Lebensbedingungen in Galizien selbst so verbessern, dass eine Auswanderung nicht mehr nötig sein sollte: z.B. der »Hilfsverein für die notleidende Bevölkerung in Galizien«, der »Verein zur Beförderung des Handwerks unter den inländischen Israeliten«, die »Baron-Hirschfeld-Stif-

tung zur Förderung des Volksschulwesens in den Königreichen Galizien und Lodome-
rien«, die »Israelitische Allianz«.[162] Sammelpunkt der Galizier in Wien wurden nicht
wie in New York landsmannschaftliche *Landsleit*-Organisationen sondern spezifische
Bethäuser und Gottesdienst-Gemeinden, welche die Gebräuche und Riten der Heimat
pflegten. Mit den Jahren schrumpfte freilich auch deren religiöse Bindekraft.[163]

Verbindungsglied zwischen den beiden idealtypisch skizzierten Welten der Orthodoxen und Assimilierten war auch eine vollkommen unpolitische vormoderne Organisation, die unabhängig von den rechtlich relevanten Gemeindestrukturen existierte:
die *Chewra Kadischa*, eine Totenbruderschaft.[164] Sie widmete sich wie ihre christlichen
Verwandten (die Bruderschaften des Mittelalters und der Neuzeit) vorwiegend der
würdigen Grablege ihrer Mitglieder bzw. der Glaubensgenossen und konstituierte sich
mit einem festlichen Mahl jährlich neu.[165] In den westungarischen Traditionsgemeinden bildeten die Jahrfeste der Bruderschaften samt ihren Umzügen Höhepunkte im
öffentlichen Leben. Die Toten geleiteten sie dort rituell aufwendig zur letzten Ruhe
und gaben ihnen nach Möglichkeit ein wenig Palästina-Erde mit ins Grab.[166] Trotz oder
gerade wegen ihrer losen Organisationsform konnten sie in den alten wie in den modernen Gemeinden häufig selbst solche Männer religiös bei der Stange halten, die sonst
längst von ihren konfessionellen Wurzeln abgeschnitten waren. In den Hauptstädten
der Monarchie gerieten ihre Jahrmähler mit prominenter Teilnahme nicht selten zum
gesellschaftlichen Großereignis.[167]

Die religiösen Züge der zionistischen Bewegung

Es waren nicht, wie vielfach behauptet, primär die streng religiös sozialisierten Galizier
in Wien, die sich für die hier ins Leben gerufene zionistische Bewegung empfänglich
zeigten. Das verhinderten nicht zuletzt gezielte religiöse Provokationen zionistischer
Gruppen: wie demonstratives Sabbat-Brechen oder Angriffe auf religiöse Autoritäten der
Stadt.[168] Dennoch wurde die zionistische Bewegung nicht wenig von Männern aus traditionell-jüdischem Hause vorangetrieben, die wegen ihrer Aufgeschlossenheit für Neues
in ihren Herkunftsorten als progressiv gegolten hatten und wissbegierig in die Metropolen des Reiches aufgebrochen waren. Dort angekommen aber verstörte sie die spirituelle Armut ihrer assimilierten Glaubensgenossen, denen sie in der Folge ein attraktives
Modell »neuen Judentums« anboten, das sich seiner Wurzeln nicht schämte.[169]

Streng Orthodoxe lehnten den Zionismus als anmaßende Vorwegnahme göttlicher
Zukunftsversprechen ab.[170] Die Gemäßigten unter ihnen bewunderten aber auch das
neue jüdische Selbstbewusstsein, das sich wohlig vom Verhalten der *Maskilim* (= Assi-

Abb. 12: Gottesdienst in der Synagoge der böhmischen Stadt Reichenau an der Knieschna (Rychnov nad Kněžnou) im Rahmen der Hilfsmaßnahmen für jüdische Flüchtlinge im Ersten Weltkrieg (Foto 1914/15), Sammlung Helfried Seemann Wien.

Der wechselhafte Kriegsverlauf an der Ostfront und ein rabiater Antisemitismus russischer Truppen in besetzten Gebieten bescherte der Habsburgermonarchie eine Flüchtlingstragödie tragischen Ausmaßes. Sie bildete den bitteren Ausklang für die jüdischen Lebensrealitäten eines Staatsgebildes, das sich ob seines ideell übernationalen Charakters hoher Akzeptanz bei seinen jüdischen Bevölkerungsteilen erfreute. Nicht zuletzt die materiellen und ideologischen Hilfsangebote zionistischer Gruppierungen erleichterten es zahllosen Entwurzelten aus traditionellen ostjüdischen Milieus, im Zionismus eine neue jüdische Identität zu finden.

milierten) abhob, die alles religiöse Erbe verdrängten.[171] Und das aufgeklärte Reformjudentum war für sie ohne Zweifel die »größere Häresie« als der neue Zionismus.[172] Umgekehrt bekehrte die antiliberale politische Entwicklung nicht wenige Assimilierte allmählich zum »unseligen Zionismus« (Karl Emil Franzos)[173], darunter viele (studierende) Jugendliche aus weitgehend areligiösen mittelständischen Familien.[174] Idealtypisch gezeichnet verlief die Entwicklung vom traditionell-jüdischen Großvater über einen assimiliert-kulturjüdischen Sohn zum zionistisch-nationaljüdischen Enkel.[175]

Die inhomogene zionistische Bewegung entwickelte sich allmählich zu einer echten Alternative gegenüber den zwei skizzierten Idealtypen jüdischer Identität – trotz oder gerade wegen ihrer Ablehnung durch religiöse Wortführer beider Schattierungen. Der bereits genannte, aus Galizien gebürtige Floridsdorfer Rabbiner Joseph Samuel Bloch wurde beispielsweise zur Anlaufstelle für ca. 250 negative Stellungnahmen führender orthodoxer Rabbiner gegen die zionistische Idee des Theodor Herzl – obwohl er sich sonst als beherzter Streiter für jüdisches Selbstbewusstsein und gegen assimilatorische Anpassungen hervortat. Mit ausgefeilten theologischen Expertisen wurde sie auch durch die Wiener Gemeinde-Geistlichen Jellinek und Güdemann abgelehnt.[176] Erst recht hemmte die (zumindest nach außen demonstrierte) größere Offenheit des ungarischen Establishments gegenüber Juden den Aufbau einer zionistischen Bewegung. Sie wurde zudem auch hier von orthodoxer wie assimilierter Seite bekämpft.[177] Eine ungarischsprachige Ausgabe des 1896 veröffentlichten »Judenstaates« von Theodor Herzl erschien erst gegen 1920.[178]

Dessen ungeachtet kreierte die zionistische Bewegung eigene quasi-religiöse Rituale. Vor allem ihre »Makkabäerfeiern« konnten sich als eine neue Form der Selbstvergewisserung etablieren.[179] Das zunehmende Oberwasser religiöser Kräfte innerhalb der zionistischen Bewegung wurde spätestens am Siebenten Zionistenkongress in Basel 1905 augenscheinlich, der einen jüdischen Staat außerhalb Palästinas ausschloss. Säkulare Beobachter haben bereits damals auf die drohende Feindschaft der arabischen Welt als absehbare Folge dieses Beschlusses hingewiesen und davon ausgehend das vorzeitige Ende der Bewegung proklamiert:

> Der Zionismus ist gescheitert, das kann man heute schon sagen, weil er einer religiös-historischen Reminiszenz nachgelaufen ist: dem Heiligen Lande. Aber wahrhaft heilig ist das unberührte Land. In dem ursprünglichen Plane Herzls wollte er die Wahl des Bodens, auf dem der Judenstaat erstehen sollte, einem Kollegium von Geographen und Wirtschaftsleuten überlassen. Er ist vor den polnisch-russischen Rabbinern und den Talmudschülern zurückgewichen.[180]

Die Entwicklung der folgenden Jahre wies bekanntlich in eine andere Richtung, wie sich bereits in der großen jüdischen Flüchtlingstragödie des Ersten Weltkriegs abzeichnete: Seine nun stärkere religiöse Konnotation erleichterte es zahllosen tragisch Entwurzelten aus traditionellen Milieus, im Zionismus neue Orientierung zu finden.[181]

Durch die folgenden, noch größeren Katastrophen des Jahrhunderts wurde dieser Prozess weiter beschleunigt. Sie verliehen der Bewegung jene Entschiedenheit, die schließlich die Umsetzung ihres Hauptzieles erreichte.

Die Juden der Habsburgermonarchie – ein Resümee

Am Vorabend der Umbrüche des Ersten Weltkrieges präsentierte sich die Judenheit der Habsburgermonarchie vielgestaltiger denn je. Weite Teile von ihr bewegten sich nach wie vor in fast hermetisch abgeschlossenen Subkulturen der orthodoxen und chassidischen Traditionen. Die in unterschiedlichem Maße Assimilierten wiederum durchliefen seit Jahrzehnten komplexe Prozesse der Identitätsfindung. Sie waren über lange Zeit geprägt durch eine Akkulturation, die in ihrer Geschwindigkeit und Intensität wohl nur wenige historische Parallelen kennt. Den Faktor »Religion« hatten sie nicht selten bis unter die Wahrnehmungsschwelle marginalisiert. Ab den 1890er Jahren kehrte sich der Trend immer deutlicher um. Er ging nun in Richtung einer Rückbesinnung auf die kulturellen und religiösen Werte der Schicksalsgemeinschaft. Die leidvollen Erfahrungen mit einer immer weniger integrationsgeneigten nichtjüdischen Umgebung hatten gelehrt, dass man ihr ohnehin kaum entkommen konnte, selbst wenn man ihr formell den Rücken kehrte:

Welcher Segen kann aber einem jüdischen (?) Hause entsprießen, wo es verpönt ist, über jüdische Dinge zu sprechen, wo der Weihnachtsbaum statt der Chanukkalampe brennt, wo der Sohn, und vollends die Tochter, keine Zeit findet, in die Religionsschule zu gehen, weil sie ja ungleich Wichtigeres zu tun hat, weil sie klimpern und französisch radebrechen muß! Solche Häuser bilden nicht etwa seltene Ausnahme, sondern sind in unserer Zeit der Bildung und der Verbildung fast zu Regel geworden. Da möchte man ja, trotz ihres Elends, die Brüder im Osten beneiden, bei denen, unberührt von moderner Kultur, das alte Judentum in ungebrochener Kraft noch fortlebt. [...] Die Bildung hat uns die Wunde geschlagen, die Bildung muß sie heilen. [...] Wer das Judentum kennt, muß es lieben und wird es nimmermehr verlassen. [182]

Als Alternative zur religiösen Abschottung und zur liberal-bürgerlichen Integration traten immer stärker auch moderne sozialistische und zionistische Lebenskonzepte in den Vordergrund. In ihrer weltanschaulichen Geschlossenheit boten sie ebenfalls für viele ihrer Anhänger eine Beheimatung von fast »religiöser Dichte«.[183] Die »Religion« im überlieferten Sinne wollten diese freilich in enge Schranken gewiesen wissen; nicht wenige von ihnen kämpften sogar aktiv gegen sie an.

Vom Leben in national vereinnahmten Traditionswelten

Die ostkirchlichen Milieus an der Peripherie des Reiches

Sieht man von den wohlhabenden griechischen Diaspora-Gemeinden[1] in den Hauptstädten Wien und Budapest und dem Sonderfall der Armenier ab, dann bedeutete eine
im Habsburgerreich zwischen 1848 und 1918 nach ostkirchlichem Ritus vorgenommene
Kindstaufe fast zwangsläufig eines: Dieses in Kirchenmatrikeln registrierte staatsbür-
gerliche Subjekt gehörte einer niederen sozialen Schicht und einer unterprivilegierten
Nationalität an. Im Regelfall musste es seine Lebenschancen in den kargen bis erbärm-
lichen[2] dörflichen Milieus der Ukrainer,[3] Rumänen oder Serben bzw. in Galizien, der
Bukowina, Siebenbürgen, Slawonien oder Bosnien suchen. Im günstigeren Fall entkam
es diesen Lebensbedingungen durch enge Schlupflöcher des sozialen Aufstiegs bzw.
durch Binnenwanderung oder Emigration. Seine jeweilige kirchliche Gemeinschaft war
ihm materiell eher Bürde als Hilfe; sie vermittelte ihm aber einen Grundstock religiös-
kultureller Prägungen, die sich jedoch gegenüber einem anschwellenden Druck von
konkurrierenden Welt- und Lebensentwürfen behaupten mussten.

Die Habsburgermonarchie – ein »ostkirchliches Dorado«?

Gemeinsames historisches Schicksal der betroffenen Regionalgemeinschaften war ihre
tausendjährige Zugehörigkeit zum »byzantinisch-slawischen Commonwealth«. Alle-
samt lagen sie an der Grenze zu den Kirchen des lateinischen Westens, deren Dynamik schon seit dem Spätmittelalter besonders auf die Kirche der Ukrainer ausstrahlte.[4]
Erbe des konfessionellen Zeitalters waren Kirchenunionen (= verbriefte Kirchenge-
meinschaften lokaler Ostkirchen mit der römisch-katholischen Kirche: 1596 und 1646
mit Ukrainern, 1667 und 1686 mit Armeniern, 1698 mit Rumänen). Sie haben im Laufe
der Zeit erst recht »konfessionelle Zwischenreiche« (Albert Ammann) geschaffen, die
gerade in der Habsburgermonarchie mit obrigkeitlicher Förderung gut gediehen waren.
Die lautere Absicht – eine partielle Überwindung der schmerzlichen großen Kirchen-
spaltung zwischen Ost und West – wurde durch die weiteren Entwicklungen in der
Regel ins Gegenteil verkehrt: Die stets unvollständige Akzeptanz dieser »Unionen« bei
Klerus und gläubiger Basis der betroffenen Region bzw. der Widerruf der Kirchenge-

meinschaft unter geänderten politischen Rahmenbedingungen[5] hatten die regionalen Kirchenlandschaften regelmäßig weiter kompliziert und zersplittert.

Über Jahrhunderte tradierte Vorfälle von Gehässigkeiten bis hin zu blutigen Verfolgungen durch den »schismatischen« (= kirchlich abtrünnigen) Widerpart hinterließen schlecht vernarbte Wunden, die jederzeit wieder aufbrechen konnten: etwa anlässlich der umstrittenen Heiligsprechung des »Unionsmärtyrers« Josaphat Kuntsevych († 1623) im Juni 1867.[6] Ein Bekenntniswechsel konnte zudem als Mittel des politischen, nationalen oder sozialen Protestes instrumentalisiert werden. 1856 forderten orthodoxe rumänische Großgrundbesitzer der Bukowina nach Übertritten unzufriedener Untertanen zur griechisch-katholischen Kirche ein Verbot dieser »Proselytenmacherei«.[7] Der orthodoxe Erzbischof von Czernowitz interpretierte die gezielte Betreuung von »Ruthenen« in der Bukowina durch römisch- wie griechisch-katholische Geistliche aus Galizien als »Kreuzzug« in nationaler Mission.[8]

Zeit ihrer Existenz waren die Unionskirchen einer doppelten Sogwirkung ausgesetzt. Organisatorisch und theologisch-spirituell lockte die römische Kirche mit vielfältigen Angeboten, die gerade in der schmalen Ober- und Bildungsschicht Konversionen förderten. Eine Union und das wiederholt verbriefte Wohlwollen der römischen Kurie schützten aber nicht vor wechselseitigen Aversionen der »Lateiner« und »Griechen« am Ort.[9] Jahrzehntelang wurde für Galizien etwa um Regelungen für Mischehen und ihre Kinder gefeilscht, bis eine *Concordia* im Jahr 1863 diese Front befriedete.[10] Die erstarkenden Nationalismen des 19. Jahrhunderts erzeugten in der gesamten orthodoxen Ökumene eine starke Sogwirkung in Richtung einheitlicher, »autokephaler« (= eigenständiger, autonomer) Nationalkirchen (z.B. Griechenland 1833, Bulgarien 1872).[11] Sie schürten die alte Abscheu vor »papistisch-jesuitischer« Vereinnahmung bzw. dem Verrat »reiner« orthodoxer Überlieferung und nutzten dafür auch bestehende volkskirchliche Traditionen: Anlass etwa für den unierten Metropoliten von Lemberg, im Jahr 1884 die Wallfahrten nach Kiew und Poszajow zu verbieten, bei denen die Teilnehmer den »Geist des Schismas« inhalieren würden.[12]

Die Jahrzehnte josephinischer österreichischer Verwaltung vor 1848 hatten sich für alle betroffenen Ostkirchen vorteilhaft zu Buche geschlagen: im Ausbau von Organisation und Infrastruktur, für die finanzielle Absicherung und Qualität der Kleriker-Bildung[13] – wertvolles Rüstzeug, um sich auf dem zunehmend turbulenten gesellschaftlichen Terrain der ausgehenden Monarchie behaupten zu können. Als abträglich hingegen erwies sich diese Zeit für das vormals rege Bruderschaftswesen sowie für Stand und Bedeutung der Klöster. So reduzierte sich in der Bukowina die Zahl der orthodoxen Religiosen von 466 Mönchen und 88 Nonnen in zehn Klöstern (1776) auf

Abb. 13: Segnung im Rahmen der Tauffeier einer rumänischsprachigen Familie nach griechisch-katholischem Ritus bei Sugág im Königreich Ungarn (Foto 1908), Museum für Völkerkunde in Budapest.

Bei praktisch allen Konfessionen, speziell aber in den ostkirchlichen Traditionen, gab es bis ins 20. Jahrhundert hinein eine Reihe von kirchlichen wie außerkirchlichen rituellen Maßnahmen, um von Neugeborenen und ihren Müttern Schaden abzuwehren. Bei den älteren christlichen Denominationen (inkl. den bodenständigen protestantischen Milieus) galten die Mütter nach biblischen Vorgaben überdies für vierzig Tage im kultischen Sinne als »unrein« (und damit vom Gottesdienst ausgeschlossen). Sie waren deshalb bei der Taufe ihrer Kinder, die meist bald nach der Geburt stattfand, in der Regel nicht anwesend.

drei Männerklöster (Putna, Suczawitza, Dragomirna) mit je 25 »systematisierten« Stellen; eine Aufstellung von 1913 weist real nur 42 männliche und zehn weibliche Klosterinsassen aus.[14] In Siebenbürgen war keines der 1761/62 zerstörten orthodoxen Klöster wiederhergestellt worden.[15] Alle unierten Kirchen der Habsburgermonarchie zusammen zählten um 1875 nur 115 Mönche und 13 Nonnen in 23 Männer- bzw. zwei Frauenklöstern.[16] Das weibliche Klosterwesen der Serben war vom Ende des 18. Jahrhunderts bis zum Ersten Weltkrieg zur Gänze erloschen.[17]

Die einschlägige Geschichtsliteratur widmet sich fast allein den Organisationsfragen der Ostkirchen sowie ihrer Rolle in der jeweiligen Nationenbildung. Sie geizt jedoch mit Informationen zum lokalen Sozial- und Ämtergefüge der kirchlichen Gemeinschaften und mit Aussagen zur religiösen Mentalität und Alltagsgestaltung der Gläubigen und Kleriker. Die betroffenen Regionalmilieus müssen deshalb aus den meist wenig professionellen volkskundlichen Studien der Zeit rekonstruiert werden. Sie beschreiben in der Regel Idealtypen von Dörfern und (Grund besitzenden) Familien der jeweiligen ethnischen Gruppen. Untere soziale Schichten wie Tagelöhner, Arbeiter, Dienstboten oder auch niedere Kirchendiener bleiben dabei fast immer ausgespart.

Die religiös-kulturellen Prägungen ostkirchlicher Traditionen

Die komplexe konfessionelle Situation am Balkan und im Karpatenraum lässt erahnen, dass primär wohl nicht die dogmatischen Spitzfindigkeiten der Theologen die westliche und östliche Kirchenwelt trenn(t)en wie etwa der Streit um das *Filioque* im Credo.[18] Vielmehr waren und sind es in Jahrhunderten gefestigte regionale religiös-kulturelle Prägungen der sog. *longue durée* (= über Periodengrenzen hinweg wirksame Merkmale und Einstellungen), welche die Lebens- und Glaubenswelt der Betroffenen zumindest bis ins frühe 20. Jahrhundert bestimmten. Die im Geist der byzantinischen Reichskirche christianisierten Bevölkerungsgruppen vereinte eine Grundausstattung alltagsprägender Einrichtungen, deren identitätsstiftende Kraft kaum überschätzt werden kann.

Die ostkirchlichen Gemeinschaften der Monarchie lebten vor allem nach einem vom übrigen Europa separaten Kalender. Er vermerkte einen besonderen Festzyklus[19] und wies eine fast durchgängig eigene Datierung mit Tagesheiligen auf. Die päpstlich verordnete »Gregorianische Kalenderreform« des ausgehenden 16. Jahrhunderts hatte man verweigert; die Differenz betrug im 19. Jahrhundert bereits zwölf Tage. Lediglich das vom Mond bestimmte Osterfest fiel wiederholt (z.B. 1889) mit jenem der »Lateiner« zusammen. Auch die Unierten Galiziens und Siebenbürgens waren letztlich beim julianischen Kalender geblieben – angesichts des vielerorts engen Zusammenlebens mit »Lateinern« (inklusive häufiger Mischehen) ein gehöriger Störfaktor für die zyklischen ländlichen Lebensgestaltungen.

Der Kalender wurde besonders durch die strengen ostkirchlichen Fastengebote virulent: Über das regelmäßige Mittwochs- und Freitagsfasten hinaus standen vier längere

Abb. 14: Zur traditionellen Osterweihe aufgestellte Gläubige der griechisch-katholischen (ruthenischen) Gemeinde Tyszkowce im Bezirk Horodenka in Galizien (Foto vor 1918), Fotoarchiv des Österreichischen Museums für Volkskunde in Wien.

Dem Osterfest bzw. dem »Brechen« der gerade im ostkirchlichen Bereich langen und harten Fastenzeit kam hier (wie in einigen ländlichen katholischen Milieus) eine besondere Bedeutung zu, das sich nicht zuletzt in besonderen Speisebräuchen äußerte. Die im Familienkreis verzehrten geweihten Osterspeisen waren (und sind) im christlichen Bereich die weithin einzige häusliche Mahlfeier religiöser Konnotation. Anders dazu waren und sind hausliche religiöse Mähler (v.a. zu Sabbat und an Pessach) im Judentum ein zentraler Bestandteil des religiösen Lebens.

Fastenperioden im Jahreskalender,[20] während der sich Frauen und Männer nicht nur des ehelichen Verkehrs[21] und aller Fleischspeisen sondern auch aller Milchprodukte (!) enthalten sollten.[22] Das bedeutete jenseits der mediterranen Olivenöl-Küche ein echtes Dilemma, das für die »lateinischen« Nachbarn durch päpstliche Dispense seit langem entschärft war. Man kam damit auf knapp 200 Fasttage im Jahr. Gärten mit Sonnenblumen, deren Öl das Ernährungsproblem lindern half, kennzeichnete denn auch ostkirchliche Haushalte.[23] Kritische Stimmen schrieben dem exzessiven Fasten eine Mitschuld am verheerenden Alkoholismus Galiziens zu[24] und machten es auch für die »Antriebslosigkeit« der Rumänen verantwortlich.[25] Die Betroffenen trauten ihm offenbar schicksalswendende Wirkungen zu und setzten es mitunter auch bei Krankheit, einem Rechtsstreit oder »auf den Kopf eines Feindes« ein.[26] Kurioser Nebeneffekt des doppelten Kalenders in konfessionellen Mischbezirken Galiziens war eine Verdoppelung der Feste, die bis zu 200 arbeitsfreie Tage bescheren konnte.[27] Einzig die unierten Armenier wechselten 1912 zum gregorianischen Kalender, was aber wiederum eine neue Kluft zu den nicht-unierten Armeniern öffnete.[28]

Das starke Bindeglied des gemeinsamen Jahresrhythmus und einer Palette ähnlicher liturgischer und alltagsreligiöser Vollzüge (regionale Beispiele siehe unten) konnte gravierende Differenzen nicht überspielen: Neben der Unionsfrage separierte vor allem die Sprachenfrage die »ostkirchliche Szene« der Monarchie in Sondergruppen, die sich nicht selten feindselig gegenübertraten.[29] Das gemeinsame Kirchenslawisch der Liturgie hatte zwar den Mutterboden für die allmähliche Schrift- und Literaturfähigkeit etlicher slawischer Nationalsprachen gebildet. Als verbindendes Element spielte es aber keine dem Lateinischen im Westen vergleichbare Rolle. Die Entwicklung verbannte diese Kirchensprache zunehmend in den Bereich der höheren Liturgie und überließ den Nationalsprachen auch im kirchlichen Bereich ein immer größeres Terrain. Das vor allem in Fragen der Ämterbesetzung heftige Ringen der Sprachgruppen machte auch vor den Kirchentüren nicht Halt und führte innerhalb der orthodoxen Konfessionsfamilie zur organisatorischen Trennung der Rumänen von den Serben (1865) sowie zu Spannungen zwischen Ukrainern und Rumänen in der Bukowina – vielfach geschürt und gezielt genutzt durch die regionalen nationalistischen Akteure der jeweiligen politischen Arena.[30]

Glaubt man den Beschreibungen volkskundlicher Natur, so waren die betroffenen Lebensräume zur besagten Zeit noch sehr von traditionellen, zuweilen geradezu archaischen Vorstellungen und Verhaltensmustern geprägt, wie sie vormodernen Agrargesellschaften eigen sind. Zivilisatorische Grundtechniken wie Lesen und Schreiben beherrschten in den 1880er Jahren von 1000 Rekruten Galiziens und der Bukowina nur 178 bzw. 137 (Salzburg: 984, Böhmen: 947).[31] Aber die Katalysatoren der Modernisierung (v.a. Grundentlastung, Schule, Militär, Zeitungen) erreichten bereits die entlegensten Winkel und leiteten den langsamen aber steten Rückzug alter Verhältnisse ein. Die mit der Eisenbahn anreisenden Beobachter aus den Hauptstädten kamen gerade noch zurecht, um die für sie nicht selten exotischen Vorstellungen und Gebräuche zu erfragen und erleben, bevor diese vielgestaltigen Regionalkulturen immer mehr von den (meist

Abb. 15: Kinder des serbisch-orthodoxen Dorfes Nagykikinda im ungarischen Komitat Torontál in der Wojwodina im Kostüm für einen traditionellen »Regenzauber« (Foto 1913), Museum für Völkerkunde in Budapest.

Alle Konfessionen der Habsburgermonarchie hatten mehr oder weniger ausgeprägte alltagsreligiöse Vorfelder zu den »hochreligiösen« Ritualen und Liturgien. Dabei wurden in erster Linie Elementarinteressen der überwiegend noch agrarisch geprägten Regionalmilieus bedient: hinsichtlich der Gesundheit und Fruchtbarkeit von Mensch, Tier und Feld bzw. der Abwehr von Krankheit, Tod oder existenziellem Schaden. Schon allein durch die Frage des Nachwuchses bedingt spielten Frauen in vielen dieser rituellen Bemühungen und religiösen Vorstellungen eine zentrale Rolle. Die volkskundliche Literatur jener Jahre überliefert dafür Belege von nachgerade archaischer Kraft: Wenn etwa eine alte Frau mit Spinnrad auf dem Wagen mit dem Brautgut thronte, jung(fräulich)e Mädchen den Zug zum »Getreidebeten« auf den Feldern anführten oder Kinder im Frühjahr nackt auf Obstbäume gesetzt wurden, um deren Fruchtertrag zu sichern.

am Schreibtisch geborenen) ideologischen Konstrukten von »Nationalitäten« eingeebnet wurden. Ihren Studien zufolge waren die ostkirchlich geprägten Milieufamilien
Alt-Österreichs vor allem durch zwei scheinbar widersprüchliche Merkmale gekennzeichnet: durch eine nur teilweise Christianisierung der religiösen Vorstellungswelten,
zugleich aber durch einen hohen Grad der »Inkulturation« (= kulturellen Verwurzelung)
kirchlicher Traditionen in die regionalen Gesellschaften.[32]

Die Kirchen des Westens waren seit dem Hochmittelalter wiederholt mit »Reformen« und »Reformationen« beglückt und durch Gerichte und Visitationen laufend
von »Superstizien« (= abergläubischen Praktiken) »gereinigt« worden. Ihre Schwestern
im Osten hatten hingegen (freiwillig oder ungewollt) Raum gelassen für einen ganzen
Kosmos vor- und außerkirchlicher religiöser Vorstellungen und Praktiken. Durch zahlreiche Tabus und Loszeiten bestimmten sie den Alltag. Am dichtesten umkreisten sie
naturgemäß die Lebenswenden von Geburt, Hochzeit und Tod. Von ihrer Zielrichtung
her scheinen sie vorwiegend apotropäischer (= Unheil abwehrender) Natur gewesen zu
sein: Ihre Basis war offenkundig eine fast allgegenwärtige Furcht vor schädlichem oder
gar tödlichem Einfluss übelwollender Menschen oder Mächte, vor allem auf Kleinkinder, Vieh oder Ernte. Man reagierte auf sie mit einer Fülle kirchlicher, mehr aber noch
außerkirchlicher Hilfsmittel.

Für die stabile Verankerung der Ostkirchen in diese nur teilweise »christlichen«
Lebenswelten sorgte vor allem der niedere Klerus. Ehe, Familie und eigene kleine
Landwirtschaft machte die »Popen« zu Bauern unter Bauern, wenngleich sie von den
Behörden bezüglich der Ausbildung zunehmend in die Pflicht genommen wurden.
Diese Existenzweise war hilfreich und abträglich zugleich. Die soziale wie mentale
Nähe der Hirten zur Herde machte sie zu Partnern für viele volksreligiöse Praktiken.

Abb. 16: Haussegnung nach griechisch-katholischem Ritus im rumänischsprachigen Dorf
Szászváros im Komitat Hunyad (Foto 1909), Museum für Völkerkunde in Budapest.

Die »Anforderungsprofile« an die »Religionsdiener« waren in den Konfessionsfamilien recht
verschieden. Das römisch-katholische Priesterbild setzte den Schwerpunkt auf einen vorbild-
lich aszetischen Lebenswandel und eine gute »Seelenführung« der Anvertrauten. Im reformjüdischen und protestantischen Bereich erwartete man von »Amtsinhabern« vor allem eine
gediegene allgemeine und fachspezifische Ausbildung sowie Qualitäten im Bereich erbau-
licher Rhetorik. Im ostkirchlichen und traditionsjüdischen Bereich dominierten hingegen
rituelle Vollzüge. Die Kenntnisse dafür wurden vorwiegend durch praktische Einübung bei
»Lehrmeistern« erworben (oft dem eigenen Vater). Dieser Ausbildungsweg wurde zunehmend
durch Schulungen in staatlich geförderten Ausbildungsstätten ergänzt.

Eine zeitgenössische serbische Kirchenordnung sah beispielsweise Tarife für dreizehn Sonderrituale vor.[33] Andererseits bestand ihr Salär häufig noch aus (verhandelbarem) Entgelt für alle einzelnen liturgischen Dienste. Als Familienerhalter, die für ihre Söhne höhere Schulbildung erstrebten und dem Sozialprestige westlicher Kollegen nacheiferten, mussten sie dabei fast zwangsläufig der Versuchung erliegen, finanziell möglichst viel aus ihren Gemeinden zu lukrieren. In der serbischen Kirche Bosniens soll es in krassen Fällen bis in die österreichische Verwaltungszeit hinein vorgekommen sein, dass Leute bis ins Erwachsenenalter ungetauft blieben, weil sie die geforderten Tauf-Tarife nicht aufbringen konnten oder wollten.[34]

Die enge Verwobenheit der konfessionellen mit den regionalen sozialen, sprachlichen und politischen Faktoren brachte es mit sich, dass das gemeinsame ostkirchliche Erbe unterschiedlich zum Tragen kam. Erst in der jeweiligen Konstellation der Faktoren entschied sich, ob dieses Erbe nur die Basismentalität der Betroffenen bestimmte oder ob es darüber hinaus fruchtbar (gemacht) wurde: in Richtung aktiver Lebens- und Gesellschaftsgestaltung, religiös motiviert und unter Nutzung der kirchlichen Infrastruktur. Wie unterschiedlich eine vergleichbare religiöse Grundausstattung realisiert werden konnte, lassen schon die kleinen ostkirchlichen Gruppen erkennen. Anschaulicher noch zeigt sich das bei den drei großen ostkirchlichen Milieugruppen Alt-Österreichs: den Ukrainern, Rumänen und Serben. Ihre besonderen Vorgeschichten und die verschiedenen gesellschaftlichen Konstellationen haben den »Faktor Religion« bei ihnen trotz eines fast identischen Repertoire an religiösen Elementen und kirchlichen Handlungsmustern sehr verschieden zur Geltung bringen lassen.

Die Sondergruppen der Lippowaner und Armenier

Zu den sehr kleinen ostkirchlichen Sondergruppen zählen zweifellos die russischsprachigen **Lippowaner**. Sie bewohnten wenige Ortschaften der Bukowina (u.a. Lipoweni, Klimoutz, Bialakiernica, Mihodra) und grenzten sich unter religiösen Vorzeichen streng von der Umgebung ab. Als »Leute vom wahren Glauben«, wie sie sich selbst nannten, bzw. als »Altgläubige« oder *Raskolniki* (= Abtrünnige) der russisch-orthodoxen Kirche,[35] wie Außenstehende und Gegner sie bezeichneten, führten sie ein sektenhaft abgeschiedenes Leben. Sie fasteten 186 Tage im Jahr (zum Teil mit Beschränkung auf Brot und Obst), verabscheuten das Trinken und Fluchen, lehnten das Scheren der Bärte oder alle »Neuerungen« wie das Impfen strikt ab.

Ihr liturgisches Leben bestritten bis 1843 einige Mönche sowie Kirchensänger. Mit behördlicher Billigung wurde in der Folge aber eine altgläubige Hierarchie aufgebaut:

mit Hilfe eines brotlosen bosnischen Bischofs, den zwei mönchische Lippowaner-Emissäre in Konstantinopel zum Übertritt bewogen hatten. Der neue »Metropolitansitz« am Kloster von *Fontina alba* (Bialakiernica) stieg zum kirchlichen Zentrum aller Altgläubigen »hierarchischer Richtung« auf.[36] Seine Existenz führte zu lokalen Spannungen mit einer weiterhin priesterlosen Altgläubigen-Gruppe und provozierte sogar diplomatische Verwicklungen mit Moskau.[37] Trotz eines zeitweisen behördlichen Verbots hielt sich auch ein örtliches Nonnenkloster, in dem ca. zwanzig Frauen ein Gemeinschaftsleben führten, das von einfachen Haus- und Feldarbeiten geprägt war.[38]

Als geschickte Obstbauern und tüchtige Erdarbeiter waren die Lippowaner lange Zeit Liebkind der österreichischen Behörden gewesen. Erst die Einführung der allgemeinen Wehrpflicht von 1868 führte zu einem dramatischen Loyalitätskonflikt. Da ihnen ihr Glaube auch jedes Blutvergießen verbot, entzogen sich die Betroffenen den Konskriptionen massenhaft durch Flucht über die russische Grenze. Im ersten Konskriptionsjahr konnte man angeblich von vierhundert wehrpflichtigen Burschen nur zwei den Stellungskommissionen vorführen. Die Lippowaner-Dörfer der Bukowina leerten sich in der Folge merklich.[39] Die religiöse Orientierung überwog in diesem Fall offenkundig starke andere regionale Handlungsmuster (z.B. die Trinkfreudigkeit). Sie scheute auch nicht den Konflikt mit der staatlichen Obrigkeit und bildete das relevante Kriterium zur Eigen- und Fremddefinition der Gruppe, nicht aber zu ihrer nationalen Bestimmung.

Nur wenige Personen zählten auch die **Armenier** der Bukowina und Galiziens. Sie hatten sich jedoch bis auf die Religion weitgehend assimiliert und wirkten überdurchschnittlich häufig in gehobenen Berufen: als Großkaufleute, Großgrundbesitzer, Pächter, Ärzte und Beamte. In Galizien und den nördlichen Bezirken der Bukowina gehörten sie zu ca. 80 % (1908: 3.879) einer armenisch-unierten Kirche an und fühlten sich hier der polnischen Oberschicht zugehörig.[40] In den südlichen Moldau-Bezirken hingegen bildeten sie Gemeinden innerhalb einer unabhängigen armenischen Kirche und wurden als Rumänen gezählt. Eine nicht assimilierte armenische Enklave bildete das Städtchen Kuty im ostgalizischen Pokutien. Jeden 13. Juni sammelten sich dort armenische Pilger von weither, um den Heiligen Antonius zu feiern.[41] In Lemberg residierte ein armenisch-katholischer Erzbischof als Metropolit seiner Kirche. Auf karger staatlicher Dotation (ab 1843: 387 Gulden jährlich) existierte dort auch ein armenisches Nonnenkloster nach der Benediktregel, das eine Schule unterhielt.[42] Zur Jahrhundertmitte zählte man in der Gesamtmonarchie ca. 14.000 unierte Armenier.[43]

In der Bukowina ging die Zahl der Armenier ab den 1860er Jahren durch Abwanderung kontinuierlich zurück (1880: 1.293; 1900: 820, davon 381 armenisch-orthodox, 439 armenisch-katholisch).[44] Suczawa beherbergte die wichtigste armenisch-apostoli-

Abb. 17: Klosterhof von Suczawa in der Bukowina mit Wallfahrern (Foto vor 1918), Fotoarchiv des Österreichischen Museums für Volkskunde in Wien.

Der Hauptort der rumänischen Bukowina war als Grabort des Johannes von Novi (Landespatrons der Bukowina) Wallfahrtsort für Orthodoxe sowie mit der Kirche des Hl. Symeon und dem Kloster Zumka auch Ziel für Christen der armenisch-apostolischen Tradition. Wie etliche andere Ostkirchen war auch jene der Armenier in einen unabhängigen und einen mit Rom unierten Zweig geteilt. Beide Zweige lebten in der Regel weitgehend integriert in ihre jeweilige kulturelle Umgebung; das Bewusstsein einer dennoch besonderen Identität wurde im Zusammenhalt der Familienclans sowie den eigenen religiösen Gepflogenheiten kultiviert.

sche Gemeinde, die bis zum Ende der Monarchie nach Kräften auch Seelsorger für die Wiener Armenier stellte. In der Hauptstadt bildete zudem das (unierte) Mechitaristen-Kloster ein über die Konfessionsgrenze hinausstrahlendes Kulturzentrum der kosmopolitischen Volksgruppe. Nach zwei vergeblichen Anläufen für die Errichtung einer Kirche bzw. Gemeinde für die wenigen (ca. 100) in Wien lebenden »akatholischen« Armenier (1874–84, 1896) erreichte ein Verein 1913 die Genehmigung für eine Kapelle im Dachboden eines Privathauses.[45] Dieses Nebeneinander zweier amtlich getrennter, in den religiös-kulturellen Prägungen jedoch fast identischer Diaspora-

Gemeinden innerhalb eines praktisch deckungsgleichen überschaubaren Milieus bildete damals wie heute das strukturelle Fundament für einen Dauerstreit der Loyalitäten.[46]

Die zeitgenössischen Beschreibungen von »Glaube und Gebräuchen« der Armenier Alt-Österreichs zeigen eine typische ostkirchliche volksreligiöse Praxis. Auch ihr charakteristischer Schwerpunkt lag demnach auf der Abwehr von Unheil; dennoch erscheint sie deutlicher »christlich« bzw. »kirchlich« eingefärbt gewesen zu sein: z.B. durch die stärkere Einbindung von Klerikern (z.B. beim Totenmahl am Grab acht Tage nach der Beerdigung)[47] oder in der Personifizierung des Bösen als Teufel bzw. des Guten als Christus oder in Gestalt von Heiligen (zuvorderst Gregor, der als »Illuminator« gefeierte »Bekehrer« der Armenier).[48] Die häufige Gegenüberstellung der Zustände von »früher« und »heute« in diesen Schilderungen deuten auch an, dass die Bedeutung der alltagsreligiösen Praxis rückläufig war. Der Fastenkalender der Armenier zählte damals wie heute 158 Tage und schreibt allein pflanzliche Nahrung vor. Inwieweit man sich zur Untersuchungszeit (noch) an diese Vorgaben hielt, wird von der Literatur nicht thematisiert. Das traditionelle Mittwochs- und Freitagsfasten dürfte jedenfalls kaum mehr praktiziert worden sein.[49]

»Religion« bedeutete für das armenische Milieu Alt-Österreichs somit v. a. ein Relais zur Herkunftstradition. Sie bestimmte zentrale liturgisch-kirchliche Vollzüge und speiste einen tendenziell schwindenden Sektor volksreligiöser Vorstellungen und Praktiken. Darüber hinausgehende Identitätsstiftung aber suchte man offenkundig in den profanen Teilen jener Nationalkulturen, in denen man lebte und wirkte.

Religiosität und Kirchlichkeit bei den unierten und orthodoxen Ukrainern

Die griechisch-katholische Kirche der Metropolie Halicz (mit Sitz in Lemberg) erscheint soziologisch, politisch, geographisch und national so klar umrissen wie kaum eine Kirche sonst: Sie war im Wesentlichen die Kleine-Leute-Religion der Ukrainer (Ost-)Galiziens. Laut Statistik von 1910 lebten in Ostgalizien 58,9 % »Ruthenen« (= Ukrainer) bzw. fast deckungsgleich damit 61,7 % Griechisch-Katholische. Sie leisteten jedoch nur 25,8 % des Steueraufkommens der Region. Je höher die Steuerklasse, desto weniger Ukrainer waren anzutreffen: im Großgrundbesitz Ostgaliziens betrug der Anteil nur mehr 1,4 % und betraf hier fast nur Güter der »Toten Hand« (= Kirchenbesitz). Trotz des allgemeinen Bevölkerungswachstums gehörten die Ukrainer durch eine höhere Kindersterblichkeit und stärkere Auswanderung zudem zu den Verlierern der demographischen Entwicklung.[50]

Ähnlich gestaltete sich die soziologische Situation in der Bukowina. Der ukrainische Bevölkerungsanteil (1890: ca. 268.000 gegenüber 209.000 Rumänen) gehörte hier

Abb. 18: Griechisch-katholische (ruthenische) Gläubige aus dem Ort Lipce (Königreich Ungarn) nach einem Kirchgang (Foto um 1915), IMAGNO/ Austrian Archives.

Die ruthenische Volksgruppe (resp. Ukrainer) der Monarchie gehörten praktisch geschlossen einer mit Rom unierten Ostkirche an. Die »unierten« Gläubigen waren einer doppelten Sog-wirkung ausgesetzt: Organisatorisch und theologisch-spirituell lockte die römische Kirche mit vielfältigen Angeboten, die in der schmalen Ober- und Bildungsschicht Konversionen förder-ten. Die erstarkenden Nationalismen des 19. Jahrhunderts wiederum propagierten insbesonde-re in den slawischen Teilen der Monarchie unabhängige Nationalkirchen. Eine Union bzw. das Wohlwollen der römischen Kurie schützten zudem nicht vor wechselseitigen Aversionen der »Lateiner« (Polen) und »Griechen« (Ruthenen) am Ort (etwa in der Frage von Mischehen), in denen sich nationalistische und religiöse Elemente unheilvoll vermischten.

jedoch überwiegend der rumänisch dominierten orthodoxen Kirche des Landes an. Zu besonderen Anlässen wie dem Festtag des Heiligen Johannes von Suczawa, dessen jähr-liche Reliquienprozession Tausende Pilger von weither anlockte, verschwammen sol-che Konfessions- und Sprachgrenzen.[51] Ähnlich im Bekenntnis geteilt präsentierte sich auch die ethnische Sondergruppe der Huzulen. Was das Einhalten kirchlich-ritueller oder kirchlich-moralischer Vorschriften anlangt, rangierte sie traditionellerweise noch hinter dem ukrainischen Durchschnitt.[52] In Ungarn unterstanden zwei, ab 1912 drei »ruthenische« Diözesen (Munkács, Eperies, Hajdúdorog mit jeweils etlichen 100.000

Seelen) dem Erzbischof von Gran.[53] Im Gegensatz zum galizischen sollte deren Klerus zur Assimilierung in die dort magyarische »Leitkultur« tendieren.[54]

Die Ukrainer hausten laut volkskundlichen Berichten überwiegend in einfachen, mit Stroh gedeckten Hütten auf gestampftem Lehmfundament. Sie bestanden im Wesentlichen aus einem Raum mit einem Ofen ohne Kaminabzug, einer auch als Tisch genutzten Truhe, einem Bett für die Bauersleute und wenigen kleinen Fenstern, die sich nicht öffnen ließen.[55] An der Ostwand prangten neben Bündeln geweihter Kräuter einige Heilige Bilder (v. a. Kreuzigung, Gottesmutter, Nikolaus). Je älter sie waren, für desto wirksamer wurden sie erachtet. Ergänzt wurden sie mitunter durch Abbildungen des Kaisers bzw. von Mitgliedern der Kaiserfamilie. Entsprechend bodenständig erscheinen die religiösen Alltagsvollzüge der Ukrainer. Ihre außerkirchlichen Teile wurden oft von Frauen wahrgenommen: z.B. der Hebamme, die mit einem Laib Brot ins Haus kommt, die Wöchnerin dreimal um den Tisch führt, sie mit Kräutern beräuchert und ihr Knoblauch, ein Messer oder anderes Eisen als Abwehr böser Einflüsse unter den Polster legt; oder den Kundigen für Schadens- und Liebeszauber oder in Heilskünsten; ferner Wahrsagerinnen und »Besprecherinnen«.

Ein eindrucksvolles Beispiel für das Nebeneinander von christlichen wie außerchristlichen Komponenten schildert Manastyrski 1899 mit einem Ritual zur Steigerung der Attraktivität ukrainischer Mädchen. Dabei wurden unter Beschwörungen nacheinander die häuslichen Heiligenbilder und der nackte Oberkörper des jeweiligen Mädchens mit Weihwasser gewaschen:

> [...] *das zauberkundige Weib (czariwnyca) gießt in eine Schüssel Weihwasser, nimmt Basiliumkraut und wäscht damit die im Zimmer befindlichen Heiligenbilder; das Mädchen aber steht vor ihr mit entblößtem Oberleibe. Hierauf wäscht sie letzteres mit dem Weihwasser und murmelt: »Ich N.N. (Name des Mädchens) ging in die Kirche, trug in der Rechten eine Kerze und in der Linken das Wassyliok-Kraut. Da begegneten mir drei Zauberinnen, große Verleumderinnen; sie bespieen mich, bespuckten mich (tfu, tfu, tfu) und gingen weiter. Da stand ich, wie mitten im Wasser und flehte zum heiligen Jesus, zur Mutter Gottes und zum heiligen Nikolaus. Da kamen diese des Weges einher und ich erzählte ihnen mein Leid. Darauf wuschen mich ab: die Mutter Gottes bis zur Brust (sie wäscht dem Mädchen die Brust), Sanct Nikolaus bis unter die Oberarme und Jesus bis an den Gürtel. Darauf kam ich in die Kirche und dort bewunderten meine Schönheit alle Heiligen und die Menschen. Sie fragen: wer ist denn die Schöne, die da kommt; ist es eine Gräfin oder eine Priestersfrau (popadja)? Nein, es ist N.N.« [...].[56]*

Abb. 19: Eine Familie mit sechs Töchtern aus der Volksgruppe der Huzulen vor einer Holzkirche in den Ostkarpaten (vor 1918), Bildarchiv ÖNB.

Auch die Dörfer der ethnischen Sondergruppe der Huzulen im Karpatenraum gehörten zum
einen Teil der orthodoxen und zum anderen Teil der unierten Kirchentradition an. Sie galten
in der Einschätzung der kirchlichen Obrigkeiten hinsichtlich der Einhaltung von Kirchenge-
boten als noch »nachlässiger« als ihre ukrainischen Glaubensgenossen.

Bei den stärker kirchlich geprägten häuslichen Ritualen dominierten hingegen die
männlichen Haushaltsvorstände. Das betraf vor allem die beiden populärsten Jahres-
festbräuche: die Speisenweihe an Ostern und das Jordanfest im Jänner mit einer Wasserweihe. Das geweihte Wasser wurde in Flaschen abgefüllt und fehlte in keinem Haus-
halt, wo es zum Schutz bzw. gegen Schaden vielfach angewendet wurde. Jede Geburt
machte eine Frau unrein und verschloss ihr für vierzig Tage die Kirchentüren, bis ein
priesterlicher Segen ihr wieder Zutritt verschaffte. Die möglichst rasch anberaumte
Taufe eines Kindes, das bis dahin jede Nacht eine brennende Kerze vor Bösem schützte,
fand deshalb ohne seine Mutter statt.

Nachdem das weibliche Klosterwesen in beiden Kirchentraditionen der Ukrainer im ausgehenden 18. Jahrhundert fast völlig ausgelöscht worden war,[57] bestand praktisch keine Alternative zum Schicksal »Gattin« oder »Dienstbotin« mehr. Mit Wirkung auf die Zerstückelung der Bauerngüter lag denn auch die Rate für Eheschließungen über dem Reichsdurchschnitt: In der gesamten Bukowina kamen 1890 auf 56 ledige Frauen 37 Verheiratete und sieben Witwen. Nachdem damals 38 % der Bevölkerung jünger als 14 Jahre war, muss der Anteil der zeitlebens ehelosen Frauen deutlich unter 16 % gelegen sein.[58]

Wurde sie als »unnütz« erachtet, dann konnte eine Frau jedoch von ihrem Mann »davongejagt« und die Ehe getrennt werden, vorausgesetzt Pfarrer und Dorfrichter hielten die Klagepunkte für berechtigt.[59] Als Priestergattinnen erlangten Frauen auch die einzig mögliche offizielle Rolle innerhalb der zwei ostkirchlichen Traditionen. Der zuerst vom Kultus-, dann vom Agrarministerium verwaltete, ausnehmend ertragreiche Religionsfonds der Bukowiner Orthodoxen versorgte ab 1849 (und mit 1889 bedeutend aufgebessert) auch Priesterwitwen und -waisen.[60]

Die lokale kirchliche Infrastruktur bestand in der Regel aus einer am Hügel gebauten hölzernen kleinen Kirche mit drei Kuppeln und dem dazu gehörigen Pfarrhaus. Die Kirche war in der Regel von einem Arkadengang umgeben und verfügte über einen separaten hölzernen Glockenturm mit meist fünf kleineren Glocken. Zusammen mit dem Friedhof, auf dem meist Obstbäume standen, gehörten sie zum Gemeingut eines Dorfes.[61] Neben den verheirateten Priestern amtierten in den Gemeinden ferner Kantoren, die auch in Pfarrschulen wirkten. Weiters eine unbestimmte Zahl von Kirchendienern, die bei besonderen Anlässen wie Hochzeiten in Geld oder Naturalien entlohnt wurden. Ab 1861 warf der Religionsfond der orthodoxen Kirche der Bukowina auch für Kantoren ein jährliches Entgelt zwischen 40 und 80 Gulden aus.[62] Zumindest im orthodoxen Bereich dürften mancherorts auch noch Bruderschaften existiert haben, die sich z.B. für Sammlungen zu kirchlichen Zwecken engagierten.[63] Das Fondsvermögen der Orthodoxen in der Bukowina wurde von den Verwaltungsbehörden auch häufig »gemeinnützig« eingesetzt.

Mehr als ihre orthodoxe Schwester der Bukowina entwickelte die griechisch-katholische Kirche Galiziens Ambitionen, auch in die profane Lebensgestaltung ihrer Gläubigen einzugreifen und »erzieherisch« zu wirken. Ihre Priester hatten schon im 18. Jahrhundert die Bärte abgenommen und sich nach Art der lateinischen Priester zu kleiden begonnen.[64] Von der lateinischen Schwester hatte man im Laufe der Zeit manche kirchliche Einrichtungen und Praktiken übernommen: Wegkreuze, Rosenkränze, Kirchenorgeln, das Fronleichnamsfest, Ablässe u.a.m. Ein »Stilmix« künstlerischer Art kennzeichnete auch jüngere kirchliche Bauten Galiziens.

Abb. 20: Zum Ostersonntag gedeckter Tisch einer griechisch-katholischen (ruthenischen) Familie in Tyszkowce im Bezirk Horodenka in Galizien (Foto vor 1918), Fotoarchiv des Österreichischen Museums für Volkskunde in Wien.

Laut zeitgenössischen volkskundlichen Untersuchungen wohnte ein Großteil der Ukrainer in einfachen, mit Stroh gedeckten Hütten auf gestampftem Lehmfundament. Sie bestanden im Wesentlichen aus einem Raum mit einem Ofen ohne Kaminabzug, einer auch als Tisch genutzten Truhe, einem Bett für die Bauersleute und wenigen kleinen Fenstern, die sich nicht öffnen ließen. In der Regel waren an der Ostwand neben Bündeln geweihter Kräuter einige Heilige Bilder aufgehängt: meist Darstellungen der Kreuzigung, der Gottesmutter oder des Hl. Nikolaus. Sie galten als umso »wirksamer«, je älter sie waren.

An den Unierten Galiziens ging auch die allgemeine katholische Aufbruchsbewegung des 19. Jahrhunderts nicht spurlos vorüber – ebenso wenig deren kulturkämpferische Begleitmusik und gesteigertes gesellschaftliches Engagement. Die strukturellen Voraussetzungen dafür schuf die behördlich geförderte Schulung ihrer Geistlichen. Der Klerus stellte bis 1850 fast allein die Intelligenzija der ukrainischen Bevölkerung und war damit praktisch auch die einzige mögliche Trägerschaft von »Nationalbewusstsein«. Noch 1861 bis 1901 inskribierten 55 % der ukrainischen Studenten (jedoch nur 9 % der polnischen) an den theologischen Fakultäten der beiden galizischen Universitäten Krakau und Lemberg.[65] Auch die ab den 1860er Jahren langsam nachrückende säkulare Bildungselite blieb weiter auf klerikale Multiplikatoren angewiesen, wollte sie aufklärend ins überwiegend analphabetische Volk wirken.[66]

Bis zum Ausgleich von 1867 hatte die griechisch-katholische Geistlichkeit zum Kernbestand jener politischen Kräfte gehört, die auf die Loyalität zur Wiener Zentrale gesetzt hatten. Die folgende Autonomie spielte den polnischen Oberschichten des Landes fast uneingeschränkte Macht in die Hand. Als Konsequenz daraus erstarkten bei den Ukrainern jene kirchlichen wie weltlichen Kreise, die das nationale Heil im Anschluss an Russland oder einer eigenständigen Ukraine erblickten – ein weiteres Kapitel der schwierigen Debatten um die nationale Identität der Ukrainer mit vielen kirchlichen Implikationen.[67]

Besonders krass machte sich die Politik der »Polonisierung« durch die Autonomiebehörden im Schulsektor bemerkbar. Fast das gesamte höhere Schulwesen war polnisch, das Ukrainische als Unterrichtssprache wurde systematisch zurückgedrängt. Polnische Lehrer, die ukrainisches Beten bestraften oder den unierten Ritus schmähten, blieben von Inspektoren ungeschoren.[68] In der Schulstatistik von 1902 schlägt sich der Befund in nüchternen Zahlen nieder: Von ca. 250.000 griechisch-katholischen Grundschülern Galiziens wurden nur 107.000 in ukrainischer Sprache unterrichtet.[69]

Den Startschuss für ein stärker gesellschaftspolitisches Engagement der Ortskirche bildete eine populäre Broschüre des griechisch-katholischen Geistlichen Stepan Kachala aus dem Jahr 1869. Sie erklärte den Alkoholismus zum »Erzfeind« der ukrainischen Gesellschaft. In einfachen und drastischen Worten führte sie seine verheerenden Folgen vor Augen und empfahl zur Abhilfe: öffentliche Lesezirkel an Sonn- und Feiertagen (als Alternative zum üblichen Wirtshausbesuch), aber auch die Gründung von Schulen, gemeinschaftlichen Kornspeichern und Versatzhäusern.[70] Der Aufruf stieß auf großes Echo. Nicht zuletzt förderte Metropolit Joseph Sembratowicz die Initiative mit einem Hirtenbrief und erwirkte für Teilnehmer und Multiplikatoren römische Ablässe. In der Folge führten »Abstinenzapostel« einen regelrechten Kreuzzug von Dorf zu Dorf, wo sich sommers wie winters oft Tausende von Landbewohnern mit Ikonen, Kreuzen und Fahnen einfanden, um ihnen zu lauschen.

Durch seine charakteristischen Merkmale reiht sich dieser Feldzug ein in eine Kette ähnlicher Antialkohol-Kampagnen des 19. Jahrhunderts in Polen, Irland oder

Übersee. Er folgte dem erfolgreichen Modell katholischer Volksmissionen bzw. frei-
kirchlicher Erweckungsbewegungen der Neuen Welt: Ein emotional aufrüttelnder
Anfangsimpuls, eingebettet in ein reiches zeremonielles Rahmenprogramm, sollte zur
»Bekehrung« (= Problem-Einsicht) führen; die persönliche Eidesleistung, der Eintrag in ein Buch und die folgende Gruppenkontrolle dienten dazu, eine nachhaltige
Abkehr vom »teuflischen« Übel zu erreichen. Trotz des hohen Engagements und des
anfänglich großen Zuspruchs war der Misserfolg der Kampagne vorprogrammiert.
Der Branntwein war als Lohnfaktor, als individuelles und kollektives Rauschmittel
und durch ein ausgebautes und (für Grundherrn und meist jüdische Pächter) profi-
tables Netz an Schenken (1902: 21.046 Schenken, aber nur 4.048 Schulen)[71] ein fester
Bestandteil des Alltagslebens und aller Festlichkeiten der Ukrainer.[72] Karl Emil Franzos hat diesem »alkoholträchtigen« Alltag Podoliens ein eindrucksvolles literarisches
Denkmal gesetzt:

> [...] *Am Sonntag steht der Bauer leicht auf. Denn er ist nüchtern zu Bette gegangen*
> *und die Herrlichkeiten des Tages winken ihm verlockend entgegen: die Predigt, der*
> *Tanz, der Schnaps. Am Montag steht er überhaupt nicht auf, so ein podolischer Sonn-*
> *tagsrausch will gründlich ausgeschlafen sein. Am Dienstag steht er sehr früh auf, weil es*
> *der Markttag ist, aber sehr ungern, weil der Schädel doch noch gewaltig brummt, wenn*
> *auch nur vom bleischweren Schlaf des Vortags. Am Mittwoch steht er überhaupt nicht*
> *auf, weil er den Rausch des Markttags ausschläft. Am Donnerstag, Freitag und Sonn-*
> *abend geht es so leidlich, an den drei Tagen wird gearbeitet. Übrigens ist das nur die*
> *Wochenordnung der fleißigen, gesitteten Hausväter. Bei den Anderen ist alle Tage Sonn-*
> *und Markttag: das heißt sie betrinken sich bald im Dorfe, bald in Barnow.* [...] [73]

Es kann vor diesem Hintergrund nicht verwundern, dass die systematische Bekämpfung des Alkohols zur Sisyphusarbeit geraten musste, unvermeidlich Konflikte schuf
und verständlicherweise alsbald erlahmte.

Von langfristiger Bedeutung waren hingegen die im Zuge der Abstinenzbewegung
ins Leben gerufenen Organisationen. Sie reichten von Chören und Theatergruppen
über Turnvereine und Feuerwehren bis hin zu Wirtschaftskooperativen, erlangten vor
allem aber mit den initiierten Lesezirkeln eine große Breitenwirkung.[74] Diese sollten
mittelfristig zum wichtigsten Instrument der ländlichen Bewusstseinsbildung werden
und schufen eine Ersatz-Literaturfähigkeit: Registrierte man 1886 im Vizekönigreich
insgesamt 461 ukrainische Lesezirkel, so rechnete 1908 allein die regionale Aufklärungs-
gesellschaft *Prosvita* zu ihrer Klientel 2.048 örtliche Gruppen. Sie alle versammelten all-

wöchentlich je ca. 50 Personen, denen aus diversen Schriften Texte vorgelesen wurden, die man nachfolgend diskutierte.[75] Die meisten dieser Zirkel verdankten sich dem lokalen Engagement des Klerus (von Priestern und Kantoren), der damit eine Schlüsselrolle in der Nationswerdung der Volksgruppe einnahm.[76]

Mit den Schriften aus den Städten kamen jedoch auch Gedanken aufs Land, die den Initiatoren dieser Gruppen weniger behagten und ihr bisheriges weltanschauliches Monopol in Frage stellten. Und die Lesegruppen wurden je länger je mehr auch zu Foren, auf denen sich Interessengegensätze der Bauern zu ihren Geistlichen artikulierten (etwa bzgl. kirchlicher Gebühren). Eigene kirchliche Zeitschriften (z.B. *Misionar*') sollten den ab den 1890er Jahren steigenden antiklerikalen Tendenzen der veröffentlichten Meinung gegensteuern. Der Lemberger Metropolit Iuliian Sas-Kuilovs'kyi sah sich im Jahr 1900 bereits veranlasst, schriftlich vor den Umtrieben lokaler Lesezirkel zu warnen.[77] Die sich kontinuierlich zuspitzende politische Diskussion mit den politischen Kontrahenten auf polnischer Seite bzw. zwischen Ukrainophilen und Russophilen der eigenen Volksgruppe ließ einer konfessionell bestimmten Politik wenig Raum. Ein Versuch zur Etablierung einer christlich-sozialen Partei scheiterte.[78] Zwei der tonangebenden drei ukrainischen Parteien des frühen 20. Jahrhunderts (Radikale, Sozialdemokraten) waren deklariert antiklerikal, und auch die dritte Partei (Nationaldemokraten) räumte dem griechisch-katholischen Klerus keinen namhaften Einfluss auf politische Entscheidungsprozesse ein.[79]

Innerkirchlich äußerte sich die wachsende Russophilie der ukrainischen Intellektuellen im Bestreben, die unierten Riten von »Latinizismen« (= Einflüssen aus der lateinischen Kirche) zu reinigen oder gar die »authentische« Liturgie der russischen Kirche zu propagieren.[80] Junge galizische Kleriker ließen sich in großer Zahl in die letzte noch existierende griechisch-katholische Diözese im zaristischen Machtbereich (Chełm) anwerben. Sie agitierten dort für die »Rückkehr« zur russischen Orthodoxie, die endlich 1875 mit Behördengewalt umgesetzt wurde.[81] Russophile und nationale Kreise denunzierten auch die 1882 von der römischen Kurie verordnete Reform des Basilianerordens als »jesuitische Machenschaft« zur Latinisierung und Polonisierung der ukrainischen Kirche.[82] Die Konversion eines ganzen Dorfes zur russischen Kirche geriet zum Skandal und hatte ein gerichtliches Nachspiel.[83]

Nur mit Mühe gelang es Vertretern eines auf Ausgleich bedachten kirchlichen Kurses, die heikle Balance zwischen den auseinanderstrebenden Positionen zu wahren: einmal zwischen dem nationalen Engagement und der Loyalität zur politischen Ordnung; zum anderen zwischen einem unverrückbar Rom-orientierten Amtskurs und der Treue zur ostkirchlichen Tradition. Zu ihnen gehörte zweifellos der persönlich bald hoch

renommierte Lemberger Erzbischof Andrij Sheptyckyi (1900-1944). Der zur Glaubensgemeinschaft seiner Vorfahren zurückgekehrte Aristokrat trug bekennerisch den Vollbart nach Art seiner orthodoxen Amtsbrüder. Im Fall der Ermordung des galizischen
Statthalters Graf Andrzej Potocki 1908 durch einen ruthenischen Studenten zeigte er
jedoch unmissverständlich die Gewissensgrenzen nationaler Loyalität auf.[84] Betont
freundschaftlich gestaltete der des Hebräischen mächtige Kirchenfürst sein Verhältnis
zur Judenschaft des Landes, das er gegen Kritiker in Schutz nahm – ein Engagement,
das ihm örtliche Rabbiner durch ihre Reverenz mit Thorarolle bei manchem festlichen
Visitationsempfang durch Klerus und Volk dankten.[85]

Zur mühsamen Standortbestimmung und -festigung nahm man Anleihen bei kirchlichen Instrumenten, auf die damals auch die große römische Schwesterkirche ver-
traute: eine Provinzialsynode in Lemberg 1891,[86] Katholikentage sowie Volksmissionen
und kirchliche Zeitungen. Schließlich durchbrach man im Geiste einer »katholischen
Erneuerung« sogar das alte ostkirchliche Monopol der Klosterregel des Basilius und
gründete etliche männliche und weibliche Ordensgemeinschaften zur sozialen und
religiösen Aufbauarbeit im Lande (die »Basilianerinnen«, »Kongregation der Dienerinnen«, »Dienstmägde der hl. Jungfrau Maria«, die »Frauenkongregationen zu Ehren des
hl. Josef« bzw. jene »des hl. Theodor Studites«, einen griechisch-katholischen Zweig der
Redemptoristen).[87]

Die solcherart einigermaßen stabilisierten konfessionellen Dämme barsten erst mit
der zeitweiligen russischen Okkupation im Ersten Weltkrieg, auf die sofort Versuche
folgten, die Unierten in die orthodoxe Mutterkirche »heimzuholen«. Um alle Pfarrgemeinden ostkirchlicher Tradition und viele damit überforderte Einzelgewissen ent-
brannte ein leidvolles Ringen zwischen den eng verwandten, aber dennoch unversöhn-
lichen Kirchenorganisationen, das in leidvollen Schüben das ganze 20. Jahrhundert bzw.
bis zum heutigen Tag fortdauern sollte.[88]

Insgesamt spielte der Faktor »Religion« für die Identitätsbestimmung der ukrainischen Volksgruppe Galiziens die Rolle eines »Differenzverstärkers«: Innerhalb der
galizischen Gesellschaft unterstrich er die ethnisch-sprachlichen Scheidelinien (zu den
Polen und Armeniern sowie zu den Juden und Deutschen); in Bezug auf eine »ukrainische Nation« betonte er die Differenz zwischen den Untertanen Russlands und der
Donaumonarchie. Durch den zusätzlichen Loyalitätsstrang nach Rom vermittelte die
griechisch-katholische Kirche zahlreiche Impulse des religiösen und sozialen Engagements der katholischen Erneuerung des 19. Jahrhunderts in die ukrainische Gesellschaft
und wirkte mäßigend in Richtung extrem nationalistischer Tendenzen. Andererseits
gelang es ihr nicht, ihre weltanschaulichen Positionen und gesellschaftlichen Anliegen

soweit in die Öffentlichkeit zu transportieren, dass eine nennenswerte politische Gruppierung oder Partei sie sich programmatisch zu Eigen gemacht hätte.

Die religiös-kirchlichen Verhältnisse bei den orthodoxen und unierten Rumänen

Im Unterschied zu den Ukrainern Galiziens trennte die Rumänen der Bukowina und Siebenbürgens eine ostkirchliche Konfessionsgrenze in etwa zwei gleich große Teile. Es bestand ein unierter Zweig in vier Diözesen mit 1.528 Pfarren und ca. 750.000 Gläubigen (1910) vor allem im Norden Siebenbürgens, deren Bischöfe kaiserlich nominiert und päpstlich zu bestätigen waren. Daneben existierte ein orthodoxer Teil von drei Diözesen mit 1.586 Pfarren und knapp 800.000 Gläubigen (1910)[89] sowie synodalen Regelungen für eine Bischofswahl,[90] die kaiserlich bestätigt werden musste. Beide ostkirchlichen Milieugruppen hatten ihren Schwerpunkt eindeutig in ländlichen Gebieten. Zur Jahrhundertwende machten die Orthodoxen Siebenbürgens 30,3 % der Gesamtbevölkerung aber nur 15 % der Stadtbewohner aus; die Unierten wiederum stellten 28 % der Bevölkerung und ebenfalls nur 11,6 % der Städter.[91]

Ungeachtet einer spannungsreichen und bis in jüngere Zeit kontrovers überlieferten Geschichte der beiden ostkirchlichen rumänischen Gemeinschaften[92] bedeutete diese Konfessionsgrenze keine Scheidelinie der religiösen Praktiken. Die schematisierten volkskundlichen Berichte betonen als Charakteristika dieser ländlichen Gesellschaft der Rumänen: eine neuerungsfeindliche Grundhaltung und einen strengen Kastengeist,[93] ferner wiederum ein enges Ineinander kirchlicher wie außerkirchlicher Rituale[94] eines Alltags auf äußerst bescheidenem materiellen Niveau.[95]

Am Beispiel überlieferter Totenbräuche: Halfen die Künste einer »Besprecherin« nicht mehr und kam es zum Sterben, so traten (bezahlte) Klageweiber auf den Plan. Sie kleideten die Sterbenden nach der letzten Ölung, drückten ihnen eine Totenkerze in die Hand und bejammerten sie rund um die Uhr, was sie auch noch bis zu vierzehn Tage am Grab fortsetzten. Während der Totenmesse im Freien wurde der Leichnam kreuzförmig mit Wein übergossen und bekam eine Münze in den Sarg. Drei Totenmähler (nach dem Begräbnis bzw. nach sechs Wochen bzw. sechs Monaten) ließen diese *rites de passage* (= Rituale des Übergangs) in der Regel ausklingen.[96]

Spürbar war die Unterschied zwischen den beiden ostkirchlichen Gemeinschaften hingegen im Bereich der staatlichen Privilegien. Sie boten den Unierten vor allem den Vorteil einer seit langem gesicherten finanziellen Basis. Die damit einhergehende Loyalität zum Kaiserhaus hatte ihnen freilich während der ungarischen Revolution auch die Zerstörung von etwa 300 Kirchen beschert. Die Errichtung eines vom ungarischen

Abb. 21: Griechisch-katholische (rumänische) Gemeinde vor ihrer Holzkirche in Szatmár im Königreich Ungarn (Foto um 1910), Museum für Völkerkunde in Budapest.

Die lokale kirchliche Infrastruktur einer ostkirchlichen Gemeinde bestand in der Regel aus einer kleinen hölzernen Kirche mit einem (angebauten oder separaten) Turm samt kleineren Glocken und einem Pfarrhaus. Zusammen mit dem Friedhof, auf dem meist Obstbäume standen, gehörten sie zum Gemeingut eines Dorfes. Die ostkirchlichen Popen lebten zudem in der Regel noch als Bauern unter Bauern. Erst durch zunehmende staatliche Förderungen ihrer Ausbildung und Besoldung gelang es ihnen nach und nach, Anschluss an das Sozialprestige ihrer lateinischen Amtskollegen zu finden.

Primas unabhängigen rumänischen Kirchenverbandes durch den Heiligen Stuhl 1853 sicherte den Unierten zudem nationales Prestige gegenüber den damals noch von der serbischen Metropolie abhängigen Orthodoxen und beflügelte Phantasien über eine geeinte Nationalkirche unter uniertem Banner.

In dieser Stimmung scheint im dörflichen kirchlichen Alltag die Konfessionsgrenze nicht immer beachtet worden zu sein. Sakramente wurden oft von beiden Seiten empfangen, mitunter wechselten sich orthodoxe und unierte Pfarrer bei Gottesdiensten ab. Dagegen kämpfte der engagierte Bischof von Sibiu, Andreiu Şaguna (1808–1873), an. Er vermutete hinter diesem Phänomen einen gezielten »Proselytismus« der Unierten und versuchte das nach Kräften abzustellen.[97] Nach Überwindung vieler politischer und kirchlicher Widerstände wurde er ab 1865 auch erster Metropolit[98] der damals ca. 650.000 orthodoxen Rumänen Ungarns und Siebenbürgens.

Der orthodoxe verheiratete Landpfarrer hob sich allein durch den Vollbart von seinen Landsmännern mit Schnurrbart ab. Sein Auskommen musste er lange noch mit den kirchlichen Taxen der Gläubigen finden; selbst die Bewirtschaftung eines ergänzend dazu vorgesehenen kleinen Stück Landes (den sog. kanonischen Anteil) blieb ihm vielfach vorenthalten. Rührige Bemühungen der Bischöfe um die Hebung seiner sozialen Lage und Ausbildung zeigten nur bescheidene Wirkung. Das ungarische Kongrua-Gesetz von 1898 band kleine staatliche Aufbesserungen an die »nationale Verlässlichkeit« der als notorisch obstinat eingestuften Betroffenen; sie wurden daher als versuchter »Gesinnungskauf« diffamiert. Erst im letzten Jahrzehnt vor dem Weltkrieg konnten einige kirchliche Fonds (für Priesterwitwen, arme Pfarren, Stipendien und konfessionelle Schulen) ärgste Notstände lindern.[99]

Unter dem chronischen Geldmangel litt nicht nur der bauliche Zustand der Landkirchen sondern auch das weitgehend konfessionelle Volksschulwesen der Rumänen. Die ungarischen Gesetze erlaubten es zwar, verweigerten ihm aber die offizielle Anerkennung und trachteten es je länger je mehr auf gesetzlichem Wege zu untergraben bzw. zu »magyarisieren«.[100] Vor allem das Niveau der orthodoxen Grundschulen Siebenbürgens (1910: 1.984 orthodoxe, 1.295 unierte)[101] blieb über die Jahrhunderthälfte hinaus äußerst bescheiden. Der Unterricht basierte am kirchlichen Gebetbuch (*psaltire*), dem Katechismus und einem simplen ABC-Lesebuch. Der Lehrplan sah kaum mehr als das simple Lesen und Rechnen sowie das Rezitieren des Katechismus und das Einüben von Kirchengesängen vor.[102] Die Lehrer lebten von den Beiträgen der Eltern, die ihre Kinder aber meist lieber bei der Arbeit auf den Feldern sahen – mit entsprechenden Folgen für die Motivation und Frequenz des Schulbesuchs. Bischof Şaguna regte deshalb in den 1850er Jahren Kurse für Analphabeten in den Nächten vor Sonn- und Feiertagen an. Diese und andere bischöfliche Bemühungen um die Hebung des Schul- und Lehrerniveaus konnten die fehlende Unterstützung der Öffentlichen Hand nicht wettmachen. Die Apponyi'schen Schulgesetze von 1907 markierten den Höhepunkt des Magyarisierungsdrucks bzw. der behördlichen Verdrän-

Abb. 22: Griechisch-katholischer (rumänischer) Geistlicher sowie Kirchendiener vor der Ikonostase (= Ikonenwand) einer Kirche in Szatmár im Königreich Ungarn (Foto um 1910), Museum für Völkerkunde in Budapest.

In ostkirchlichen Gemeinden sorgten sich neben den verheirateten Priestern auch Kantoren um das gottesdienstliche Leben, die oft auch in Pfarrschulen wirkten. Das örtliche Kirchenleben prägte weiters eine unbestimmte Zahl von Kirchendienern, die bei besonderen Anlässen wie Hochzeiten oder Begräbnissen in Geld oder Naturalien entlohnt wurden.

gungsversuche und führten zur Schließung von mehr als 600 rumänischen Kirchenschulen bis 1913.[103]

Weitgehend entlang der ostkirchlichen Konfessionsgrenze schieden sich bis zum Ausgleich von 1867 auch zwei politische Lager der Rumänen in Ungarn. Sie waren sich weniger in der Analyse der Zustände und den politischen Zielen uneins, sehr wohl aber in taktischen Fragen. Unierte Politiker und ihre Zeitung *Gazeta de Transilvania* reagierten auf die »nationale Unterdrückung« mit einem Boykott der politischen Institutionen. Die orthodoxen Wortführer hingegen (inklusive Bischof Şaguna) plädierten trotz derselben Unzufriedenheit mit den bestehenden Verhältnisse für eine Teilnahme am politischen Geschehen.[104] Erst die weitere Zuspitzung der nationalen Spannungen nach 1867 stärkte die Gruppe der »Passiven« auch über die Konfessionsgrenzen hinweg.

Zugleich begann mit dem Jahr 1867 der Ausstieg der Bischöfe aus der Rolle von »Ethnarchen« (= nationale Führer) ihrer Volksgruppe und der Aufstieg einer neuen säkularen Führungsschicht aus dem rumänischen Mittelstand bzw. einer langsam erstarkenden Intelligenz. Diese erachteten den »kleinlichen Streit« der Konfessionen sowie die doppelte kirchliche Führungsspitze als überholt bzw. als Hindernis für die nationale Einheit. Zudem plädierten sie vergeblich für »nationale« Schulen und eine einheitliche rumänische »Nationalkirche« diesseits und jenseits der ungarischen Grenze.[105] Um diese religiös weitgehend indifferente Nationalgesinnung unters Volk zu bringen, bedienten sie sich zahlreicher Organisationen und Vereine. Eine entsprechende Breitenwirkung konnten diese jedoch erst recht wieder nur entlang der lokalen kirchlichen Strukturen (Pfarren, Schulen) erlangen.

Eine in ihrer Wirkung kaum zu unterschätzende Weichenstellung zugunsten des Laieneinflusses in kirchlichen Entscheidungen erfolgte durch die von Bischof Şaguna konzipierte orthodoxe Kirchenordnung von 1869 (sog. Organisches Statut). Die kirchlichen Selbstverwaltungsorgane auf mehreren Ebenen (Pfarre, Dekanat, Diözese, Metropolie) setzten sich fortan jeweils aus einem Drittel Klerikern und zwei Dritteln Laien zusammen. Diese Gremien bildeten die einzigen offiziellen Foren, auf denen sich ihre Mitglieder qua »Rumänen« artikulieren konnten.[106] Dass sie in der Folge vielfach durch nationalistische Laiensprecher »feindlich übernommen« wurden, verursachte wiederholt innerkirchliche Spannungen.

Entsprechend lautstark aber vergeblich forderten auch Politiker auf unierter Seite vergleichbare »synodale« Strukturen.[107] Dagegen setzten drei griechisch-katholische Provinzialkonzilien (1872, 1882, 1900) ihr Bekenntnis zur »katholischen Einheit«.[108] Wie brisant die nationale Frage in unierten Kirchenbelangen werden konnte, zeigte sich 1912 im Zuge der Errichtung einer separaten griechisch-katholischen Diözese Hajdúdorog für die inzwischen ungarischsprachigen Gläubige der Grenzregion. Gegen diese von der ungarischen Regierung von langer Hand vorbereitete und nach zähen Verhandlungen von der römischen Kurie genehmigte Maßnahme erhob sich ein regelrechter Volksaufstand, in dessen Verlauf zahlreiche Gläubige und Priester verhaftet wurden.[109]

Insgesamt aber erwiesen sich die religiöse Alltagskultur bzw. die beiden lokalen

Abb. 23: Ein Pope der rumänisch-orthodoxen Kirche im Kreise seiner Familie bei Vulkán-szoros im ungarischen Komitat Hunyad (Foto 1909), Museum für Völkerkunde in Budapest.

Als Familienerhalter sahen sich die Priester ostkirchlicher Traditionen häufig genötigt, von den liturgischen Dienstleistungen an ihren Gläubigen bzw. Gemeinden einen Ertrag zu »erwirtschaften«, der ihre steigenden Ansprüche an Sozialprestige befriedigte und speziell ihren Söhnen nach Möglichkeit eine höhere Schulbildung ermöglichte. In vielen ostkirchlichen Regionalmilieus waren Geistliche noch lange praktisch die einzigen potenziellen Multiplikatoren für geistige Strömungen der Zeit.

Abb. 24: Griechisch-katholische Bischöfe im Königreich Ungarn (Foto vor 1899), aus einem Prachtband der sog. Leo-Gesellschaft über »Die Katholische Kirche unserer Zeit und ihre Diener in Wort und Bild«, 1899

Die bischöflichen Verfassungen der alten christlichen Kirchen gewährleisteten kompetente Gesprächspartner für die staatlichen Verwaltungsorgane. Diese drängten mit wechselndem Erfolg auch bei den anderen Konfessionen auf die Einrichtung von entscheidungsbefugten Organen. Die vor allem im ostkirchlichen Bereich überkommene Funktion der Bischöfe als Ethnarchen ihrer Volksgruppen ging im Untersuchungszeitraum nach und nach an »weltliche« Nationalpolitiker verloren.

kirchlichen Traditionsgemeinschaften erstaunlich resistent gegenüber dem äußeren wie inneren Druck: dem Drängen auf Assimilierung von Seiten der ungarischen »Staatsnation« (u. a. mit dem Projekt einer autonomen katholischen Kirche Ungarns inklusive der Unierten);[110] dem religiös nivellierenden Einfluss nationalistischer Kräfte in der eigenen Volksgruppe. Damit blieb der Faktor Religion das wohl alltagsgeschichtlich relevanteste Identitätsmoment der Rumänen, das bis hin zum Heiratsverhalten die Gruppenzugehörigkeit am meisten bestimmte.[111]

Der Stellenwert von Kirche und Religion bei den orthodoxen Serben

Durch besondere geschichtliche Umstände waren Serben im ausgehenden 17. Jahrhundert als geschlossene Gruppe in das Gebiet der Monarchie gelangt und bildeten dort unter der Führung eines Metropoliten in Karlowitz eine eigenständige Kirchengemeinschaft mit vielen Sondertraditionen bzw. die einzige praktisch geschlossen orthodoxe Nationalität. Ab der Reichsteilung 1867 bzw. der Eroberung Bosniens 1878 war sie organisatorisch jedoch in drei kirchliche Hierarchien geteilt.[112] Bekanntlich gab es erhebliche intellektuelle und politische Ambitionen, über die Religionsgrenzen hinaus eine südslawische Identität zu schaffen. Sie sind jedoch nur wenig über die Grenzen des orthodoxen Serbentums populär geworden.[113] Durch die konfessionelle Geschlossenheit entsprach die soziale und bildungsmäßige Schichtung der serbischen Volksgruppe der Donaumonarchie eher dem Gesamtdurchschnitt der Reichsbevölkerung als bei den anderen ostkirchlichen Gemeinschaften.

Die Kirchengremien der orthodoxen Serben waren schon von der Tradition her durch eine starke Partizipation von Laien geprägt. Im Zuge der Neuformulierung der Kirchenordnungen in den 1860er Jahren wurden die kirchlichen Einrichtungen weiter konsequent demokratisiert. Unter diesen Vorzeichen lag es nahe, dass diese Gremien mehr noch als bei den ostkirchlich konfessionell geteilten Siebenbürger Rumänen zum Surrogat für die vermisste politische Mitbestimmung der Volksgruppe werden mussten. In der östlichen Reichshälfte halfen sie nach 1867 nicht zuletzt mit, dem zunehmenden Magyarisierungsdruck zu widerstehen. Die zahlreichen konfessionellen Schulen wurden zudem zu Spielwiesen national gesinnter Lehrer und die Kirchengremien auf allen Ebenen zu Bühnen für die Politiker unterschiedlicher Couleurs. Dies führte erwartungsgemäß zwischen Kirchenhierarchie und Basis, aber auch zwischen Behörden und Kirchengremien sowie rivalisierenden Laiengruppen zu Spannungen, welche die Kirchenorgane zeitweilig sogar völlig lähmten (v. a. die sog. Sobori als kirchliche »Nationalkongresse«).[114] Die serbischen Bischöfe verloren parallel dazu ihre Führungsrolle in der

Abb. 25: Serbisch-orthodoxe Wasserweihe am Fest Epiphanie an der Donau in Budapest (Foto 1909), Museum für Völkerkunde in Budapest.

Ab der Reichsteilung 1867 bzw. der Neuordnung des Balkans nach 1878 war die orthodoxe Kirche der Serben auf drei kirchliche Hierarchien aufgeteilt (in der Donaumonarchie, im Serbischen Königreich, im okkupierten Bosnien). Ihre Kirchengremien waren schon traditionell stark von Laien geprägt; neue Kirchenordnungen ab den 1860er Jahren haben jene weiter »demokratisiert«. Sie wurden dadurch zum Surrogat für vermisste politische Instanzen der Volksgruppe, was zu Spannungen zwischen Hierarchie und Basis führte. Serbische Bischöfe verloren ihre vormalige Führungsrolle in der Volksgruppe an säkulare Politiker, für welche die kirchlichen Einrichtungen vielfach Mittel zum politischen Zweck waren.

Volksgruppe an säkulare Politiker, für welche die kirchlichen Einrichtungen vielfach Mittel zum politischen Zweck waren.[115]

Alltagsrelevant wurden diese Strukturen vor allem auf Pfarrebene. Gemäß den Bestimmungen ab 1868 wurden die Ortsgeistlichen von Kirchenversammlungen (30 bis 120 Mitglieder) gewählt, die auch das Vermögen verwalteten. Für Pfarrer und Kapläne gab es zuletzt geregelte Gehaltsklassen; Diakone wurden von den Pfarrgemeinden direkt besoldet. Für Witwen und Waisen sorgte im Patriarchat Karlowitz ab 1892 ein eigener Fonds. Die Dominanz der Laienkräfte in den Kirchengremien führte in deren Einflussbereich zum skurrilen Ergebnis, dass ein Religionsunterricht von zwei Stunden zwar in den öffentlichen Schulen von Geistlichen, in den kirchlich-konfessionellen Schulen aber von Laien erteilt wurde.[116]

Im Ruf der nationalen Agitation standen insbesondere die »serbisch«-orthodoxen Schulen Bosnien-Herzegowinas (1895: 67; 1913/14: 123), deren Rechte und Möglichkeiten mit der Schul- und Kirchenautonomie nach 1905 gesetzlich festgeschrieben wurden.[117] In Ungarn gestanden die Wahlordnungen der serbischen Kirchengremien jedem erwachsenen Serben das aktive wie passive Wahlrecht zu. Die spätere »autonome Ordnung« der bosnischen Orthodoxen hingegen spiegelte die Honoratiorengesellschaft der Region wider. Sie beschränkte die Mitbestimmung auf besitzende Selbstständige und somit vor allem auf die dominante Gruppe der Händler und Unternehmer.[118]

Bildungsstand und Organisationsniveau der serbischen Kirche Bosniens hatten sich zum Zeitpunkt der österreichischen Besetzung auf einem Tiefpunkt befunden. Wie im türkischen Herrschaftsbereich üblich, war die Vergabe der Kirchenämter zum Einkommensfaktor ortsfremder Bischöfe geworden. Der lokale Klerus seinerseits musste sich an den Gläubigen schadlos halten.[119] Erst zwischen 1884 und 1886 wurde die kurzfristig von den staatlichen Steuerämtern administrierte Sondersteuer (sog. Vladikarina) der Orthodoxen abgeschafft.[120] Der Autonomie für die serbische Kirche von 1905 gingen innerkirchliche Querelen zwischen den Bischöfen und Laiengruppen voran. Die Diskussion um das Statut wurde u. a. durch das forsche Organ einer regionalen Priestervereinigung in Gang gehalten, das selbst die ohnehin kleinen Reste von Regierungseinfluss auf innerkirchliche Vollzüge beseitigt wissen wollte.[121]

Die ab den 1860er Jahren geradezu progressiv-protestantische Kirchenstruktur der Serben stand in frappantem Gegensatz zum wenig »aufgeklärten« religiösen Leben der Gemeinschaft. Es folgte dem Muster der übrigen ostkirchlichen Gruppen: Im Nebeneinander außerchristlichen und kirchlichen Brauchtums;[122] im programmatischen Festhalten an der überkommenen liturgischen Praxis; in dem bei aller Laien-Mitbestimmung althergebrachten Auftreten der Kleriker und Klosterleute (1910: 3.273 Personen in Klosterfamilien der ungarischen Reichshälfte; dazu elf Klöster in Dalmatien und neun in Bosnien mit jeweils wenigen Mönchen)[123]. Die zur Untersuchungszeit bereits im Rückgang befindliche, aber noch präsente serbische Einrichtung der sog. Hauskommunion (= das Clan-artige Zusammenleben in großfamiliären, streng hierarchisch gegliederten Verbänden),[124] hatte eine religiöse Entsprechung in der Feier von Hauspatronen: Zeitgenössischen Berichten zufolge wurde die sog. Slava in Anwesenheit eines Popen in den Wohnhäusern aufwendig gefeiert und stellte abgesehen von Weihnachten und Ostern alle anderen Feste in den Schatten.[125]

Ob dieses seltene Beispiel eines christlichen Familien- und Hauskultes auf vorchristlichen Einrichtungen beruhte, wie Volkskundler der Zeit vermuteten, ist für unsere Zusammenhänge unerheblich. Es fungierte jedenfalls als Relais zwischen familiären und kirchlichen Strukturen und bildete eine religiöse Stütze für wichtige gesellschaftliche Einrichtungen. Ähnlich kirchlich-sakral überhöht präsentierte sich die traditionelle Einrichtung der sog. Wahlbruder- bzw. Wahlschwesterschaften (= zeremonielle Adoptionen von Geschwistern). Sie sollen in den 1880er Jahren selbst in Städten noch gepflogen worden sein; für ihren Vollzug existierten eigene kirchliche Rituale.[126]

Die Zusammenschau der Aspekte bietet für den serbischen Zweig der ostkirchlichen Milieufamilie Alt-Österreichs somit ein ambivalentes Bild. Die praktisch vollständige Identität von Volksgruppe und Konfession ermöglichte ein Höchstmaß an »Inkulturation« kirchlich verfassten Christentums in eine Regionalkultur. Zugleich wurde es dadurch zunehmend an den Rand des relevanten Gesellschaftslebens gedrängt bzw. seine Infrastruktur mit säkularisierender Wirkung für sekundäre Ziele vereinnahmt. In diesem Kontext reduzierte sich »Kirchlichkeit« fast zum Reservat der (bezahlten) Amtsträger, während Laien offiziell angehalten wurden, sich der praktischen und »nationalen« Arbeit zu widmen.[127]

Angesichts dieser Entwicklung nimmt es nicht wunder, dass eine volksreligiöse Gegenbewegung in der zweiten Hälfte des 19. Jahrhunderts in der Vojvodina und damit vom Gebiet der Donaumonarchie ihren Ausgang nahm. Ohne sichtbaren Anführer oder erkennbaren Impuls von oben betrieb eine wachsende Zahl von »Frommen« unter Anleitung einfacher Prediger aus bäuerlichem Milieu eine Wiederbelebung alter Frömmigkeitsformen, vor allem hinsichtlich der Wallfahrten und des Klosterlebens. Sie pflegte aber auch eine gemeinschaftliche Lektüre der Bibel und Heiligenviten, gründete lokale »Gemeinschaften« oder »Bruderschaften« und trieb die vielfach skeptischen Kleriker zu Mehrleistungen in Liturgie und Predigtdienst an. Ihren Höhepunkt erreichte die Bewegung erst in der vereinten serbischen Kirche zwischen den Weltkriegen.[128]

Die »Ostkirchen«: Verstärker oder Dämpfer der zentrifugalen Kräfte des Habsburgerreiches?

Österreich-Ungarn beherbergte bis zu seinem Untergang 1918 eine Vielzahl von kleinen und größeren Bevölkerungsgruppen, deren Alltag und Lebensrhythmus tiefgreifend von ostkirchlichen Traditionen (mit-)bestimmt wurde. Die Bandbreite der Prägekraft des Faktors Religion für die Alltagsgestaltung der Betroffenen reichte von der sektenhaften Vollbestimmung des Lebens im Falle der Lippowaner bis zum weitgehenden Rückzug auf folkloristisch-familiäres Brauchtum bei den Armeniern.

Für die milieubildende Kraft der ostkirchlichen Gruppen spricht, dass es trotz nachhaltiger Versuche keiner der nationalen Bewegungen gelungen ist, die Konfessionsgrenzen zu überspringen oder aufzulösen. Die Regierungen und kaiserlich-königlichen Behörden haben den betroffenen orthodoxen und unierten Kirchen *grosso modo* ein gedeihliches und geordnetes Wirken ermöglicht und ihnen in punkto Infrastruktur, Ausbildung und Finanzierung tatkräftig unter die Arme gegriffen. Sie förderten mit beträchtlichen Geldmitteln auch die optische Präsenz der Ostkirchen in den Städten der Monarchie mittels ihrer Gotteshäuser und Bischofsresidenzen: z.B. die serbische St.-Sava-Kirche des Architekten Heinrich Wagner in Wien (eingeweiht 1893 in Anwesenheit des Kaisers) oder die pittoreske Residenz des griechisch-orthodoxen Erzbischofs in Czernowitz des tschechischen Architekten Josef Hlavka mit moldauisch-byzantinischen und maurischen Stilelementen.[129]

Der Klerus dankte es den Behörden mit einer höheren Loyalität, als es in den intellektuellen Kreisen ihrer jeweiligen Nationalitäten Standard war; in der Regel korrelierte ihre Höhe mit dem Rang in der geistlichen Hierarchie. Insbesondere die unierten Zweige der regionalen Ostkirchen hatten in der Monarchie ihr eigentliches Existenzfeld. Die Mehrzahl ihrer Loyalitäten (Rom, Wien bzw. Budapest, die Öffentlichkeit ihrer »Nation«) machte sie auch deutlich weniger anfällig für politische Vereinnahmungen durch Nationalismen ihrer Volksgruppen diesseits und jenseits der Monarchiegrenzen.

Angesichts dieses leidlich schiedlichen Verhältnisses zwischen den staatlichen Behörden und den offiziellen ostkirchlichen Instanzen Österreich-Ungarns endete das Zusammenwirken mit einem schmerzlichen Missklang. Die Militärverwaltungen beider Reichshälften sahen sich nach Kriegsbeginn veranlasst, einen Teil des ostkirchlichen Klerus als politisch unzuverlässig in Internierungslager des Landesinneren zu verfrachten. Dies betraf verständlicherweise viele serbische Geistliche, die schon lange im Ruf nationaler Agitation standen, aber auch zahlreiche rumänische und ukrainische Kleriker.

Schon bis September 1914 waren 42 Lehrer serbisch-orthodoxer Schulen wegen direkter oder indirekter Verwicklung in den Mord am Thronfolger verhaftet und 173 der 348 orthodoxen Geistlichen Bosniens in Gewahrsam genommen worden.[130] Nach dem Kriegseintritt Rumäniens 1916 wurden knapp 150 orthodoxe und unierte rumänische Priester in staatliche ungarische Gefängnisse eingeliefert und einige von ihnen zu schwerer Kerkerhaft bzw. Tod verurteilt; weitere ca. 200 Priester und 15 Priesterfrauen deportierte man ins westungarische Sopron.[131] In Thalerhof bei Graz saßen etliche rumänisch-orthodoxe Priester aus der Bukowina und nicht weniger als 308 griechisch-katholische Priester aus Galizien ein. Bis auf 44 Entlassene wurden sie dort – ungeachtet ihrer Beteuerungen der Loyalität – über Jahre unter unwürdigen Bedingungen festgehalten.[132]

In Gestalt des Attentäters auf den Thronfolger Franz Ferdinand hat die Monarchie einen bemerkenswerten Auslöser ihres Untergangs gefunden: ein bosnisch-serbisch-orthodoxer Gymnasiast. Damit war er das Produkt einer engagierten österreichisch-ungarischen Schulpolitik, zugleich bevorzugt betroffen vom heftigen national-konfessionellen Gezerre um die Hirne und Herzen der Menschen, insbesondere der Jugend. Er war Jungbürger eines politischen Gebildes, dessen zukunftsweisende Ansätze und erhaltenswürdige Errungenschaften offenbar nicht ausreichen, um den zentrifugalen Kräften Paroli bieten zu können, die nicht zuletzt innerhalb der ostkirchlich geprägten Subkulturen des Reiches wirksam waren.

Manzi Kestel-Bauer, Portrait Salomon Sulzer 1804–1890 (Ölgemälde 1904), Jüdisches Museum Wien.

Die Wiener jüdische Gemeinde war in der ersten Hälfte des 19. Jahrhunderts Pionierin einer schonenden »Transformation« des jüdischen Gottesdienst- und Gemeindelebens unter dem Vorzeichen aufgeklärten Gedankenguts. Sie hielt an der hebräischen Gottesdienstsprache fest (Ausnahme: deutsche Predigt) und vermied jede Änderung, die den rituellen Normen des Schulchan Aruch (= normatives Ritus-Handbuch) offen zuwiderlief. Ihre Schöpfer waren der Wiener Gemeindeseelsorger Isaak Noah Mannheimer (1793–1865, in Wien seit 1825) und der 1826 aus Hohenems nach Wien berufene Oberkantor Salomon Sulzer (1804–1890). Diesen »Wiener Stil« übernahmen die Gemeinden anderer Reichsstädte und Länder (Pest, Prossnitz, Prag, Lemberg, Krakau, Brody, Warschau, Odessa); er war auch das Vorbild für die sog. Neologie in Ungarn.

Antonín Hudeček (1872–1941), Májová pobožnost / Die Maiandacht (Ölgemälde 1913/14), Städtische Galerie Vysoké Mýto

Die besondere Marienverehrung im Monat Mai (sog. Maiandachten) wurde im Italien des 18. Jahrhunderts populär. Über Frankreich, Belgien und die Schweiz erreichte sie ab den 1840er Jahren auch Österreich und Deutschland. Sie wurde fester Bestandteil einer katholischen Laienspiritualität, die bevorzugt bei Kapellen und Bildstöcken praktiziert wurde.

Joža Uprka (1861–1940), Kirchgang von Taufpatinnen aus Velká (Ölgemälde 1896), Nationalgalerie Prag

Stärker als für Männer bestimmten die Religionsgemeinschaften das Leben der Frauen: Art und Dauer einer Schulbildung, das Heiratsverhalten, ihren Status in der Öffentlichkeit und als Trägerinnen einer familiären Religiosität, fokussiert auf Rituale um Geburt und Tod.

Albin Egger-Lienz (1868–1926), Karfreitag (Ölgemälde 1892/93), Belvedere Wien.

Die Karwoche und Ostertage waren und sind die zeremoniell dichteste und theatralischste Zeit des katholischen Jahreskalenders. An vielen Orten der Monarchie zogen am Karfreitag Prozessionen oft von weit her zu örtlichen Kalvarienbergen. Ab der offiziellen Liturgie zum Karfreitag bis zur Auferstehungsfeier am Karsamstag luden Heilige Gräber in fast allen Kirchen mit lebensgroßen Figuren zu Besuch und Meditation ein, die von zahlreichen bunten Öllampen beleuchtet wurden.

Folgende zwei Bilder: István Csók (1865–1961), Taufe (Ölgemälde 1902) und Abendmahl (Ölgemälde 1890), beide Ungarische Nationalgalerie Budapest

Im magyarischen Teil der Bevölkerung Ungarns war der Kalvinismus das dominierende protestantische Bekenntnis; in einigen Landgebieten bildete er die Mehrheitskonfession. Die puritanisch schlichte Ausstattung der reformierten Kirchen wurde teilweise wettgemacht durch reich bestückte Orgeln oder die Größe des Baus. Kirchturm und Gräber zier(t)en Sterne statt Kreuze. Die Übernahme von Kirchenämtern bildete häufig den Einstieg in eine politische Karriere. Indizien für die zunehmende Säkularisierung reformierter Milieus schon ab der Jahrhundertmitte waren ein schwindender Kirchenbesuch und die sinkende Bereitschaft adeliger Kirchenherrn, ihren Pflichten in der Kirchenerhaltung nachzukommen.

Friedrich Martersteig (1814–1899), Einzug in die evangelische Kirche. Gedenken an die Einweihung der ersten evangelischen Kirche in Salzburg am 8. September 1867 (Ölgemälde, nach 1867) Evang. Pfarre Salzburg

Durch Fremdenverkehr und Zuwanderung stieg die Präsenz von Protestanten in bis dahin rein katholisch geprägten Regionen. Daraus folgende, vorwiegend städtische Neugründungen von Gemeinden (u.a. in Salzburg, Meran, Laibach, Eger, Pilsen) veränderten die gesellschaftliche Wahrnehmung und das Selbstverständnis des heimischen Protestantismus.

Bild rechts unten: Kaiser Franz Josef I. hinter dem Baldachin mit dem Allerheiligsten in der Wiener Fronleichnamsprozession (handkoloriertes Glasdiapositiv um 1910), IMAGNO/Österreichisches Volkshochschularchiv

Die Person des Monarchen stand westlich wie östlich der Leitha von altersher unter einem sakralen Nimbus. In Ungarn basierte er auf dem Mythos um die Krone des Heiligen Stephan als des königlichen »Apostels der Ungarn«. In der Westhälfte erreichte er seine höchste symbolische Verdichtung im Rahmen der katholischen Fronleichnamsprozession der Hauptstadt sowie zur liturgischen Fußwaschung an Gründonnerstag, bei welcher der Kaiser in der Rolle Christi agierte. Der Landesfürst wurde – nach revolutionärer Unterbrechung ab 1849 auch wieder im Venezianischen – im Kanon der katholischen und orthodoxen Eucharistiefeiern genannt, ebenso zusammen mit dem Sultan im Freitagsgebet der Moscheen Bosniens.

Allegorie »Austria, beraten von der Religion«, Deckengemälde Leopold Kupelwieser († 1862) im Nö. Landhaus.

Die Donaumonarchie setzte stärker als andere Großmächte auf die »religiöse Karte«. Spätestens ab den Religionsgesetzen der 1860er Jahre erfreuten sich auch die »akatholischen« Konfessionen der demonstrativen Gunst des Landesherrn und der Behörden. Sie manifestierte sich in Unterstützungen für den Ausbau ihrer Infrastrukturen und in die Ausbildung ihrer Amtsträger.

Fronleichnamsprozession Dürnstein (handkoloriertes Glasdiapositiv um 1910), IMAGNO/
Österreichisches Volkshochschularchiv

Die offiziellen Geschichtsschreibungen der Konfessionen beschäftigen sich bevorzugt mit ihren (hohen) Amtsträgern und überregionalen Strukturen. Wie sehr die offiziellen Vorgaben
das Leben der Basis tatsächlich bestimmten, war jedoch regional sehr verschieden. Es hing
vor allem davon ab, wie tief oder oberflächlich sich die betreffende Religion in den zurückliegenden Jahrhunderten in die jeweilige Lokal- und Regionalgesellschaften »inkulturiert« (=
kulturell verwurzelt) hatte. Die an der Basis zu leistenden Aufgaben waren für alle Glaubensgemeinschaften recht ähnlich: spirituelle Angebote für eine religiöse Lebensführung zu bieten,
gottesdienstliches Leben zu organisieren, Notlagen sozial abzufedern und für eine Weitergabe
des Glaubens an nächste Generationen zu sorgen. Innerhalb einer gewissen Bandbreite haben
sie auch vergleichbare Vorkehrungen getroffen, um dieses »Leben mit dem Glauben« an tausenden Orten zu ermöglichen.

Die folgenden Karte sind übernommen aus: Helmut Rumpler und Martin Seeger, Die Habs-
burgermonarchie 1848–1918, Band IX: Soziale Strukturen, 2. Teilband: Die Gesellschaft der
Habsburgermonarchie im Kartenbild. Verwaltungs-, Sozial- und Infrastrukturen. Nach dem
Zensus von 1910, Wien 2010

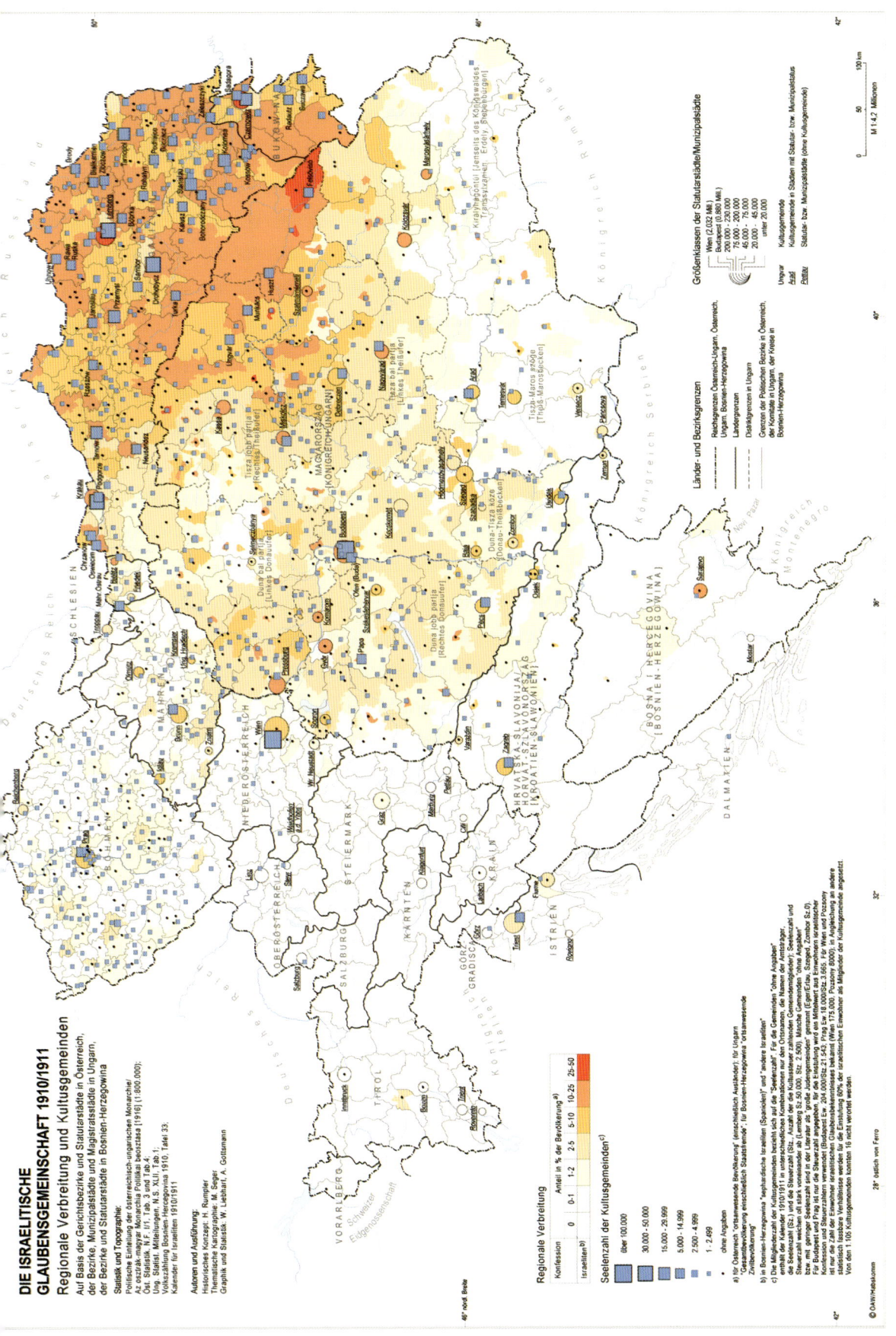

DIE ISRAELITISCHE
GLAUBENSGEMEINSCHAFT 1910/1911
Regionale Verbreitung und Kultusgemeinden

Auf Basis der Gerichtsbezirke und Statutarstädte in Österreich,
der Bezirke, Munizipalstädte und Magistratsstädte in Ungarn,
der Bezirke und Statutarstädte in Bosnien-Herzegowina

Statistik und Topographie:
Politische Einteilung der österreichisch-ungarischen Monarchie/
Az osztrák-magyar Monarchia Politikai beosztása (1916) (1:900.000);
Öst. Statistik N.F. 1/1, Tab. 3 und Tab 4 /
Ung. Statist. Mitteilungen, N.S. XLI, Tab 1;
Volkszählung Bosnien-Herzegowina 1910; Tafel 33;
Kalender für Israeliten 1910/1911

Autoren und Ausführung:
Historisches Konzept: H. Rumpler
Thematische Kartographie: M. Seger
Graphik und Statistik: W. Liebhart, A. Gottsmann

Regionale Verbreitung

Konfession	Anteil in % der Bevölkerung a)						
	0	0-1	1-2	2,5	5-10	10-25	25-50
Israeliten b)							

	Seelenzahl der Kultusgemeinden c)
▪	über 100.000
▪	30.000 - 50.000
▪	15.000 - 29.999
▪	5.000 - 14.999
●	2.500 - 4.999
•	1 - 2.499
·	ohne Angaben

a) für Österreich "ortsanwesende Bevölkerung" (einschließlich Ausländer); für Ungarn "Gesamtbevölkerung einschließlich Staatsfremde"; für Bosnien-Herzegowina "ortsanwesende Zivilbevölkerung"

b) in Bosnien-Herzegowina "sephardische Israeliten (Spaniolen)" und "andere Israeliten"

c) Die Mitgliederzahl der Kultusgemeinden bezieht sich auf die "Seelenzahl" für die Gemeinden "ohne Angaben" enthält der Kalender 1910/1911 im allgemeinen nur die Namen der Ortsnamen, die Namen der Amtsträger, die Seelenzahl (Sz.) und die Steuerzahl (Stz.), Anzahl der Kultussteuer zahlenden Gemeindemitglieder) Seelenzahl und Steuerzahl weichen oft stark voneinander ab (Lemberg Sz.50.000, Stz. 2.500). Manche Gemeinden "ohne Angaben" sind aber mit großer Seelenzahl ermittelt über die Literatur in der Judenkatastern (Brody, Szeged, Zombor etc. Sz.d). Für Budapest und Prag ist nur die Steuerzahl angegeben; für die Herstellung wird ein Mittelwert aus Einwohnern israelitischer Konfession und Steuerzahlern verwendet (Budapest Ew. 204.000/Stz.21.543, Prag Ew. 18.000/Stz.3.565. Für Wien und Pozsony ist nur die Zahl der Einwohner israelitischen Glaubensbekenntnisses bekannt (Wien 175.000, Pozsony 8000); in Angleichung an andere statistisch fassbare Verhältnisse werden für die Einstufung 60% der israelitischen Einwohner als Mitglieder der Kultusgemeinde angesetzt. Von den 1.185 Kultusgemeinden konnten 16 nicht verortet werden.

Größenklassen der Statutarstädte/Munizipalstädte

Wien (2.032 Mill.)
Budapest (0,880 Mill.)
200.000 - 230.000
75.000 - 200.000
45.000 - 75.000
20.000 - 45.000
unter 20.000

○ Kultusgemeinde
● Kultusgemeinde in Städten mit Statutar- bzw. Munizipalstatus
▫ Statutar- bzw. Munizipalstädte ohne Kultusgemeinde (ohne Kultusgemeinde)

Ungar Kultusgemeinde
Arad   Kultusgemeinde in Städten mit Statutar- bzw. Munizipalstatus
Pettau Statutar- bzw. Munizipalstädte ohne Kultusgemeinde

M 1:4,7 Millionen

0   50   100 km

Länder- und Bezirksgrenzen

– · – · – Reichsgrenzen Österreich-Ungarn, Österreich,
            Ungarn, Bosnien-Herzegowina
————   Landesgrenzen
– – – –   Diskatsgrenzen in Ungarn
· · · · ·   Grenzen der Politischen Bezirke in Österreich,
            der Komitate in Ungarn, der Kreise in
            Bosnien-Herzegowina

© OAW/Hebekohms

© OAW/Hebekohms

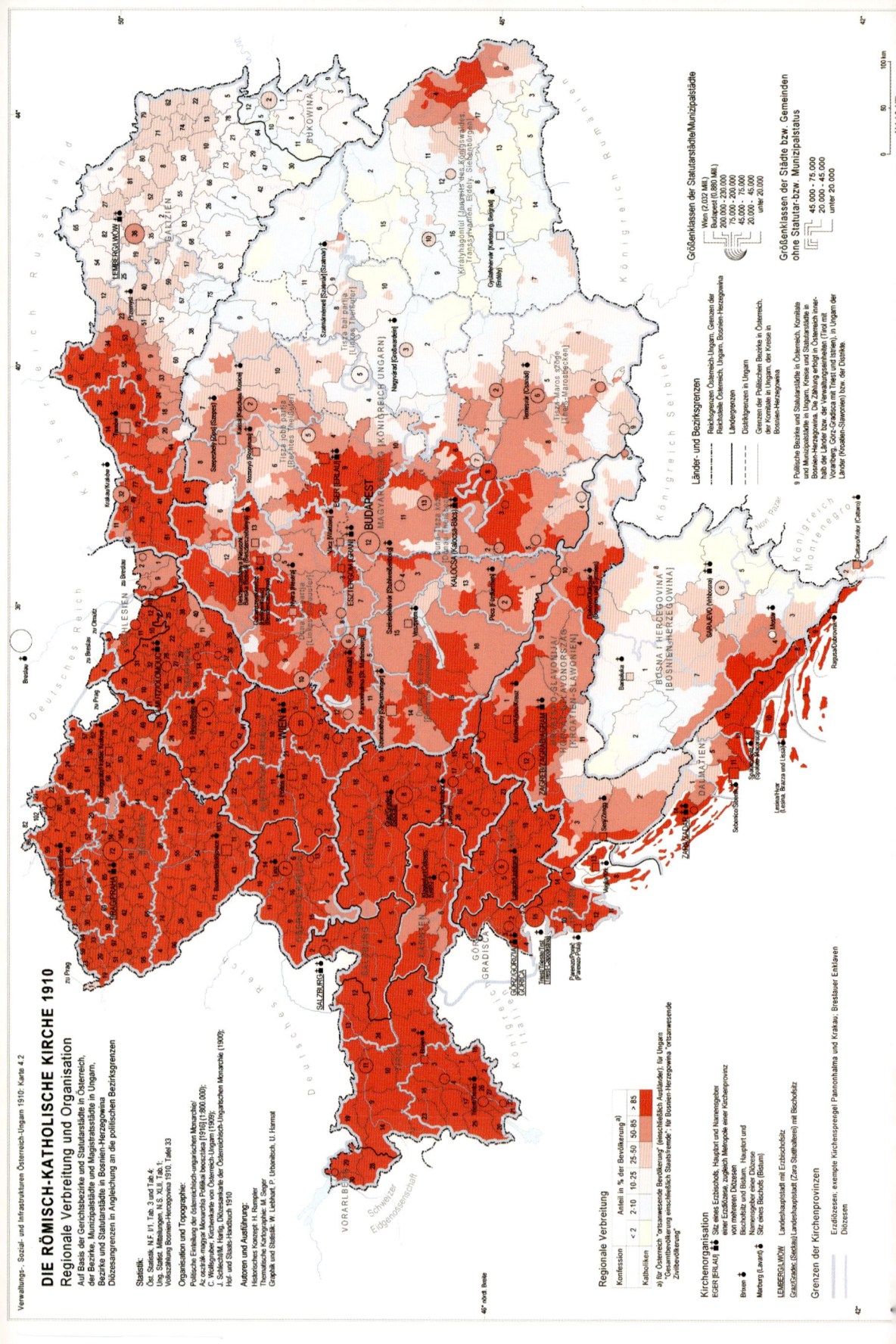

Verwaltungs-, Sozial- und Infrastrukturen Österreich-Ungarn 1910: Karte 4.2

DIE RÖMISCH-KATHOLISCHE KIRCHE 1910
Regionale Verbreitung und Organisation

Auf Basis der Gerichtsbezirke und Statutarstädte in Österreich,
der Bezirke, Municipalstädte und Magistratsstädte in Ungarn,
Bezirke und Statutarstädte in Bosnien-Herzegowina.
Diözesansgrenzen in Angleichung an die politischen Bezirksgrenzen

Statistik:
Öst. Statistik, N.F. I/1, Tab. 3 und Tab. 4;
Ung. Statist. Mitteilungen, N.S. XLII, Tab.1;
Volkszählung Bosnien-Herzegowina 1910, Tabel 33

Organisation und Topographie:
Az osztrák-magyar Monarchia Politikai beosztása [1916] (1:900.000);
C. Wolfsgruber, Kirchenkarte von Österreich-Ungarn (1909);
J. Schlecht/M. Hartig, Diözesankarte der Österreichisch-Ungarischen Monarchie (1900);
Hof- und Staats-Handbuch 1910

Autoren und Ausführung:
Historisches Konzept H. Rumpler
Thematische Kartographie: M. Seger
Graphik und Statistik: W. Leidhart, P. Urbanitsch, U. Harmat

Regionale Verbreitung

Konfession	Anteil in % der Bevölkerung a)					
	<2	2-10	10-25	25-50	50-85	>85
Katholiken						

a) für Österreich "ortsanwesende Bevölkerung" (einschließlich Ausländer); für Ungarn
"Gesamtbevölkerung einschließlich Staatsfremde"; für Bosnien-Herzegowina "ortsanwesende
Zivilbevölkerung"

Kirchenorganisation

EGER [ERLAU] ⚑⚑⚑ Sitz eines Erzbischofs, Hauptort und Hauptregierten
einer Erzdiözese bzw. zugleich Metropole einer Kirchenprovinz
von mehreren Diözesen

Brixen ⚑ Bischofsitz und Bistum, Hauptort und
Namenspatron einer Diözese

Marburg (Lavant) ⚑ Sitz eines Bischofs (Bistum)

LEMBERG/LWOW Landeshauptstadt mit Erzbischofsitz
Graz/Grätz (Seckau) Landeshauptstadt (Zara Statthalterei) mit Bischofsitz

Grenzen der Kirchenprovinzen

Erzdiözesen, exempte Kirchensprengel Pannonhalma und Krakau; Breslauer Enklaven
Diözesen

Länder- und Bezirksgrenzen

——— Reichsgrenzen Österreich-Ungarn, Grenzen der
Reichsteile Österreich, Ungarn, Bosnien-Herzegowina
——— Ländergrenzen
— - — Distriktsgrenzen in Ungarn
— · · — Grenzen der politischen Bezirke in Österreich,
der Komitate in Ungarn, der Kreise in
Bosnien-Herzegowina

9 Politische Bezirke und Statutarstädte in Österreich, Komitate
und Municipalstädte in Ungarn, Kreise und Statutarstädte in
Bosnien-Herzegowina. Die Zählung erfolgt in Österreich inner-
halb der Länder bzw. der Kronländer (Tirol mit
Vorarlberg, Görz-Gradisca mit Triest und Istrien), in Ungarn der
Länder (Kroatien-Slawonien) bzw. der Distrikte.

Größenklassen der Statutarstädte/Municipalstädte
Wien (2.032 Mill.)
Budapest (0.880 Mill.)
200.000 – 230.000
75.000 – 200.000
45.000 – 75.000
20.000 – 45.000
unter 20.000

**Größenklassen der Städte bzw. Gemeinden
ohne Statutar- bzw. Municipalstatus**
45.000 – 75.000
20.000 – 45.000
unter 20.000

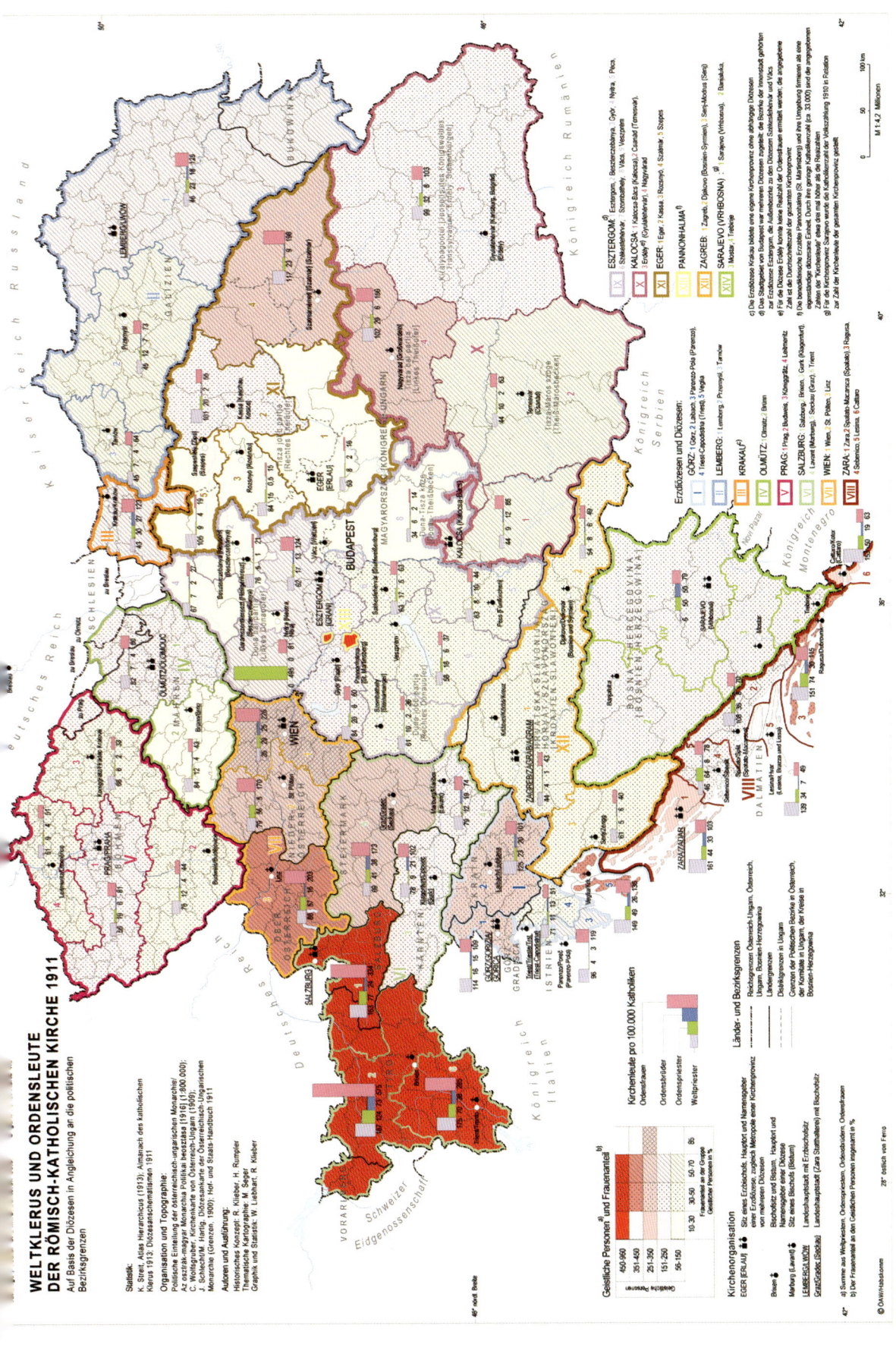

WELTKLERUS UND ORDENSLEUTE DER RÖMISCH-KATHOLISCHEN KIRCHE 1911

Auf Basis der Diözesen in Angleichung an die politischen Bezirksgrenzen

Statistik:
K. Streit, Atlas Hierarchicus (1913); Almanach des katholischen Klerus 1913; Diözesanschematismen 1911

Organisation und Topographie:
Politische Einteilung der österreichisch-ungarischen Monarchie;
Az osztrák-magyar Monarchia Politikai beosztása [1916] (1:800.000);
C. Wolfsgruber, Kirchengeschichte von Österreich-Ungarn (1909);
J. Schlecht/M. Hanig, Diözesankunde der österreichisch-ungarischen Monarchie (Grenzen, 1900); Hof- und Staats-Handbuch 1911

Autoren und Ausführung:
Historisches Konzept: R. Kleber; H. Rumpler
Thematische Kartographie: M. Seger
Graphik und Statistik: W. Liebhart, R. Kleber

© OAW-Habelsamm

DIE GRIECHISCH-KATHOLISCHE UND ARMENISCH-KATHOLISCHE KIRCHE (UNIERTE) 1910

Regionale Verbreitung und Organisation

Auf Basis der Gerichtsbezirke und Statutarstädte in Österreich, der Bezirke, Munizipalstädte und Magistratsstädte in Ungarn, Bezirke und Statutarstädte in Bosnien-Herzegowina
Diözesangrenzen in Angleichung an die politischen Bezirksgrenzen

Statistik:
Öst. Statistik. N.F. I/1. Tab. 3 und Tab.4;
Ung. Statist. Mitteilungen, N.S. XLII. Tab.1;
Volkszählung Bosnien-Herzegowina 1910. Tafel 33

Organisation und Topographie:
Politische Einteilung der österreich-ungarischen Monarchie;
Az osztrák-magyar Monarchia Politikai beosztása (1916) (1:800.000);
C. Wolfsgruber, Kirchenkarte von Österreich-Ungarn (1909);
J. Schleicher Hartig, Diözesankarte der Österreichisch-Ungarischen Monarchie (1900);
Hof- und Staats-Handbuch 1910

Autoren und Ausführung:
Historisches Konzept: H. Rumpler
Thematische Kartographie: V. Seger
Graphik und Statistik: W. Liebhart, P. Urbanitsch, u. Harmat

Regionale Verbreitung

Konfession	Anteil in % der Bevölkerung[a]
	0	<2	2-10	10-25	25-50	50-85	>85

a) für Österreich "ortsanwesende Bevölkerung" (einschließlich Ausländer) für Ungarn "Gesamtbevölkerung einschließlich Staatsfremde", für Bosnien-Herzegowina "ortsanwesende Zivilbevölkerung"
b) zusammen mit "armenisch-katholisch"

Unierte[b]

Kirchenorganisation

BALÁZSFALVA [BLASENDORF/ BLAZSORAS] (Alba Iulia und Fogaras) — Erzbischofsitz (Erzbistum), Lemberg war auch Sitz des armenisch-katholischen Metropolitan-Erzbischofs.

ZAGREB/ZÁGRÁB [AGRAM] — Erzbischofsitz, Erzbistum katholisch, Die katholische Erzbischöfe von Esztergom und Zagreb waren auch Metropoliten der unierten Bistümer von Eperjes und Munkács bzw. Križevci

Ungvár (Munkács) — Bischofsitz (Bistum)

LEMBERG/LWÓW — Landeshauptstädte mit Erzbischof- bzw. Bischofsitz

Grenzen der Kirchenprovinzen

Erzdiözesen
Diözesen

Länder- und Bezirksgrenzen

Reichsgrenzen Österreich-Ungarn, Grenzen der Rechtsstelle Österreich, Ungarn, Bosnien-Herzegowina
Ländergrenzen
Distriktgrenzen in Ungarn
Grenzen der Politischen Bezirke in Österreich, der Komitate in Ungarn, der Kreise in Bosnien-Herzegowina

9 Politische Bezirke und Statutarstädte in Österreich, Komitate und Munizipalstädte in Ungarn, Kreise und Statutarstädte in Bosnien-Herzegowina in Ungarn. Kreise und Statutarstädte innerhalb der Länder bzw. der Verwaltungseinheiten (Tirol mit Vorarlberg, Görz-Gradisca mit Triest und Istrien), in Ungarn der Länder (Kroatien-Slawonien) bzw. der Distrikte.

Größenklassen der Statutarstädte/Munizipalstädte

Wien (2.032 Mill.)
Budapest (0.880 Mill.)
200.000 - 230.000
75.000 - 200.000
45.000 - 75.000
20.000 - 45.000
unter 20.000

Größenklassen der Städte bzw. Gemeinden ohne Statutar-bzw. Munizipalstatus

45.000 - 75.000
20.000 - 45.000
unter 20.000

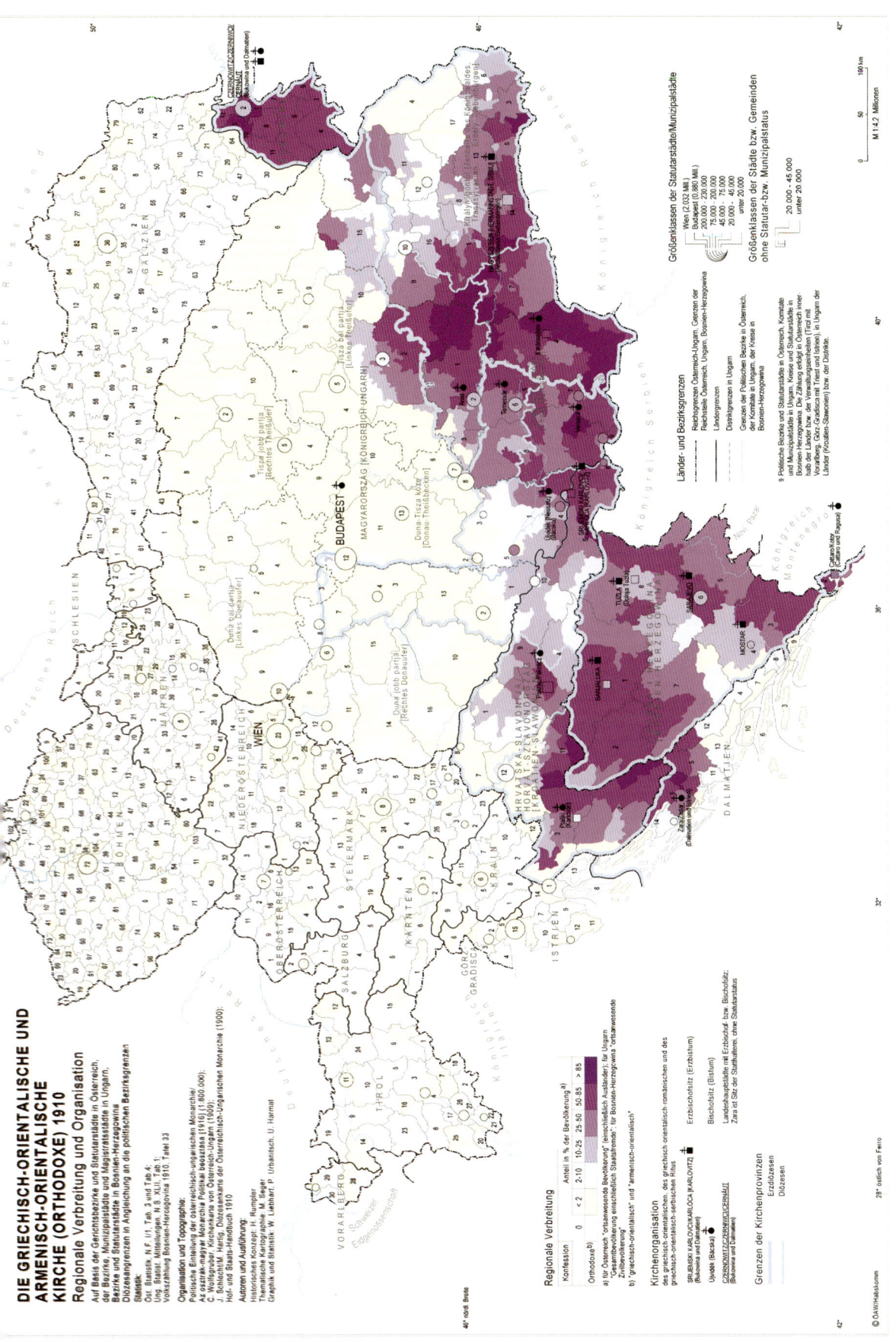

DIE GRIECHISCH-ORIENTALISCHE UND ARMENISCH-ORIENTALISCHE KIRCHE (ORTHODOXE) 1910

Regionale Verbreitung und Organisation

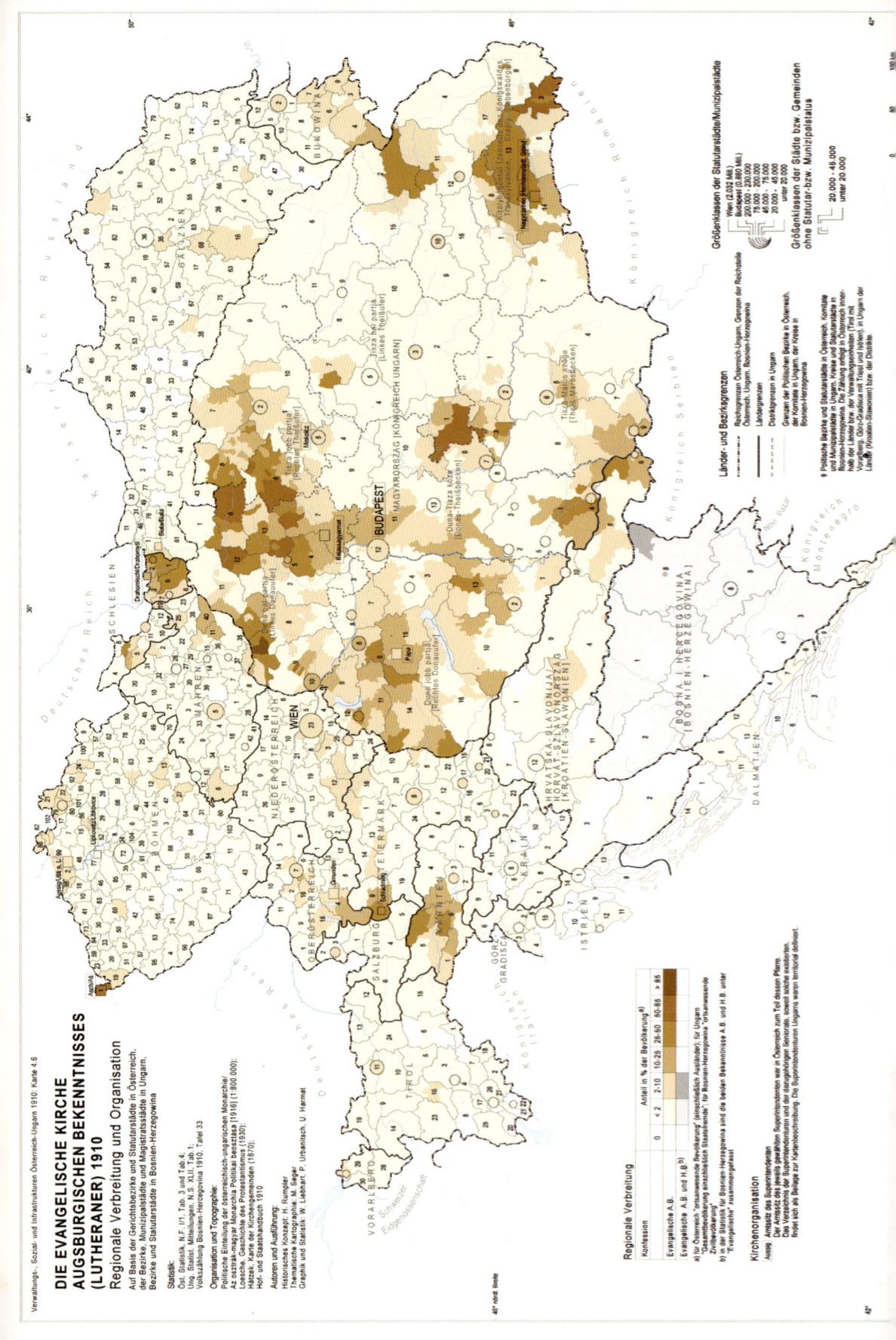

DIE EVANGELISCHE KIRCHE AUGSBURGISCHEN BEKENNTNISSES (LUTHERANER) 1910

Regionale Verbreitung und Organisation

Auf Basis der Gerichtsbezirke und Statutarstädte in Österreich, der Bezirke, Munizipalstädte und Magistratsstädte in Ungarn, Bezirke und Statutarstädte in Bosnien-Herzegowina

Statistik:
Öst. Statistik, N.F. I/1, Tab. 3 und Tab.4;
Ung. Statist. Mitteilungen, N.S. XLII, Tab 1;
Volkszählung Bosnien-Hercegowina 1910, Tafel 33

Organisation und Topographie:
Politische Einteilung der österreichisch-ungarischen Monarchie;
Az osztrák-magyar Monarchia Politikai beosztása [1916] (1:800.000);
Loesche, Geschichte des Protestantismus [1930];
Hölzls, Karte der Kirchengemeinden [1870];
Hof- und Staatshandbuch 1910

Autoren und Ausführung:
Historisches Konzept: H. Rumpler
Thematische Kartographie: M. Seger
Graphik und Statistik: W. Liebhart, P. Urbanitsch, U. Harmat

Regionale Verbreitung

Konfession

| | 0 | <2 | 2–10 | 10–26 | 26–50 | 50–85 | >85 |
Anteil in % der Bevölkerung[a]

Evangelische A.B.

Evangelische A.B. und H.B.[b]

[a] für Österreich "ortsanwesende Bevölkerung" (einschließlich Ausländer); für Ungarn "Gesamtbevölkerung" einschließlich Staatsfremde; für Bosnien-Herzegowina "ortsanwesende Zivilbevölkerung"
[b] in der Statistik für Bosnien-Herzegowina sind die beiden Bekenntnisse A.B. und H.B. unter "Evangelisch" zusammengefasst

Kirchenorganisation

Amtssitz der Superintendenten
Der Amtssitz des jeweils gewählten Superintendenten war in Österreich zum Teil dessen Pfarre. In Ungarn und Bosnien-Herzegowina waren die Amtssitze der Superintendenturen bzw. Seniorate. Die Zählung erfolgt in Österreich innerhalb der Länder bzw. der Verwaltungseinheiten (Tirol mit Vorarlberg, Görz-Gradisca mit Triest und Istrien), in Ungarn über die Länder (Kroatien-Slawonien) bzw. die Distrikte.

Länder- und Bezirksgrenzen

Reichsgrenze Österreich-Ungarn, Grenzen der Reichshälfte
Österreich, Ungarn, Bosnien-Herzegowina
Ländergrenze
Diözesangrenzen in Ungarn
Grenzen der Politischen Bezirke in Österreich, der Komitate in Ungarn, der Kreise in Bosnien-Herzegowina

[•] Politische Bezirke und Statutarstädte in Österreich, Komitate und Munizipalstädte in Ungarn sowie Statutarstädte und Bezirke in Bosnien-Herzegowina, soweit solche existierten.

Größenklassen der Statutarstädte/Munizipalstädte

Wien (2,092 Mill.)
Budapest (0,880 Mill.)
300.000–230.000
200.000–75.000
75.000–45.000
45.000–20.000
unter 20.000

Größenklassen der Städte bzw. Gemeinden ohne Statutar- bzw. Munizipalstatus
20.000–45.000
unter 20.000

BUDAPEST

WIEN

MAGYARORSZÁG [KÖNIGREICH UNGARN]

HRVATSKA SLAVONIJA [KROATIEN-SLAWONIEN]

BOSNA I HERCEGOVINA [BOSNIEN-HERZEGOWINA]

Königreich Rumänien

Königreich Serbien

Königreich Montenegro

Kaiserreich Russland

Deutsches Reich

GALIZIEN · BUKOWINA · SCHLESIEN · MÄHREN · BÖHMEN · NIEDERÖSTERREICH · OBERÖSTERREICH · STEIERMARK · SALZBURG · KÄRNTEN · KRAIN · GÖRZ-GRADISCA · ISTRIEN · DALMATIEN · TIROL · VORARLBERG

Schweizer Eidgenossenschaft

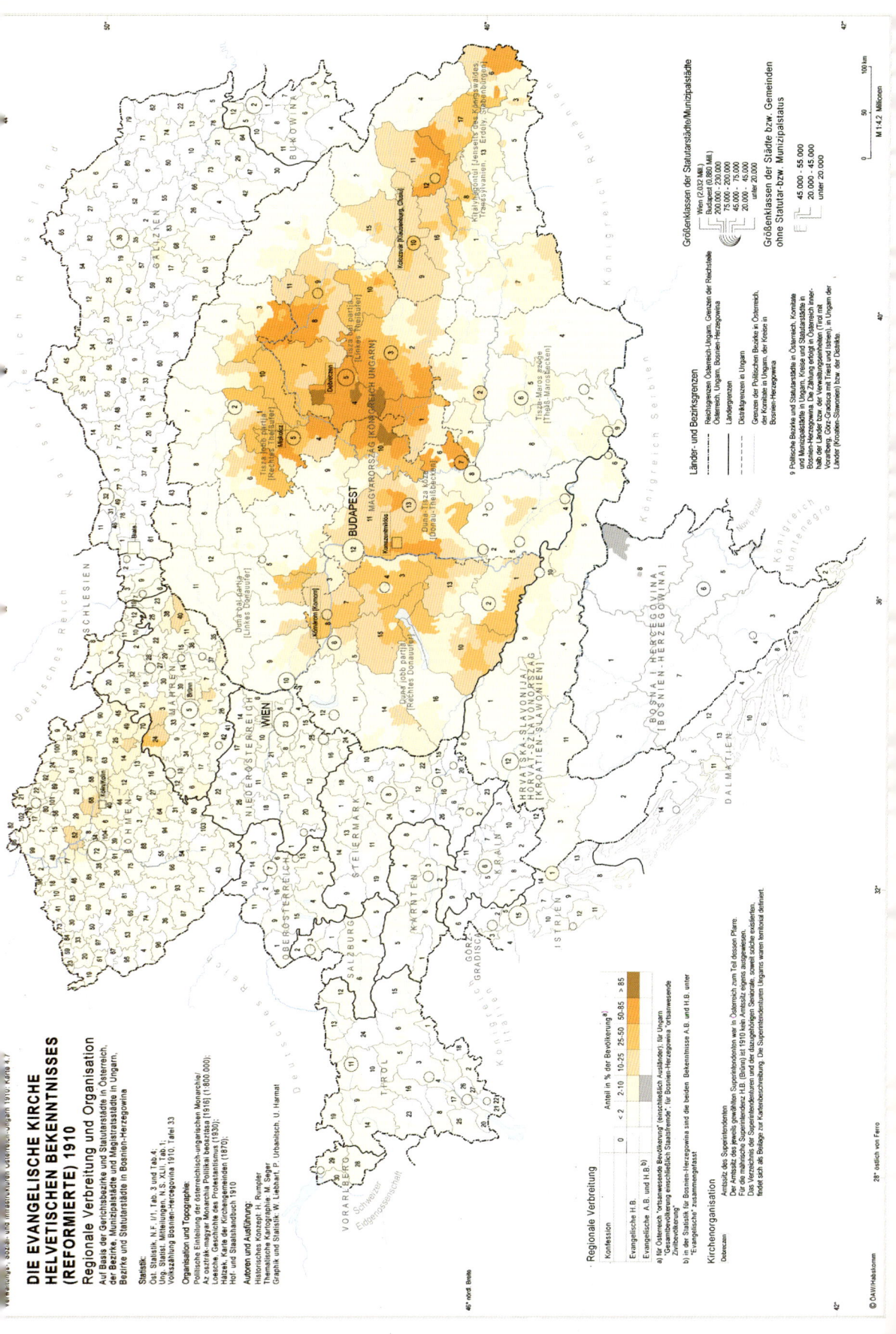

DIE EVANGELISCHE KIRCHE HELVETISCHEN BEKENNTNISSES (REFORMIERTE) 1910

Regionale Verbreitung und Organisation

Auf Basis der Gerichtsbezirke und Statutarstädte in Österreich,
der Bezirke, Munizipalstädte und Magistratsstädte in Ungarn,
Bezirke und Statutarstädte in Bosnien-Herzegowina

Statistik:
Öst. Statistik, N.F. I/1, Tab. 3 und Tab. 4;
Ung. Statist. Mitteilungen, N.S. XLII, Tab. 1;
Volkszählung Bosnien-Herzegowina 1910, Tafel 33

Organisation und Topographie:
Politische Einteilung der österreichisch-ungarischen Monarchie;
Az osztrák-magyar Monarchia Politikai beosztása [1916] (1:800.000);
Loesche, Geschichte des Protestantismus (1930);
Hálzek, Karte der Kirchengemeinden (1870);
Hof- und Staatshandbuch 1910

Autoren und Ausführung:
Historisches Konzept: H. Rumpler
Thematische Kartographie: M. Seger
Graphik und Statistik: W. Liebhart, P. Urbanitsch, U. Harmat

Regionale Verbreitung

Konfession — Anteil in % der Bevölkerung[a]

0 <2 2–10 10–25 25–50 50–85 >85

Evangelische H.B.

Evangelische A.B. und H.B.[b]

a) für Österreich "ortsanwesende Bevölkerung" (einschließlich Ausländer); für Ungarn
"Gesamtbevölkerung einschließlich Staatsfremde", für Bosnien-Herzegowina "ortsanwesende
Zivilbevölkerung"

b) in der Statistik für Bosnien-Herzegowina sind die beiden Bekenntnisse A.B. und H.B. unter
"Evangelische" zusammengefasst

Kirchenorganisation

Österreich:
Amtssitz des Superintendenten
Der Amtssitz des jeweils gewählten Superintendenten wie in Österreich zum Teil dessen Pfarr.
Für die mährische Superintendenz H.B. (Brünn) ist 1910 kein Amtssitz eigens ausgewiesen.
Das Verzeichnis der Superintendenten und der dazugehörigen Seniorate, soweit solche existierten,
findet sich als Beilage. Zur Kartenbeschreibung. Die Superintendenzen Ungarns waren territorial definiert.

Länder- und Bezirksgrenzen

— · — · — Reichsgrenzen Österreich-Ungarn, Grenzen der Reichsteile
Österreich, Ungarn, Bosnien-Herzegowina

———— Ländergrenzen

— — — Distriktgrenzen in Ungarn

— — — Grenzen der Politischen Bezirke in Österreich,
der Komitate in Ungarn, der Kreise in Österreich in
Bosnien-Herzegowina

9 Politische Bezirke und Statutarstädte in Österreich, Komitate
und Munizipalstädte in Ungarn, Kreise und Statutarstädte in
Bosnien-Herzegowina. Die Zählung erfolgt in Österreich inner-
halb der Länder bzw. der Verwaltungseinheiten (Tirol mit
Vorarlberg, Görz-Gradiska mit Triest und Istrien), in Ungarn der
Länder (Kroatien-Slawonien) bzw. der Distrikte.

Größenklassen der Statutarstädte/Munizipalstädte

Wien (2.032 Mill.)
Budapest (0.880 Mill.)
200.000 – 230.000
75.000 – 200.000
45.000 – 75.000
20.000 – 45.000
unter 20.000

Größenklassen der Städte bzw. Gemeinden ohne Statutar- bzw. Munizipalstatus

45.000 – 55.000
20.000 – 45.000
unter 20.000

M 1:4.2 Millionen

© ÖAW/Habsfomm

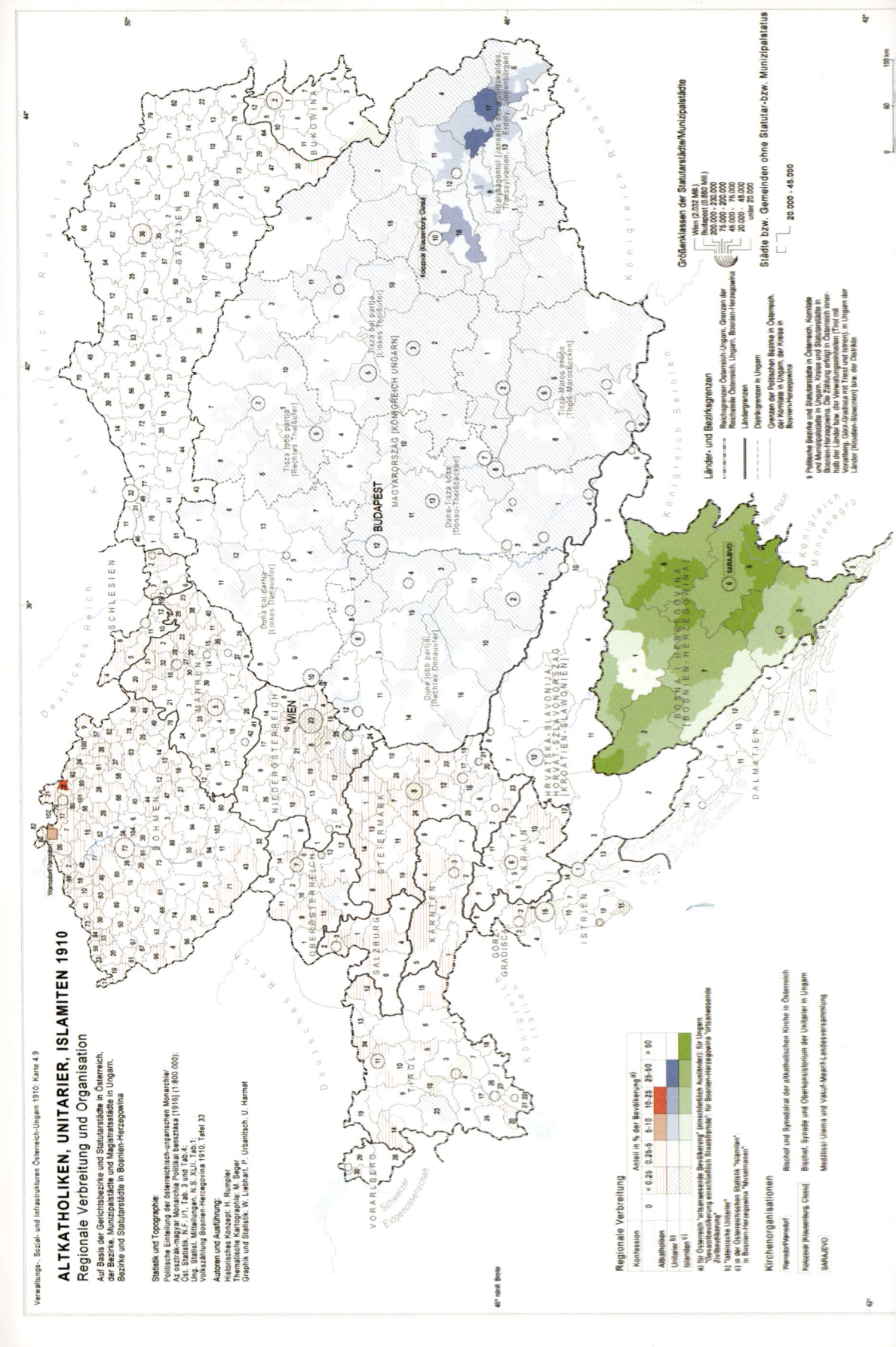

Verwaltungs-, Sozial- und Infrastrukturen Österreich-Ungarn 1910: Karte 4.9

ALTKATHOLIKEN, UNITARIER, ISLAMITEN 1910
Regionale Verbreitung und Organisation

Auf Basis der Gerichtsbezirke und Statutarstädte in Österreich,
der Bezirke, Munizipalstädte und Magistratsstädte in Ungarn,
Bezirke und Statutarstädte in Bosnien-Herzegowina

Statistik und Topographie:

Politische Einteilung der österreichisch-ungarischen Monarchie
Az osztrák-magyar Monarchia Politikai beosztása (1916) (1:1.800 000):
Öst. Statistik. N.F. I/1, Tab. 3 und Tab.4;
Ung. Statist. Mitteilungen, N.S. XLII, Tab.1;
Volkszählung Bosnien-Herzegowina 1910, Tafel 33

Autoren und Ausführung:

Historisches Konzept: H. Rumpler
Thematische Kartographie: M. Seger
Graphik und Statistik: W. Liebhart, P. Urbanitsch, U. Harmat

Regionale Verbreitung

Konfession	0	< 0,25	0,25-5	6-10	16-25	26-50	> 50	Anteil in % der Bevölkerung a)
Altkatholiken								
Unitarier b)								
Islamiten c)								

a) für Österreich "ortsanwesende Bevölkerung" (einschließen Ausländer) für Ungarn "Gesamtbevölkerung" einschließen Staatsbürgern für Bosnien-Herzegowina "Gesamtbevölkerung"

b) Tabelle Unitarier

c) In den österreichischen Statistik "Islamiten"
In Bosnien-Herzegowina "Muselmanen"

Kirchenorganisationen

Warnsdorf/Warndorf	Bischof und Synodalrat der altkatholischen Kirche in Österreich
Kolozsvár (Klausenburg/Cluj)	Bischof, Synode und Oberkonsistorium der Unitarier in Ungarn
SARAJEVO	Medžlisz-Ulema und Vakuf-Mearif-Landesversammlung

Größenklassen der Statutarstädte/Munizipalstädte

Wien (2.032 Mill.)
Budapest (0,880 Mill.)
200.000 - 230.000
75.000 - 200.000
45.000 - 75.000
20.000 - 45.000
unter 20.000

Städte bzw. Gemeinden ohne Statutar- bzw. Munizipalstatus

20.000 - 45.000

Länder- und Bezirksgrenzen

Reichsgrenze Österreich-Ungarn, Grenzen der
Reichshälfte Österreich, Ungarn, Bosnien-Herzegowina
Ländergrenzen
Dispositionsgrenzen in Ungarn

Grenzen der Politischen Bezirke in Österreich, Komitate
und Komitatsstädte in Ungarn, Kreise in
Bosnien-Herzegowina

a) Politische Bezirke und Statutarstädte in Österreich, Komitate
und Munizipalstädte in Ungarn, Kreise und Statutarstädte in
Bosnien-Herzegowina, Magistratsstädte in Österreich inner-
halb der Länder bzw. der Verwaltungseinheiten (Tirol mit
Vorarlberg, Görz-Gradiska mit Trient und Istrien), in Ungarn
Länder (Kroatien-Slawonien) bzw. der Distrikte

Die Herausforderung
einer streitbaren Volks- und Kleruskirche

»Katholischsein« unter einer »Apostolischen« Majestät

Betrachtet man drei Jahrhunderte Vorgeschichte sowie die statistischen Ausweise der Habsburgermonarchie nach 1848, so war es weitgehend selbstverständlich für eine/n ihrer Staatsangehörigen, »katholisch« zu sein. Die »römische« Kirche (inklusive ihrer unierten Zweige) bildete in fast allen Regionen des Reiches die Mehrheitskonfession, in einigen war sie praktisch konkurrenzlos. In Tirol wurde die »Glaubenseinheit« des Landes 1861 noch einmal per Landtagsbeschluss eingefordert. Erst ein Vierteljahrhundert zuvor hatte das Zillertal unter diesem Vorzeichen noch eine späte »konfessionelle Säuberung« nach gegenreformatorischem Muster erlebt (»Bekehrung« oder Auswanderung).[1] Den höchsten Katholikenanteil verzeichnete die Diözese Laibach mit 99,76 % noch im Jahr 1905. Die breiteste konfessionelle Streuung wies Siebenbürgen auf.[2]

An der konfessionellen Vorherrschaft der Katholiken konnte auch die durch Zuwanderung und Übertritte überproportionale Zunahme von Lutheranern nicht rütteln, ebenso wenig der Abgang von »Altkatholiken« (deutscher wie tschechischer Zunge) im Gefolge der Beschlüsse des Ersten Vatikanischen Konzils (1869/70), der zudem in Österreich auf behördliche Widerstände stieß. Der Zulauf zu dieser Bewegung blieb entsprechend bescheiden; sie konnte auch erst deutlich zeitversetzt Fuß fassen: Tschechische Altkatholiken formierten sich beispielsweise erst 1877 (formelle Gemeindebildung 1898; 1904: 687 Mitglieder). Sie wollten an das hussitische Erbe des Landes anknüpfen und suchten unter panslawistischem Vorzeichen alsbald Kontakt zur russischen Orthodoxie.[3] In der westlichen Reichshälfte verringerte sich der Anteil an Katholiken von 1869 bis 1910 nur um 1,5 Prozent (von 80,3 auf 78,85). Konfessionslosigkeit blieb hier auch noch zur Jahrhundertwende primär ein Phänomen Niederösterreichs (respektive Wiens) und Böhmens (ca. 3.000 bzw. 2.000 Personen).[4]

Die numerische Übermacht gipfelte im katholischen Regenten, an dessen deklariert sakralem Nimbus auch die liberalen Reichsverfassungen nicht kratzten. Östlich der Leitha basierte er auf dem Mythos um die Krone des Heiligen Stephan als des königlichen »Apostels der Ungarn«.[5] In der Westhälfte erreichte er seine höchste symbolische Verdichtung im Ritual der Fronleichnamsprozession der Hauptstadt sowie zur liturgischen Fußwaschung am Gründonnerstag, bei welcher der Kaiser in der Rolle Christi agierte. Sein Name wurde – nach revolutionärer Unterbrechung ab 1849 auch wieder im Venezianischen – im Kanon der Messe genannt.[6] In politisch turbulenten Zeiten wie zur sog. Badeni-Krise just zum Regierungsjubiläum 1898 strichen weltliche wie geistliche Behörden den religiösen Gehalt staatsbürgerlicher Loyalität gesondert hervor (z.B. in patriotischen Festschriften bzw. einem Jubiläumshirtenbrief aller österreichischen Bischöfe).[7]

Das Patronatsrecht nahm – mit tendenziell steigenden Lasten und schwindenden Rechten – einen Großteil des Adels und der Kommunen in die Pflicht, zum Erhalt und Ausbau der kirchlichen Infrastruktur beizutragen.[8] Katholische Mittelschulen waren bevorzugte Instrumente der Elitebildung, wobei die Ordensschulen der Benediktiner und Piaristen eher für ein humanistisch-offenes Bildungsideal standen, jene der Jesuiten hingegen stärker auf Charakterbildung im enger kirchlichen Sinne abzielten.[9] Der gesellschaftlichen Realität entsprach eine Gesetzgebung und Verwaltungspraxis, welche die katholische Kirche über die Verfassungen von 1867 hinaus gegenüber anderen Religionsgemeinschaften privilegierte.[10] Mehrere Anläufe für eine einvernehmlich definierte »Autonomie der Katholiken« in Ungarn (analog der Selbstverwaltung protestantischer und orthodoxer Kirchen) scheiterten, zuletzt meist am Widerstand der Kurie.[11]

Diesem äußeren Befund zum Trotz war die Donaumonarchie dennoch kein »katholisches Dorado«. Durch alle betroffenen Jahrzehnte begleitete ein treuer »kirchenkritischer Schatten« die vielfältigen Manifestationen katholischen Lebens, mit dem sie in komplexer Wechselwirkung standen: eine inhomogene Phalanx aus Einzelpersonen und Gruppen, denen der institutionelle und ideologische Einfluss der römischen Kirche auf Gesellschaft und Staatswesen ein Dorn im Auge war. Sie versuchten dieser »Macht der Kirche« je nach Geisteshaltung, Einfluss und Temperament auf verschiedenen Ebenen gegenzusteuern: in abschätzigen Urteilen oder im »Ungehorsam« gegenüber kirchlichen Vorgaben im Alltag; im öffentlichen politischen Ringen um Einflusssphären; schließlich in literarischen Manifesten eines teilweise rüden Antiklerikalismus bzw. deklarierter Kirchenfeindlichkeit. Ihnen verschrieben sich nicht zuletzt einige Wortführer der intellektuellen Avantgarde wie der ungarische Schriftsteller Endre Ady.[12] Warum kam es gerade hinsichtlich des Katholizismus zu dieser ungewöhnlichen Polarisierung, die weit über die Donaumonarchie hinaus das 19. und 20. Jahrhundert prägte?

Verantwortlich dafür war ein Konglomerat von Ursachen mit einigen zentralen Elementen. Die katholische Kirche war international gesehen die am weitesten verbreitete christliche Konfession und zugleich jene mit der striktesten organisatorischen Struktur.

Sie gipfelte in der monarchischen Spitze eines Papsttums, das damals einem Höhepunkt seiner inner- und außerkirchlichen Präsenz zusteuerte. Die Umstände brachten es mit sich, dass die Päpste ihre internen Kompetenzen nun stärker als je zuvor ins Spiel bringen wollten und konnten: im Kampf um den Kirchenstaat; in der »ultramontanen« (= betont rombezogenen) Mobilisierung der Katholiken; durch das Vatikanische Konzil und sein Unfehlbarkeitsdogma. Ihre Weisungen stemmten sich häufig explizit gegen den einschneidenden kulturellen Wandel, der im Zeichen einer Fortschrittseuphorie die traditionell-religiösen »Leitkulturen« aller Schattierungen bereits seit geraumer Zeit unterspülte (v.a. in Bildungs- und Moralfragen und im Lebensalltag der Städte).

Mehr als die anderen Konfessionen stieg man dabei katholischerseits selbst in den Ring der Ideologien. Man überhöhte überkommene religiöse Denkmuster und Handlungsmaximen zu einer »Weltanschauung«. Sie bildete die Theoriegrundlage für eine Mobilisierung der Basis: am »katholischen Wesen« sollte die Welt genesen. Phänomenologisch kann man von einer Art »amtlich dosiertem Fundamentalismus« sprechen,[13] den einige »systemimmanente Sicherungen« vor dem Abdriften in eine hermetisch geschlossene Gegenwelt bewahrten.[14] Er bewirkte nicht zuletzt, dass es in vielen Ländern einen Katholizismus in »zwei Geschwindigkeiten« gab: zum einen ein Katholischsein als Teil des kulturellen Herkommens und mit vorwiegend äußerlichen Folgerungen für die Lebensgestaltung; zum anderen einen »entschiedenen« Katholizismus, der je länger je mehr seine eigene kulturelle und politische Sprache entwickelte und die punktuelle Konfrontation mit dem »Zeitgeist« nicht scheute.

Die Auswirkungen der »katholischen Widerspenstigkeit« auf die Habsburgermonarchie waren ambivalent, jedenfalls aber gravierend. In einer Reihe von Fällen steigerte sie sich bis zur formellen Widersetzlichkeit, darin meist angespornt durch die römische Kirchenzentrale. Beispiel dafür ist etwa der »Taufstreit« um Kinder aus gemischt-konfessionellen Ehen in Ungarn. Bis 1893 beschäftigten bereits mehr als 200 Priester in dieser Frage die Justiz. Ihr gefeierter Wortführer János Molnár von Komorn rühmte sich seiner mindestens 27 gerichtlichen Verurteilungen.[15] Gegen das cisleithanische Ehegesetz von 1870 leisteten die Bischöfe von Linz, St. Pölten, Seckau, Brixen und Brünn Widerstand.[16]

Vorfälle dieser Art bildeten Höhepunkte eines meist schleichenden, zuweilen aber eskalierenden »Kulturstreits«, dem sich die übrigen Konfessionen in keiner vergleichbaren Intensität stellten. Die ostkirchlichen, traditionsjüdischen und muslimischen Bevölkerungsteile des Landes beschränkten das »Religiöse« weitgehend auf rituell-liturgische Bereiche und waren in der Intelligenzija des Landes nur wenig präsent. Die Wortführer der protestantischen und aufgeklärt-jüdischen Milieus wiederum fochten vielfach auf beiden Seiten des Streits, zumal ihre losen konfessionellen Organisationsstrukturen ein Nebeneinander von kaum vereinbaren Positionen erlaubten. Die katholischen »Kirchenleute« aber verurteilte dieser Streit zum »apologetischen Dauereinsatz« für umstrittene kirchliche Positionen, was zweifelsohne viele seelsorgliche Energien band. Der Diskurs speiste zu billigen Tarifen das Überlegenheitsgefühl einer wachsenden Schar von »Freisinnigen« gegenüber »verbohrten Klerikalen«. Von der Universitätskanzel abwärts über die ausladende Zeitungslandschaft bis hin zu den Stammtischen vermehrten sich seine Trivialität und Klischees (hie »Freimaurer«, »Juden«; da »Jesuiten«, »Klerikale«).[17]

Andererseits motivierten wohl erst diese Dauerkontroversen und die gehörige Dosis »Fundamentalismus«, mit der sie geführt wurde, zu den zahllosen kleinen und großen Initiativen einer »katholischen Bewegung«. Er drückte der Epoche zwischen Revolution und Weltkrieg nicht wenig seinen Stempel auf und bewirkte eine »passive Modernisierung« des Katholizismus.[18] Er ließ das »Katholische« zum Kernbestand einer »Religiösen Frage« des »langen 19. Jahrhunderts« (Ernst Hanisch) werden. Zusammen mit der »Sozialen« und »Nationalen Frage« fragmentierte sie die Gesellschaften vieler Staaten in Großmilieus, die sich in vielerlei Hinsicht voneinander abgrenzten.

Eine Konzentration auf die lauten kulturkämpferischen Geplänkel der Zeit droht freilich die Wahrnehmung des gesamten Phänomens grob zu verzerren. Die »katholischen Lebenswelten« der Donaumonarchie jener Jahre waren monumentale Gemälde mit vielen sich überlagernden »Farbschichten« – Gleichzeitigkeit von Ungleichzeitigem par excellence. Das idealtypische Aufdröseln des Phänomens in einzelne Bereiche, wie es die folgenden Abschnitte vornehmen, soll Verkürzungen vermeiden und einen möglichst ganzheitlichen Blick sichern. In den Wahrnehmungen der Zeitgenossen wurde es freilich als Einheit wahrgenommen; zu ihr muss auch das angemessene historiographische Urteil zuletzt wiederum hinführen. Die einschlägige Literatur unterstützt einen solchen analytischen Blick nur bedingt. Sie widmet sich vorwiegend institutionellen, gesellschaftspolitischen oder hagiographischen Aspekten der Materie. Alltags- oder mentalitätsgeschichtliche Informationen gibt sie häufig nur beiläufig preis. Der großen regionalen Vielfalt des Phänomens wird dadurch beizukommen versucht, dass die Ausführungen anhand regional gestreuter Beispiele illustriert werden.

Die volksreligiösen und volkskirchlichen Fundamente des Katholischen sowie die Kernelemente des »praktizierten« Katholizismus

Ungeachtet der fortschreitenden Modernisierung vieler Lebensbereiche selbst in den abgelegenen Regionen überwogen in der Habsburgermonarchie bis 1914 traditionelle agrarische Lebenswelten mit vielfach vormodernen Vorstellungen und Verhaltensmustern. Damit ruhte auch aller »kirchlicher Überbau« dieser Zeit auf festen Fundamenten volksreligiöser Mentalitäten und Praktiken. Ihre Kernelemente waren meist ritueller Natur und bedienten die vitalen Interessen agrarischer Gesellschaften: das Überleben durch fruchtbare Ehen, gesunden Nachwuchs, reiche Ernten und guten Viehstand; die Abwehr von Unwetter, Krankheit und existenziellen Nöten; eine solide Etablierung im Jenseits (durch »gutes« Sterben, ehrbare Grablege, postmortale Fürsorge). Das ist wenig verwunderlich für eine Bevölkerung, die zwischen 1881 und 1890 immer noch die Hälfte ihrer Kinder vor dem fünften Lebensjahr sterben sah.[19]

Wie gut es in fernerer oder jüngerer Vergangenheit gelungen war, die allgemeinen kirchlichen Vorgaben regional zu »inkulturieren«, bestimmte aktuell die jeweilige Gemenge-Lage von kirchlichen und außerkirchlichen Elementen in den lokalen religiösen Kulturen. Etliche ihrer Bestandteile wurden als vorchristlich-heidnisch verklärt oder als abergläubige Relikte belächelt oder bekämpft. Kehrseite der volksreligiösen Mentalitäten am Land waren Blasphemien und Sakrilegien, die einschlägige Meldungen meist Personen ländlicher Unterschichten zuschrieben:

Am Beispiel eines Knechts aus St. Johann im Pongau 1904: *Gegen das an der Wand hängende Kruzifix stieß er schreckliche Worte aus, dann nahm er dasselbe herab und schlug es auf den Tisch, daß es zerbrach, und dann schleuderte er selbes über den Fußboden unter eine Bettstatt.*[20]

Die volkskundliche Literatur der Zeit überliefert aus praktisch allen Teilen der Monarchie anschauliche Beispiele vormoderner, nur teilweise christianisierter Religiosität:

In der Region Görz-Gradisca im sog. Küstenland rechnete man noch im ausgehenden 19. Jahrhundert mit Leuten, die aus angeborenem Triebe nachts ruhelos umheirrten und ihre Mitbürger mit Albdrücken und mehr quälten (ein *Vijedomac*, eine *Vošča* bei den Slowenen; ein *Chialchiut*, eine *Mora* bei den Friulanern). Wenn ein Neugeborenes »Anzeichen« dafür erkennen ließ, sollte es zum Taufgang durchs Fenster hinaus gereicht oder zu fixierten Zeiten mit Gebeten besprochen werden. Mehr als dem Wetterläuten und verheizten geweihten Ölzweigen traute man hier gewissen Priestern zu, mit ihren Formeln Wetterwolken vom Dorf ab- bzw. ins Gebiet verfeindeter Amtsbrüder umlenken zu können.[21] Ein regionales Tabu hielt Eltern von der Hochzeit ihrer Kinder und die nächsten Verwandten einer/s Verstorbenen vom Begräbnis fern.[22]

In tschechisch-ländlichen Gebieten Böhmens entzündete man bei Gewitter und am Sterbebett Kerzen, die an Lichtmess (2.2.) geweiht wurden (sog. Donnerkerzen, *hromničky*). Zu Matthias (24.2.) schickte man Kinder in die Gärten, um nackt auf die Obstbäume zu klettern und einen Spruch aufzusagen.[23] Teile des Heiligabend-Essens gingen dort an Haustiere und in den Hausbrunnen.[24] Im Zuge der wenigstens dreitägigen Hochzeitfeste segneten die Elternpaare Braut und Bräutigam mit berührenden Formeln. Auf den Wagen mit dem Brautgut setzte man eine alte Frau mit Spinnrad.[25]

Im Wechselgebiet wurden am Palmsonntag je Hof drei gebundene Palmbuschen zur Weihe getragen. Der erste war fürs Osterfeuer bestimmt, der zweite bekam seinen Jahresplatz im Herrgottswinkel der Wohnstube – Zweige daraus wurden bei schweren Gewittern im Küchenherd verbrannt. Der dritte und größte Buschen aber diente dem »Getreidebeten«. Dabei zogen am Ostersonntag alle Hofbewohner (inklusive Gesinde und Insassen von Nebengebäuden) auf die Kornfelder, die Mädchen (soweit noch Jungfrauen) im weißen Kleid. Während des vom Bauern vorgebeteten Rosenkranzes steckte einer nach der anderen einen Zweig in die Erde und begoss ihn mit Weihwasser, das im Kübel mitgeführt wurde.[26]

Bei der deutschen Landbevölkerung im Böhmerwald begann man neben Sterbenden ein Handglöcklein zu läuten. Nach Eintritt des Todes begleitete man damit die Seele durch die Tür hinaus und einmal ums Haus herum. Tote ruhten während der Aufbahrung auf einem Totenbrett, zugedeckt mit einem Leinentuch. Daneben standen ein Öllämpchen, ein Weihwasserglas und gebundene Kornähren, mit denen Trauernde den Leichnam besprengten. Das Bettstroh der Toten wurde unweit des Wohnhauses verbrannt. Erst zum Begräbnis erfolgte ihre Einsargung; die Totenbretter (je nach Sozialstatus schlicht oder aufwendig gefertigt) säumten Wiesen- und Feldwege der Gegend.[27]

Als (sprachenübergreifende) Region besonderer »religiöser Dichte« wird der Alpenraum südlich des Brenners beschrieben, wo Siedlungsnester der Romanen und Ladiner Kontinuitäten bis in die Spätantike anzeigen. Indizien dafür sind überdurchschnittliche Werte bei vielen Indikatoren von »Kirchlichkeit« sowie eine Reihe »religiös auffälliger« Frauen: Maißner erwähnt Maria von Mörl in Kaltern und Domenica Lazzari als Stigmatisierte im italienischsprachigen Lazzari, ferner eine seherisch begabte »kranke Blinde« im Bergdorf Jenesien bei Bozen, die mystisch begabte Bauerntochter Ursula Mohr aus Eppan bei Kaltern sowie die stigmatisierte Kreszentia Niglutsch aus Lana († 1855).[28] Altkirchliches Erbe im Ladinischen war vielleicht auch, dass noch Mitte des 19. Jahrhunderts schon Kleinkinder zwischen ein und vier Jahren zur Firmung gebracht wurden. So waren im Jahr der Firmung des 1852 geborenen, noch am Tag der Geburt getauften und später heilig gesprochenen Ladiners Ujöp (= Josef) Freinademetz 1854 von einhundert im selben Jahr matrikulierten Firmlingen der Heimatpfarre Badia nur vier älter als sechs Jahre.[29] Diözese und Seminar Brixen stellten mit Josef Feßler († 1872),

Vinzenz Gasser († 1879) und Franz Rudigier († 1884) auch die vielleicht kämpferischs-
ten und »ultramontansten« Bischöfe der Zeit.[30]

Mit den regionalen volksreligiösen Gegebenheiten eng verwoben waren die volkskirchlichen Elemente des Katholizismus der betroffenen Jahrzehnte. Seine Inhalte
waren vielfach Erbe aus altkirchlicher Zeit, das im Zuge der katholischen Reform bzw.
durch das Konzil von Trient (1545–47, 1551–52, 1562–63) präzisiert und gegen protestantische Angriffe befestigt worden war. In Mitteleuropa hatte es vor allem zwischen 1650
und 1750 eine charakteristische kulturelle Sprache entwickelt, die den Landschaften und
Städten einen bleibend sichtbaren religiösen Stempel aufdrückte (mit Kirchen, Kapellen, Kalvarienbergen, Bildsäulen, Wegzeichen, Wallfahrtszielen). Viele ihrer Gepflogenheiten haben die gravierenden Eingriffe josephinischer Kirchenpolitik überdauert,
wurden im 19. Jahrhundert mit neuem Leben gefüllt und prägten so auch die Ära Franz
Josef I.

So ist einiges von der reichen Barocktradition religiöser Schauspiele in lokales
Brauchtum gesunken: wie die sog. Drachenstiche zu Ehren des Hl. Georg[31] oder das
Adam-Eva-Spiel im Böhmerwald, bei dem ein einschlägig kostümiertes Urelternpaar
samt Apfelbaum und Teufel von Hof zu Hof zog und die Geschichte vom Sündenfall
rezitierte. Sie lebte auch in alten und neuen Weihnachts- und Passionsspielen an Dut-
zenden Orten des Donau- und Alpenraumes fort.[32] Unternehmerische Kapläne haben
sie mitunter zu religiösen Festspielen mit eigenen Aufführungsstätten fortentwickelt
(z.B. Höritz im Böhmerwald 1893).[33]

Ergänzt wurde das heimische spirituelle Angebot ab der Jahrhundertmitte um Elemente einer nicht zuletzt in Frankreich florierenden neuen katholischen Spiritualität
(z.B. die rasch populären Maiandachten, eine Lourdes-Frömmigkeit mit vielerorts
nachgebauten Grotten). Die volkskirchliche Ebene sorgte auch für einen Grundraster
religiöser Lebensgestaltung, dem ausnahmslos keine/r ganz entgehen konnte und der
in unzähligen örtlichen Varianten den Alltag strukturierte. Er gab vor allem den von
Kirchenfesten geprägten Jahresrhythmus vor und erstreckte sich unter anderem auf die
Taufe der Kinder, den Religionsunterricht für alle Schüler (inklusive korporativer religiöser Übungen), die feierliche Erstkommunion und Firmung der Jugendlichen, die
Einsegnung einer allfälligen Ehe und das kirchliche Begräbnis.

Folgt man den wenigen biographischen Aufzeichnungen der Zeit aus dem länd-
lichen Raum, so bestimmten nach wie vor die sinnlichen Elemente vorjosephinischer
Frömmigkeit den religiösen Grundton dieses Alltags. Im Telegrammstil anhand von
Kindheitseindrücken der in ärmliche Verhältnisse hineingeborenen Maria Gremel aus
Kirchschlag am Wechsel (*1900):[34]

Abb. 26: Darsteller eines »Christkindlspiels« im Böhmerwald (Foto vor 1918), Fotoarchiv des Österreichischen Museums für Volkskunde in Wien.

Aus der reichen Barocktradition religiöser Schauspiele ist einiges ins regionale Brauchtum gesunken und hat dort die aufgeklärten Spielverbote des ausgehenden 18. Jahrhunderts überlebt. An einigen Orten wurden große Weihnachts- oder Passionsspiele nach 1848 neu belebt und zu regelrechten »Festspielen« mit eigenen Spielhäusern ausgebaut.

- Ihre ersten religiösen Eindrücke waren **Kreuzzeichen**[35] der Mutter auf die Stirn und das anzuschneidende Brot sowie erste **Gebete**, sobald sie sprechen lernte.
- Der **Nikolaus** am 6. Dezember war die erste auswärtige religiöse Instanz, vor der Kinder zittrig ein Vaterunser und zu den Schutzengeln beteten – aber ohne sich umzudrehen, weil das Gebet nur mit dem festen Blick auf das Kreuz im Herrgottswinkel etwas galt.
- Sie betont die besondere Stimmung des **Sonntag**s, an dem man (sauber durch das vorabendliche Bad) die bessere Kleidung genoss und unter keinen Umständen arbeitete. Dazu kam der weite Weg des Kirchgangs samt Sozialkontakten (am Kirchhof, beim üblichen Einkauf des Nötigen und beim familiären Mittagessen im Gasthof);

der Rückmarsch führte wieder vorbei an vielen Marterln nahe den Bauernhöfen, bei denen die Hofleute ihre Andachten verrichteten.

- Sie beschreibt die vergleichsweise unspektakuläre **Weihnacht** ohne Christbaum oder Geschenke, aber mit berührenden Krippenandachten.

Beeindruckt haben sie vor allem Zeremonien der **Fasten-, Kar- und Ostertage** und anderer hoher Kirchenfeste des Jahres:

- mit rituellen »Fußwaschungen« am **Gründonnerstag** auf allen Höfen und in allen Familien des Ortes;
- mit feierlichen Zügen zum Kalvarienberg, zu dem am **Karfreitag** von vier Uhr früh bis zur Abenddämmerung auch von auswärts Prozessionen strömten; mit dem auf Samttuch gebetteten großen Kruzifix auf den Stufen des Presbyteriums der Kirche, vor dem die Gläubigen am Karfreitag lange beteten, auf Knien rundherum rutschten und alle Wunden der Christusfigur küssten;
- mit Besuchen am düsteren Heiligen Grab, das die ganze Rückwand der Kirche einnahm und durch lebensgroße Figuren und bunte Öllämpchen verklärt wurde; mit der frühmorgendlichen Weihe des Feuers am **Karsamstag**, das danach mit Moder und Baumschwämmen mühsam in alle noch so entlegenen Häuser getragen und in den Herd geschüttet wurde;
- das Backen und Kochen mit solcherart »Heiligem Feuer« von Brot, Fleisch und Eiern für die Speiseweihe am **Ostersonntag** sowie für das opulente österliche Festmahl; mit ihm entfachte man auch die Osterfeuer nach der abendlichen »Auferstehung« auf allen Höhen. Das Weihbrot zu Ostern und die Allerheiligenstriezel bescherten vielen das einzige Weißbrot im Jahr.
- Wenn zu **Pfingsten** der Pfarrer auf der Kanzel den Heilig-Geist-Choral anstimmte, ließ der Mesner durch das »Himmelsloch« eine Taube in die Kirche flattern.
- Am **Dreifaltigkeitssonntag**, den die Feier aller drei göttlichen Personen besonders heiligte, war außer der Viehpflege jeder Arbeitshandgriff unangebracht, selbst das Annähen eines Knopfes.
- Zum mit Pomp gestalteten Umgang zu **Fronleichnam** nahmen Mütter ihre Neugeborenen mit; sollten diese später einen Unfall erleiden, hatten sie laut Volksglauben wenigstens noch so lange zu leben (und damit Aussicht auf Hilfe), wie die Prozession gedauert hatte. Die Frauen räumten auch alle Blumen der Feldaltäre und alle Zweige der umstehenden Jungbirken ab, da sie zu Hause vor Hagel, Viehseuchen und Krankheiten schützten.

• Den höchsten sozialen Effekt erzielte **Allerheiligen**, da verarmte Alte und Kinder bedürftiger Familien in allen Häusern Brotstriezel erbitten konnten. Zentral gelegene Bauernhöfe mussten mit dreihundert bis fünfhundert Besuchen rechnen, ebenso viele Striezel konnten Tüchtige erbetteln. Sie wurden auf Dachböden in luftdurchlässigen Brennesselsäcken – unerreichbar für Mäuse – zum Trocknen aufgehängt. Nach Bedarf wurden sie in den Folgemonaten über Nacht in nasses Tuch eingeschlagen und im Backofen zu neuer Frische aufgebacken.

Nach der eingängigen Parole des leutseligen Jesuiten Heinrich Abel († 1926), der zur Jahrhundertwende erstaunlich viele Wiener (Klein-)Bürger wieder zu »praktischem Christentum« animieren konnte, bedeutete »katholisch leben« vor allem: einen »guten Sonntag«, einen »guten Freitag« und »gute Ostern«.[36] Der »gute Freitag« zielte auf das Fasten, das vor allem den Fleischverzicht an Freitagen vorsah. Die »Fastenordnungen« der Bischöfe des Reiches regelten viele weitere Details[37] und wurden zu Beginn der vierzigtägigen vorösterlichen Fastenzeit von den Kanzeln verkündet.

Am Beispiel der Fastenordnung des Jahres 1913 für die gesamte Kirchenprovinz Wien: Sie benennt etwa einhundert betroffene Tage, ca. fünfundsechzig mit Fleischverzicht, weitere/andere ca. dreißig mit »Abbruchfasten« (= nur eine Sättigung pro Tag). Gleichzeitig konzediert sie viele Milderungen und Ausnahmen für ganze Personengruppen (z.B. Fabrik- und Bergwerksarbeiter, Zugs- und Schiffspersonal, Kurgäste samt Angehörigen und Bedienten sowie Arme, »welche bezüglich ihrer Nahrung auf das angewiesen sind, was sie eben bekommen«). Sie erlaubt die Zubereitung der Fastenspeisen mit tierischem Fett, doch sollten Katholiken auch an dispensierten (= gemilderten) Fasttagen und Fastensonntagen nicht zugleich Fleisch und Fisch genießen.[38] Selbst nach kirchlicher Selbsteinschätzung stellten Ordnungen wie diese nur mehr einen »Schatten der Fastengebote der alten Kirche« dar.[39] Doch die Praxis hinkte den modernen kirchlichen Konzessionen hinterher: Im Wechselgebiet kochte man im Advent und in der Fastenzeit vielfach weiterhin mit Leinöl als Ersatz für das an Fasttagen von altersher verbotene Schweinefett.[40]

Kirchliche Verkündigung und soziale Kontrolle pochten ferner auf die Erfüllung des »Sonntagsgebots«. Es verbot »knechtische Arbeit« aller Art und forderte den Besuch einer der zwischen Sonntag Früh und Mittag angebotenen Messen. Das erweiterte Programm umfasste eine separate Predigt bzw. Christenlehre oder Segensandacht am frühen Nachmittag, sodass für entlegen Wohnende ein Großteil des Sonntags vom Unternehmen »Kirchgang« ausgefüllt war. Eine Kommunion bedingte den »Zustand der Gnade« durch vorangegangene Beichte und einen nüchternen Magen von Mitternacht an (auch kein Tropfen Wasser!). Sie wurde deshalb häufig nur im Rahmen der »Osterpflicht« (Beichte und Kommunion) empfangen, die zwischen Aschermittwoch und Dreifaltigkeitssonntag eingelöst werden konnte. Dekrete Pius X. (1903–14), die einen häufigeren Eucharistie-Empfang und eine frühere Erstkommunion wünschten, sind vor 1914 wohl noch nicht religiöser Alltag geworden.

»Katholische Wahrheiten« dogmatischer und sittlicher Natur vermittelte neben Predigt und sonntäglichen Christenlehren auch der (fast nur von Geistlichen erteilte) Religionsunterricht auf allen Stufen. In den Grundschulen erfolgte er meist in der Frage-Antwort-Form des Katechismus. Das dabei erworbene Wissen musste sich gegebenenfalls im »Brautunterricht« Heiratswilliger nochmals bewähren. Bei ihm erläuterten die lokalen Seelenhirten auch die moralischen Pflichten und sexuellen Tabus des Ehestandes. Der im Jahr 1900 mit bischöflicher Approbation bereits in dritter Auflage gedruckte »Braut-Unterricht« des Blindenmarkter Pfarrers Leopold Glöckl warnte vor »allen Ausschweifungen« und hielt u. a. fest:

> Schwer sündigen jene, die, um reichen Kindersegen zu verhüten, kein Bedenken tragen, der weisesten Absicht und dem heiligsten Willen Gottes entgegen zu handeln. […] und: Die Mutter hüte sich aber ganz besonders während dieser Zeit [= des Stillens] vor jeder sündhaften Leidenschaft und Ausschreitung, damit nicht das Kind, »welches engelrein aus der Taufe hervorgieng«, mit der Muttermilch geistiges Verderben einsauge.[41]

Zumindest in ländlichen Gebieten der Monarchie war es noch bis weit ins 20. Jahrhundert hinein üblich, dass katholische Mütter (wie auch evangelische in alpinen Toleranzgemeinden) vierzig Tage nach Entbindung beim Priester um einen Segensritus einkamen. Er »reinigte« sie für die Rückkehr in die Öffentlichkeit bzw. zum Gottesdienst. Der Ritus tradierte Reinheitstabus der Alten Welt (durch biblische Vorgaben vermittelt) bis in die nahe Vergangenheit. Die Geistlichen des 19. Jahrhunderts haben ihn zunehmend moralisch missverstanden und eingesetzt, z.B. zur Rüge für unehelichen Nachwuchs.[42] Dementsprechend fehlten katholische Mütter meist bei den bald nach der Geburt angesetzten Taufen ihrer Kinder. Einschlägige kirchliche Unterweisungen erklärten Frauen auch hauptverantwortlich für die emotionale Balance in den Familien, was das Beruhigen tobender oder betrunkener Gatten mit einschloss.[43]

Wie weit kirchliche Normen dieser und anderer Art tatsächlich umgesetzt wurden, entzieht sich in der Regel unserer möglichen Kenntnis. Biographische Aufzeichnungen aus dem Alpenraum lassen den Schluss zu, dass die mit Verweis auf bedrohliche jenseitige Konsequenzen vermittelten Lehren jedenfalls im Umfeld von Erstbeichte und

-kommunion ein starkes emotionales Echo hervorriefen. Insbesondere wenn Katecheten erläuterten, dass schon mancher mit ungebeichteter Sünde an der Kommunionbank tot umgefallen sei oder sein Gesicht sich zur Warnung des Priesters schwarz verfärbt habe.[44]

Religiös entspannter und stärker von materiellen Freuden begleitet verliefen demnach die Firmungen, die in Lebenserinnerungen auch seltener erwähnt werden. Zur Enttäuschung Betroffener stellten sich angekündigte geistliche Früchte nicht immer ein. Finanziell potente Patinnen oder Paten konnten dafür mit wertvollen Geschenken (z.B. eine Taschenuhr) oder erstmalige Ausfahrten in größere Städte entschädigen.[45] Beide Feiern bedeuteten einen gewissen Aufwand an festlicher Kleidung, was unbeabsichtigt soziale Unterschiede augenfällig werden ließ und Kinder armer Leute leicht beschämte.[46]

Das jährliche Einsammeln von Beichtzetteln (mitunter durch Gemeindevorsteher und Hausherrn) zur Dokumentation erfüllter »Osterpflicht« funktionierte zumindest in einigen ländlichen Gebieten der Monarchie noch bis ins frühe 20. Jahrhundert klaglos.[47] Kardinal Lajos Haynald († 1891) betonte 1882 gegenüber dem Nuntius in Wien, dass in Ungarn die Kirchen immer voll wären und in seiner Erzdiözese Kalocsa von 450.000 Gläubigen jährlich 300.000 (somit der überwiegende Teil aller dazu Berechtigten) die Osterkommunion empfingen.[48] In der Landeshauptstadt Salzburg reduzierte sich der Anteil »osterpflichtbewusster« Männer bis zur Jahrhundertwende jedoch bereits auf jenen Wert, den katholische Parteien auch bei Wahlen erreichten (ca. ein Drittel).[49]

Eine offenkundige Diskrepanz zwischen kirchlicher Norm und gelebter Praxis bestand in Fragen der Sexualität. Hier kollidierte der volksreligiöse Leitwert »Vitalität« ungebremst mit dem kirchlichen der »Enthaltsamkeit«. Das wird gerade am Beispiel traditionell-kirchlich geprägter Landregionen wie den sog. Alpenländern der Monarchie deutlich. Die informellen ländlichen Regeln tolerierten *grosso modo* sexuelle Beziehungen ab der Zusage einer ernsthaften Bindung (gleichsam einer »Verlobung«). Diese Praxis wurde zum Problem, wenn sich vorzeitig eine Leibesfrucht einstellte oder eine

Abb. 27: Zur Erstkommunion feierlich gekleidete Mädchen aus Oberthemenau in Böhmen (Foto vor 1918), Fotoarchiv des Österreichischen Museums für Volkskunde in Wien.

Biographische Aufzeichnungen aus dem Alpenraum lassen erkennen, dass die mit gehöriger metaphysischer Dramatik vorbereiteten Erstbeichten und Erstkommunionen mehr als die Firmungen ein starkes emotionales Echo hervorriefen. Dekrete Papst Pius X. (1903–14) haben den Zeitpunkt der Erstkommunion deutlich ins Kindesalter von etwa sieben Jahren vorverlegt. Sie regten auch an, dass die Gläubigen über ihre traditionelle »Osterpflicht« von einer jährlichen Beichte und Kommunion hinaus häufiger »zu den Sakramenten« schreiten sollten.

Eheschließung aus persönlichen oder finanziellen Gründen nicht in Frage kam. Durch den hohen Dienstbotenanteil in der Bevölkerung war dies sehr häufig der Fall.

Trotz der schweren dagegen aufgefahrenen seelsorglichen Geschütze waren die Raten unehelicher Geburten entsprechend hoch und erreichten in den 1860er Jahren ihre Spitzenwerte. Abseits der »glaubensstarken« Diözese Brixen (Vorarlberg und Tirol ohne sog. Salzburger Anteil) betrugen sie zur Jahrhundertmitte überall mehr als 10 Prozent. Deutlich höher rangierte Kärnten mit 45,8 Prozent (einige Pfarren 80 % und mehr), gefolgt von Niederösterreich (samt Wien), der Steiermark und Salzburg (jeweils etwa 30 %), Oberösterreich (ca. 20 %) und Krain (etwas mehr als 10 %). Wie sehr die besondere wirtschaftliche Situation die Verhältnisse diktierte (in diesem Fall: viele durch den Arbeitskräftemangel selbstbewusste Dienstboten), zeigt ein Vergleich mit anderen ländlich-traditionellen Regionen des Reiches: Das volkreiche Galizien verzeichnete zur selben Zeit nur eine Illegalitätsrate von etwas über 8, Dalmatien und Istrien gar nur von knapp 4 Prozent.[50]

Schlecht um die »Ehemoral« stand es auch in großen Städten wie Triest, wo viele zugewanderte Arbeiter den erheblichen finanziellen und organisatorischen Aufwand zum Besorgen der nötigen Papiere scheuten. Ein 1898 gegründetes, auf diesen Missstand reagierendes »Werk des hl. Franziskus Regis« hielt es sich nach einem Jahrzehnt zugute, 1.600 »wilde Ehen saniert« und über 2.000 uneheliche Kinder legitimiert zu haben.[51] Mit religiösen Mitteln bekämpfte man in Vorarlberg bevorzugte Gelegenheiten zur »Sünde« wie neue Balltraditionen oder ausgelassene Fastnachtsbräuche, bei denen »Satan seine Mission« hält.[52] Allgemeiner Seufzer eines geistlichen Kommentators im Jahr 1910: »Die Stadt ist in Glaube und Sitten schwach, das Land zwar im Glauben stark, aber in den Sitten schwach«.[53]

Spätestens am Lebensende holte die Strenge kirchlicher Vorgaben die Gläubigen wieder ein. Wenn irgend möglich sollten die letzten Stunden durch die Riten der »Sterbesakramente« getröstet sein (inklusive Generalbeichte, um »rein« zu sterben). Selbst in Landeshauptstädten wie Salzburg war es noch 1911 eine Seltenheit, wenn jemand ohne diese geistliche Begleitung verschied.[54] Bei deklariert »unbußfertigem« Sterben konnte das kirchliche Begräbnis verweigert werden: wie im Fall der 24jährigen, im »Konkubinat« lebenden Filomena Feurstein aus Reuthe, die 1871 ohne Beichte starb;[55] oder des 1876 gestorbenen Schrunser Schmiedgesellen und »notorisch Ungläubigen« Johann Josef Zudrell, dessen Zivilbegräbnis freisinnige Größen Vorarlbergs zur antiklerikalen Demonstration ausgestalteten.[56]

Dessen ungeachtet waren die seit Aufklärungszeiten kursierenden Argumente gegen einzelne kirchliche Positionen und Praktiken nach und nach auch in den unteren und ländlichen Gesellschaftsschichten zu registrieren. Das bewog eine neue Generation pastoral Verantwortlicher zu entschiedener Gegensteuerung. Über die amtlich vorgegebenen Formen kirchlicher Erziehung hinaus setzten sie zusätzlich auf Aktionen »verdichteter Formung«. Dazu gehörten sog. Christen- oder Hauslehren in alpinen Regionen, die Bischöfe schon ab den 1820er Jahren forcierten. Dabei wurden Nachbarschaften in einem (Bauern-)Haus versammelt und vom Ortsseelsorger mit elementaren Bausteinen der dogmatischen und sittlichen Kirchenlehren vertraut gemacht.[57]

Weitaus spektakulärer waren sog. Volksmissionen, die ab der Jahrhundertmitte mit steigender Frequenz in fast allen katholischen Regionen der Monarchie durchgeführt wurden. Sie erfolgten auf lokale Initiative hin oder im Auftrag der Bischöfe; »Missionare« war in Ungarn vor allem Franziskaner, in der übrigen Monarchie meist Redemptoristen und Jesuiten. Man reaktivierte damit ein pastorales Instrument aus Zeiten der katholischen Reform und entwickelte es zu einer Art »metaphysischer Schocktherapie« fort. Es sollte die gläubige Bevölkerung gegen »schädliches« Gedankengut der Moderne bzw. gegen jede »Laxheit« in religiös-sittlichen Dingen immunisieren. Solche Missionen versetzten betroffene Orte für Tage in einen »Ausnahmezustand«: Man versammelte praktisch die gesamte Bevölkerung zu mehrtägigen Predigt-Serien, die auf eine nachhaltige »Bekehrung« der einzelnen, ferner auf eine Versöhnung bestehender Feindschaften zielten.

Das Instrument nützte sich im Verlauf der Jahrzehnte wohl ein wenig ab, man erreichte jedoch noch in den 1890er Jahren beachtliche Hörerzahlen von durchschnittlich knapp 70 % aller Erwachsenen in den betroffenen Orten.[58] Zwischen 1850 und 1897 fanden in der Erzdiözese Salzburg 465 solcher Missionen statt (= ca. zwei pro Seelsorgestation). Im Pinzgauer Piesendorf schrieb man den Missionen 1.500 neu gewonnene Kommunikanten zu; die Redemptoristen-Chronik registriert für 1867 auch das »Wunder« eines von Unglauben und Unbußfertigkeit bekehrten Arztes (!) im Tirolischen Brandenberg:

[Eigene Übersetzung des lateinischen Textes] *»Ein Arzt dieser Region, der vorher den Skandal der Ungläubigkeit und öffentlicher Unbußfertigkeit bot, wurde zum Staunen aller durch göttliche Gnade bekehrt und hat gebeichtet. »Wo in reichem Maße Sünde war, war in überreichem Maße Gnade.«*[59]

In größeren Städten stieß das geistliche Unternehmen jedoch wiederholt auf »aufgeklärten« Widerstand. Den »Höllenlärm der liberalen Skribler und Schreier« anlässlich der ersten Linzer Mission im Jahr 1850 ließ Stadtpfarrer Kirchsteiger »heldenmütig«

über sich ergehen.[60] Der Laibacher Oberhirte Anton Jeglič (1898–1930) verordnete für die Jahre 1900/01 gar flächendeckende Missionen für alle Pfarren. Den Berichten nach nahmen daran in einigen Städten auch Angehörige »der intelligenteren Klassen« teil.[61]

Die Lebenswelten des Klerus und der Ordensleute und die Mühen der kirchlichen Nachwuchspflege

Stärker als bei allen anderen Konfessionen waren die Amtsträger sowie weibliche und männliche Ordensangehörige der römisch-katholischen Kirche durch Formung und Lebensumstände aus der Schar der »Normalgläubigen« herausgehoben. Die strenge Verpflichtung zur Ehelosigkeit versperrte offiziell auch den bei allen anderen Religionsgemeinschaften (inklusive der unierten Ostkirchen) erfolgreichsten Weg der Nachwuchspflege: aus den Familien von aktuellen Amtsinhabern. Erschwerend kam hinzu, dass die sog. Intelligenz bzw. die Nutznießer mittlerer und höherer Schulbildung sich aus genannten Gründen kirchlichen Positionen gegenüber zunehmend reserviert bis ablehnend zeigten. Damit zeichneten sich schon zur Mitte des 19. Jahrhunderts personelle Engpässe ab. Die Zahl der Wiener Neupriester sank von 210 (1830–39) über 187 (1840–49) auf 144 (1850–59) ab. In der Diözese Lodi (Lombardei) kam in den Jahren 1850 bis 1860 auf 1.123 Städter und 2.763 Landleute eine Priesterweihe, zwischen 1860 und 1870 bereits ein pro 1.246 Städter und 3.729 Landbewohner. Dieser Entwicklung wollten vorausschauende Verantwortliche nach Kräften gegensteuern.[62]

Nicht zufällig waren es zuerst »kämpferische« Bischöfe, die schon ab dem Vormärz sog. Kleine Seminare einzurichten begannen und sie nach Möglichkeit nicht nur als Konvikte sondern als Gymnasien mit Öffentlichkeitsrecht führten. Eine ähnliche Funktion erfüllten sog. Juniorate von Ordensgemeinschaften (z.B. der Lazaristen, Steyler Missionare).[63] Diese Einrichtungen bewirkten, dass nun der reguläre Einstieg in eine »geistliche Karriere« auf ein Alter von etwa zehn Jahren vorverlegt wurde; auch verlängerten sie die kirchliche Formung um weitere acht Jahre. Sie konnten konsequent auch bisher unerschlossene ländliche Personalreservoirs nutzen[64] und entbanden viele kirchliche Regionen des Reiches für mehr als ein Jahrhundert (!) der notorischen Nachwuchssorgen.

Die »Ausbeute« der Anstalten war mancherorts beachtlich. Das fürstbischöfliche Knabenseminar in Graz hatte bis Ende 1896 bei 1.712 Zöglingen (davon damals 345 noch in Ausbildung) bereits 552 Priester hervorgebracht.[65] Der Klerus wurde in solchen Regionen auch in einer vorher nicht erreichten Intensität »bodenständig«. Diözesen ohne diese Einrichtung wie Triest-Capodistria gerieten unter zunehmenden Personaldruck.[66]

Abb. 28: Einweihung des Priesterseminars von Sarajevo durch Erzbischof Josef Stadler (Foto 1897); aus einem Prachtband der sog. Leo-Gesellschaft über »Die Katholische Kirche unserer Zeit und ihre Diener in Wort und Bild« 1899. Stadler (geb. 1843) wurde von Papst Leo XIII. 1881 zum ersten Erzbischof von Sarajevo 1881 ernannt und starb 1918.

Die Einrichtung von Kleinen Seminaren und die stärkere spirituelle Ausrichtung der Großen Seminare (= Priesterseminare) im katholischen Bereich hatte einen doppelten Effekt in erwünschte Richtungen. Durch den um acht Jahre vorverlegten Einstieg in eine »geistliche Laufbahn« ermöglichte sie eine ungleich intensivere Formung hin zum Ideal des selbstlosen Priesters und Seelsorgers. Zum anderen war damit eine Art »Demokratisierung« kirchlicher Ämter verbunden, für die es nun praktisch keine Hürden der sozialen und geographischen Herkunft mehr gab (bis hinauf zur bischöflichen Spitze). Darüber hinaus schuf sie durch den langen Ausbildungs- und Formungsweg ein Klerus-Milieu von bisher ungekannter Homogenität und Dichte.

Nationale Querelen wie in der Diözese Königgrätz konnten allerdings auch eine Einrichtung dieser Art (hier nur ein Konvikt) lähmen und neue Vorbehalte gegen kirchliche Laufbahnen aufbauen:

> *Der Seelsorg=Clerus gehört größtentheils der slavischen Nationalität an, und muss derselbe auch in rein deutschen Pfarreien die Seelsorge ausüben, da die Diöcese einen fühlbaren Mangel an deutschen Priestern leidet. […] Wenn man aber nach der Ursache dieses Mangels an deutschen Priesteramts=Candidaten fragt, so muss daran gedacht werden, dass es die liberale Strömung war, die auch die deutschen Abiturienten in Böhmen mit sich riss und ihren Lebenslauf in andere Bahnen lenkte.*[67]

Wie eine Regionalstudie zeigt, entwickelten sich Dichte und Bodenständigkeit des Klerus und männlichen Ordensnachwuchses jedoch selbst unter vergleichbaren Bedingungen unterschiedlich. Sie untersuchte die alpenländischen Diözesen Brixen, Salzburg und St. Pölten. In Salzburg blieb demnach das Verhältnis der Weltkleriker und Ordensmänner zu männlichen Katholiken im Verlauf des 19. Jahrhunderts mit einem Verhältnis von ca. 190 zu 1 weitgehend konstant. In St. Pölten verschlechterte es sich hingegen erheblich von 200 zu 1 (1827) auf etwa 300 zu 1 (1914), somit um 50 Prozent. Weit abgehoben davon die Situation der Diözese Brixen, wo 1910 auf nur ca. einhundert männliche Katholiken ein »Mann der Kirche« kam. Salzburger Kirchenmänner stammten in den 1820er Jahren wie in den 1910er Jahren nur zu wenig mehr als der Hälfte aus der Diözese selbst. Der Anteil von »Diözesanen« im Salzburger wie St. Pöltener Weltklerus lag zuletzt praktisch gleichauf (1914: 74 bzw. 75 %). Der Weltklerus war (bzw. wurde) damit deutlich »autochthoner« als die Männerorden in der jeweiligen Region: mit 61 % gegenüber 30 % (Salzburg 1828) bzw. mit 74 % gegenüber 18 % (Salzburg 1914) sowie mit 75 % gegenüber 38 % (St. Pölten 1914).[68] Der vergleichsweise hohe Anteil von Männern aus der eigenen Diözese bei den Ordensmännern des Bistums St. Pölten verdankte sich in erster Linie der Kette traditionsreicher Klöster im Land (v.a. Melk, Göttweig, Herzogenburg, Seitenstetten, Zwettl). Durch den regen Zuzug aus Böhmen und Mähren blieb er jedoch auch hier weit unter der Hälfte aller Klosterinsassen.

Vereinzelten Hinweisen zufolge kennzeichneten karge Kost und strenge Disziplin das Leben des Ordensnachwuchses sowie in den Kleinen und Großen Seminaren. Zumindest im Passauer Seminar der 1850er Jahre gab es weder Frühstück noch Jause und abends nur Suppe und Brot.[69] Das asketische Ideal der Zeit suchte die Familienkontakte der Seminaristen auf ein Minimum zu reduzieren.[70] Verstöße gegen die Hausordnungen zogen auch in den Großen Seminaren Rüge und gefürchtete Strafen

Abb. 29: Äbte und Prälaten bedeutender Klöster und Stifte in der Diözese St. Pölten, aus einem Prachtband der sog. Leo-Gesellschaft über »Die Katholische Kirche unserer Zeit und ihre Diener in Wort und Bild«, 1899 (Foto vor 1899).

Das Ordensleben von Männern und Frauen in der Donaumonarchie war von großer spiritueller und sozialer Bandbreite. Bei den Männern krönte eine »Perlenkette« an Klöstern und Stiften (z.B. entlang der Donau von Wilhering bis Pannonhalma) die Palette »regulierten Lebens«. Durch ihre solide materielle Basis waren sie Mäzene für Künstler und Handwerker, mit ihren Ausbildungsstätten und Archiven Horte humanistischer Gelehrsamkeit alten Stils und durch ein Netzwerk betreuter Pfarren gleichsam kleine Diözesen. Die Klöster des Bistums St. Pölten (v.a. Melk, Göttweig, Herzogenburg, Seitenstetten, Zwettl) erfreuten sich auch eines regen Zuzugs aus Böhmen und Mähren. Wegen des »gesetzlichen Schutzes« des Ordensgelübdes konnten vom Ordensleben Enttäuschte ihrem Status jedoch oft nur durch Flucht ins Ausland entkommen.

Justin Ponschab O. Cist.,
Abt des Stiftes Lilienfeld.

Stephan Rössler O. Cist.,
Abt des Stiftes Zwettl.

Frigidian Schmolk,
Propst des Chorherrenstiftes
Herzogenburg.

Alexander Karl O. S. B.,
Abt des Stiftes Melk,
Mitglied des österreichischen
Herrenhauses.

Dominik Hönigl O. S. B.,
Abt des Stiftes Seitenstetten.

Adalbert Dungel O. S. B.,
Abt des Stiftes Göttweig und Präses
der Congregation B. M. V.

Ambros Delré O. S. B.,
Abt des Stiftes Altenburg.

Adrian Zach O. Praem.,
Abt des Stiftes Geras.

Abb. 30: Die ungarischen Mitglieder des Priesterkollegs St. Augustin (»Frintaneum«) in Wien (Foto 1916), Privatbesitz Péter Tusor, Budapest.

Das nach seinem Gründervater Jakob Frint († 1834) benannte Wiener Kolleg hat zwischen 1816 und 1918 knapp 1.100 römisch- und griechisch-katholische Priester aus allen Teilen der Monarchie auf höhere Aufgaben in Kirche und Staat vorbereitet, darunter 375 Priester aus Ländern der ungarischen Krone. Es war eine der wenigen (zivilen) Einrichtung der Monarchie, die bis zuletzt beide Reichshälften der Donaumonarchie überspannte und sich damit erfolgreich gegen die in allen Volksgruppen zunehmenden nationalistischen Tendenzen stemmte. Die Frintaneisten absolvierten während ihrer Wiener Zeit in der Regel ein Doktoratsstudium an der Theologischen Fakultät und dienten als Kapläne in der kaiserlichen Hofkapelle. Die Aufnahme ins Kolleg nahm der Kaiser persönlich vor. Die Kollegsmitglieder wurden in Wien nicht nur theologisch und spirituell geformt, sondern vermittelten auch kulturelle und politische Tendenzen der Hauptstadt in ihre jeweiligen Herkunftsregionen.

nach sich.[71] Das geistliche Haus durften angehende Kleriker und Ordensleute beiderlei Geschlechts – auch noch im Doktoratsstudium – stets nur zu zweit verlassen.[72] Selbst die Wiener kirchliche Eliteschmiede »Frintaneum« schildert Josef Scheicher als reichlich unwirtlichen Ort (»wir hausten in Löchern«).[73] In Noviziaten strengerer Orden wie den Jesuiten waren neben vielen körperlichen Arbeiten nach wie vor Bußübungen üblich, die das Ertragen von Schmerzen lehren sollten.[74]

Sozialdemokratische Angriffe auf kirchliche Stol-Gebühren konterte ein geistlicher Autor gar mit dem Hinweis auf die Todesrate der Laufbahn:

Das 12jährige Studium sei … *wahrlich eine lange, mühevolle und überaus anstrengende Arbeit, welche viele nicht einmal aushalten, indem sie entweder vorzeitig das Studium aufgeben oder frühzeitig an den Folgen der geistigen Anstrengung sterben.*[75]

Als zermürbend am Theologiestudium der Zeit wird vor allem das mechanische Nachschreiben, Memorieren und Examinieren der (vielfach lateinischen) Vorlesungstexte geschildert, die meist von wenig mitreißenden Lehrern vorgetragen wurden.[76] Die durch diese Umstände wohl unweigerlich aufgestaute Spannung entlud sich laut dem Zeugnis Betroffener häufig in unmotivierten Heiterkeitsanfällen.[77]

Auch die Kleidung sollte Seminaristen an den geistlichen Stand heranführen. In Linz trugen noch in den 1890er Jahren bereits die elfjährigen Anfänger einen Zylinder zum geschlossenen Priesterrock.[78] Der Novizenrock der Jesuiten in den 1860er Jahren stellte wenig mehr als ein »Einwickeltuch« dar, das ohne Knöpfung durch ein Zingulum geschürzt wurde und Anfänger beim Stufensteigen leicht zu Fall brachte.[79] Veränderungen in der priesterlichen Kleidung im Verlauf des 19. Jahrhunderts nahmen meist in Seminaren ihren Anfang und breiteten sich von dort organisch in den aktiven Klerus aus: so etwa die im 19. Jahrhundert beliebte sog. Soutanelle, ein schwarzer Gehrock mit der Knöpfung einer Soutane, die aber von der Taille an offen war; dazu gehörte ein Einsteckkragen bzw. Kollar.[80] Schon die Seminarordnungen bemühten sich nach Kräften, das priesterliche Auftreten für die jeweilige Diözese zu vereinheitlichen und präzise zu beschreiben. Am Beispiel der Diözese Trient 1908:

Die Kleriker müssen immer den schwarzen Talar tragen und unter demselben kurze, bis zu den Knieen reichende Hosen und schwarze Strümpfe. Schwarz muss auch ihr Winter- und Sommerüberrock (Tabarino) sein. Das Birett für die Kirche muss das in der Diözese gebräuchliche sein. Der Hut für die Spaziergänge muss der sogenannte römische sein. Als Kollar tragen alle Zöglinge gleichförmig das in unserer Diözese übliche. Die

Tonsur muss immer sichtbar sein, das Kleid rein und sauber, ohne jedoch ausgesucht zu sein.[81]

Über das reiche gängige Sortiment an Priester-Accessoirs informiert ein kommerzielles Inserat von 1912:

Auf Lager waren: 1. Biretten, Tonsurkäppchen, […] u. dgl. / 2. Collare (mit Haftel- oder Knopfverschluß), Leinwand- oder Zelluloidstreifen. / 3. Collare (waschbare Krä- gen), benannt »Leo«, »Wiener« und »Benediktiner«, nebst dazu gehörenden Chemiset- ten (Brustblätter). / 4. Collare aus Zelluloid, den waschbaren täuschend ähnlich, deren Halsteile sind ohne Unterfutter, daher sehr leicht (trocken) zu reinigen. Dazu passende Chemisetten (Brustblätter) oder Mäntelchen. /[…] 8. Cingulum: Bänder oder Schnüre.[82]

Zu den ersten Initiationsriten in den Klerikerstand gehörte zudem die Tonsur, die unterschiedlich auffällig geschnitten wurde. Die Franziskaner waren mit ihrer »Kran- zeltonsur« ebenso willkommenes Objekt karikaturistischer Ergüsse wie etliche recht ausgefallene Trachten weiblicher Kongregationen.[83]

Kleine Welten für sich bildeten die Ordensgemeinschaften (in der Monarchie zuletzt 53 für Männer, 82 für Frauen),[84] deren vielfältige Gepflogenheiten und Mentalitäten noch weitgehend der alltagsgeschichtlichen Beschreibung harren. In den jesuitischen Anstal- ten etwa begrüßte man sich mit dem sog. Amplexus (= leichte Umarmung samt Schul- terkuss) bzw. mit einem *Laudetur Jesus Christus* und gewährte Anklopfenden mit einem *Ave* den Eintritt. Sie und viele andere klösterliche Anstalten waren relativ autonome Wirtschaftseinheiten, die möglichst alle Handwerkserfordernisse mit eigenen Leuten abdeckten und an denen die Gewerbsleute der Umgebung kaum verdienen konnten.[85]

Bei den Männern krönte eine »Perlenkette« an Klöstern und Stiften (z.B. entlang der Donau von Wilhering bis Pannonhalma) die Palette »regulierten Lebens«. Durch ihre solide materielle Basis waren sie nach wie vor Mäzene für Künstler und Handwer- ker, mit ihren Ausbildungsstätten und Archiven Horte humanistischer Gelehrsamkeit alten Stils und durch ein Netzwerk betreuter Pfarren gleichsam kleine Diözesen. Am anderen Ende der Skala rangierten u.a. die notorisch schlecht ausgebildeten und reli- giös nicht selten etwas obskuren Franziskaner Bosniens, die auch nach der Etablierung diözesaner Strukturen in der österreichischen Zeit weitgehend die regionale Seelsorge bestritten. Ihre plastischen Predigten über die Leiden der »in italienischer Gefangen- schaft« schmachtenden Päpste sollen im Ersten Weltkrieg sehr zum Furor katholisch- bosnischer Soldaten an der Südfront beigetragen haben.[86]

Abb. 31: Bosnische Waisenkinder der Trappistenabtei Mariastern bei Banja Luka (Foto vor 1900); aus: Ausstellungskatalog »Trapistička opatija Marija Zvijezda u Banjaluci (1869–2009)«, hg. v. Bratislav Teinović, Banja Luka 2009, S. 54.

Der Vorarlberger Ordensmann Franz Pfanner († 1909) gründete im Jahre 1869 unter schwierigsten Umständen im damals noch osmanischen Bosnien eine Trappistenabtei, die sich im Verlauf der folgenden Jahre zu einem bedeutenden Schrittmacher für das Sozial-, Schul- und Wirtschaftsleben der gesamten Region entwickelte. Unter der nachfolgenden österreichischen Verwaltung belieferte die Abtei unter anderem die gesamte Monarchie mit ihren beliebten Käseprodukten und baute das erste Elektrizitätskraftwerk Bosniens.

Die josephinische Kirchenpolitik der zurückliegenden Jahrzehnte hatte den Ordens-sektor – auf radikal reduzierter Basis[87] – organisatorisch abgesichert. Zugleich aber hatte sie die Männerklöster der Monarchie zu wenig mehr als Wohn- und Versor-gungsstätten für Lehrer und Seelsorger werden lassen. Häufig diktierte materielle Not die »Berufung« in den Ordensstand, was den Animo zur Pflege der spärlichen Reste altüberlieferter spezifischer Ordensspiritualitäten weiter dämpfte. Zeugnis dafür sind Petitionen von Ordensleuten voller Bitterkeit und Empörung im Revolutionsjahr 1848 (z.B. aus dem Alt-Brünner St.-Thomas-Kloster des Gregor Mendel) sowie die Ergebnisberichte der großen, ab 1852 im Geist der kirchlichen Restauration durchgeführten Visitationen österreichischer und ungarischer Klöster.[88] Diese bewirkten mittelfristig eine Vernetzung vormals unabhängiger Institute[89] und einige Reformen zugunsten etwas regelkonformerer Zustände.[90] Sie waren wohl Voraussetzung für einen gewissen »Ordensboom« der folgenden Jahrzehnte: mit aufstrebenden alten Klöstern, dem Zuzug von anderswo vertriebenen Kommunitäten und etlichen neuen Gemeinschaften. Reformunwillige oder enttäuschte Ordensleute konnten den gesetzlich bindenden Gelübden weiterhin nur durch Flucht ins Ausland entkommen. Öffentlich diskutiert wurde etwa der Fall eines aus dem Prämonstratenserstift Tepl in Böhmen geflohenen Ordensmannes Anton Ohorn (1846–1924), der sich in der Folge als »nationaler« Schriftsteller hervortat.[91]

Ein dynamischer neuer Ast am weit verzweigten Ordensbaum waren Missionsgemeinschaften (z.B. Steyler Missionare, St.-Petrus-Claver-Sodalität, Marianhiller Missionare). Mit ihren bis in hinterste Täler gelangenden Zeitschriften und Werbetouren erweiterten sie (zumindest geographisch) den Horizont des heimischen Katholizismus. Etliche hoch motivierte Mitglieder aus ihren Reihen vollbrachten erstaunliche organisatorische Leistungen und entwickelten Modelle eines Kulturaustauschs jenseits eurozentrischer Zwangsbeglückung (z.B. der Ladiner China-Missionar Josef Freinademetz, die Tiroler bzw. Vorarlberger Afrika-Missionare Franz Mayr und Franz Pfanner).[92]

Besonders bemerkenswert ist auch ein regionaler Boom an und in neuen weiblichen Gemeinschaften. Im Konfessionsvergleich betrachtet schufen sie für katholische Frauen einmalige »Karriere-Alternativen«, die vor allem im sozialen Bereich angesiedelt waren (Erziehung, Krankenpflege etc.). Eine Aufstellung aus dem Jahr 1911 lässt erahnen, wie konstitutiv dieser Beitrag für das Sozialwesen der Monarchie wurde:

Sie wirken in 267 Armenhäusern (Greisenasylen, Versorgungshäusern etc.), 124 Waisenhäusern, 483 Krankenhäusern (Spitälern, Siechenheimen), ferner in 112 Niederlassungen (Stationen) für ambulante Krankendienste (Privatkrankenpflege), 9 Idioten- und 12 Irrenanstalten, 9 Taubstummen- und 5 Blindeninstituten, 4 Findelanstalten, 6 Krüppelasylen (Invaliden), 6 Spitälern für Unheilbare, 6 Leprosenhäusern, 2 Gebärkliniken, 2 Seehospizen, 13 Heilanstalten, 1 Nervenheilanstalt, zahlreichen Kurorten, einigen hundert Krippenanstalten, 49 Dienstboten- und 1 Forstasyl, dazu an 15 Straf- und Besserungsanstalten, 17 Versorgungshäusern, 3 Rettungs- und 2 Gefangenhäusern (sic!), 12 Kinderspitälern, auch an zahlreichen Rekonvaleszenten- und Erholungs-

heimen, Knaben-, Arbeiter-, Lehrlings-, und Mädchenasylen, Fabriksschulen, Lehrerinnenkursen und Konvikten, führen die Wirtschaft in 75 Volks-, Vereins-, Stifts- oder Anstaltsküchen und betreiben in mehreren Filialen eigene Ökonomien.[93]

Die rasante Entwicklung illustriert unter anderem das Beispiel der Erzdiözesen Wien und Salzburg. Die Zahlen der Ordensfrauen stiegen hier von 1853 bis 1909 von 340 auf 4.573 bzw. von 190 auf 1.044 an! Eine Studie legt nahe, dass diese Entwicklung durch äußere Faktoren begünstigt wurde: Bevölkerungsüberschuss, sinkende Aufnahmefähigkeit des ländlichen Dienstbotensektors, mangelnde berufliche Alternativen, anhaltenden Schwierigkeiten für Hausstandsgründungen.[94] Die dadurch entstandene »Nachfrage« an weiblichen Betätigungsfeldern wäre freilich ins Leere gegangen, wenn sie nicht auf der anderen Seite auf attraktive »Angebote« gestoßen wäre. Nur durch die rege »katholische Bewegung« und die entsprechend werbenden Ordensmodelle am Ort konnte das vorhandene Potenzial in kirchliche Bahnen gelenkt werden. In patriarchalisch geprägten Regionen oder solchen mit schwachem katholischem Engagement blieb es ungenutzt (siehe unten Tabelle I: Böhmen, Mähren, Krain, Küstenland, Dalmatien).

Zu den neuen Frauenkongregationen gehörten u.a. die in Prag gegründeten sog. Grauen Schwestern. Weitgehender Mittellosigkeit und vieler (auch innerkirchlicher) Widerstände zum Trotz setzten drei Pragerinnen mittleren Alters (geboren 1813, 1814, 1825) ab dem Jahr 1853 ihren Willen durch, sich unter religiösen Vorzeichen der unentgeltlichen Hauskrankenpflege zu widmen. Die Initiative fand nach etlichem Auf und Ab ihre Gönner und erlangte die offizielle Anerkennung als kirchliche Frauenkongregation. Im Jahr 1911 zählte sie 183 Mitglieder. Wie aufreibend der gewählte Dienst sich gestaltete, erhellen Personalangaben der Festschrift zum 50-Jahr-Jubiläum der Gemeinschaft 1906: Ihre 54 bis dahin Verstorbenen erreichten im Schnitt ein Alter von 37 Jahren; 25 von ihnen waren keine 30 Jahre alt geworden![95] Kennzeichnend für die neuen Gemeinschaften, nicht zuletzt jene im weiblichen Zweig, war ein zuweilen geradezu hasardierender religiöser »Unternehmergeist«, weiters eine nach innen und außen missionarisch wirkende, sendungsbewusste »zweite Naivität« im Glauben.

Am Beispiel der Gründerin der »Gesellschaft der Töchter der Göttlichen Liebe«, Franziska Lechner († 1894): Die umtriebige bis unstete Unternehmenstochter und ausgebildete Lehrerin aus Bayern stampfte ab 1869 ohne Startkapital (!) eine »Gesellschaft der göttlichen Liebe« regelrecht aus dem Boden. Innerhalb weniger Monate gelangen ihr Niederlassungen in zahlreichen Städten der Monarchie (bis 1871 in Wien, Budapest,

Troppau, Brünn; später u.a. noch in Prag, Sarajewo, Toponár und Berzencze). Als sie 1894 in Breitenfurt bei Wien verstarb, zählte die Gemeinschaft mehr als 500 Mitglieder, die in 31 Häusern der Doppelmonarchie lebten. In den entbehrungsreichen Anfangsjahren hatte Lechner dem Hl. Josef (respektive seiner Statue) über Nacht den leeren Geldbeutel um den Hals gehängt oder ihn durchs Haus getragen und auf die in allen Ecken und Enden notwendigen Anschaffungen und Reparaturbedürfnisse hingewiesen, deren er sich als »Hausvater« annehmen sollte:

> [...] *Sie sagte zu ihm: »Schau, heiliger Josef, Du bist unser Vater; Du weißt, was wir brauchen und Du wirst uns auch helfen. Ich verspreche Dir, daß ich alle Häuser der Gesellschaft unter Deinen besonderen Schutz stellen werde und daß alle Schwestern Dich recht verehren sollen.« [...]*[96]

Dimensionen und Relevanz des von der Frauenkongregation Franziska Lechners geleisteten Engagements zeigt eine Art »Leistungsbilanz« aus dem Jahre 1893. Sie wurde zum 25-jährigen Bestehen erstellt, ein Jahr vor dem Tod der Stifterin:

> *In den Marienanstalten wurden 66.656 dienstlose Mädchen aufgenommen, unterrichtet und verpflegt; / in den Instituten wurden 9069 Waisenkinder und Zöglinge erzogen*

Abb. 32: »Primiziant« (= neugeweihter katholischer Priester) im Kreise seiner Familie, laut Bildkommentar vermutlich im niederösterreichischen Kirchschlag (Foto vor 1918), Bildarchiv ÖNB.

In traditionellen Landstrichen stand der Geistliche nach wie vor an der Spitze der lokalen Sozialhierarchie. Die Primiz (= feierliche erste Messe) eines Neupriesters oder die Installation (= feierliche Amtseinführung) eines neuen Pfarrers wurden mit allem regional möglichen Pomp gefeiert. Schulkinder küssten Geistlichen noch zur Jahrhundertwende die Hand. Sein Namenstag wurde mit Fackelzügen und Musikständchen gefeiert. Die Matrikelführung machte ihn zu der Amtsperson am Ort. Die Vorkehrungen vieler Diözesen zugunsten Kleiner Seminare (= kirchliche Gymnasien als Tor für eine geistliche Laufbahn) mit Internaten sorgten dafür, dass für ein Jahrhundert auch die »Personalressourcen« der Landgebiete sehr viel konsequenter als bisher für den geistlichen Stand erschlossen wurden. Der Klerus der betroffenen Bistümer wurde in der Folge merklich »bodenständiger«, was zusammen mit dem weiblichen Ordensboom der Zeit nicht wenig zur besseren »kirchlichen Durchdringung« vieler Regionalmilieus beitrug, in denen nunmehr eine wachsende Zahl von Familien »geistliche Verwandte« aufwies.

und 14.227 externe Schülerinnen unterrichtet; / in den Kinderbewahranstalten waren 13.422 Kinder; in den Handarbeitsschulen waren 15.715 Schülerinnen; in den Sonntagsschulen waren 8247 Dienstmädchen; im Zufluchtshause zum heiligen Josef in Breitenfurt waren 294 alte, dienstuntaugliche Personen und im Reconvalescentenhause waren 2901 Reconvalescentinnen. / Die Zahl der Armen, welche durch die Gesellschaft gänzliche Verpflegung und Erziehung genießen, beträgt täglich bei 1350. Die Verpflegstage derselben belaufen sich seit der Gründung auf 9,184.306. Unentgeltlichen Unterricht erhalten außer den Mädchen in den Sonntagsschulen 4275 arme Kinder.[97]

Innerhalb der Erzdiözese Wien rangierte Lechners Gründung hinsichtlich der Mitgliederzahl an sechster Stelle. Außer den »Dienerinnen des heiligsten Herzens Jesu« (errichtet 1873) waren die anderen bereits in den 1830er bis 1850er Jahren ins Leben gerufen worden:[98]

Weibliche Kongregationen in Wien im Jahr 1900	Gründung	Mitglieder
Töchter des göttlichen Heilands	1857	594
Barmherzige Schwestern vom hl. Vinzenz von Paul	1832	490
Dienerinnen des heiligsten Herzens Jesu	1873	433
Schwestern vom Armen Kinde Jesu	1857	278
Schulschwestern vom Dritten Orden des hl. Franziskus	1845	246
Töchter der göttlichen Liebe	1868	200

Es war zweifelsohne eine Reihe von Faktoren, die katholische Frauen und Männer dazu bewog oder davon abhielt, eine kirchliche Laufbahn einzuschlagen (neben religiösen Motiven z.B. Elternwunsch, materielle Absicherung, sozialer Aufstieg).[99] Aufgrund seiner konstitutiven Freiwilligkeit erscheint der Bereich »kirchliche Berufe/ Berufungen« dennoch als geeigneter Indikator für die religiös-kirchliche Grundstimmung einer Region. Ein Vergleich für die beiden Hälften der Habsburgermonarchie zur Jahrhundertwende zeigt in dieser Hinsicht merkliche Unterschiede der »Kirchlichkeit« auf (siehe dazu auch die Karte »Pastoralstrukturen« im Farbteil des Buches):

Tabelle I: Römisch-katholische »Kirchlichkeit« gemäß dem Indikator »kirchliche Berufe / Lebensformen« (Klerus, Orden) um 1911 nach Groß-Regionen der Habsburgermonarchie

Großregionen Diözesen	Katholiken Priester u. Ordensmänner + Ordensfrauen	Priester und Ordensmänner pro 100.000 K.	Ordensfrauen pro 100.000 Katholiken	»Kirchenleute« pro 100.000 Katholiken
Westlicher Alpenraum: Brixen, Salzburg, Trient	1,380.139 4.323 + 5.438 = 9.761	313	394	707
Östlicher (Vor)Alpenraum: Linz, St.Pölten, Wien, Gurk, Seckau	4,999.209 5.921 + 9.789 = 15.710	118	196	314
Westungarischer Donauraum: Esztergom, Pannonhalma, Győr	2,000.192 2.082 + 2.170 = 4.252	104	108	213
Südlicher Alpenraum und Küstenland: Laibach, Lavant, Görz, Triest, Parenzo, Veglia, Zara, Sebenico, Spalato, Lesina, Ragusa, Cattaro	2,568.024 3.655 + 2.201 = 5.856	142	86	228
Balkan (Kroatien und Bosnien): Zagráb, Modrus, Szerem, Sarajevo, Banjaluka, Mostar, Marcana	2,577.159 1.646 + 1.272 = 2.918	64	49	113
Südwestliche ungarische Tiefebene: Szombathely, Székesfehérvár, Veszprém, Pécs, Kalocsa	2,485.352 1.892 + 1.326 = 3.218	76	53	129
Nordöstliche ungarische Tiefebene: Vácz, Eger	1,441.071 744 + 215 = 959	52	15	67
(Slowakisches) Oberungarn: Nyitra, Beszterczebánya, Szepes, Kassa, Rozsnyo	1,325.637 1.315 + 389 = 1.704	99	29	129
Östliches Ungarn, Siebenbürgen: Csanád, Erdély, Nagyvarad, Szatmár	1,548.223 1.421 + 1.466 = 2.887	92	95	186
Südpolnischer Raum, Galizien und Bukowina: Lemberg, Przemyśl, Tarnów, Krakau	3,956.996 3.034 + 3.790 = 6.824	77	96	172
Mähren: Olmütz, Brünn	2,841.478 2.720 + 1.905 = 4.625	96	67	163
Nordböhmen: Königgrätz, Leitmeritz	3,190.044 2.203 + 1.348 = 3.551	69	42	111
Zentral- und Südböhmen: Prag, Budweis	3,451.772 2.909 + 2.379 = 5.288	84	69	153
GESAMTE MONARCHIE:	33,765.296 33.865 + 33.688 = 67.553	100	100	200

Erläuterungen und Auswertungen der Tabelle I:

Zur Herkunft und Verlässlichkeit der Zahlenangaben:

Die Zahlenangaben über die Katholiken je Diözese sowie die Angaben zum Weltklerus und den Ordensleuten pro Diözese, die der Tabelle zugrunde liegen, stammen in der Regel aus einer Aufstellung aus dem *Atlas Hierarchicus*, erschienen im Jahr 1913. Der Atlas ist ein Folgeband zu einem 1906 erschienenen Kartenwerk über die Missionsländer. Nicht zuletzt auf Anregung der Kurie hat der Herausgeber, der Steyler Missionar P. Karl Streit, sein fünfsprachiges Werk auf die gesamt römisch-katholische Weltkirche ausgeweitet.

In den knappen Erläuterungen zur Herkunft des statistischen Materials gibt Streit an: »Für diese Statistik suchte ich selbstverständlich das neueste und vollständigste Material zu erhalten und fand dafür durch die dankenswerten Angaben zahlreicher bischöflicher Ordinariate wie auch in den vortrefflichen Handbüchern einzelner Länder wertvolle Hilfe.« Eine Überprüfung seiner Angaben zeigt, dass Streit fast immer jene Zahlen anführt, die auch in den Diözesan-Schematismen des Jahres 1911 wiedergegeben werden. Das Datenmaterial dürfte somit im Wesentlichen den Stand des Jahres 1910 wiedergeben und liegt damit sehr nahe an den Angaben zur Volkszählung von 1910.

Diese Feststellung erlaubt auch (leichte) Korrekturen jener wenigen Zahlenangaben, die Streit in gerundeter Form angibt bzw. die offensichtlich noch nicht das Endergebnis der diözesanen Zählung für 1911 darstellten. Dies betrifft bei den cisleithanischen Diözesen ausschließlich Angaben zu den Katholikenzahlen: Salzburg, Trient, Gurk, Seckau, Laibach, Zara, Cattaro, Prag, Leitmeritz, Olmütz, Przemysl, Krakau. Lücken weisen die Aufstellungen Streits im *Atlas Hierarchicus* nur für den Ordensbereich ungarischer Diözesen auf. Sie betreffen bei den Ordensbrüdern die Diözesen Szerem und Mostar. Bei den Frauenorden sind davon die Diözesen Eger, Kassa, Rozsnyo, Csanád, Székesfehérvar, Györ, Beszterczebánya, Szombathely, Zagreb, Szerem und Pannonhalma betroffen. Diese Lücken lassen sich durch den einzigen Kirchenschematismus über die gesamte Monarchie schließen, der im Jahre 1913 herausgegeben wurde. Da seine Angaben zu den Frauenorden ungarischer Diözesen im Schnitt um zehn Prozent über den Angaben Streits liegt, wurden bei den Frauenorden jeweils eine um diesen Wert gekürzte Zahl ergänzt. Für den wesentlich stabileren Sektor der Männerorden wurden die zwei genannten Lücken ohne Kürzung ergänzt. Die Zahl der Ordensfrauen der ungarischen Diözese Erdely wurde auf Basis von Schematismus-Angaben der Jahre 1910 und 1913 hochgerechnet. Die damit gewonnene Gesamtaufstellung wird durch die Tatsache bestätigt, dass die jeweiligen Summen der Reichshälften den entsprechenden Werten der Volkszählung von 1910 sehr nahe kommen: 22,387.662 zu 22,530.169 (Volkszählung 1910) bzw. 10,943.573 zu 10,888.138. Einzig für die Diözesen Bosniens lagen Streit offensichtlich veraltete Katholikenzahlen vor, während jene für den Klerus und die Ordensleute auch von anderen Quellen bestätigt werden. Es hat sich von daher nahegelegt, den entsprechenden Berechungen für Bosnien bzw. die gesamte Kirchenprovinz Sarajevo (ohne Unterscheidung der Diözesen) die Katholikenzahl der Volkszählung von 1910 zugrunde zu legen (= 434.061).

Zum Ansatz und zur Interpretation der Tabelle:

Mehr als bei jeder anderen Konfession waren zur Untersuchungszeit Klerus und Ordensleute der römisch-katholischen Kirche aus der Gruppe der Gläubigen herausgehoben. Dieser Sonderstatus wurde von der zeitgenössischen Kirchenlehre betont und auch von weltanschaulichen Gegnern registriert und bekämpft (als »Klerikalismus«). Mit der Entscheidung für einen kirchlichen Lebensweg waren einschneidende Konsequenzen verbunden (z.B. Ehelosigkeit, gesonderte Rechtsbestimmungen). Aus diesem Grund bildet die Bereitwilligkeit von Männern und Frauen, einen »kirchlichen Lebensweg« einzuschlagen, einen brauchbaren Indikator zur Bestimmung der »Kirchlichkeit« einer Region, d.h. einen Gradmesser für die Akzeptanz oder Ablehnung kirchlicher Positionen in der gläubigen Basis.

Die Werte der einzelnen Diözesen sind in allen Variablen höchst disparat und zeigen eine große Bandbreite »kirchlicher Wirklichkeiten« auf. Umso mehr erstaunt die Summe aller Variablen: Um 1911 haben sich bis auf wenige hundert Personen genau gleich viele katholische Männer wie Frauen (33.865 zu 33.688) für einen kirchlichen Lebensweg entschieden, das waren **pro 100.000 Katholiken exakt einhundert Frauen und einhundert Männer!**

Die Karte bzw. die Tabellen weisen die Regionen der westlichen Reichshälfte insgesamt als deutlich »kirchlicher« aus als jene der ungarischen Krone. Davon bilden lediglich der Donauraum zwischen Pressburg und Esztergom bzw. Nordböhmen im Positiven wie Negativen Ausnahmen. Die erstaunlich ausgeglichene Situation zwischen männlichen und weiblichen »Berufungen« ist auf ein regional sehr disparates weibliches Engagement zurückzuführen. Da sich regional überproportionales weibliches Engagement vor allem der »modernen« katholischen Bewegung verdankte, kann sie als Indikator für den katholischen Aufbruch des 19. Jahrhunderts genommen werden, im Unterschied zu einer überkommenen (männlich dominierten) traditionellen Kirchlichkeit etlicher Regionen.

Eindeutig sind die insgesamt besten kirchlichen Rekrutierungsfelder zu lokalisieren. Eine Ausnahmeerscheinung stellt in allen Rubriken die Diözese Brixen dar, die gleichsam einen »Kirchenstaat« der Monarchie bildete. Von ihr ausgehend zeigt sich mit einem Gefälle von West nach Ost eine Achse im Gesamtstaatsgebiet, die sich vom äußersten Westen durch den Alpen- und Donauraum bis zum Donauknie bei Esztergom erstreckt. In allen davon betroffenen Regionen überwog zudem die weibliche Empfänglichkeit für einen kirchlichen Ruf gegenüber der männlichen. Nur auf den männlichen Bereich beschränkte sich eine ähnlich gute kirchliche Stellung in den Ländern südlich der Karawanken und in den italienisch-kroatischen Diözesen des Küstenlandes. Das geringste Echo fand der Ruf zu geistlichen Lebensformen im nördlichen Raum zwischen Donau und Theiß, gefolgt von Nordböhmen sowie dem Großraum Südungarn, Kroatien und Bosnien. Die weibliche Variante kirchlichen Lebens war überdies im (slowakisch geprägten) Oberungarn außerordentlich schlecht verankert. Für Galizien/Bukowina sorgten die Städte Lemberg und Krakau für bessere kirchliche Werte im weiblichen Bereich.

Die gesellschaftlichen Entwicklungen nach 1848 haben es den zuletzt etwa 65.000 römisch-katholischen Weltgeistlichen und Ordensleuten der Donaumonarchie zweifellos nicht leicht gemacht, ihre Identität zu bestimmen. Positive wie negative Klischees der Umgebung, die eigenen Erwartungen und realen Lebensbedingungen sowie die Ideale kirchlicher Vorgaben waren nur schwer unter einen Hut zu bringen.

In traditionellen Landstrichen stand der Geistliche nach wie vor an der Spitze der lokalen Sozialhierarchie. Die Primiz (= feierliche erste Messfeier) eines Neupriesters oder Installation (= feierliche Amtseinführung) eines neuen Pfarrers wurden mit allem regional möglichen Pomp gefeiert. Schulkinder küssten ihm noch zur Jahrhundertwende die Hand. Sein Namenstag wurde mit Fackelzügen und Musikständchen gefeiert. Die Matrikelführung machte ihn zu der Amtsperson am Ort.[100] Auf der anderen Seite stempelte eine wenig zimperliche »freisinnige« Presse die Kleriker und Ordensleute zu »Dunkelmännern« und Witzfiguren; in Rubriken mit Titeln wie »Wieder einer« kolportierte sie »klerikale« Skandale und Verbrechen aus aller Welt.

Die diözesanen Kirchenleitungen wiederum pochten auf einen selbstlosen Einsatz (inklusive finanzieller Opfer für zahllose Anliegen) und erwarteten von den Geistlichen widerspruchslosen Gehorsam gegenüber den ausgegebenen Weisungen. Provinzialsynoden dieser Jahre (wie Wien 1858, Prag 1860) bzw. ein Hirtenwort des Salzburger Erzbischofs Johannes Kardinal Katschthaler 1905 zitierten dogmatische Spitzenaussagen zur Priesterwürde, gipfelnd in Sätzen wie:

> *Werdet Ihr Euch noch wundern, wenn … wir den heiligen Dionysius erstaunt fragen hören, ob man denjenigen noch einen Menschen nennen soll, den Gott aus den Menschen ausgewählt, über die Schar der übrigen so hoch emporgehoben, den Gott mit Sich so innig verbunden, ihm so gar über Sich Gewalt gegeben hat? […].*[101]

Seminarprofessoren wie der spätere St. Pöltener Bischof Matthäus Binder († 1893) bereiteten angehende Priester darauf vor, dass sie in den ersten Jahren als Kooperatoren (= Kapläne) nur Pflichten ohne Rechte erwarteten.[102] Bischöfe vieler Diözesen setzten zur besseren Klerusformung zunehmend auf verpflichtende Priesterexerzitien. Jährliche sog. Pastoralkonferenzen unterzogen den »Kuratklerus« (= in der Seelsorge eingesetzte Geistliche) schriftlichen Überprüfungen ihrer theologischen oder praktischen Kenntnisse. Als eifriger Disziplinierer seines Klerus im ultramontanen Sinne wird beispielsweise Bischof Pier Luigi Speranza von Bergamo (1854–1879) beschrieben.[103]

Die Seelsorger standen überdies unter dem enormen moralischen Anspruch, dereinst für jede »anvertraute Seele« vor Gott Rechenschaft ablegen zu müssen. Dieser

Abb. 33: Der Salzburger Erzbischof Balthasar Kaltner (1914–1918) bei einer Predigt in Oberndorf im Salzburger Flachgau (Foto zwischen 1914 und 1918), im Privatbesitz des Autors.

Abgesehen von der Salzburger Kirchenprovinz und dem Erzbistum Olmütz galt in allen 62 Diözesen der Monarchie ein regional unterschiedlich definiertes landesherrliches Nominationsrecht für Bischöfe. Auswahl und Ausbildung, abgestimmt zwischen kirchlichen und staatlichen Instanzen, sollte eine grundsätzlich loyale Haltung der Bischöfe garantieren. Die soziale Herkunft war dafür von abnehmender Bedeutung. Trotz der behördlichen Einflussmöglichkeiten auf die Bischofsbestellungen und Kirchenverwaltungen war ein schiedliches Zusammenwirken von geistlicher und weltlicher Obrigkeit nicht immer gegeben. Ausschlaggebend dafür waren die komplexen regionalen Konstellationen von nationalen und sozialen Gruppen. Die gesellschaftliche Entwicklung zwang die Bischöfe des Reiches zudem immer mehr, in den zunehmend härteren politischen Diskursen Stellung zu beziehen und gegenüber Regierungen, Behörden und Gesellschaft die zunehmend umstrittenen »katholischen« Positionen auf wirksame Weise zu vertreten.

metaphysische Ernst war zweifelsohne Ansporn zu höchster Anstrengung; er konnte freilich auch als Lizenz zur Bevormundung ausgelegt werden. Seelsorger aller Ebenen begründeten damit ihr Eingreifen bei Verstößen gegen die »sittliche« oder »kirchliche Ordnung«. So verweigerte beispielsweise der Linzer Stadtpfarrer Johann Schiedermayr († 1860) die Ausstellung von Dokumenten für die in der k.k. Tabakfabrik arbeitenden 12- bis 17jährigen Kinder, weil er befürchtete, dass hier »brave Mädchen um ihre Unschuld, viele aber wenigstens um die Zartheit ihres Gewissens und um ihren frommen Sinn« gebracht würden.[104] Erzbischof Katschthaler († 1914) trat im Salzburger Landtag und Alltag wiederholt aufgespürten »Sittenverstößen« entgegen.[105] Allzu »gepfefferte« Predigten mit Anspielungen an vermeintliche oder reale Missstände am Ort wiederum brachten Anfeindungen mit sich, die sich bis zur vorübergehenden Verwahrung im »Gemeindekotter« (= Dorfgefängnis) steigern konnten.[106]

Seelsorgestellen waren naturgemäß von sehr unterschiedlicher Attraktivität. Viele von ihnen waren »saure Äpfel«, in die ungern gebissen wurde. Voraussetzung für einen Aufstieg in die höhere Riege prestigeträchtiger und finanziell besser dotierter Pfarrherrenstellen war eine erfolgreich bestandene »Pfarr-Konkursprüfung« (aus Dogmatik, Moraltheologie, Kirchenrecht, Katechese), für die es neuerlich über Monate zu lernen galt. In ländlichen Regionen waren Pfarrstellen häufig an eine Landwirtschaft samt Dienstbotenhaltung geknüpft, was wie andere »Zweitberufe« der Geistlichen (als Schullehrer, Gasthausbetreiber) eine zusätzliche Verankerung in der Lokalgesellschaft bot. In Welschtirol stellten Geistliche noch in den 1870er Jahren über ein Viertel der Lehrerschaft (kaum jedoch in Deutschtirol); »geistliche« Gasthäuser werden für 13 Orte genannt.[107]

Für praktisch alle Pfarrherren und ihre Kooperatoren brachte der Wochenalltag neben beschaulichen Kanzleizeiten viele Stunden Einsatz in ungeheizten Kirchen, unbequemen Beichtstühlen und überfüllten Schulklassen. Überdies konnte man winters wie sommers, tags wie nachts zu oft weit entfernten Sterbenden gerufen werden. Einem Neupriester machte nach vielen Seminarjahren in großen Gemeinschaften unter Umständen die plötzliche Einsamkeit schwer zu schaffen – insbesondere wenn ihn wie Carl Rondonell (*1873) ein etwas gefühlsarmer Vorgesetzter am ersten gemeinsamen Heiligabend mit einer Flasche Bier in die kargen vier Wände entließ.[108] Unter Einsamkeit litten insbesondere Seelsorger in entlegenen Orten im Gebirge wie der Priester-Alpinist und Mitbegründer des Österreichischen wie Deutschen Alpenvereins, Franz Senn († 1884), der zwölf Jahre lang unter widrigsten finanziellen Umständen und ohne gesellschaftlichen Verkehr im hinteren Ötztal ausharrte (unter dem »so rohen und dummstolzen Volke« in Vent mit damals ca. sechzig Einwohnern).[109]

Dennoch (oder vielleicht gerade deshalb) erübrigten nicht wenige Priester erstaunliche Energien über den seelsorglichen Bereich hinaus für ein Engagement auf kommunalem, landwirtschaftlichem oder ökonomischem Gebiet: als Initiatoren von Baumaßnahmen, Gründer und Motoren von Genossenschaften, Raiffeisenkassen oder Landwirtschaftsvereinen etc. Anschauliche Beispiele dafür sind: der Tiroler Arztsohn, Jesuit und schließlich einfache Seelsorger Adolf Trientl († 1897), der angesichts der heillos veralteten landwirtschaftlichen Techniken seiner Heimat über 24 Jahre als landwirtschaftlicher Wanderlehrer (»Mistapostel«) durch das Land zog und den Bauern neue Dünger- und Hygienestandards vermittelte; oder der böhmische Priester, Baumschulenbetreiber, Kassengründer und Erbauer einer Hochquellwasserleitung Anton Pohley († 1914).[110]

Gesteigertes Selbst- und »Standesbewusstsein« des niederen Klerus, das sich notfalls gegenüber kirchlichen Vorgesetzten zu behaupten wusste, manifestierte sich im Umfeld der Revolution von 1848 (z.B. in Wien, Prag, Udine). Zeugnis dafür sind Petitionen des Klerus sowie das Wirken Anton Füsters als eine Art »Revolutionsgeistlicher«.[111] In der Diözese Cremona meldeten sich damals 35 Seminaristen als Freiwillige im »ersten Unabhängigkeitskampf« gegen Österreich.[112] Insbesondere der italienische Klerus der Lombardei und Venetiens kam bis 1859 bzw. 1866 nicht mehr zur Ruhe und zeigte sich theologisch wie »national« aufsässig (gegenüber der Verkündigung des Mariendogmas 1854, vor allem aber in Fragen der italienischen Einigung bzw. der »weltlichen« Papstmacht). Bischof Angelo Ramazzotti von Pavia (1850–58) sah sich gezwungen, den gesamten Lehrkörper seines Priesterseminars auszutauschen; in Mantua wurden über fünfzig Priester der Diözese inhaftiert.[113]

Erneut trat solches Selbstbewusstsein im Zusammenhang der christlichsozialen Bewegung in Erscheinung. Ihren Auftakt setzten die deutschsprachigen nordböhmischen Priester Ambros Opitz († 1907), Wenzel Frind († 1932) und Martin Schindler († 1922) bzw. eine »erste freie Klerikerkonferenz« in Klein-Semmering 1877.[114] Ab den 1890er Jahren fand es in einigen Priestern, die als Chorherrn in Klosterneuburg relativ unabhängig agieren konnten, eine viel beachtete mediale Stimme (das »Korrespondenzblatt des österreichischen Klerus«). Gipfel und Abgesang des diesbezüglichen Engagements war das Projekt eines »Ersten Allgemeinen Klerustages« 1901, eine überdiözesane Standesvertretung zu etablieren. Sie sollte sich in gleichsam gewerkschaftlicher Manier der leidigen Besoldungsfrage annehmen und ihre Mitglieder gegen die steigende Flut von Presseangriffen schützen. Die österreichische Bischofskonferenz zeigte sich über den potentiellen Gegenspieler wenig erfreut und unterband die Abhaltung eines zweiten »Klerustages« im Folgejahr, nur wenige Tage vor dessen Beginn.[115] Ein 1902 gegründeter Verband des tschechischen Klerus in Böhmen (»Jednota«) wurde durch die Landesbischöfe 1907 verboten.[116] Opfer kirchlicher Maßregelung wurden auch wissenschaftlich publizierende Theologen, wenn sie sich unkonventionelle oder vordenkerische Ansätze erlaubten wie der aus Rovereto gebürtige und in Stresa am Lago Maggiore verstorbene Antonio Rosmini-Serbati (1797–1855) oder die Wiener Professoren Anton Günther (1783–1863) und Albert Ehrhard (1862–1940).[117]

Abgesehen von eher unverbindlichen Ehrungen für treues Dienen waren die Aufstiegsmöglichkeiten einer Kleruskarriere sehr begrenzt. Insbesondere zu den wenigen prestigeträchtigen Stellen in Domkapiteln und im Episkopat führte ein enger Flaschenhals, der nur bei gerade günstigen (kirchen-)politischen Konstellationen überwunden werden konnte. Man musste etwa bereits als Jungkleriker für weiterführende theologische oder kirchenrechtliche Studien ausgewählt worden sein (z.B. im sog. Frintaneum oder Pazmaneum in Wien; im *Germanicum et Hungaricum* oder der deutschen Nationalstiftung S. Maria dell'Anima in Rom). Danach durfte man zu keiner Zeit politisch oder kirchlich in Ungnade gefallen sein, was in Zeiten erhöhter Denunziations-Bereitschaft nur allzu rasch passieren konnte:

> *Niemand klagt, verklagt, verschwärzt, verleumdet zuzeiten so erbarmungslos, als Mitbrüder und sogenannte fromme Weiber es zustandebringen. / Unter letzteren sind Blaublütige leider öfter gut vertreten und sind die gefährlicheren.* [118]

Überdies musste man auch noch ins gerade aktuelle Anforderungsprofil mehrerer Entscheidungsinstanzen passen (siehe unten: Bischofsbestellungen). Diese vielen Unwägbarkeiten innerkirchlicher Anerkennung sowie die vergleichsweise große Zahl Infragekommender trugen wohl das Ihre dazu bei, dass viele Geistliche in anderen Feldern Anerkennung suchten und fanden: im literarischen oder wissenschaftlichen Bereich wie der aus Mähren stammende Alttestamentler, Orientalist und Geograph (sowie zeitweilige Gegenspieler des Lawrence of Arabia) Alois Musil (1868–1944); [119] oder als nationale Vordenker und Sprecher ihrer Volksgruppen wie der kroatisch-bosnische Franziskaner Fra Grga Martić († 1908) und viele mehr. [120]

Die überschaubare Gruppe der regierenden Bischöfe hatte ihren festen Platz im traditionellen Gefüge der etablierten Obrigkeiten und wurde von offizieller Seite entsprechend hofiert. Es erregte Aufsehen, wenn »liberale« politische Organe der lokalen Ebene übliche Ehrenbezeugungen demonstrativ unterließen. In Ungarn hob schon der reiche Grundbesitz den hohen Klerus in die obersten oligarchischen Ränge der Gesellschaft (z.B. über 10 % des Großgrundbesitzes in Siebenbürgen), [121] allen voran den mit vielen Sonderprivilegien ausgestatteten Fürstprimas (János Scitovszky 1849–66, János Simor 1867–91, Kolos Vaszary 1891–1915). Entsprechend wenig empfänglich zeigte sich der ungarische Episkopat für sozialreformerisches Gedankengut. [122]

Abgesehen von der Salzburger Kirchenprovinz mit ihren alten Privilegien sowie im Erzbistum Olmütz galt in allen der insgesamt 34 cis- und 28 transleithanischen Diözesen ein regional unterschiedlich definiertes landesherrliches Nominationsrecht, bei dem die

Abb. 34: Triumphbogen für einen Bischofsempfang aus Anlass einer Erstkommunion im Ort Lörinco im ungarischen Komitat Nógrád (Foto 1915), Museum für Völkerkunde in Budapest.

Die überschaubare Gruppe der regierenden Bischöfe hatte einen festen Platz im traditionellen Gefüge der etablierten Obrigkeiten und wurde entsprechend hofiert. Es erregte Aufsehen, wenn »liberale« politische Organe auf lokaler Ebene übliche Ehrenbezeugungen demonstrativ unterließen. In Ungarn hob der reiche Grundbesitz den hohen Klerus in die obersten gesellschaftlichen Ränge. Auch dem ungarischen Episkopat gehörte schon zur Konzilszeit 1869/70 kein Mitglied des Hochadels mehr an; acht Diözesanbischöfe (= 36%) und drei Weihbischöfen (= 50%) waren damals (klein-)adeliger Abstammung. Höhepunkte von Kirchen-Konflikten politischer Natur waren in Ungarn die Absetzung und Inhaftierung einiger Bischöfe im Gefolge der Revolution von 1848 sowie offener kirchlicher Widerstand gegen neue Ehegesetze in den 1890er Jahren; dazu kamen nationalpolitische Querelen vor allem in den slowakisch und kroatisch geprägten Teilen des Königreichs.

jeweiligen Regierungen entschcidend mitbestimmten. Auswahl und Ausbildung, kompliziert abgestimmt zwischen kirchlichen und staatlichen Instanzen, vor allem aber zwischen dem Hof bzw. seinen Regierungen und dem Hl. Stuhl, sollte eine grundsätzlich loyale Haltung von Bischöfen garantieren (z.B. Treue-Eid seit dem Konkordat 1855). Mit

Abb. 35: Einzug Salzburger Wallfahrer in Altötting unter Führung Erzbischof Johannes Katschthalers (Postkarte 1908), Privatbesitz des Autors.

Die größten Kontingente an »entschieden Gläubigen« stellten die Katholiken. Bei ihnen animierte nicht zuletzt ein anwachsendes Netzwerk von Verbindungen und Vereinen immer mehr »einfache Gläubige«" zu Mehrleistungen im religiös-kirchlichen Bereich. Dabei wurden die Potenziale moderner Organisationsformen, Kommunikation und Mobilität genutzt (u.a. im Vereins- und Pressewesen, für Massenwallfahrten mittels Bahn). Die »gründerzeitliche« Mentalität jener Jahre ließ eine breite Schicht an männlichem wie weiblichem »geistlichen Unternehmertum« (von Klerikern und Laien) entstehen, das unabhängig von der Ermunterung oder gar Finanzierung durch die kirchliche Obrigkeit agierte und zahlreiche Organisationen und Initiativen unter religiösen Vorzeichen ins Leben rief.

der Bischofsfindung für die Diözese Budweis waren nach 1848 beispielsweise folgende Stellen befasst: 1. die Bischöfe der Prager Kirchenprovinz (Leitmeritz, Königgrätz, Budweis und vor allem der Metropolit in Prag); 2. Landesbehörde bzw. der Statthalter von Böhmen und die ihm unterstellten Ämter (Polizeipräsident, Bezirkshauptleute); 3. das Ministerium für Kultus und Unterricht in Wien; 4. der Ministerrat (Kabinett), vor allem der Ministerpräsident; 5. die Wiener Nuntiatur; 6. das Ministerium des Äußeren; 7. die Konsistorialkongregation des Hl. Stuhles; 8. der Monarch; 9. der Papst.

In den außerungarischen Kirchenprovinzen des Reiches hatte die landesfürstliche Nominationspolitik für Bischöfe vor und über 1848 hinaus Beamte aus der Kultus- und Unterrichtsverwaltung bevorzugt, ebenso Kleriker mit Erfahrung und Renommee auf seelsorglichem oder katechetischem Gebiet (z.B. Jakob Frint und Michael Leonhard für St. Pölten, Bernhard von Galura für Brixen, Vinzenz Eduard Milde für Wien).[123]. Immer weniger hingegen zählte die soziale Herkunft. In den Kirchenprovinzen Wien und Salzburg kamen zwischen 1803 und 1945 bei 91 Ernennungen nur noch 17 Adelige zum Zug (= 20 %; Angaben zur sozialen Herkunft für 85 Kandidaten); weitere fünf stammten aus großbürgerlichen Familien (= 6 %), 16 aus Familien selbständiger Handwerker und Geschäftsleute (= 19 %), vier von mittleren Beamten oder Angestellten (= 5 %) und 26 aus Bauernfamilien (= 31 %).[124] Hochadelige Bischöfe wie Friedrich Schwarzenberg († 1885) und Franz Schönborn († 1899) waren unter diesen Umständen bereits seltene Ausnahmen. Der Vater des Seckauer Bischofs Johannes Zwerger († 1893) war »Kleinhäusler« und Schneider in Tirol gewesen; er konnte nicht einmal alle Kinder (insgesamt neun, überlebend fünf) selbst beherbergen. Jener des Salzburger Erzbischofs Johannes Katschthaler († 1914) hatte sein kurzes karges Leben als Dorfschullehrer im Zillertal gefristet.[125] Als eine der letzten Adelsbastionen bekam das Domkapitel von Olmütz erstmals 1881 einen Bürgerlichen als Domherrn aufgezwungen. Zehn Jahre später wählte es in Gestalt Theodor Kohns († 1915) diesen Bürgerlichen zum Erzbischof.[126] Mit Berufung auf die große Vergangenheit trugen unter anderem die Salzburger Metropoliten und ihre Suffragane (= die Bischöfe ihrer Kirchenprovinz) ebenso wie die Wiener Oberhirten den Titel von Fürstbischöfen. Im Unterschied etwa von Bayern oder Württemberg war damit aber kein persönlicher Adelstitel für die Amtsinhaber verbunden.[127]

Folgt man der Studie Adriányi über die Bischöfe zur Zeit des Ersten Vatikanischen Konzils (1869/70), so verlief auch die Entwicklung im Königreich Ungarn ähnlich (thematisiert werden 22 Diözesan- und sechs Weihbischöfe). Damals gehörte dem aktiven Episkopat kein Mitglied des Hochadels mehr an. Von den Diözesanbischöfen waren acht (= 36 %), von den Weihbischöfen drei (= 50 %) (klein-)adeliger Abstammung. Weitere fünf Bischöfe kamen aus Handwerkerfamilien (= 18 %), vier waren Söhne von Gutsverwaltern (= 14 %), die anderen von Staatsbeamten, Angestellten oder Kleingrundbesitzern. Je einer entstammte einer deutschen Patrizierfamilie bzw. hatte einen Offizier zum Vater; einer stammte demnach gar aus »bettelarmer« Familie.[128]

Generell begünstigten die Auswahlmodalitäten »gemäßigte« Kandidaten gegenüber »Zeloten« (= Eiferern).[129] Am Beispiel der Bischofsernennungen für das Küstenland nach 1848 wird ersichtlich, dass die Regierung vor allem den Argumenten der Metropoliten Gehör schenkte und sehr wohl auf seelsorgliche Verdienste der Kandidaten bzw. auf lokale kirchliche Polarisierungen Rücksicht nahm.[130] Wie die Auswahl der Bischöfe war auch die Einrichtung kirchlicher Verwaltungseinheiten nicht wenig von politischen Überlegungen bestimmt: z.B. die Ausgliederung der Kirchenprovinzen Agram und Blasendorf aus dem ungarischen Kirchenverband 1852 und 1853 oder die Errichtung einer neuen ungarischen unierten Diözese Hajdúdorog 1912.[131] Trotz der behördlichen Einflussmöglichkeiten auf Bischofsbestellungen und Kirchenverwaltungen war ein schiedliches Zusammenwirken von geistlicher und weltlicher Obrigkeit nicht immer gegeben. Ausschlaggebend dafür waren die vielfach komplexen regionalen Gesellschaftskonstellationen; die gesellschaftspolitische Entwicklung drängte die Bischöfe des Reiches zudem immer mehr in die Rolle von Wortführern eines in die Defensive geratenden Gesellschaftssegments.

Für Konfliktstoff mit den Regierungen der Reichshälften sorgten unter anderem viele kultur- und nationalpolitische Belange. Offensiv agierten in dieser Hinsicht etwa der kroatische Bischof Josef Strossmayer (1815–1905)[132] und etliche oberungarische Bischöfe, die ab den 1850er Jahren die nationale Selbstfindung der katholischen Slowaken ihrer Diözesen unterstützten. Arnold Ipolyi-Stummer (1872–86 Bischof von Neusohl) und Ágoston Roskovány (1859–92 Bischof von Neutra) widerstanden noch den nach dem Ausgleich von 1867 sich mehrenden Regierungseinwänden gegen diese Haltung (inklusive angedrohten Amtsenthebungen von Theologieprofessoren bzw. eines Bischofs). Primas János Simor († 1891) förderte noch 1870 die Gründung des slowakischen Verlagsvereins vom Hl. Adalbert (*Spolok Sveteho Vojtecha*). Erst Kardinalprimas Kolos Vaszary (1891–1912) schwenkte auf die nationalistisch-magyarische Regierungslinie ein und verordnete 1903, den Religionsunterricht in allen gemischtsprachigen Pfarreien auf Ungarisch zu erteilen. Der Anführer der Slowakischen Nationalen Partei, der Priester Andreas Hlinka, wurde vom Neusohler Bischof Sándor Párvy (1904–19 Bischof der Zips) mit Kirchenstrafen diszipliniert. Höhepunkt der folgenden Spannungen waren Tumulte bei der Einweihung einer Kirche in Hlinkas Geburtsort im Jahr 1907, bei denen durch Schüsse der Polizei fünfzehn Personen ums Leben kamen und elf schwer verletzt wurden.[133]

Andere Höhepunkte von Kirchen-Konflikten politischer Natur waren in Ungarn die Absetzung und Inhaftierung einiger Bischöfe im Gefolge von Revolution und Aufstand nach 1848[134] sowie der offene Widerstand gegen die gesetzlichen Bestimmungen für konfessionell gemischte Ehen in den 1890er Jahren. In Österreich bewirkten die Schul- und Ehegesetze von 1868 die größten Widersetzlichkeiten im Hochklerus. Ihr Höhepunkt war zweifellos die Affäre um den Linzer Bischof Franz Joseph Rudigier, der

1869 zu zwei Wochen Arrest verurteilt wurde. Eine kaiserliche Begnadigung verhinderte die Vollstreckung des Urteils.[135] Dass Konflikte wie diese jeweils über »mehrere Bande« gespielt werden konnten (Ministerien, Hof, Nuntiatur, Kurie) verhinderte nicht selten ein Eskalieren der Auseinandersetzungen (mittels Begnadigungen, Verlagerung der Maßnahmen vom »weltlichen« in den kirchlichen Bereich etc.), konnte sie aber auch zusätzlich verkomplizieren.

Am Beispiel zweier katholischer Bischöfe Siebenbürgens:

1. der rumänische griechisch-katholische Bischof Alexandru Sterca-Şuluțiu (1794–1867, ernannt 1850): In komplizierten Verhandlungen mit staatlichen und kirchlichen Instanzen erreichte er bis 1855 eine unabhängige Metropolie mit zwei Suffraganbistümern. Er beklagte »latinisierende« innerkirchliche Entwicklungen und näherte sich vorsichtig der orthodoxen Schwesterkirche an. Zum Leidwesen der Kurie raffte er sich nie zu einem sog. Ad-limina-Besuch (= Pflichtbesuch im Fünfjahresrhythmus) nach Rom auf. 1863 wurde ihm mit Iosif Papp-Szilágyi ein betont ultramontaner Suffraganbischof (für Nagyvárad) zur Seite gestellt. Er agierte als entschiedener Parteigänger der österreichischen Regierung Siebenbürgens und konnte seine Landsleute zusammen mit dem orthodoxen Amtsbruder Şaguna 1863 im politischen Triumph in den Siebenbürger Landtag und das Budapester Parlament führen.

2. Der magyarische römisch-katholische Bischof Lajos Haynald (1816–91, ernannt 1852): Er unterhielt beste Beziehungen zu den Nuntien in Wien, war häufig in Rom präsent und beeinflusste dort zum Teil sogar Definitionen des sog. *Syllabus* (= die feierliche Verurteilung moderner »Irrtümer« durch Pius IX. 1864). Aufgrund seines Engagements im magyarischen parlamentarischen Widerstand gegen die Rumänen 1863 erklärte er unter politischem Druck seinen Rücktritt, wurde durch den loyaleren Mihály Fogarasy ersetzt und übernahm ein kuriales Amt in Rom. Nach der Wiederherstellung der Konstitution 1867 kehrte er als Erzbischof nach Ungarn zurück. Dort war mit Ioan Vancea auch seinem früheren unierten Gegenspieler Sterca-Şuluțiu bereits ein kurientreuerer Oberhirte nachgefolgt.

Unvermuteter Epilog dieser komplexen Vorgänge: Haynald wie Papp-Szilágyi, Vancea und Fogarasy führten den Widerstand des ungarischen Episkopats gegen die Unfehlbarkeitserklärung des Ersten Vatikanischen Konzils (1869/70) an. Sie alle befürchteten von ihr abträgliche Auswirkungen auf das religiöse Klima des Landes.[136]

Von der römischen Zentrale wurden die Bischöfe der Monarchie via Nuntien und verstärktem amtlichen wie persönlichen Kontakt immer stärker für kuriale Anliegen in Beschlag genommen: hinsichtlich lehramtlicher Positionen; gesamtkirchlicher Initiativen; der sog. Römischen Frage (= die ungeklärte Stellung des Papstes nach Eroberung des Kirchenstaates 1870) inklusive der damit zusammenhängenden Finanzierung des Hl. Stuhls. Sie fügten sich den wachsenden Ansprüchen je nach Materie mit unterschiedlicher Willigkeit. Das spektakulärste Aufwallen von Widerspenstigkeit war zweifellos die ablehnende Haltung vieler Bischöfe des Reiches gegenüber den dogmatischen Definitionen des Univeralepiskopats (= der Papst als »Bischof der Bischöfe«) bzw. zur Unfehlbarkeit des Papstes am Ersten Vatikanischen Konzil. Als eine der letzten unterwarfen sich der erfolgten Entscheidung die ungarischen Bischöfe Vancea und Fogarasy 1872 und 1874.[137]

Zuletzt zeigte sich zumindest die cisleithanische Bischofskonferenz – im Unterschied zu Amtskollegen des Deutschen Reiches – den strengen vatikanischen Vorgaben gegen reformkatholische Ansätze aller Art sehr willig. Sie verordnete im Jahr 1910 für alle Amtsträger ihres Einflussbereiches (inklusive den Theologieprofessoren an staatlichen Universitäten) den sog. Antimodernisten-Eid[138] – laut Josef Wodka ein letztes Aufbäumen konservativer Kräfte in einem »Windmühlenkampf« gegen vermeintliche oder überzeugte »Neuerer«.[139]

Die »Versäulung« der katholischen Bevölkerung und ihre modernisierende Wirkung auf traditionelle Milieus

War persönlicher Unternehmergeist für das innerkirchliche Fortkommen eher hinderlich, so fand er in der konfessionellen »Versäulung« der Katholiken ab der Mitte des 19. Jahrhunderts ein reiches Betätigungsfeld.[140] Ihr Markenzeichen war ein mit jedem Jahr enger geknüpftes Netz katholischer Gruppierungen unterschiedlicher Qualität. Getragen wurde sie zum überwiegenden Teil von der persönlichen Initiative bzw. dem Engagement zahlreicher Laien und (niederer) Kleriker.

Anfänglich betraf sie vor allem alte und neue bruderschaftliche Organisationen nach vormodernem Muster. In einigen Regionen konnte man dabei an traditionelle Verbindungen anknüpfen (z.B. in Salzburg, der Lombardei oder Istrien mit seinen altvenezianischen *Scuole*), die dort nicht der »josephinischen Säuberung« der 1780er Jahre zum Opfer gefallen waren. In anderen Gegenden hatten sie trotz Verbot im Untergrund weiter bestanden (z.B. in Tirol). Ihre spirituellen Schwerpunkte setzten sie nach wie vor in der Sorge um die Toten (feierliche Grablege, Sorge um die Seelen im Fegefeuer) und in Beiträgen zur lokalen Gottesdienstkultur (v.a. als Veranstalter oder korporative Teilnehmer von feierlichen Prozessionen).[141] Neue Verbindungen dieses Titels (u.a. ganze Ketten von Herz-Jesu- und Herz-Maria-Bruderschaften) erwiesen sich

Abb. 36: Erinnerungsbild an das Diamantene Jubelfest des 1852 gegründeten Katholischen Gesellenvereines von Salzburg (Foto 1912), Privatbesitz des Autors.

Nicht zuletzt das drohende Abgleiten von Bevölkerungsgruppen in die religiöse Indifferenz oder gar Kirchengegnerschaft war Ansporn dafür, dass sich Wortführer der katholischen Milieus verstärkt der Sozialen Frage annahmen. Das Spektrum weitete sich von fürsorglichen Einrichtungen hin zur Organisierung der gläubigen Basis nach »Natur«- und »Berufsständen« (Jugend, Frauen, Arbeiter, Bauern) bzw. zur Gründung von Verbänden, die gesellschaftspolitische Interessen wahren helfen sollten (bzgl. Presse, Bildung etc.). Katalysatoren für ein im engeren Sinne politisches Engagement waren häufig örtliche Kolpingvereine und ihre Infrastruktur. Mit neuen Formen der Vereins- und Festkultur (s. Arbeitervereine, Josefi-Feiern) gelang es zumindest regional (z.B. in Salzburg, Slowenien), Teile der tendenziell aus Kirchenbindungen abdriftenden Arbeitermilieus religiös neu zu verankern. Die katholisch-politische Bewegung brachte auch eine Reihe von populären Sozialstreitern in der Soutane hervor, die bei ihrer Kritik an sozialen Missständen auch die eigene Kirche nicht schonten.

häufig als kurzlebig und waren durch einen auffälligen Überhang an Frauen gekennzeichnet.[142] Am Beispiel des Vikariates Kamenitz der Diözese Budweis: Dort existierten 1894 bei insgesamt ca. 40.000 Seelen in jeder der zwölf Pfarren durchschnittlich drei religiöse Bruderschaften oder Vereine mit je 38 Mitgliedern, was eine Organisierung der erwachsenen Katholiken (2/3 der Gesamtzahl) unter diesem Vorzeichen von fünf Prozent bedeutet.[143]

Als gesellschaftlich relevanter erwies sich ein zweiter Strang der »Versäulung«: Vereine nach bürgerlichem Modell. Sie widmeten sich anfänglich vor allem karitativen und konfessionell-kulturellen Anliegen. Nach längerer Blindheit für die strukturellen Bedingungen der anwachsenden Sozialmiseren (etwa vom Vormärz bis in die 1870er Jahre)[144] und ihrer Behandlung nach traditionell karitativem Muster entwickelten nicht wenige Laien und Seelsorger eine wachsende Sensibilität sowie sehr konkrete Hilfskonzepte für einzelne soziale Missstände, z.B. für die skrupellose Übervorteilung der Tausenden Emigranten nach Übersee.[145] Unternehmerische »Gründerväter« und »Gündermütter« dieser Art waren neben vielen anderen:

A. Der Salzburger Benediktiner P. Edmund Hager († 1906), der ein Jugendhilfswerk (»Verein der Kinderfreunde«) ins Leben rief, das zur Wende ins 20. Jahrhundert ca. 36.000 Mitglieder in ganz Österreich zählte.[146]

B. Die polnische Grafentochter Maria Theresia Ledóchowska (1863–1922) und ihre Initiative zur Afrikamission und gegen die Sklaverei, die im Jahr 1908 über 9.000 Förderer zählte, Patengelder für 452 »Negerkinder« bezahlte und auf den Loskauf von 143 Sklaven verweisen konnte.[147]

C. Der als ungarischer Hochadeliger, Familienvater von acht Kindern (und einer unehelichen Tochter), Augenchirurg und Spitalbetreiber für Arme vielleicht unkonventionellste »Heilige« der ausgehenden Monarchie, Laszlo Battyány-Strattmann (1870–1931, Seligsprechung 2003).[148]

Sie und ihresgleichen wurden zu Promotoren einer (regional, national und international)[149] vernetzten »Bürgergesellschaft« unter konfessionellen Vorzeichen.

Häufig war es das drohende Abgleiten von Bevölkerungsgruppen in die religiöse Indifferenz oder gar Kirchengegnerschaft, die den Ansporn für die mehr oder weniger effiziente und allmählich auch politische Solidarisierung mit ihren Nöten bildete. Das Spektrum weitete sich von fürsorglichen Einrichtungen hin zur Organisierung der gläubigen Basis nach »Natur-« und »Berufsständen« (Jugend, Frauen, Arbeiter, Bauern) bzw. zur Gründung von Verbänden, die gesellschaftspolitische Interessen wahren helfen sollten (bzgl. Presse, Bildung etc.). Katalysatoren für ein im engeren Sinne politisches Engagement waren häufig örtliche Kolpingvereine und ihre Infrastruktur.[150]

Am Beispiel des Bemühens um die Arbeiterschaft Sloweniens: Für sie engagierten sich ab 1892 einige Kleriker und Laien; sie fanden dabei vor allem im Bereich der Leichtindustrie, bei den Tabak-, Papier- und Textilarbeitern sowie bei den Hausbediensteten einige Resonanz. Bei einem insgesamt geringen Organisationsgrad der

Abb. 37: Formationen von katholischen Studenten mit Fahnen in der großen (und stark ver-
regneten) Prozession des Eucharistischen Kongresses in Wien am 15. September 1912 (Foto aus
dem Festalbum der Firma R. Lechner 1912), Bildarchiv ÖNB.

Ab der Jahrhundertwende suchte eine wachsende Zahl katholischer Gruppen in die liberal-
deutschnationale Domäne der Couleur-Studentenverbindungen einzudringen, was von diesen
aufs Heftigste bekämpft wurde. In den folgenden Jahren kam es an mehreren Universitäten
(v.a. in Graz und Innsbruck) zu teilweise gewalttätigen Auseinandersetzungen, die sich häufig
an der Durchsetzung katholischer Couleur-Promotionen entzündeten. Katholische Groß-
veranstaltungen wie Massenwallfahrten, Katholikentage oder internationale Kongresse (z.B.
Marianischer Kongress in Salzburg 1910, Eucharistischer Weltkongress in Wien 1912) waren
bevorzugte Orte für organisierte katholische Formationen, ihre Stärke und Geschlossenheit
zu demonstrieren.

regionalen Arbeiterschaft blieb das Verhältnis der christlichsozial zu den sozialdemo-
kratisch organisierten slowenischen Arbeitern bis in die Vorkriegszeit mit 1 zu 1 (ca.
7.500 zu 7.000 Personen) weit über dem Durchschnitt der westlichen Reichshälfte (dort:
1 zu 6).[151] Eindrucksvolle Dokumentationen um die Jahrhundertwende (»Das soziale

Wirken der katholische Kirche in Österreich«, herausgegeben von der katholisch-wissenschaftlichen Leo-Gesellschaft) lassen die Dichte des gesamten konfessionellen Netzwerks erahnen.[152]

Den federführenden »weltlichen« und geistlichen »Milieumanagern«[153] gelang es dabei mehr als der liberal- bzw. deutschnational-bürgerlichen Konkurrenz, auch die Landbevölkerung in die allgemeine Organisierung einzubeziehen. Heerschauen dafür waren ab der zweiten Jahrhunderthälfte einige Allgemeine (erster 1877, letzter 1910) und viele regionale bzw. nationale Katholikentage (z.B. erster slowenischer 1892, erster kroatischer 1900).[154] Ähnliches bewirkten Massenwallfahrten (zu nationalen Zielen oder bis nach Rom und Jerusalem) sowie ein Marianischer Kongress in Salzburg im Jahr 1910 und ein internationaler Eucharistischer Kongress in Wien im Jahr 1912.

Im Einzelnen gelang es regional unterschiedlich, die Kirchenbasis für konfessionelle Anliegen zu motivieren. Anschauungsmaterial dafür liefert etwa die finanzielle Solidarität mit den seit 1870 »landlosen« Päpsten. Wortführer der katholischen Welt, in hohem Maße engagierte Laien, betrachteten Pius IX. (1846–1878) als Opfer eines »bewaffneten Raubes« und organisierten Unterstützungsmaßnahmen. Sie reichten von Unterschriftenaktionen und Kollekten bis hin zur Gründung von Solidarvereinen (z.B. Michaels- oder Peters-Bruderschaften) und zur Anwerbung von Freiwilligen für die päpstliche Armee.[155] Unter Leo XIII. (1878–1903) wurde das Spendenaufkommen der katholischen Welt mit zahlreichen Aktionen angespornt und organisatorisch auf eine solidere Basis gestellt. Von kirchenkritischer Seite wurde heftig gegen den »Peterspfennig« agitiert. Die Spendenfreudigkeit ist somit ein brauchbarer Indikator dafür, inwieweit man mit ultramontanen Idealen die Herzen und Geldbörsen der Bevölkerung öffnen konnte.[156] Am Beispiel des Peterspfennig-Aufkommens Böhmens aus dem Jahr 1882: In den Diözesen Budweis, Leitmeritz und Königgrätz bezahlten alle Katholiken vom Säugling bis zum Greis im Durchschnitt zwischen 0,1 und 0,2 Kreuzer für den Papst, in Prag jedoch über einen halben und in der katholischen Diaspora der Grafschaft Glatz sogar 1,17 Kreuzer.

Die Ursache für regionale Diskrepanzen war freilich nicht nur ungleiche Begeisterung für die Sache. So sehr man das »Scherflein der Witwe« in den Mittelpunkt Vatikanischer Werbung um den Peterspfennig setzte – in hohem Maße bestimmten Großspenden das Gesamtaufkommen. Wenn der steirische Industrielle Leopold von Lilienthal – einer der wenigen bedeutenden Sponsoren westlich der Leitha – nach Tausenden Gulden jährlicher Spenden dem Hl. Stuhl 1890 testamentarisch 200.000 Francs (= ca. 100.000 Gulden) zukommen ließ,[157] dann war dies die Hälfte des Spendenaufkommens der Diözese St. Pölten während des gesamten Pontifikates Leo XIII.!

Für die Länder der Stephanskrone verzerrt vor allem die Generosität des vermögenden hohen Klerus das Bild. Von der Jubiläumsgabe der Kirchenprovinz Kroatien-Slawonien zur Sekundiz (= 50-Jahrfeier der Priesterweihe) des Papstes 1887 stammten von insgesamt 8.486 Gulden allein 3.500 (= 41 %) von Kardinal Josip Mihalović (1870–1891) und dem Zagreber Domkapitel![158] Ein Gutachten der Wiener Nuntiatur von 1882 erklärt dies mit der mentalen Schranke der Ungarn, sich einen hohen kirchlichen Würdenträger in Geldnöten vorzustellen:

[Eigene Übersetzung:] *Der allergrößte Teil der Gelder kommt von den Bischöfen sowie dem weltlichen und regulierten Klerus – das Volk hingegen gibt vergleichsweise wenig. Angesichts der Reichtümer des hohen Klerus rechnet es damit, von ihm Unterstützungen aller Art zu bekommen, nicht ihm etwas zu geben. Und wenn schon der Kardinal-Primas und mit ihm alle Bischöfe, Pröpste, Kanoniker und Äbte derart in Reichtum schwimmen, um wieviel mehr dann erst der Papst, der doch so weit über ihnen steht.*[159]

Davon abgesehen bestimmten vor allem Phantasie, Engagement und Organisationstalent lokaler Engagierter unterhalb der bischöflichen Ebene den Erfolg von Sammlungen dieser Art (Aktivisten im Laien- wie Klerikerstand, die Redakteure der regionalen konfessionellen Presse).

Besonders eindrucksvolle Mobilisierungen erreichten Aktionen von unmittelbarer Alltagsrelevanz wie im Falle des »Eheschutzes« im Jahr 1906. Gegen drohende Änderungen in der relevanten Gesetzgebung (v.a. Aufhebung des Scheidungsverbotes für Katholiken) initiierte der Wiener Erzbischof Anton Gruscha eine Art »kirchliches Volksbegehren«, das zumindest in den Alpenländern Cisleithaniens weit über die Grenzen des enger katholisch definierten Milieus hinaus unterstützt wurde. Trotz einiger durch das unkontrollierte Erheben der Unterschriften verursachter Unschärfen zeigen die Ergebnisse an, in welchem Maße sich die Bevölkerung Alt-Österreichs für ein »katholisches« Anliegen von hoher Alltagsrelevanz mobilisieren ließ: [160]

Tabelle II:
Unterschriften gegen eine »Verschlechterung« der Ehegesetze 1906
in Relation zur Zahl erwachsener Katholiken (2/3 der Gesamtzahl)

Kronland:	Erwachsene Katholiken:	Unterschriften:	Mobilisierung:
Tirol/Vorarlberg	753.333* (1914)	T: 305.737 V: 51.164	47 %
Kärnten	254.259 (1910)	61.368	24 %
Oberösterreich	542.361 (1910)	365.889	67 %
Steiermark	624.964 (1910)	367.910	59 %
Niederösterreich (inkl. Wien)	1,934.797 (1910/1914)	868.474	45 %
Salzburg	134.367 (Land 1910)	70.635	53 %
»Alpenländer«	4,244.081	2,091.177	49,3 %

Quellen: *Salzburger Chronik,* 24. 4. 1906 ff., Schematismen der Diözesen, Bevölkerungsstatistik 1910; * Einwohner (praktisch identisch mit der Katholikenzahl)

Der Mobilisierungsgrad von knapp 50 % für das Anliegen »katholische Ehe« ist insgesamt sehr beachtlich. Die bedeutenden Differenzen zwischen den Regionen mit vergleichbarer Bevölkerungsstruktur (siehe Kärnten 24 %, Oberösterreich 67 %) zeigen jedoch, wie sehr die Bereitschaft zur deklarierten Unterstützung eines kirchlich propagierten Anliegens wohl schon vor, erst recht aber nach der Jahrhundertwende von den konkreten regionalen (gesell-schafts-)politischen Konstellationen abhing.

Parteien als »Politische Ausschüsse« katholischer Milieus und die Grenzen der konfessionellen Kohäsionskraft

Nach einigen missglückten bzw. unterdrückten Anläufen im Gefolge der Revolution[161] bewarben sich katholische Geistliche und kirchennahe Honoratioren wiederum ab den 1860er Jahren – mit regional sehr unterschiedlichem Erfolg – um Sitze in den Gemeinde-räten, Landtagen und beiden Parlamenten.[162] In der Folge schlossen sich diese »katholi-schen« Mandatare vielfach zu paternalistisch geführten regionalen Verbänden zusammen, die als lose organisierte »politische Ausschüsse« der regionalen katholischen Milieus ver-standen werden können.[163] Katalysatoren für katholisch-politisches Engagement waren in der Westhälfte des Reiches vor allem Schulfragen, in der Osthälfte – ca. ein Jahrzehnt nachhinkend – die aufgrund der komplexen konfessionellen Konstellation brisanten (kir-chen-)rechtlichen Fragen in Bezug auf Mischehen bzw. auf Kinder aus Mischehen.[164]

Vorwiegend an solchen konfessionellen Kernthemen orientierte Katholisch-Konservative gerieten ab den 1890er Jahren in beiden Teilen der Monarchie durch populistische christlichsoziale Bewegungen unter Druck. Ihre soziale Basis bildeten nicht zuletzt Berufsverbände (Bauernbünde, Arbeitervereine); ihre Politik orientierte sich vorwiegend an den ökonomischen Interessen der Modernisierungsverlierer (z.B. Agrarier, Gewerbetreibende, gewerbliche Arbeiter). In kulturpolitischen Fragen verfochten sie kirchliche Standpunkte, was einen gewissen »Antiklerikalismus« über lange Zeit nicht ausschloss (gegen innerkirchliche Demütigungen niederer Kleriker, den »Byzantinismus« und das autoritäre Gehabe von Bischöfen). Diese populäre Mischung von Standpunkten bot nicht zuletzt vielen ländlichen und (klein-)bürgerlichen Schichten eine weltanschauliche Heimat, weil sie darin wichtige Merkmale ihrer Identität aufgehoben spürten: ihre volkskirchliche Prägung; bodenständige demokratische Einstellungen; den Stolz auf die eigene »Nationalität«; und eine gehörige Portion Skepsis gegenüber einer modernen Intellektualität, wie sie vor allem in assimilierten jüdischen Milieus florierte.

Den Wortführern der Bewegung wie Ambros Opitz († 1907) gelang es recht heftigen innerkirchlichen Widerständen zum Trotz, aus mehreren Gruppen engagierte Mitstreiter zu rekrutieren. Ein Hauptkontingent stellten die nun starken Jahrgänge der Jungpriester, deren häufige Versetzungen als Kapläne zur raschen Ausbreitung der Ideen beitrugen. Des Weiteren konnten aus der (innerkirchlich häufig abschätzig taxierten) Schar von Männern mit abgebrochener Klerikerausbildung tüchtige Öffentlichkeitsarbeiter gewonnen werden (als Journalisten, Versammlungsredner).[165] Ein prominentes Beispiel dafür war Friedrich Funder (*1872 in Graz), der langjährige Chefredakteur der christlichsozialen Reichspost (gegründet 1892), dem spätestens nach der Jahrhundertwende wichtigsten katholisch-politischen Presseorgan. Die dynamischen und modernisierenden Elemente der christlichsozialen Bewegung sind in umfassenden Studien John W. Boyers herausgearbeitet worden. Seine Gewichtung des inhärenten Antisemitismus blieb jedoch nicht unwidersprochen.[166]

Nach heftigen Grabenkämpfen mit Konservativen in den 1890er Jahren (vor allem in Tirol, Böhmen und Galizien) entspannte sich die innerkatholische Polarisierung, beschleunigt durch Signale des Wohlwollens der römischen Kurie für die Christlichsozialen. Dazu gedrängt von Landesbischöfen und aus plausiblen Gründen der Opportunität schlossen sich Christlichsoziale und Konservative im neuen Jahrhundert in etlichen Ländern der Westhälfte formell zusammen, vor allem im Umfeld der allgemeinen Reichsratswahl von 1907. Die regionalen katholisch-politischen Konstellationen blieben davon jedoch häufig unberührt. In Ungarn wurde selbst eine fragile Einigkeit wie diese nicht erreicht.[167] Die komplexen politischen Entwicklungen sind nicht Thema dieser Studie und brauchen im Folgenden nur hinsichtlich ihrer Auswirkungen auf das religiöse bzw. kirchliche Leben des Landes thematisiert zu werden.

Erst die enge Verzahnung von kulturpolitisch-konfessioneller und wirtschaftlicher Interessenpolitik in der christlichsozialen Bewegung ließ den Typus »Priesterpolitiker« zur vollen Geltung kommen.[168] Sie bot insbesondere agilen und selbstbewussten Geistlichen eine Entfaltungsmöglichkeit, die ihnen innerkirchliche Spielregeln der Elitebildung versagten. Als Organisatoren ganzer »Vereinsimperien« und als politische Mandatare standen ihnen mitunter größere Gestaltungs- und Einflussmöglichkeiten zu Gebote als ihren bischöflichen Vorgesetzten. Neben vielen anderen geistlichen Abgeordneten zu Landtagen und zum Reichsrat gehörten in diese Gruppe die langjährigen Landeshauptmänner von Salzburg, Oberösterreich und Görz: Alois Winkler (1897–1902, 1909–19, † 1924), Johann Nepomuk Hauser (1907–1927), Luigi Faidutti (1913–1918, † 1931).

Neben dem niederösterreichischen Abgeordneten Josef Scheicher (1842–1924)[169] war der polnische Priester, Journalist und schließlich Reichstagsabgeordnete Stanisław Stojałowski (1845–1911) ein Musterfall eines unbequemen Sozialkritikers in der Soutane. Seit Mitte der 1870er Jahre engagierte er sich zugunsten der Kleinbauern Galiziens, gründete genossenschaftliche Einrichtungen und 1893 einen »christlichsozialen Bauernbund«, der binnen weniger Monate mehr als eintausend Mitglieder zählte. Er polemisierte heftig gegen Reichtum und Ausbeutung durch Großgrundbesitzer (inklusive der Kirche) und jüdische Zwischenpächter. Seiner großen Popularität bei den ländlichen Massen sowie im niederen Klerus taten auch seine Schulden und Dutzende staatli-

Abb. 38: Werbung im Kalender des Katholischen Bauernbundes von Salzburg für die Errichtung einer Katholischen Universität in Salzburg (Foto zwischen 1906 und 1914), im Privatbesitz des Autors.

Im Windschatten der politischen Erfolge der christlichsozialen Bewegung in Wien und den Alpenländern (dort auf der Basis starker Bauernbünde) versuchte man auch am »religionsfeindlichen« akademischen Terrain wieder mehr Flagge zu zeigen. Eine Österreichische Leo-Gesellschaft wollte seit 1892 »zur Wahrung und Geltendmachung christlicher Grundsätze auf allen Gebieten der Wissenschaft« beitragen und so die »Verchristlichung des Staates« vorantreiben. Der Wiener Bürgermeister Karl Lueger sprach am Begrüßungsabend des Sechsten Katholikentages in Wien 1907 von der Notwendigkeit, die Universitäten »wieder zu erobern«. Das weit gediehene Projekt für eine Katholische Universität in Salzburg scheiterte trotz höchster Ermunterungen und beträchtlicher gesammelter Geldbeträge am hinhaltenden Widerstand der zuständigen Behörden und an der geringen Beherztheit der Verantwortlichen.

Wir **brauchen** dringend: Katholische Beamte, Advokaten, Richter, Aerzte; wir **brauchen** offene Bekenner und entschiedene Verteidiger der Kirche und des heiligen Glaubens; darum haben

36 österreichische Bischöfe

im Jahre 1901 den feierlichen Beschluß gefaßt, zur Ehre Gottes, zur Erhaltung des Glaubens, zum Wohle des Vaterlandes und der studierenden Jugend eine **katholische Universität** zu gründen. Zahlreiche Priester und Laien haben bereits große Opfer dafür gebracht. **Allen diesen schließe dich an!**

Alle, alle sollen zu diesem heilsamen Werke beitragen.

Leo XIII.

„Die Gründung einer katholischen Universität ist die **Krone** all unserer Kämpfe für die Freiheit der Kirche".

Bischof v. Ketteler.

Es gilt die Eroberung der Universitäten.

Bürgermeister Lueger
(1907).

Spender von 2 Kronen werden **ordentliche Mitglieder**, von 100 Kronen **Förderer**, von 200 Kronen **Wohltäter**, von 1000 Kronen **Gründer**, von 2000 Kronen **Stifter**. Auch Spenden gegen lebenslänglichen Vorbehalt der **Zinsen** für sich oder eine andere Person werden dankbar angenommen und werden die Zinsen stets **pünktlich** und **gewissenhaft** entrichtet. **Vergiß** des katholischen Universitätsvereines in deinem **Testamente** nicht! **Adresse für alle Spenden und Zuschriften:** „An den katholischen Universitätsverein in Salzburg", f. e. Palais.

che wie kirchliche Prozesse samt Haftstrafen und Zensuren keinen Abbruch. Kirchlicherseits suchte man ihn durch Amtsenthebungen, bischöfliche Verbote seiner Pressprodukte, zwei Hirtenbriefe gegen seine Aktivitäten (1893 und 1895) sowie zuletzt durch seine Exkommunikation 1896 zu bändigen. Durch kuriale Vermittlung und nach förmlicher Unterwerfung unter die kirchliche Autorität rehabilitiert, zog er 1899 erstmals als Abgeordneter in den Reichstag. Wie in der galizischen Heimat verfolgte er auch im Hohen Haus bis zu seinem Tod durch Magenkrebs im Jahr 1911 eine entschiedene und für viele unbequeme Politik.[170]

Die katholisch-politischen Verbände wurden mit ihren Veranstaltungen Teil des örtlichen kirchlichen Lebens und entwickelten eigene religiös geprägte Fest- und Kommunikationskulturen (z.B. Josefsfeiern der Arbeiter, Bauern-Zeitungen und Bauernkalender).[171] In dem seit langem religiös eher indifferenten gewerblich-(klein)bürgerlichen Bevölkerungssegment der Städte entwickelte sich parallel zur christlichsozialen Mobilisierung eine neue Identifikation mit der Institution Kirche. Sie schlug sich im Gottesdienstbesuch und Mäzenatentum für Kirchenausstattungen positiv zu Buche.

Die Formensprache der zahlreichen Kirchenneubauten und (mitunter kreativen) Kirchen-Restaurierungen der ausgehenden Monarchie blieb lange historistisch rückwärtsgewandt, insbesondere auch in Ungarn. Das entsprach wohl dem (klein)bürgerlichen Geschmack jener Bevölkerungsgruppen, die die überwiegende Zahl der Kirchgänger und den Klerusnachwuchs stellten. Erst in der letzten Dekade vor dem Weltkrieg zeigten sich Ansätze für einen zaghaften neuen Dialog mit dem zeitgenössischen Kunstschaffen: in exemplarischen Kirchenbauten (die Wiener Kirchen am Steinhof und am Zentralfriedhof sowie in Ottakring); in Ausstellungen neuer religiöser Kunst (Wien 1905, 1912).[172]

Politisch »eroberte« Stadtverwaltungen zelebrierten eine neue »Kirchlichkeit« (z.B. beim Einweihen von Gebäuden) und förderten großmütig kirchennahe Vereine sowie den Ausbau der kirchlichen Infrastruktur. Am spektakulärsten zeigte sich dies vielleicht in Wien unter Bürgermeister Karl Lueger († 1910). Unter ihm begann ein Ring großer, auf prominenten Bauplätzen errichteter »Vorstadtkathedralen« die Hauptstadt einzusäumen.[173] Kardinal Anton Gruscha von Wien († 1911) bemerkte anerkennend, dass die Christlichsozialen ihm wiederum die Kirchen gefüllt hätten.[174] Das wachsende bürgerliche Kirchenengagement bewirkte vor allem auf kommunaler Ebene aber auch eine gewisse Neuauflage bevormundender »josephinistischer« Attitüden bei behördlichen Regelungen religiös-kirchlicher Belange (vor allem im Schulbereich) – nunmehr unter parteipolitischem Vorzeichen.[175] Das immer stärker als »kirchlich« wahrgenommene politische Agieren der Christlichsozialen führte unweigerlich auch zu Irritationen der volkskirchlichen Seelsorge. Dies betraf in besonderer Weise gemischtsprachige Regionen und Industriegebiete, wo religiöse Belange zunehmend in den Sog nationaler und sozialer Spannungen gerieten.

Im Windschatten der politischen Erfolge (insbesondere in Wien) wagte man es auch, im »religionsfeindlichen« akademischen Terrain wieder mehr Flagge zu zeigen. Eine Österreichische Leo-Gesellschaft wollte (seit 1892) »zur Wahrung und Geltendmachung christlicher Grundsätze auf allen Gebieten der Wissenschaft« beitragen und so die »Verchristlichung des Staates« vorantreiben. Auf unmittelbar akademischem Boden versuchte sich eine wachsende Zahl von katholischen Studentenverbindungen gegen die harte Konkurrenz der national-freisinnigen Burschenschaften zu behaupten, die ihnen nach Kräften das Recht auf eine »Couleur-Promotion« (= feierliche Promotion mit Aufmarsch und in Uniform der Verbindung) verwehren wollten. Am Beispiel der besonders polarisierten Universität Graz: Hier wurde 1907 dem Mitglied der katholischen Verbindung Carolina Johannes Ude die Couleurpromotion verweigert. Der Wiener Bürgermeister Karl Lueger sprach daraufhin am Begrüßungsabend des Sechsten Katholikentages 1907 in Wien davon, dass man die Universitäten »wieder erobern« müsse. Es folgten hitzige Debatten im Wiener Reichsrat und ein einjähriger Kulturkampf auf den österreichischen Universitäten. In Graz führte er zum Rücktritt des Rektors und seines Nachfolgers; das Unterrichtsministerium zitierte sämtliche Dekane und Rektoren zur Beratung nach Wien. In Innsbruck tat sich 1908 der Kirchenrechtsprofessor Ludwig Wahrmund (vorher Czernowitz, danach Prag) durch kirchenkritische Auslassungen hervor (v.a. in einem Vortrag »Katholische Weltanschauung und freie Wissenschaft«; die sog. »Affäre Wahrmund«). Den Grazer Carolinen wurde in der Folge offiziell die Couleurpromotion gestattet. Der nächste Kandidat war Michael Aldrian, Sekretär des regionalen Katholisch-Konservativen Bauernvereins. Zum Schutz vor Übergriffen der national-freiheitlichen Studenten organisierte er an die zweihundert Bauern, die ihm am 16. Mai 1908 den Zutritt ins Hauptgebäude der Grazer Universität freizukämpfen versuchten. Die wilden Schlägereien wurden schließlich von der Polizei beendet.[176] Die katholische akademische Welt löckte in der Duellfrage sogar den Stachel wider den emotionsgeladenen Ehrbegriff der Gesellschafts-Elite (inklusive des Kaisers).[177] Das Projekt für eine Katholische Universität in Salzburg scheiterte letztlich an der geringen Beherztheit der Verantwortlichen.[178] Folge des allmählichen Terraingewinns an den Universitäten war ein wachsendes Reservoir an Führungskräften abseits des Klerus, das vor allem für die Zeit nach 1918 relevant wurde.

Die Soziale Frage hatte in Gestalt der christlichsozialen Bewegung bereits die alten Muster konfessionell-politischen Handelns gesprengt. Erst recht führten die anschwellenden nationalen Querelen innerhalb der katholischen Milieus vor Augen, dass auch der Katholizismus die zentrifugalen Kräfte bestenfalls dämpfen, keineswegs aber bändigen konnte. Vielerorts waren schon in der ersten Jahrhunderthälfte die Weichenstellungen dafür erfolgt, was den »kirchlichen« Part in den jeweiligen Prozessen der Nationsbildung anlangte: eine Vorreiterrolle wie bei den Slowenen und Slowaken oder als Streitobjekt wie bei den Tschechen.[179]

Ausdruck der wachsenden Obsessionen waren nicht zuletzt Bemühungen um »nationale« Liturgien (vor allem in Dalmatien bzw. Kroatien, Böhmen und Mähren, bei den ungarischen Unierten). Der Eifer von Befürwortern und Gegnern überstieg dabei in der Regel ein feststellbares Bedürfnis oder Echo in der Bevölkerung bei weitem.[180] Erzbischof Schwarzenberg († 1885) widerstand im Zuge der Teilung der Prager Universität 1882/83 noch mit allen Kräften einer sprachlichen Scheidung der Theologischen Fakultät, der eine Denkschrift ihres Moraltheologen Wenzel Frind († 1932) das Wort redete. Sein Nachfolger Erzbischof Franz Schönborn († 1899) erwirkte vom Papst jedoch knapp ein Jahrzehnt später das »melius dividatur« (= »besser sie wird geteilt«).[181]

Fragen der angemessenen Seelsorgesprache sowie der staatlichen Loyalität und »nationalen Zuverlässigkeit« des Klerus beschäftigten mit steigender Tendenz alle gemischtsprachigen Diözesen der Monarchie. Am Beispiel Trient: Hier sah sich schon Bischof Giovanni de Tschiderer (1834–1860) in den 1850er Jahren gezwungen, seine Seminarleitung und Professoren sowie seinen italienischen Klerus gegenüber Vorwürfen der Illoyalität in Schutz zu nehmen. Sein späterer Nachfolger Cölestin Endrici (1904–1940) sympathisierte offen mit der Irredenta (= italienischen Nationalbewegung) und wurde vom Oberkommando des österreichischen Heeres ab Juni 1916 bis Kriegsende zum Aufenthalt im Stift Heiligenkreuz gezwungen.[182]

Der Brünner Priester und Oberschullehrer Alois Slovák (1859–1930) betrieb über Jahre die Errichtung eines »Friedensdenkmals« auf dem Schlachtfeld von Austerlitz. Ein 1899 gegründetes Komitee warb dafür auch bei den Regierungen der ehemaligen Kriegsparteien in Wien, Paris und St. Petersburg Unterstützungen ein. Nach etlichen Verzögerungen wurde es schließlich nach den Plänen des Prager Architekten Josef Fanta (1856–1954) im Sezessionsstil errichtet (Mohyla Míru nahe Brünn) und sollte im August 1914 eingeweiht werden.[183] Die Wirklichkeit hat es überholt. Maria Gremel, Jahrgang 1900, hat als Kind die verstörende Prophezeiung Erwachsener aufgeschnappt, dass nach dem Tod des alten Kaisers »die Leute übereinander herfallen« würden.[184] Das große Morden begann indes schon zwei Jahre früher. Viele katholische Bischöfe und

Prediger der disparaten Kronländer stellten sich noch einmal mit Verve in den Dienst des traditionsreichen Vaterlandes und stärkten im Sinne der zeitgenössischen theologischen Überzeugung das Vertrauen in die göttliche Lenkung der Geschehnisse. Weit über die Landesgrenzen hinaus bekannt wurden z.B. die patriotischen Abhandlungen des Brixener Theologieprofessors und Tiroler Politikers Wendelin Haidegger.[185] Aber selbst die grundsätzlich loyale katholische Basis – vor allem in den slawischen Landesteilen (inklusive Slowenien), aber auch in den agrarisch geprägten Alpenländern – zog es offensichtlich vor, kleinräumiger zu denken. Sie verabschiedete sich angesichts des groben Versagens der Zentralpolitik überraschend leicht vom wortreich beschworenen »katholischen« Reichspatriotismus und vom »erzkatholischen« Haus Habsburg.[186] Das sollte uns einmal mehr davor warnen, den schriftlich artikulierten Teil der Wirklichkeit für den allein relevanten zu halten.

Kinderstube für einen europäischen Islam?

Die Muslime im Reichsverband

Bosnien und die Herzegowina gehörten zusammen mit Albanien zu jenen türkisch besetzten europäischen Territorien, auf denen ab dem ausgehenden 15. Jahrhundert große Teile der autochthonen Bevölkerung nach und nach zur Religion der Eroberer konvertiert waren. Frühere Untersuchungen haben dafür häufig die Existenz einer in Konkurrenz zur griechischen wie zur lateinischen Kirchentradition stehenden »Bosnischen Kirche« als Erbin der mittelalterlichen Balkansekte der Bogomilen verantwortlich gemacht, deren Anhänger die sich bietende religiöse Alternative des Islam willig ergriffen hätten. Studien ab den 1970er Jahren führen demgegenüber die geringe Organisationsdichte aller damals in der Region bestehenden kirchlichen Traditionen ins Treffen. Sie verweisen zudem darauf, dass die Islamisierung nicht nur die an Statuswahrung interessierten Adelskreise erfasst hatte, sondern ebenso städtische wie niedere ländliche Schichten.[1]

Die spirituellen Prägungen und religiösen Mentalitäten der Muslime am Balkan

Ein niedriger Organisationsgrad kennzeichnete jedenfalls auch den regionalen Islam, der mit dem Protektorat Österreich-Ungarns ab 1878 in den Blickwinkel dieser Studie gerät. Seine Spiritualität war nicht zuletzt durch die Traditionen von sechs im Gefolge der türkischen Heere ins Land gekommenen Derwischorden geprägt worden (vor allen anderen die *Naqshbandis)*, die den Hauptströmungen des Islam vielfach als heterodox (= nicht rechtgläubig) galten. Mit ihren verstreuten, einfachen und von charismatischen Scheichen betreuten Wirkstätten (sog. *tekkes*) hatten sie mehr als die allgemeinen Moscheen (Stand 1910: 1.043 Moscheen betreut von 1.090 Imamen)[2] für eine besondere Inkulturation des Islam in die regionalen Gegebenheiten gesorgt. Ihre oft bis zur Trance gesteigerten nächtlichen Gebetspraktiken standen für eine mystische Tiefe dieser religiösen Tradition, ebenso für ihre weitgehende Unabhängigkeit von der geistlich-weltlichen Zentrale in Istanbul. Die örtlichen Traditionen tolerierten häufig den Alkoholkonsum sowie magische Heilpraktiken, die in allen regionalen Konfessionsgruppen bis

Sarajevo.

ins 20. Jahrhundert gleichermaßen verbreitet waren. Die dabei verwendeten Amulette wurden oft sogar bewusst jenseits der Religionsgrenze bezogen.[3] In unbekümmert synkretistischer Manier knüpften sie an lokale christliche Wallfahrts- und Heiligenkultstätten an und sorgten so für die Kontinuität regionaler religiöser Traditionen und oft fließende Konfessionsgrenzen.[4]

Die Muslime der beiden Grenzprovinzen waren in der Vergangenheit oft von Konflikten des Osmanenreiches mit den »christlichen« Mächten Venedig, Österreich und Russland betroffen gewesen. Sie interpretierten diese wie auch den aufkeimenden serbischen und montenegrinischen Nationalismus des 19. Jahrhunderts jeweils als Frontstellung zwischen Islam und Christentum. Dies ebnete den Weg für die Rolle des Islam als einigende politische Ideologie, welche die nicht geringen sozialen Gegensätze innerhalb der Gemeinschaft zwischen wohlhabenden Landeignern (*sipahis*) und den ärmeren städtischen wie ländlichen Schichten zu überbrücken hatte. Gemäß der Volkszählung von 1910 gliederte sich die muslimische Gesellschaft (nach Familienoberhäuptern) in 3.653 abhängige Pächter (*kmets*), 77.518 freie Bauern sowie 9.537 Großgrundbesitzer mit Pächtern und 3.023 ohne Pächter; dazu kamen noch ca. 5.000 muslimische Geschäftsleute, Beamte und Religionsdiener.[5]

Maßnahmen und Auswirkungen der »josephinischen« Religionspolitik der Okkupationsbehörden

Mit dem Protektorat über Bosnien-Herzegowina ab 1878 war die Verwaltung der Donaumonarchie erstmals vor die Aufgabe gestellt, einen größeren slawischen Bevölkerungsteil muslimischen Bekenntnisses in das ethnisch wie konfessionell ohnehin komplexe Staatsganze zu integrieren (1879: ca. 450.000; 1910: ca. 610.000 Personen). Die Rivalitäten zwischen den Instanzen der beiden Reichshälften führten zur direkten Unterstellung der neuen Landesverwaltung unter das zentrale Finanzministerium. Diese Sonderstellung machte die neue Provinz zu einem Terrain, auf dem sich das jose-

Abb. 39: Ansicht von Sarajevo und seinen Moscheen (Foto 1910), IMAGNO/Austrian Archives.

Österreich-Ungarn übernahm 1878 das Protektorat über Bosnien-Herzegowina und damit über eine muslimisch geprägte Region. 1910 zählte das Land über tausend Moscheen. Spirituell dominierten sechs Derwischorden, die den Hauptströmungen des Islam vielfach als heterodox (= nicht rechtgläubig) galten und mit ihren verstreuten und einfachen, von charismatischen Scheichen betreuten sog. Tekkes (Gebetsstätten) für eine besondere Inkulturation des Islam in die regionalen Gegebenheiten gesorgt hatten.

phinische Prinzip der wohlwollenden wie nutzbringenden Reglementierung der Konfessionen ungestörter als anderswo entfalten konnte. Es bildete einen Eckstein für das gemäßigte Modernisierungs-Konzept des langjährigen Finanzministers Benjamin von Kállay (1882–1903).[6]

Hinsichtlich der muslimischen Neubürger bedeutete diese Politik die Förderung einer selbstbewussten und effizienteren, vor allem aber loyalen und möglichst unabhängig vom Ausland (respektive dem »Kalifat« des türkischen Sultans) organisierten Glaubensgemeinschaft. Der Streit um die religiöse Autorität des Sultans bzw. des *Scheich-ül-Islam* als seines Bevollmächtigten in religiösen Belangen durchzog die Gespräche der Behörden mit wechselnden Wortführern der muslimischen Bevölkerung. Sie erlaubten weiterhin die anonyme Nennung des Sultans im Freitagsgebet neben dem Kaiser, unterdrückten aber nach Kräften jeden relevanten Einfluss dieser Seite etwa auf die Ernennung muslimischer Würdenträger oder die Organisation des religiösen Lebens.

Die solcherart neu definierte Identität sollte nicht zuletzt das Kernelement einer politisch erwünschten »bosnischen Nation« bilden bzw. als Gegengewicht zum bedrohlichen serbischen Nationalismus der Region dienen. Damit wurde den Muslimen in einer auf vier Jahrzehnte komprimierten Form ein Entwicklungsprozess der konfessionellen Selbstfindung abverlangt, für den die übrigen Bekenntnisse der Monarchie vier Jahrhunderte Zeit gehabt hatten. Er führte vom landesherrlichen Reglement über die josephinisch-bürokratische Bevormundung hin zur geförderten Selbstbehauptung innerhalb einer zunehmend pluralistischen Gesellschaft.

Höhepunkte dieser »integrativen Religionspolitik« waren die Etablierung einer neuen lokalen muslimischen Amtshierarchie unter Leitung eines *Reis ul-ulema*[7] und eines vierköpfigen Rates (*Medjliss-i-Uléma*) in Sarajewo 1882, die Neuordnung des weit verzweigten religiösen Stiftungswesens 1883, die Einrichtung einer juridischen Ausbildung für Scharia-Richter 1887, die Regelung der Lehrerausbildung für religiöse Grundschulen 1892, die Gewährung der konfessionellen Autonomie 1909 sowie die staatliche Anerkennung des Islam »hanefitischen Ritus« (= die am weitesten verbreitete der vier sunnitischen Rechtschulen) 1912 in der österreichischen und 1916 in der ungarischen Reichshälfte. Das behördliche Wohlwollen manifestierte sich auch in bedeutenden staatlichen Aufwendungen für religiöse Belange. Trotz gegenteiliger Unterstellungen der muslimischen Mundpropaganda erschwerten die Behörden gewünschte Bekenntniswechsel eher als sie zu fördern.[8]

Die gesellschaftlichen Voraussetzungen und die Bereitschaft der Betroffenen zur Umsetzung der behördlich erwünschten Entwicklungen waren äußerst schlecht. Zum Zeitpunkt der Besetzung durch die Truppen der Doppelmonarchie gehörte das Land

Abb. 40: Muslimische Wallfahrt zum Felsen Ajvazovica im Bezirk Bugojno in Zentralbosnien (Foto aus dem Album »Seine Majestät unser allergnädigster Kaiser und König Franz Josef I. in Bosnien und der Hercegovina. 30. V. – 3. VI. 1910.«), Bildarchiv ÖNB.

Der örtliche Islam Bosniens war von etlichen regionalen Besonderheiten geprägt. Er tolerierte weitgehend den Alkoholkonsum und kannte magische Heilpraktiken. Die dabei verwendeten Amulette wurden oft bewusst jenseits der Religionsgrenze bezogen. Etliche muslimische Traditionen knüpften an lokale christliche Wallfahrts- und Heiligenkultstätten an und sorgten so für die Kontinuität regionaler religiöser Traditionen und für oft fließende Konfessionsgrenzen.

zu den rückständigsten Regionen Europas. Noch 1895 bezogen 88 % der Bevölkerung ihren Lebensunterhalt aus der Landwirtschaft.[9] Im Verlauf der habsburgischen »Reconquista« am Balkan nach 1683 hatten die beiden Provinzen immer wieder als Rückzugsgebiet für muslimische Flüchtlinge gedient. Deren Familientraditionen kultivierten seither entsprechende Feindbilder und überlieferten viele dramatisch-tragische Details der Rekatholisierung ihrer früheren Heimatländer.[10] In der Region herrschte ein traditionell gespanntes Verhältnis der Muslime zu den übrigen Konfessionsgruppen (v.a. den kroatischen Katholiken und serbischen Orthodoxen), die sich untereinander durch Kleidung und andere kulturelle »Codes« streng voneinander abhoben.[11] Vor diesem Hintergrund wurde die Okkupation von den Muslimen als Schock erlebt und stieß auf ihre unerwartet heftige Gegenwehr (ca. 7.000 gefallene Okkupanten).

Die soziale und konfessionelle Privilegierung der Muslime der Region gegenüber den andersgläubigen Mitbürgern sowie ihre provinziell-konservative religiöse Haltung hatte sie schon gegenüber Reformen der Hohen Pforte aufständisch gemacht. Erst recht begegneten sie den weitreichenden Maßnahmen der neuen Verwaltung mit Misstrauen bis hin zum offenen Widerstand, auch wenn deren vorteilhafte Wirkung wie im Falle der reformierten religiösen Stiftungen (*vakufs*) allen vor Augen stand. Ablehnung oder (partielle) Annahme von Angeboten des rasanten Modernisierungsprozesses bilden somit erste Indikatoren für eine differenzierende Einschätzung der muslimischen Bevölkerung sowie für eine Beurteilung der Frage, in welchem Maße der regionale Islam identitätsstiftend wirkte.

Am einen Ende der Palette von Reaktionen stand die völlige Verweigerung gegenüber den neuen Gegebenheiten durch Emigration – die traditionelle muslimische Antwort auf osmanische Gebietsverluste am Balkan. Betraf sie anfänglich vor allem Familien von Amtsträgern, so wurde sie mit Einführung der Wehrpflicht 1881 und dem folgenden Aufstand von Teilen der serbischen und muslimischen Bevölkerung erstmals zur Massenbewegung. Eine zweite Welle der Emigration löste die Annexion der Provinzen im Ramadan des Jahres 1908 aus. Insgesamt dürfte die Auswanderung ca. 65.000 Personen und damit rund ein Zehntel der Bevölkerungsgruppe betroffen haben.[12]

Die Protagonisten, das Zielgebiet Türkei und ihr offenkundig konfessioneller Charakter verliehen der Bewegung – ungeachtet etlicher sozialer Komponenten – politisch-religiösen Protestcharakter:

[...] *Beaucoup de Mohamétans ne voulant pas se laisser gouverner par des Chrétiens et se soumettre au gouvernement austro-hongrois, une émigration en masse se produisit pendant les premières années de l'occupation. Développée encore pendant les années 1882–1885 [...] l'émigration atteignit son maximum en 1900 et 1901 avec 7.684 et 4.059 émigrants, en raison de l'opposition du gouvernement local aux demandes d'autonomie religieuse et intellectuelle des Mahométans. Presque tous les émigrants ont trouvé une nouvelle patrie en Asie Mineure et dans les provinces européennes de l'Empire ottoman, où le gouvernement turc les reçut avec faveur, en leur offrant les plus larges facilités.*[13]

Für die zweite Emigrationswelle: [...] *la statistique turque annonçait pour l'année écoulée (mars 1909 – mars 1910) l'arrivé de 5.672 Musulmans venus presque tous de Bosnie. [...] L'avenir économique était plus favorable en Bosnie-Herzégovine qu'en aucune région de la Turquie, et la présente migration est la rupture volontaire de tous les liens de race, sang et langue, la négation même le l'idée nationale. Imposant le silence, dominant tout le reste, le sentiment religieux poussait à l'exode.* [14]

Nahrung bezog diese Bewegung vorwiegend aus mündlicher Propaganda, nicht zuletzt jungtürkischer Provenienz. Das immunisierte sie weitgehend gegenüber den administrativen Abwehrmaßnahmen der bosnischen Landesregierung ebenso wie gegen einige ablehnende religiöse Schiedsurteile hoher islamischer Instanzen (sog. Fatwas 1884, 1909). [15]

Die traditionellen Lebenswelten der Frauen und Männer und die Reichweite ihrer schulischen Formung

Von den Modernisierungstendenzen kaum berührt scheint vor allem die weibliche Hälfte der im Lande gebliebenen muslimischen Bevölkerung worden zu sein. Zu ihr drangen nicht einmal die Helfer der Volkszählungen vor, die sich auf die Angaben der männlichen Haushaltsvorstände verließen. Bei den Frauen tendierte der ohnehin geringe Alphabetisierungsgrad der Volksgruppe (1910: 5,35 %; bosnischer Durchschnitt 12,16 %) gegen Null (0,32 %; am höchsten in Sarajewo mit 2,17 %). [16] Im Schuljahr 1912/13 besuchten nur 249 muslimische Mädchen öffentliche Grundschulen. [17] Die ethnographische Beschreibung Anton Hangis (publiziert 1907) lässt erkennen, dass die traditionelle Geschlechterrolle die (Ehe-)Frauen selbst im häuslichen Bereich von der Lebenswelt der Männer separierte.

Mit Ausnahme weniger Landstriche (im Ramatal und der nordwestlichen Krajna) traten muslimische Frauen der Region öffentlich nur verschleiert und selten ohne Begleitung in Erscheinung. Wann immer es der soziale Status erlaubte, wurden Besorgungen außer Hause von männlichen Haushaltsmitgliedern erledigt. Selbst die regionalen Moscheen blieben den Frauen bis auf wenige Verrichtungen verschlossen. Einzig im Bereich der Eheanbahnung wie eventueller Ehetrennung gestanden ihnen die lokalen Traditionen eine vergleichsweise aktivere Rolle zu als muslimischen Geschlechtsgenossinnen anderswo. [18] Auch war die Monogamie in der Provinz fast allgemeine Praxis: Gemäß der Volkszählung von 1910 gab es nur im Kreis Bihac eine Ehe mit vier Frauen und 22 Ehen mit drei Frauen; häufiger kamen noch Ehen mit zwei Frauen vor. [19]

Abb. 41: Ein muslimischer Hodza (= Religionslehrer) im Kreise seiner Schüler im bosnischen Bjelasnica nahe Sarajevo (Foto 1907), Museum für Völkerkunde in Budapest.

Die Muslime Bosniens wiesen noch unter österreichischer Verwaltung einen unterdurchschnittlichen Alphabetisierungsgrad von nur 5 % (1910) auf; bei den Frauen lag er praktisch bei Null. Die traditionellen konfessionellen Grund- und Aufbauschulen Bosniens *(mektebs, medreses, rüshdiyyes)* vermittelten dem männlichen Nachwuchs nicht viel mehr, als zum Entziffern und Memorieren arabischer und türkischer religiöser Texte nötig war. Schulen europäischen Zuschnitts wurden sehr zögerlich angenommen: 1909 standen ca. 1.000 mektebs alten Stils nur 92 »reformierte« Schulen gegenüber (83 für Knaben, 9 für Mädchen).

Die besondere Schulsituation bzw. hohe Analphabetenrate bewirkte, dass auch die Denk- und Lebenswelt der muslimischen Männer stärker und länger als anderswo von überkommenen, mündlich tradierten Werten bestimmt blieb. Die traditionellen konfessionellen Grund- und Aufbauschulen *(mektebs, medreses, rüshdiyyes)* lehrten den (vorwiegend männlichen) Nachwuchs nicht viel mehr als das Entziffern und Memorieren fremdsprachiger, vor allem arabischer und türkischer religiöser Texte. Eine Verordnung von 1909 machte die bisherige Gepflogenheit, Kinder vor einer allfälligen weiteren Schulbildung einen religiösen *mekteb* besuchen zu lassen, zur Pflicht. Da dieser »Religionsunterricht« sie bis zum Alter von ca. zwölf Jahren in Beschlag nahm, blieb er häufig der einzige frequentierte Schultyp. Eine zeitgenössische Statistik spricht dementsprechend für das Schuljahr 1906/07 von nur 34.887 Schülern bei insgesamt 235.000 Kindern.[20] Eine im Sinne europäischer Bildungsnormen ab den 1890er Jahren reformierte Variante wurde nur wenig angenommen: 1909 standen ca. 1.000 *mektebs* alten Stils nur 92 reformierte Schulen dieser Art gegenüber (83 für Knaben, 9 für Mädchen). Ihr Anteil dürfte sich in den Jahren vor dem Weltkrieg jedoch noch etwas erhöht haben.[21]

Auch die weiterführenden *medrasas* (1909: 42 mit 1.613 Schülern) galten hinsichtlich ihrer Lehrmethoden selbst muslimischen Zeitgenossen als *surannées et très primitives*.[22] Sie dienten hauptsächlich der Ausbildung niederer Ränge muslimischer Religionsdiener (Muezzins, Hodschas, Kadis, Muftis, Imame oder Hatibs), die sich nach Übernahme ihrer Ämter auch in der Kleidung von ihren Mitbürgern abhoben.[23] Für sie wurden ab 1893 ergänzende Kurse von drei Jahren angeboten, welche die traditionelle Ausbildung um Lektionen in der Muttersprache und einige praktische Fächer wie Geschichte, Geographie, Arithmetik und Pädagogik erweiterten. Im Schuljahr 1908/1909 wurden sie von 60 Schülern frequentiert.

Islamischer Religionsunterricht war ab 1894 auch Pflichtfach in öffentlichen Grundschulen (1900: 112 staatlich besoldete Religionslehrer)[24] sowie den Mittel- und Handelsschulen des Landes. Auch deren Beschickung blieb überall hinter dem muslimischen Bevölkerungsanteil zurück. Mit 20 % der Schüler war sie am höchsten im Gymnasium von Mostar, das seine Pforte an muslimischen Festtagen versperrt hielt.[25] Nachdem eine erste »moderne« Mädchenschule in Sarajewo nach einiger Zeit Zuspruch fand, folgten ihr ähnliche Schulen in anderen Städten.[26] An allen Gymnasien konnten muslimische Schüler zwischen den alten Sprachen Griechisch und Arabisch wählen. Sie entschieden sich in der Regel für Arabisch.[27] Im Studienjahr 1906/07 befanden sich nur vierzig muslimische bosnische Studenten an den Universitäten Wien und Agram.[28]

Der Stellenwert des Islam im gesellschaftlichen Leben der Region

Die Wirkungen der religiösen Ausbildung für die persönliche Lebensgestaltung der Betroffenen sind schwer einzuschätzen. Nach den Beobachtungen Hangis scheint eine Grundpalette religiöser Übungen durchgängig vollzogen worden zu sein (v.a. die Beschneidung, eine feierliche Abschlussprüfung in der religiösen Grundschule,

Gottesdienste und Gebräuche während des Fastenmonats und den großen religiösen Jahresfesten). Angaben zur Frequenz des Freitagsgebetes fehlen. Mekka-Pilger reisten nun gewöhnlich über Triest und durch den Suezkanal. Dass sie in ihrer Umgebung besonders anerkannt, ja sogar Subjekte von Wundergeschichten wurden, lässt auf ihre begrenzte Zahl schließen. Eine apologetische Schrift von 1886 spricht immerhin von *Tausenden von Pilgern, welche die Kosten ihrer Pilgerreise im Schweisse ihres Angesichts erworben haben [...]*.[29]

Die Wortführer eines »aufgeklärten« Islam konnten aus den genannten Gründen nur einer sehr schmalen Gebildetenschicht entstammen. Als Zeichen der Vereinbarkeit des Islam mit dem Fortschritt führte man etwa ein Gutachten des Religionsrates (*Medžlissi-Ulema*) zugunsten elektrischer Beleuchtung der Moscheen ins Treffen.[30] Trotz des bleibend hohen Stellenwertes der Religion konstatiert Alexandre Popovic für die Untersuchungszeit in der muslimischen Gesellschaft Bosniens eine Tendenz zur *laication*, vor allem (jedoch nicht nur) im schmalen Sektor der städtischen intellektuellen Elite. Für diese reduzierte sich demnach das Verhältnis zur Religion häufig auf die betonte »muslimische Abstammung«.[31] Aus ihr rekrutierte sich wohl auch der kleine Kreis bosnischer Muslime, der sich der kroatischen oder serbischen »Nation« zugehörig deklarierte.[32]

Die geringe Alphabetisierung des Landes beschränkte zwar das Wirkfeld einer rasch wachsenden Presselandschaft,[33] verhinderte jedoch nicht eine zunehmende politische Mobilisierung zugunsten tatsächlich oder vermeintlich bedrohter Gruppeninteressen. Sie geschah mit Hilfe der informellen familiären, religiösen und sozialen Netzwerke der Regionen.[34] Der komplizierte rechtliche Status der besetzten Provinzen erhöhte die Zahl potentieller Adressaten für Forderungen politisch-religiöser Natur (Landesregierung, Parlamente und Regierungen der Reichshälften, Gemeinsames Finanzministerium, der Monarch) und förderte so die Bereitschaft zu Verhandlungslösungen.

Den behördlich kontrollierten Religionsorganen warf man mangelndes Engagement gegen einen »Proselytismus« (= Gläubigenfang) katholischer Kreise um Erzbischof Josef Stadler von Sarajewo vor.[35] Nicht zuletzt deshalb gerieten die religiösen Amtsträger im langjährigen Tauziehen um die Vertretung der Gruppeninteressen gegenüber den (mehr oder weniger) frei nominierten Wortführern der Volksgruppe ins Hintertreffen. Eine erste Oppositionsbewegung um 1899/1900 wurde noch stark von religiösen Themen geprägt (Stiftungen, Jugenderziehung); ihre Anführer waren vorwiegend niedere »Religionsdiener« (v.a. Hodschas). Demgegenüber dominierten soziale Fragen bzw. Großgrundbesitzer und Kaufleute[36] eine zweite Mobilisierungswelle einige Jahre später. Sie führte 1906 zur Gründung der ersten bosnischen politischen Partei überhaupt (der *Muslimanska narodna organizacija*) und später zur Etablierung weiterer fünf regionaler Parteien als den »politischen Ausschüssen« muslimischer Milieugruppen.[37]

Abb. 42: Muslimische bosnische Soldaten beim Gebet vor einer Moschee (Foto vor 1918),
Heeresgeschichtliches Museum in Wien.

Die k.k. Armee hat für das religiöse Wohlbefinden ihrer muslimischen Angehörigen mehr-
fach vorgesorgt. Seit den 1890er Jahren betreute ein Hodscha die Wiener Kadettenschule; ein
Schiffsjunge der Marine soll 1909 den Fez als reguläre Kopfadjustierung für Muslime in der
Armee erstritten haben. »Bosniaken« kämpften in vier österreichischen Infanterie-Regimentern und weitere ca. 2.000 Muslime (Bosniaken, Türken, Albaner) in ungarischen Einheiten.
Höhepunkt und Abgesang der particll geglückten Integration der Muslime in die Gesellschaft
Österreich-Ungarns bildete ihre Mobilisierung im Ersten Weltkrieg. Ein eigener Soldaten-
friedhof bei Innsbruck hütet das Andenken an das blutige Ende dieser muslimischen Facette
der multikonfessionellen Donaumonarchie.

Durch die Besatzung und die daraus resultierenden Konflikte wurde der muslimischen
Bevölkerungsgruppe somit zweifellos ein gehöriges Stück »Modernisierung« aufge-
nötigt. Sie äußerte sich nicht zuletzt in deutlich erhöhtem Verwaltungsaufwand. Waren
die Osmanen noch mit ca. 120 besoldeten Staatsdienern für die beiden Grenzprovinzen ausgekommen, so steigerte sich ihre Zahl während der österreichisch-ungarischen

Okkupation in den Jahren 1881 bis 1908 von 600 auf 9.533 (!).[38] In Abwandlung des Modells von Paul R. Brass über die Genese von Nationalitäten[39] ist daher zu konstatieren, dass die Muslime der Region in wenigen Jahrzehnten die Entwicklung von einer religiösen Gruppe zur religiösen Gemeinschaft bzw. religiös definierten Nationalität (*islamski narod* bzw. *islamski millet*)[40] durchlaufen haben.

Muslimisch-konfessionelles Leben
in anderen Regionen des Reiches und seiner Armee

Die zunehmende wirtschaftliche und soziale Integration der okkupierten Provinz Bosnien-Herzegowina hat das muslimische Element nach und nach auch an anderen Orten Österreichs und Ungarns präsent werden lassen. Kleinere Gruppen traten in Slowenien, Dalmatien, Kroatien, Slawonien und der Vojvodina in Erscheinung. In Budapest entwickelte sich um das aus dem 16. Jahrhundert stammende Grabmal des Derwischs Gül-Baba muslimisches gottesdienstliches Leben von Gruppen bosnischer wie türkischer Abstammung.[41] Wie in Budapest[42] gab es auch in Wien (abgesehen von einer Militärmoschee in der Alserstraße) das weit gediehene Projekt zur Errichtung einer großen allgemeinen Moschee, für das Lueger ein Grundstück, Kaiser Franz Joseph 25.000 Goldgulden und Kaiser Karl noch im August 1918 weitere 30.000 Kronen zur Verfügung gestellt haben sollen.[43]

Höhepunkt und Abgesang der partiell geglückten Integration der Muslime in die Gesellschaft Österreich-Ungarns bildete ihre Mobilisierung im Ersten Weltkrieg. Die k.k. Armee hatte für das religiöse Wohlbefinden ihrer muslimischen Angehörigen mehrfach vorgesorgt. Ein Hodscha betreute seit den 1890er Jahren die Wiener Kadettenschule; und ein Schiffsjunge der k.k. Marine soll 1909 den Fez als reguläre Kopfadjustierung für Muslime in der Armee erstritten haben.[44] »Bosniaken« kämpften in vier österreichischen Infanterie-Regimentern und weitere ca. 2.000 Muslime (Bosniaken, Türken, Albaner)[45] in ungarischen Einheiten.

Religiös gestützt wurde ihr Einsatz durch eine (trotz behördlicher Bedenken ergangene) *Fetwa* (= religiöser Schiedsspruch) des *Scheich-ül-Islam* in Istanbul vom 2. Dezember 1914. Sie erklärte den Kampf gegen die Entente zum *Djihad* und räumte so letzte religiöse Ressentiments gegen den Dienst in der k.u.k. Armee aus. Ein eigener Soldatenfriedhof in Innsbruck hütet das Angedenken an das blutige Ende dieser muslimischen Facette der multikonfessionellen Donaumonarchie.[46]

Gesellschaftliche Eliten im Widerstreit der Loyalitäten?

Reformatorische Kirchentraditionen und protestantisch geprägte Lebenswelten der Monarchie

Die Literatur über die »Protestanten im Habsburgerreich« blickt vorwiegend auf die großbürgerlichen evangelischen Kirchengemeinden in den Zentralstädten der Monarchie, weiters auf die starke protestantische Präsenz im politischen Establishment Ungarns nach dem Ausgleich sowie im akademischen[1] und künstlerischen Milieu Alt-Österreichs zur Jahrhundertwende. Damit entsteht fast unweigerlich das Bild eines elitären und selbstbewussten Protestantismus,[2] dessen wirtschaftliche und geistige Kapazitäten die Minderheitenstellung mehr als kompensierten. Erst die gezielte Auswertung zeitgenössischen Schrifttums und einer Fülle von Spezialstudien erweitert dieses Bild hin zu einer sehr viel breiteren Palette protestantischer Milieus. Sie korrigiert auch Schablonen der Binnengeschichtsschreibung, die Protestantengesetz und Protestantenpatent zum Trotz häufig eine stete Diskriminierung der »Minderheit« in einer katholisch geprägten Gesellschaft suggeriert.[3]

In differenzierter Sicht erscheint der »Protestantismus« der ausgehenden Habsburgermonarchie als ein Konglomerat sehr disparater Milieus, die organisatorisch nur lose miteinander verknüpft waren. Das war nicht zuletzt Folge der allgemein komplexen gesellschaftlichen Gemenge-Lage: Allein für die ungarische Reichshälfte mit ihren zuletzt achtzehn Millionen Einwohnern sind schon entlang der Sprach- und Konfessionsgrenzen sechs muttersprachlich-konfessionelle Gruppen (»konfessionelle Ethnien«) mit über einer Million und sechzehn solcher Gruppen mit mehr als 100.000 Angehörigen zu unterscheiden.[4] Die meisten dieser Milieus hatten sich bereits in der ständischen Gesellschaft formiert. Sie bildeten Gemeinschaften, deren Traditionen vor allem durch das hohe Engagement der Konfessionen im Schulbereich noch weit in die bürgerliche Epoche nachwirkten und weite Bereiche der Erziehung und individuellen Lebensgestaltung bestimmten.

Die Vielgestaltigkeit des mitteleuropäischen Protestantismus wurde natürlich schon allein durch die Bekenntnisvielfalt gefördert. Dazu kam eine theologisch bestimmte Zurückhaltung gegenüber strukturellen Einheitsinstrumenten, was die zwei protestantischen Großkirchen Augsburger und Helvetischer Konfession an den Rändern leicht

Abb. 43: Pfarrer Max Monsky (Pfarrer in Krems bis 1912) und das erste Presbyterium der Evangelischen Gemeinde Krems (Foto 1905), Archiv der Evangelischen Pfarrgemeinde A.B. und H.B. Krems an der Donau / Heilandskirche.

Mit Ausnahme des katholischen Bereichs war die Untersuchungszeit durch einen Trend zur »Demokratisierung« der konfessionellen Organisationsstrukturen gekennzeichnet, häufig jedoch eingeschränkt auf wirtschaftlich gut situierte männliche Glaubensgenossen. Das verringerte die Bedeutung der Kleriker bzw. amtlichen »Religionsdiener« zugunsten gewählter Gemeindeorgane. Nebenwirkungen dieser Entwicklung waren: eine steigende »bürgerliche« Vereinnahmung des religiösen Sektors bzw. seine zunehmende nationale und politische Instrumentalisierung; weiters eine geringe Sensibilität für soziale Fragen sowie Spannungen und Spaltungen auf lokaler und regionaler Ebene, die bei reformjüdischen und protestantischen Gemeinden vor allem bei Wahlen neuer Gemeinde-Geistlicher auftraten.

ausfransen ließ. Augenscheinlichste Folge davon war eine traditionell stark ausgeprägte Unabhängigkeit bzw. Partizipationskultur der protestantischen Gemeinden. Sie ist in der zweiten Jahrhunderthälfte mit unterschiedlichen regionalen Geschwindigkeiten ausgeweitet und stärker rechtlich normiert worden.

Pfarrer und Lehrer als die örtlich relevanten »Kirchenmänner« wurden bei den Reformierten wie Lutheranern von den Gemeinden gewählt. Sie mussten also deren Vertrauen bereits besitzen oder mittels Probepredigt bzw. Empfehlungen erwerben. Wenn Gemeinden dabei rechtliche Vorgaben außer Acht ließen, konnte das längere Vakanzen, Gemeindespaltungen, aufwendige Korrespondenzen oder gar Prozesse mit übergeordneten kirchlichen Instanzen nach sich ziehen: So geschehen etwa in der Stadt Schlaining, wo man im Juni 1875 .. *unter dem ›wilden Geschrei von wenigstens 400 Stimmen‹* Pfarrer Hermann Södel zum Ortsseelsorger wählte, obwohl er nach gerichtlicher Verurteilung 1862 gemäß den kirchlichen Vorschriften … *wegen seines übel beleumundeten Lebenswandels unwählbar war.*[5]

Diese »basisdemokratischen« kirchlichen Strukturen bewirkten einen mitunter intern beklagten »Gemeinde-Independentismus« (Gustav Reingrabner)[6] mit relativ schwachen lokalen und überregionalen Amtsträgern:

Fast rein independistische Anschauungen, völlige Gleichheit aller Gemeindeglieder mit Beseitigung aller Prärogative der Geistlichen, vollständige Unterordnung des Presbyteriums unter den Mehrheitswillen der Gemeinde, völlige Unabhängigkeit der Einzelgemeinde von jeder staatlichen wie synodalen Ueberordnung, beherrschen weite Kreise der Kirche.[7]

Dabei gilt es jedoch zu präzisieren: Das Mitbestimmungsrecht galt nicht einfach für jedes Kirchenglied, sondern war lange Zeit eng auf einen elitären Kreis der (zahlungsfähigen und/oder -willigen) Haushaltsvorstände beschränkt. Das hat zweifelsohne einiges zum Selbstbewusstsein der Kirchengremien beigetragen. Im sog. Steirischen Seniorat mit 17 Pfarr- und Filialgemeinden sowie 34 Predigtstationen kamen im Jahr 1913 auf 22.651 Evangelische A.B. 2.752 Stimmberechtigte (= 12 %); 25 Pfarrern und Vikaren standen 149 Presbyter und 57 Ausschuss-Mitglieder sowie 447 Vertreter in Gemeindeversammlungen gegenüber.[8]

Pfarrer und Lehrer als die beiden klassischen »Kircheninstanzen« waren auch späterhin häufiger als ihre »Amtsbrüder« in den alten christlichen Denominationen auf die Gunst der Gemeinden angewiesen.[9] Meist lieferten deren Umlagen, Beiträge oder Naturalleistungen[10] den Lebensunterhalt, deren Ausfolgung durch Not oder Unwillen zumindest verzögert werden konnte.[11] In der Westhälfte der Donaumonarchie wurden um 1870 – abgesehen von fast immer freier Logie – noch 131 von 214 evangelischen Geistlichen (= 61 %) und 140 von 470 Lehrern (= 30 %) teilweise in Naturalien entlohnt (s. Tabelle III, S. 194).

Neben den klassischen Ämtern der Lehrer und Pastoren war folgerichtiger Teil dieser Kultur noch eine breite Palette anderer lokaler Kirchenämter: von altersher Mesner, Glöckner, Kirchendiener, Organisten, Kantoren oder Kantorenlehrer; dazu alte und neue beratende und kontrollierende Organe auf lokaler und überregionaler Ebene wie Kirchenväter, Presbyter, Gemeindeversammlungen; vor allem in Ungarn schließlich noch Seniorats- sowie Distriktsämter und -gremien.[12]

Neben Bekenntnis und Region war für den zeitgenössischen Protestantismus mehr als bei anderen Konfessionen zudem noch eine »dritte Achse der Differenzierung« sehr wirksam: die Spannung zwischen »modernen« und »biblischen« Anschauungen, d.h. der weltanschauliche Streit um Aufklärung und Revolution. Er schied die Betroffenen in religiös und politisch antagonistische Gruppen: zum einen aufklärungskritische, für die Stabilität von überkommener Kirchenlehre und Kirchenzucht kämpfende Konservative; zum anderen liberal orientierte Kulturprotestanten mit vorrangigem Interesse an Moral und Pädagogik.[13]

Um der daraus resultierenden Vielfalt des Protestantismus der Donaumonarchie zwischen 1848 und 1918 einigermaßen gerecht zu werden, wird das Kapitel grundsätzlich nach den Kriterien der Hauptbekenntnisse und Großregionen unterteilt. In den konkreten Abhandlungen sind jedoch immer wieder Querverweise über diese theologischen und organisatorischen Grenzen hinaus nötig und angebracht. Der Bogen spannt sich von den kleinen und großen Gruppierungen der Reformierten sowie die lutherischen Stadtgemeinden Ungarns über die lutherischen Volkskirchen in Schlesien und Siebenbürgen hin zu den vielfältigen ländlichen und städtischen evangelischen Milieus in der Westhälfte des Reiches. Besonders diese erlebten im Untersuchungszeitraum zwei markante »Transformierungsschübe«, die den Blick auf die »evangelische Wirklichkeit« des Landes bis heute nicht wenig bestimmen.

Religiöse Mentalitäten und Kirchlichkeit
in den Klein- und Hauptgruppen der Reformierten in Ungarn

Was die Länder der ungarischen Krone anlangt, waren etliche sektenartige Gruppen zwar zahlenmäßig unbedeutend, als Sammelbecken von Modernisierungsverlierern aber soziologisch von Bedeutung. Das betrifft etwa die sog. **Nazarener**[14] oder auch die

Abb. 44: Begräbnis eines/einer Verstorbenen unitarischen Bekenntnisses in der Gemeinde Torockószentgyörgy im Komitat Torda-Aranyos, (Foto 1906), Museum für Völkerkunde in Budapest.

Die Unitarier waren fester Bestandteil des traditionellen regionalen Sozialgefüges Siebenbürgens (1910 ca. 68.000 Gläubige): mit einem vom Landesherrn bestätigten Bischof und einem ausgeprägten konfessionellen Schulsystem bis hin zur theologischen Hochschule in Kolozsvár. Schon seit dem 16. Jahrhundert bildeten sie eine der vier anerkannten Landesreligionen. Ihre Hauptsiedlungsgebiete waren das gebirgige »Szeklerland« nahe der damaligen Grenze zu Rumänien bzw. das Udvarhelyer Komitat. Eine erste Kirche außerhalb Siebenbürgens wurde 1879 errichtet, eine erste in Budapest 1891. In 113 Kirchengemeinden amtierten zur Jahrhundertwende 109 Pfarrer und neun Dechanten.

sog. **Sabbatianer,** die kirchlich bekämpft und von den Behörden schikaniert wurden. Letztere waren eine judaisierende Abspaltung des 17. Jahrhunderts von der unitarischen Kirche und konnten sich bei den Szeklern des Udvarhelyer Komitats in bescheidenen Resten bis in die Untersuchungszeit retten. Nur in der Stadt Bözöd-Ujfalu bildeten sie mit ca. 150 Mitgliedern eine nennenswerte Gemeinde.[15] Die den Quäkern ähnlichen »Nazarener« hingegen stellten ansehnlichere Ortsgruppen im Komitat Csongrád und

Csanád. Sie selbst nannten sich die »Gläubigen« oder »wahren Christen«; ihre Verbreitung in Ungarn Anfang der 1850er Jahre war auf predigende »Apostel« des Schweizer Pastors Samuel Heinrich Fröhlich zurückzuführen. Gesellschaftlich relevant wurden diese Gruppen durch ihr schlichtes Erscheinungsbild und die abgelehnte Kindertaufe, mehr aber noch den verweigerten Waffendienst im Fall einer Einberufung. Ihren Mitgliedern verwehrte die Gruppendisziplin ferner jeden Alkohol- oder Tabakgenuss, worauf man nicht zuletzt den deutlichen Frauenüberhang zurückführte (Geschlechterverhältnis in Szentes zur Berichtszeit 37 zu 6).[16] Von der Zahl der Anhänger ähnlich marginal und weitgehend auf Budapest beschränkt blieben die von ihrer überseeischen Bedeutung profitierenden und 1905 gesetzlich anerkannten Baptisten sowie die Anglikaner. Alle zusammen stellten diese religiösen Kleingruppen in der östlichen Reichshälfte um 1900 keine 15.000 Gläubigen.[17]

Trotz ihrer Minderzahl (1910 ca. 68.000 Gläubige) waren hingegen die **Unitarier** Siebenbürgens ein fester Bestandteil des traditionellen regionalen Sozialgefüges: mit einem vom Landesherrn bestätigten Bischof und einem ausgeprägten konfessionellen Schulsystem bis hin zur theologischen Hochschule in Kolozsvár. Seit dem 16. Jahrhundert bildeten sie eine der vier anerkannten Landesreligionen, was Kaiser Leopold II. nach den Restriktionen des 18. Jahrhunderts im Jahr 1791 erneut bestätigt hatte. Ihre Hauptsiedlungsgebiete waren das gebirgige »Szeklerland« nahe der damaligen Grenze zu Rumänien bzw. das Udvarhelyer Komitat (ca. 25.000 Unitarier bei 110.000 Einwohnern um 1900).[18] Das allmähliche Ausgreifen über ihre »angestammten« Gebiete (erste Kirche außerhalb Siebenbürgens 1879 und in Budapest 1891) war nicht auf missionarische Ambitionen zurückzuführen sondern auf eine zunehmende Mobilität.[19] In ihren insgesamt 113 Kirchengemeinden amtierten zur Jahrhundertwende 109 Pfarrer und neun Dechanten, sodass auf ca. 580 Gläubige ein Geistlicher kam.[20] Knapp 99 % von ihnen waren ungarischer Muttersprache.

Die ethnische Homogenität machte das unitarische Milieu empfänglich für »nationale« Bestrebungen. Diese Neigung äußerte sich etwa in einem starken Engagement im ungarischen Freiheitskampf 1848/49, das aufständische rumänische Bauern mit brutalen Überfällen rächten. Ebenso zeigte sie sich in der vergleichsweise großen Bereitschaft, nach und nach wenigstens die Grundschulen in staatliche Obsorge zu übergeben. Sowohl die Jahrzehnte vor der Revolution wie auch jene zwischen 1860 und dem Ersten Weltkrieg schildert die Literatur als Blütezeiten der gesellschaftlichen Anerkennung sowie des organisierten unitarisch-konfessionellen Lebens.[21]

Unitarier stellten überdurchschnittlich viele Selbständige im Bergbau und Hüttenwesen (8,5 %). In allen anderen Berufssparten entfernte sich ihr Anteil nicht sehr weit vom Bevölkerungsschnitt (zwischen 0,1 und 0,9 % bei 0,4 % Anteil an der Bevölkerung).[22] Das bedeutete freilich nicht mehr, als dass sich unter eintausend berufstätigen Unitariern ein selbständiger Berg- oder Hüttenunternehmer befand, während sich 414 von ihnen als Kleinbauern bzw. Kleinpächter verdingten; weitere knapp zweihundert fristeten ihr Dasein als Landarbeiter bzw. im Gutsgesinde.[23]

Damit lebte die große Mehrheit dieser Gemeinschaft in einer von vormodernen Traditionen geprägten Welt. Die Bretterfassaden ihrer Bauernhäuser wiesen wie bei den Reformierten meist Rauchlöcher in Kelchform auf, während jene der Katholiken mit einem Kreuz und jene der Orthodoxen durch die Form eines Peskura-Brotes das Bekenntnis ihrer Bewohner zu erkennen gaben.[24] Hervorgegangen aus der Reformierten Kirche zeigte die Gemeinschaft – oft in zugespitzter Form – deren gottesdienstliche und organisatorische Erscheinungsformen. Jeder Unitarier war grundsätzlich einer »Kongregation« (in der Regel eine Ortsgemeinde) zugeordnet. Sie definierte sich als Versammlung der erwachsenen Männer (!), respektive der Beitragspflichtigen. In einer Art Jahreshauptversammlung wählte sie ihre Amtsträger (Pfarrer, Lehrer u. a.) bzw. regelte interne Angelegenheiten.

Zumindest die abgeschotteten ländlichen Gemeinden scheinen ihre traditionelle schlicht-strenge religiöse Alltagsgestaltung durch die gesamte Berichtzeit hindurch aufrechterhalten zu haben. Dort traf man sich auch an Wochentagen vor und nach der Feldarbeit für kurze Gebetszeiten in den schmucklosen Kirchen. Die streng geachteten Sonntage kannten Morgen- und Nachmittagsgottesdienste, bestehend aus Gebet, Schriftlesung, Hymnen und Predigt. Praktisch nichts konnte jemand vom viermal jährlich gefeierten Abendmahl abhalten. In manchen Siebenbürger Kirchen soll dieser Gottesdienstrhythmus über fast vierhundert Jahre hinweg nie unterbrochen worden sein.[25]

Inwieweit diese geschlossenen konfessionellen Regionalmilieus von säkularisierenden Tendenzen betroffen waren bzw. »Aussteiger« aufwiesen, verschweigt die zugängliche Literatur. Vorsichtige Schlüsse darauf können nur indirekt gezogen werden. So waren etwa Unitarier (abgesehen vom Bergbau) in den für eine Modernisierung anfälligeren Branchen von Gewerbe, Handel/Kreditwesen und Verkehr unterdurchschnittlich vertreten: Von eintausend Beschäftigten arbeiteten bei ihnen in diesen genannten Bereichen 118 / 14 / 175 Männer; im ungarischen Schnitt waren dies aber 175 / 36 / 243. Lediglich im Sektor Öffentlicher Dienst und Freie Berufe rangierten sie mit 53 von eintausend Beschäftigten erkennbar über dem Durchschnittswert von 32.[26]

Ab der ersten Hälfte des 19. Jahrhunderts baute die unitarische Gemeinschaft Siebenbürgens ihre Kontakte zu Glaubensgenossen in England und Amerika stetig aus. Das schlug sich in Form beträchtlicher Hilfsgelder sowie einem regen Studentenaustausch positiv zu Buche (z.B. mit unitarischen Colleges in London und Oxford; ab 1892 auch für eine begrenzte Zahl von Frauen).[27] Es trug aber auch dazu bei, dass der heimkehrende theologische Nachwuchs das eher konservative Kirchenvolk mit neuen Ideen und Vorstellungen schreckte.[28] Die programmatische Ablehnung allen dogmatischen Überbaus machte die unitarische Theologie auch attraktiv für »aufgeklärte« Aussteiger anderer Bekenntnisse.[29]

Am anderen Ende der Größenskala wiesen die »ungarischen Hugenotten«, respektive die nach Schweizer Muster **Reformierten** Ungarns eine den Unitariern ähnliche Bevölkerungsstruktur auf. Mit knapp zweieinhalb Millionen Mitgliedern zur Jahrhundertwende bzw. mit mehr als 14 % Bevölkerungsanteil in Ungarn (1910) bildeten sie die bedeutendste protestantische Kirche der Donaumonarchie.[30] Aber auch bei ihnen richtete sich die Realität nur wenig nach den Weber'schen Thesen bezüglich eines ausgeprägten kalvinistischen Unternehmertums.

Schon die historische Genese des ungarischen Kalvinismus hatte in eine andere Richtung gewiesen. Im fortschreitenden innerreformatorischen Richtungsstreit war diese Spielart christlich-theologischen Denkens und kirchlicher Organisation vor allem vom *Municipium* (= dem Rat) der Stadt Debrecen sowie von vielen mächtigen magyarischen Grundherrn samt ihren bäuerlichen Untertanen adoptiert worden. Die deutschen Städte Oberungarns und Siebenbürgens sowie die Slowaken hingegen entschieden sich mehrheitlich für die lutherische Seite. Die lange währende politische Dreiteilung der Länder der Stephanskrone (habsburgischer, türkisch besetzter, Siebenbürger Teil) ließ die gegenreformatorischen Maßnahmen ebenso wie die Werbung des Reformkatholizismus hier nur partiell wirksam werden, was zu einer großen Bandbreite in den regionalen konfessionellen Prägungen führte.

In einzelnen Städten und ganzen Regionen Ungarns war daher die kalvinistische Tradition jene Leitkultur, an der sich die im 19. Jahrhundert erstarkenden Kräfte der Modernisierung rieben. So waren die großen Ortschaften am linken Theißufer in überwiegender Mehrheit reformiert. Der Schriftsteller Erasmus Schwab hatte die Gegend von Földvár bis Csongrád gar das »Paradies der Calviner« getauft. In dieses bis ins 19. Jahrhundert von Sümpfen geprägte Gebiet hatte man seit jeher *weder mit einem berittenen Heere, noch mit Kanonen oder Missionären vordringen* können.[31]

Fast vollständig bzw. überwiegend reformiert waren auch die Volksgruppe der Kumanen, die Regionen Harangod und Taktaköz und das Gebiet der Hajducken, die von Alters her im Ruf »dicknackiger Calvinisten« standen (z.B. Komitat Bihar: ca. 180.000 Reformierte bei 220.000 Magyaren), in Siebenbürgen weiters die Region Kalotaßeg.[32] Erst recht galt dies vom »kalvinistischen Rom« oder »Genf des Ostens«, der

Stadt Debrecen, in der sich vormals überhaupt nur Reformierte hatten ansiedeln dürfen. Mit seinen kirchlich geführten Höheren Schulen und seiner zweitürmigen, sechstausend Personen fassenden Hauptkirche präsentierte es sich als selbstbewusstes Zentrum der *magyar vallású* (= »ungarischen« Konfession).[33]

Die meisten dieser genannten Regionen waren agrarisch geprägt. Daraus resultierte eine über dem Bevölkerungsanteil liegende Präsenz der Reformierten bei mittleren Grundbesitzern (26 % aller Mittelbauern) und kleinen Pächtern (35 %), aber auch beim Gutsgesinde (16 %) und den Landarbeitern (18 %). In der gesamten gewerblichen Produktion wiederum blieben sie fast überall deutlich unterrepräsentiert (v. a. im Bergbau bzw. Handelswesen mit je 7 %), außer beim Hilfspersonal im Verkehrswesen (knapp 20 %). Mit 6 % extrem schlecht vertreten waren sie beim qualifizierten Personal größerer Unternehmen (»Privatbeamten«).[34] Im Jahre 1901 kamen auf 2,4 Millionen Kirchenglieder 2.169 Pfarrer und Hilfspfarrer, somit einer auf ca. 1.100 Gläubige.[35]

Diese regionale Situation brachte mit sich, dass in den Jahrzehnten vor dem Ersten Weltkrieg noch relativ starke, wenngleich schrumpfende Residuen traditioneller reformiert-ländlicher Milieus vorhanden waren. In sie hatten sich die konfessionellen Vorgaben vielfältig in den Lebensalltag »inkulturiert«. Hier wurde »gut gegessen, aber schlecht getrunken«, sprich: außer am Karfreitag[36] nie gefastet oder ohne Butter gekocht, dafür dem Alkohol vergleichsweise wenig zugesprochen. Verheiratete Frauen ließen ihr Haar nicht mehr sehen; ihre Trachten waren in der Regel dunkler als jene der Frauen anderer Konfessionen. Die wertvolle Bibel war dort Familienschatz und Diebstahl so selten, dass die Höfe gewöhnlich nicht einmal eingezäunt wurden.[37]

Die puritanische Abscheu vor jedem Pomp in der Kirchenausstattung wurde mitunter durch große Gebäude, besonders reich bestückte Orgeln oder die Doppelbesetzung von Pfarrstellen kompensiert:

Der calvinistische Kumane hängt nicht weniger an den einfachen Formen seiner Religion, da ihm aber diese keinerlei Pomp gestattet, eindringlichen Gesang und die ungewöhnliche Größe seiner Kirchen ausgenommen, so sieht er den Luxus in der Anzahl seiner Priester. Ihm ist ›ein Pfaff‹ in einer Kirche‹ nicht genug, sondern er hält sich zwei, mit gleichem Rang und Wirkungskreis.[38]

Vereinzelt bedeutete das aber auch noch eine aufrechte »Kirchenzucht«. Sie ahndete Vergehen (vor allem im sittlichen Bereich) nicht nur über Gewissensappelle sondern auch über Geldstrafen oder körperliche Züchtigung.[39] So beschloss eine reformierte

Gemeindeversammlung in Oberwart 1878 neben anderen disziplinarischen Maßnahmen die formelle »Wiedereinführung der Kirchenzucht«.[40] Eine ähnlich strenge Zucht wurde freilich auch in lutherischen Gemeinden der Gegend gepflogen. So waren etwa für Pfarrer Johann Samuel Ritter in Großpetersdorf (amtierend 1845-78) »wilde Ehen« in seiner Gemeinde ein Gräuel und ein »öffentliches Ärgernis«. Er ließ sie durch den Marktrichter und Gemeindevorsteher »auseinander treiben«.[41] Zumindest in der westlichen Reichshälfte hatten die Reformierten mit der Kirchenzucht mehr Erfolg als die Lutheraner: Sie verzeichneten zur Jahrhundertwende einen Anteil von 8,77 % unehelichen Geburten an der Gesamtzahl; bei der lutherischen Glaubensschwester betrug dieser hingegen 13,63 %, was jedoch vor allem auf die besondere soziale Situation der Alpenländer zurückzuführen war (siehe Kärnten: 43,66 %, Steiermark: 30,15 %; vgl. Kapitel: Katholiken).[42]

Aber selbst die idealtypisch beschreibende zeitgenössische Volkskunde registrierte Einbrüche in die überkommenen Traditionen. Das örtliche Brauchtum, auch im reformierten Bereich nicht ohne volksreligiös-magische Elemente[43], zog sich nach und nach auf die Kernbereiche von Geburt und Taufe, Hochzeit und Grablege zurück. Am Beispiel Kalotaßeg:

> Viele alte Bräuche seien dort abgelegt worden, … *Aber der laute Jammer der Todtenklage in Kalotaßeg ist noch immer der der Klagelaute von früher, und auch die Hochzeit wird nach Vätersitte begangen.*[44]

Auch die vormals gegenüber den evangelischen und katholischen Gottesäckern fast ostentativ vernachlässigten reformierten Friedhöfe mit den schwarz bemalten, turmartigen Grabmälern oder unbehauenen Felsstücken ohne jede Inschrift wurden immer gepflegter. Die Holzdenkmäler, statt dem Kreuz mit Knopf oder Stern bekrönt, hielten immer häufiger die Namen und Daten der Verstorbenen fest oder trugen religiöse Kürzel.[45] Rapider als die Frauen hätten sich demnach die Männer aus der traditionellen Kirchlichkeit zurückzuziehen begonnen.[46]

Die sozialgeschichtliche Literatur bestätigt weitgehend diese Einschätzung. Demnach soll die reformierte Kirche Ungarns stärker als die anderen von der Zunahme religiöser Indifferenz, aber auch von einer Abwanderung zu religiösen Splittergruppen betroffen gewesen sein. Indizien für diesen Befund waren schwindender Kirchenbesuch und die abnehmende Opferbereitschaft für kirchliche Zwecke, bei den Adeligen die Vernachlässigung der Pflichten zur Kirchenerhaltung. In Anbetracht der vorwiegend beitragsgebundenen Finanzierung der protestantischen Kirchen war dies eine bedrohliche Entwicklung. Aufgrund der fehlenden statistischen Basis kann dieser Prozess bisher weder in seinem Umfang und seinem Verlauf noch in seinen Ursachen ausreichend rekonstruiert werden; seinen ersten Höhepunkt erlebte er jedenfalls schon zur Jahrhundertmitte.[47] Betroffen waren demnach zuerst kleine reformierte Gemeinden, die weitgehend identisch mit der örtlichen ungarischen Minderheit einer Region waren. Sie wurden ab der Mitte des 19. Jahrhunderts von ihrer Umgebung nach und nach assimiliert. Innerkirchlich wurde diese Entwicklung unter anderem als Nachlassen des »religiösen Geistes« bei der schulischen und familiären Erziehung, als Sinken der kirchlichen Opferbereitschaft, als Desinteresse an kirchlichen Laufbahnen und als mangelnder Respekt für kirchliche Amtsinhaber registriert.[48]

Eine nicht unwesentliche Rolle für diesen Prozess dürfte die traditionell hohe Honoratioren-Dominanz in den protestantischen Kirchen Ungarns gespielt haben. Sie hatten mit Ausnahme Siebenbürgens nie ein landesherrliches Kirchenregiment gekannt (in Gestalt eines Fürsten als *summus episcopus* bzw. einer direkt übergeordneten Landesbehörde), statt dessen seit dem 17. Jahrhundert in Ablösung oder Ergänzung des grundherrlichen Kirchenpatronats ein europaweit einzigartiges System kirchlicher Leitungsgremien unter »doppeltem Vorsitz« (geistlich/weltlich) entwickelt. Bei den Reformierten fand der sukzessive Ausbau zur »Landeskirche« mit der Synode von Debrecen im Jahr 1881 seine organisatorische Krönung.

Die anfänglich aus dem Kreis angesehener Kirchenmitglieder oder von Amts wegen nominierten, ab der zweiten Hälfte des 19. Jahrhunderts allmählich durch geregelte Wahlverfahren ermittelten (selbstredend: männlichen) Führungskräfte rekrutierten sich vor allem aus der kleinadeligen *Gentry* des Landes bzw. sonstigen regionalen Honoratioren. Die örtlichen Presbyterien als gleichsam »Pfarrparlamente« sowie überregionale Aufgaben in Synoden und Konventen (als Distrikts- oder Bezirkskuratoren) boten den Betroffenen somit zahlreiche Bühnen für gesellschaftspolitisches Handeln. Die kirchlichen Ämter dienten vielfach als Einstieg in eine »eigentliche« politische Karriere.[49] Nach dem Ausgleich wurde Ungarn viele Jahre von adeligen protestantischen Ministerpräsidenten regiert: z.B. von Kálmán Tisza (1875–90) und seinem Sohn István Tisza (1903–05, 1913–17).[50]

Mehr als Pfarrer und Theologen waren es diese »Kirchenmänner«, die 1850 das Projekt einer protestantischen Reichskirche[51] ebenso wie das im europäischen Vergleich großzügige Protestantenpatent von 1859[52] durch lautstarken Protest und Obstruktion zu Fall brachten. Sie bekämpften vor allem die Einrichtung einer »Kirchenbehörde« nach dem cisleithanischen Muster des Oberkirchenrates. Nur 25 (= ca. 1 %) der reformierten Gemeinden organisierten sich deshalb nach den Vorschriften des Patents; von den lutherischen Gemeinden waren es immerhin 226 (= 68 %), in der Mehrzahl jedoch deutsche und slowakische Gemeinden. Insgesamt verweigerten 333 Gemeinden den Gehorsam.[53]

Dieser soziologische Befund trug das Seine dazu bei, dass die potentiell gesellschafts- und zeitgeistkritischen Elemente der Kirchenlehren erwartungsgemäß nur wenig zur Geltung kamen und die Grenzen zwischen den konfessionellen und politischen Anliegen der Führungskräfte häufig verschwammen.[54] In diesem Umstand liegt wohl auch das sachliche Fundament für den stets emphatisch zurückgewiesenen Vorwurf der Illoyalität gegenüber dem Monarchen, besonders im Umfeld der Revolution von 1848.[55] Verständlich wird von daher auch, dass sich das protestantische intellektuelle Milieu Ungarns insgesamt nur wenig mit der sog. Sozialen Frage des Jahrhunderts befasste, deren Brisanz für das Königreich sich nicht zuletzt in einer massiven Auswanderung manifestierte.[56] Augenscheinlich sah man auch keine Veranlassung, über die ohnehin gegebenen bürgerlichen Möglichkeiten hinaus mit einer konfessionell bestimmten Partei in die politische Arena zu steigen.

Während die Vertreter des bürgerlich-liberalen Protestantismus im Lande aus inhaltlichen Gründen keine »konfessionelle« Politik im engeren Wortsinn pflegten, hegte die konservative Seite (Neuorthodoxe, Erweckungsbewegungen) aus anderen Ursachen eine wachsende Abneigung gegenüber politischem Engagement: Hier galt es »Ablenkung« vom gebotenen Verkündigen des Gotteswortes. Streng apolitische karitative Initiativen wie die Innere Mission nach dem Vorbild protestantischer Sozialvereine in Deutschland (laut Brandt *moderne Mittel zur Durchsetzung antimoderner Einstellungen*) fanden zwar positives Echo,[57] blieben unter solchen Auspizien aber rar und innerkirchlich umstritten:

> *Vor etlichen Jahrzehnten begannen auch bei uns die Innere Mission und die kirchlich-sozialen Werke. Sie waren aber keine offiziellen Unternehmungen der Kirche, sondern solche von Vereinen, die zumeist außerhalb der Kirche standen, und mit ihr – besonders am Anfang – mehr oder weniger unzufrieden, ihr nicht selten recht unfreundlich gesinnt waren.*[58]

Am meisten Beharrungsvermögen zeigten die protestantischen Kirchen Ungarns im Schulbereich. Zwar trug man willig die Bemühungen des politischen Establishments zur Magyarisierung des Landes mit.[59] Dem Drängen der liberalen Regierungen zum Trotz suchte man aber die lokale kirchliche Trägerschaft nach Möglichkeit zu erhalten, obwohl dies hohe finanzielle Opfer bedeutete. Dies hielt den interkonfessionellen Wettstreit in dieser Frage am Leben und führte regional zu einer bemerkenswerten Dichte an Schulen:

Am Beispiel Békés im Alföld: *Zwischen den verschiedenen Kirchen entstand ein edler Wetteifer in der Förderung ihrer Schulen [...]. Die confessionslose Schule erfreut sich keiner besonderen Beliebtheit, da das Volk vielfach geneigt ist, sie als religionslose Schule zu betrachten.* [... Von insgesamt 214 Schulen] *werden nur noch 59, mit kaum 700 Kindern, durch die Gemeinden erhalten, die anderen sind sämmtlich confessionell [...].*[60]

Von 1871 bis 1900 stieg der Anteil von Schulen mit ungarischer Unterrichtssprache von 52,6 auf 75,9 % an. Dennoch waren im Jahr 1901 noch 12.766 von 17.866 Grundschulen (= 71 %) in konfessioneller Hand und nur 27 von 89 Lehrerausbildungsstätten staatlich geführt.[61] Auch im Jahr 1914 firmierten noch rund zwei Drittel der Grundschulen bzw. die Hälfte der Mittelschulen als »privat« (respektive meist konfessionell).[62]

Die lutherischen Milieus in den Städten und Dörfern östlich der Leitha und die Volkskirche der Siebenbürger Sachsen

»Nationale Fragen« beschäftigten auch die traditionsreichen lutherischen Milieus der ungarischen Reichshälfte: die der evangelischen Slowakendörfer und (abnehmend) deutsch geprägten Städte Oberungarns sowie jene in den Dörfer der Hessen und Pfälzer zwischen Donau, Drau und Plattensee bzw. in der Batschka, Syrmien und dem Banat, die auf die Ansiedlungspolitik des 18. Jahrhunderts im ehemals türkisch kontrollierten Teil Ungarns zurückgingen; in einer noch spezifischeren Form trieben sie auch die »Sachsenkirche« Siebenbürgens um.[63]

Abgesehen vom Sonderfall Siebenbürgen war das deutschsprachige lutherische Kirchenwesen östlich der Leitha laut einschlägiger Literatur generell weniger »volksbewusst« als westlich von ihr und fügte sich vergleichsweise willig dem zunehmenden Magyarisierungsdruck. Demgegenüber widersetzte sich ihm das slowakische Luthertum nach Kräften.[64] Es waren die erwähnt starken partizipatorischen Kirchenstrukturen, die diesen Druck weitgehend ungehemmt bis an die Basis durchschlagen ließen; aus derselben Ursache konnte ihm dort aber auch wirksam widerstanden werden. Ab den 1870er Jahren wurden auch lutherischen Pfarrern Oberungarns nach reformiertem Vorbild Lokal-Kircheninspektoren als gleichberechtigte weltliche Vorsteher der Gemeinde zur Seite gestellt.[65]

Abb. 45: Pfarrkonvent der westungarischen (heute: burgenländischen) evangelischen Gemeinde Gols, gegründet auf der Basis des Toleranzpatents für das Königreich Ungarn vom 25. 10.
1781 (Foto vor 1900); aus: Festschrift anlässlich der Renovierung der evangelischen Pfarrkirche
Gols o.J.

Die protestantischen Gemeinden der verschiedenen Bekenntnisse kennzeichnete traditionell eine vergleichweise große Unabhängigkeit, die im 19. Jahrhundert noch ausgeweitet und
stärker rechtlich normiert wurde. Das Mitbestimmungsrecht war jedoch lange Zeit auf einen elitären Kreis der (zahlungsfähigen und/oder -willigen) Haushaltsvorstände beschränkt.
Die »basisdemokratischen« kirchlichen Strukturen bewirkten einen mitunter intern beklagten »Gemeinde-Independentismus« mit schwachen lokalen und überregionalen Amtsträgern.
Pfarrer und Lehrer als die örtlich relevanten »Kirchenmänner« wurden bei den Reformierten
wie Lutheranern von den Gemeinden gewählt und blieben mehr als ihre Kollegen in den alten
Kirchen von deren »Gunst« abhängig.

Laut Tibor Fabiny hatte gerade die hohe gesellschaftliche Anerkennung der ungarischen Lutheraner aufgrund ihrer »patriotischen« Vergangenheit und ihrer hohen Zahl von »ungarisch-national« engagierten Pfarrern, Pfarrersöhnen und Theologen ab der zweiten Jahrhunderthälfte eine stark säkularisierende Wirkung. Ihre Amtsträger waren – abgesehen von den vielfach oppositionellen Slowaken[66] – fester Bestandteil des gesellschaftlichen Establishments. Viele Prediger huldigten einem theologischen Rationalismus und predigten – einem überspitzten Bonmot zufolge – zu Weihnachten über die Ausgestaltung des Stalles, zu Ostern über die Nützlichkeit frühen Aufstehens und zu Christi Himmelfahrt über die Schönheit des Bergsteigens.

Die sozialen Umwälzungen der Gesellschaft, die sich etwa in den lutherisch geprägten Bezirken im Nordosten in einer massiven Auswanderungswelle manifestierte, wurden von ihnen meist nur in ihren einschlägigen Wirkungen registriert. Dazu gehörte etwa ein Trend zu pietistischen oder freikirchlichen Gruppenbildungen, die mitunter förmlich von den Gemeinden ausgeschlossen wurden. Mehr erschreckte jedoch eine teilweise dramatische »Entkonfessionalisierung«: Eine kirchliche Statistik von 1897 registrierte bei 2.319 Geburten 142 unterlassene Taufen (= 6 %), bei 497 Eheschließungen 90 ohne kirchliche Trauung (= 18 %) und bei 1.422 Todesfällen 103 verweigerte kirchliche Begräbnisse (= 7 %).[67] Diesem Trend suchten »bekenntnistreue« Lutheraner hier wie in den übrigen Teilen der Monarchie durch die besondere Pflege des konfessionellen Erbes (z.B. im Liedgut) sowie durch betont konfessionelle Initiativen und Vereine entgegenzuwirken (v.a. durch die genannte Innere Mission und vereinzelte Sozialprojekte).

Demgegenüber kann die Kirche der Siebenbürger Sachsen mit guten Gründen als das homogenste lutherische Kirchenwesen der ausgehenden Donaumonarchie gelten. Sie war seit Jahrhunderten vertraglich abgesichert; ihr Selbstbild litt entsprechend wenig unter historischen Wunden oder Minderwertigkeitskomplexen. Der Verlust der politischen Selbständigkeit des Landes durch den Ausgleich von 1867 machte sie erst recht zur »Volkskirche«, da sich dem wachsenden Magyarisierungsdruck nur mittels jener Institutionen widerstehen ließ, die *in den weiten Mantel der Kirche Aufnahme finden* konnten.[68] Um bleiben zu können, wie man war, wurde vieles verändert. Das sehr traditionelle, ländliche Milieu setzte für seinen Selbsterhalt als Volksgruppe und selbständige Kirchengemeinschaft erstaunliche Energien für einen umfassenden Organisierungsschub frei. Die Verantwortlichen sorgten vor allem für eine solide Finanzbasis der Kirche: mit eigenen Fonds und einem System konfessioneller Abgaben (52.053 Abgabepflichtige im Jahr 1906).[69] Eine Kirchenverfassung regelte schon 1861 die Kompetenzstrukturen neu. Sie löste die alten Synoden und Kapitel ab und gipfelte in einer Landeskirchenversammlung und einem nun in Hermannstadt residierenden Bischof.[70]

Einen besonderen Beharrungswillen bewiesen die deutschen Evangelischen Sieben-bürgens unter ihrem kämpferischen Bischof Georg Daniel Teutsch (1817–1893) in der Schulfrage. Die Landeskirche unterhielt zuletzt für über 45.000 schulpflichtige Kinder (Stand 1915): 72 ein-, 97 zwei-, 32 drei-, 30 vier- und 15 mehrklassige Volks- und sieben Bürgerschulen. Dazu kamen 170 Fortbildungsschulen für Burschen bzw. 155 für Mädchen und 68 für beide Geschlechter (insgesamt 8.287 Schüler). Die Zahl der Lehrer betrug zuletzt 708, davon 110 Lehrerinnen (zugelassen erst seit 1901).[71] Im Unterschied zu den lutherischen Glaubensgenossen im restlichen Ungarn widerstand man damit deklarierter Maßen dem Magyarisierungspolitik der Budapester Regierungen. Während im restlichen Ungarn mehr als 500 deutsche kirchliche Schulen aufgegeben wurden, spornte Teutsch nicht nur zum Erhalt aller bestehenden konfessionellen Schulen, sondern sogar zu kirch-lichen Neugründungen im Bereich mittlerer Schulen und Fachschulen an.[72]

Die siebenbürgische Regionalkirche war ungewöhnlich kleinräumig strukturiert. Von ihren ca. 250 Gemeinden zählten auch kurz vor dem Weltkrieg nur vierzehn über 2.000 Seelen, über 10.000 einzig jene von Hermannstadt (14.875). Zuletzt wurden ca. 234.000 Gläubige von 1.226 bezahlten Kirchenmännern betreut (Pfarrer, Prediger, Lehrer), womit ein »Kirchenmann« auf weniger als 200 Gläubige kam.[73] In ihrem stark musika-lisch geprägten Gottesdienstleben war die Kirche erst zur Jahrhundertmitte vom Säch-sischen auf das Hochdeutsche umgeschwenkt. In den Sachsendörfern hatten etliche traditionelle Institutionen überlebt, die zur Untersuchungszeit bewusst für den Erhalt des kirchlich geprägten Regionalmilieus in Dienst genommen wurden.

Abb. 46: Gläubige einer sächsischen Landgemeinde im Sonntagsstaat beim Gottesdienst (Foto vor 1914), aus: Mein Österreich, mein Heimatland. Illustrierte Volks- und Vaterlandskunde des Österreichischen Kaiserstaats, hg. v. Siegmund Schneider, weitergeführt von Prof. Dr. Benno Imendorffer, Wien 1914.

Die Kirche der Siebenbürger Sachsen bildete das homogenste lutherische Kirchenwesen der Donaumonarchie. Sie war seit Jahrhunderten vertraglich abgesichert; ihr Selbstbild litt entspre-chend wenig unter historischen Wunden. Der Verlust der politischen Selbständigkeit des Landes durch den Ausgleich von 1867 ließ sie erst recht zur »Volkskirche« werden, die den Magyarisie-rungsdruck mit dem Ausbau alter und der Einrichtung neuer kirchlicher Institutionen parierte. Das traditionelle, ländliche Milieu erlebte dadurch einen regelrechten Organisationsschub: Man stellte die Finanzen der Kirche mit eigenen Fonds und einem System konfessioneller Abgaben auf eine solide Basis und gab sich schon 1861 eine neue Kirchenverfassung, welche die alten Synoden und Kapitel ablöste und nun in einer Landeskirchenversammlung und einem in Hermannstadt residierenden Bischof gipfelte.

Dazu gehörten die sog. Bruder- und Schwesternschaften als Sammelbecken der unverheirateten männlichen und weiblichen Jugend nach der Schulpflicht bzw. der Konfirmation. Sie unterstanden gewählten Leitungen und verfügten über feste Sitzkontingente in den Kirchen. Im Frühjahr organisierten sie Ausritte, im Winter sog. Spinnstuben (= Treffen der Burschen und Mädchen in wechselnden Herbergen), im Sommer Tanzveranstaltungen am Kirchplatz (nicht im Gasthaus!). Diese mussten freilich von Dorfrichtern und Pfarrern genehmigt werden und wurden von »Vätern« und »Müttern« beobachtet. Vom Presbyterium gewählte »Knecht-«, und »Mägdeväter« führten die Aufsicht bei all diesen »Zugängen« (= Zusammenkünften). Ein dauerhafter Ausschluss aus dem Verband aufgrund eines sittlichen Vergehens bedeutete den dörflichen sozialen Tod und erzwang praktisch ein Fortziehen.[74] Vor dem Weltkrieg wurden die Aktivitäten dieser Einrichtungen auf Singen, Turnen und Wandern bis hin zur Errichtung von Wehrverbänden ausgeweitet.

Mit einer Heirat trat man in die »Nachbarschaft« über, die ebenfalls sehr zur Milieu-Stabilisierung und Sozialkontrolle beitrug:

Die Nachbarn helfen sich beim Bauen des Hauses, beim Aufstellen der Scheune, beim Graben des Brunnens, bei Taufe und Hochzeit, sie begleiten den Toten zur Ruhe und graben ihm das Grab. Sie gehen gemeinsam zum hl. Abendmahl und halten am Abend vorher den Versöhnabend, um allen Hader beizulegen. Sie führen u.a. Arbeiten für die Kirche aus, wenn es gilt, die Umfriedung des Friedhofs herzustellen, das Holz für die Schule zu spalten und dergleichen mehr. [...] Sie sind, unter gewählten Nachbarvätern stehend, berufen, wie die Bruderschaften und Schwesternschaften, Zucht und Ordnung aufrecht zu halten, für Sittlichkeit und Sitte zu sorgen. [75]

Neben die – kirchlich sukzessive für die veränderten Verhältnisse adaptierten – Traditionsverbände traten zunehmend konfessionelle Vereine. Sie hatten ihre Schwerpunkte in den größeren Siedlungen und wenigen Städten des Landes. Dazu gehörten vor allem Gustav-Adolf-Vereine mit gut eingeführten Kontakten ins Deutsche Reich und ab 1884 Evangelische Frauenvereine mit zuletzt 221 Ortsgruppen (1916), die meist von Pfarrersfrauen geführt und vorwiegend karitativ tätig waren.[76]

Ungeachtet des hohen konfessionellen Organisationsgrades der Basis ließen die strukturellen Vorgaben die Sachsenkirche als die »klerikalste« protestantische Kirche der Doppelmonarchie erscheinen. Bis knapp vor die Jahrhundertwende war es üblich gewesen, dass der Berufsweg eines Lehrers im Pfarramt mündete bzw. jeder Pfarrer vorher als Lehrer gedient hatte. Erst die gesteigerten Forderungen der Schulgesetze bzw. die verbesserte Lehrerbesoldung lösten diese Verkettung der Kirchendienste. In kleinen Gemeinden vereinten »ordinierte Lehrer« (1917 noch 97) beide Ämter in ihrer Person. In abnehmender Häufigkeit leisteten sich selbst kleine Gemeinden zusätzlich zum Pfarrer einen Prediger als eine Art »protestantischen Kaplan«. In den Dörfern wurden die Pfarrersleute mit »wohlehrwürdiger Herr Vater« und »tugendsame Frau Mutter« angesprochen. Nach einer Pfarrerswahl wurden der einführende »Dechant« sowie der Erwählte samt Familie in sechsspännigen Kutschen ins Dorf geführt, wo sich ein reiches Ritual zur Installation (= Amtseinführung) entfaltete.[77]

Pfarrhöfe waren in der Regel auch landwirtschaftliche Musterhöfe mit großen Gärten, ausgedehnten Feldern und reichem Viehbestand. Ihre Inhaber fungierten nicht selten auch als Anreger und Berater in Fragen des Feld- und Weinbaus.[78] Durch die enge Verquickung der Kirchenämter kam es nicht selten vor, dass Pfarrerskinder ihrerseits wieder in Kirchenämtern bzw. als Pfarrersfrauen unterkamen. Dadurch entstand fast so etwas wie eine »Kirchenkaste« aus einem Netzwerk von Familien, die ihren Nachwuchs auch in andere evangelische Gegenden des Reiches »exportierten«.

Um die durch die Neustrukturierungen aufgewerteten »sächsischen« Bischöfe entwickelte sich ein sonst im protestantischen Bereich unüblicher »Personenkult«. Strukturelle Grundlagen dafür waren ihre herausragende Position als höchste Vertreter der Volksgruppe und ihre Wahl auf Lebenszeit. Dazu beigetragen haben aber auch starke Persönlichkeiten der Betroffenen: Im Untersuchungszeitraum waren dies die Bischöfe Georg Paul Binder 1843–67, Georg Daniel Teutsch 1867–93, Friedrich Müller 1893–1906 und Friedrich Teutsch 1906–32. Siebenbürger Kirchenmänner spielten durch ihre selbstbewusste, aber auch kompromisswillige und loyale Verhandlungslinie eine wichtige Rolle in der Genese des Protestantenpatents von 1861. Von der kulturkämpferisch orientierten protestantischen Geschichtsschreibung nach der Jahrhundertwende wurden sie wohl aus genau diesem Grunde sehr stiefmütterlich behandelt und weitgehend ignoriert.[79]

Ungeachtet der hohen »Kirchlichkeit« der sächsischen Tradition kannte der religiöse Alltag der Betroffenen wie jener ihrer anderssprachigen Nachbarn auch außerchristliche Mittel, sich Glück zu sichern oder Unglück (etwa von Neugeborenen) abzuwehren.[80] Nur vorübergehender Erfolg war auch dem Bemühen der (ebenfalls organisatorisch aufgerüsteten) kirchlichen Ehegerichtsbarkeit beschieden, die traditionell hohe Scheidungsrate der Siebenbürger Sachsen zu senken. Spätestens mit der obligatorischen Zivilehe in Ungarn war deren Tendenz wiederum steigend.[81]

Im Unterschied zu anderen deutschen Enklaven in Ungarn wie jene der Banater Schwaben[82] waren die zahlreichen Siebenbürger evangelischen Pfarrershaushalte somit zentrale Instanzen für die Identität der Volksgruppe, die zugleich unabhängige Kirchengemeinschaft war. Alles in allem haben die günstigen strukturellen Rahmenbedingungen (etablierte Rechte, sprachliche und soziale Homogenität) und ein bemerkenswerter kirchlicher Unternehmergeist der Verantwortlichen hier ein evangelisches Leben ermöglicht, das sich resistenter gegenüber der Säkularisierung und weniger von den internen (zwischen »Bekenntnistreue« und »Modernität«) und externen Spannungen (z.B. hinsichtlich der »nationalen« Identität) gebeutelt zeigte als andere protestantische Gesellschaftssegmente der Habsburgermonarchie.[83]

Die »bodenständigen« protestantischen Milieus in den Alpen, in Böhmen und Mähren, Schlesien, Galizien und der Bukowina

Auch in der westlichen Reichshälfte überstrahlte die zunehmende öffentliche Wahrnehmbarkeit der alten und neuen evangelischen Stadtgemeinden sowie die wachsende gesellschaftliche Präsenz ihrer selbstbewussten Honoratioren nur allzu leicht ihre meist schlichten bodenständigen protestantischen Milieus. Deren besondere religiöse Lebenswelten und Mentalitäten wurden dadurch zwar allmählich in den Hintergrund gedrängt; dennoch bildeten sie bis zum Untergang der Monarchie und darüber hinaus den vitalen Kern evangelischen Lebens in vielen Regionen. Das betraf die kärglichen bäuerlichen Lebenswelten der evangelischen Enklaven der Alpentäler ebenso wie jene der deutschen Kolonisten in Galizien oder der Bukowina sowie die der reformierten Gemeinden Böhmens und Mährens.

Autobiographische Skizzen und volkskundliche Studien aus den alpinen evangelischen Enklaven[84] zeichnen für die betroffene Zeit das Bild einer beinahe autarken kleinbäuerlichen Welt, in die hinein sich eine besondere christliche Spiritualität in hoher Intensität »inkulturiert« hatte. Erfolgreich schotteten sie sich gegen abträgliche Einflüsse der Umwelt ab und bedurften im Grunde auch des eigenen kirchlichen Überbaus nur wenig. Die »Toleranzgemeinden« des alpinen Raumes (in Kärntner Gebirgstälern, im hinteren Salzkammergut, dem oberen steirischen Ennstal, dem Ötschergebiet)[85] waren aus den letzten Rückzugsgebieten der lange verbotenen religiösen Lebensweise (des »Geheimprotestantismus«) hervorgegangen. Sie hatten sich durch ihre Entlegenheit und Abgeschlossenheit bis zuletzt den obrigkeitlichen Zugriffen entziehen können. Ihre schlichte, widerständige Mentalität sträubte sich noch in der »Toleranzzeit« und darüber hinaus gegen manche Neuerungen ihrer oft aus der Ferne berufenen Geistlichen. Das ließ selbst einen gebürtigen Kärntner Pfarrer wie Johann Glawischnig († 1911) über die *traditionelle Niederträchtigkeit und Schufterei der bäuerlichen Gemeindemitglieder* klagen.[86]

Diese bäuerliche protestantische Spiritualität wurde von traditionellen Gesangbüchern sowie der Bibel und anderen erbaulichen Schriften mit altertümlicher Diktion gespeist (von frühneuzeitlichen Traktaten bis hin zu Predigtbüchern des 17. und 18. Jahrhunderts). Mit ihnen lernte man das Lesen. Sie dienten als Vorlagen fürs *Prödiglesn, Betn und Heilige-Liader-Singen*, d.h. den Hausgottesdiensten an Samstagabenden oder Sonn- und Feiertagen bzw. für jene, die nicht an allfälligen Kirchgängen teilnahmen. Selbst die Dienstboten fügten sich demnach in den Hausbrauch von Morgenandachten, Tischgebeten und kniend absolvierten Abendbetrachtungen.[87]

Strenger als die katholischen Nachbarn, die in dringlichen Fällen davon längst pfarrherrlich dispensiert werden konnten, achtete man auf die sonntägliche Arbeitsruhe:

Daß die katholischen Geistlichen berechtigt waren, fallweise ihren Pfarrkindern die Sonntagsarbeit – vor allem zur Erntezeit – zu gestatten, hat er immer als offenkundige Versündigung der katholischen Kirche gegen das dritte Gebot empfunden und dieses auch Katholiken gegenüber wiederholt zum Ausdruck gebracht.[88]

Erst recht galt der Karfreitag an den evangelischen Höfen als ein »heiliger Tag«, an dem außer der Sorge ums Essen und Vieh keine Beschäftigung denkbar war. Das von Buben an so einem Tag Geschnitzte würde ihnen *in der Höll âf der Zungen aufghoazt.*[89] Einige im 19. Jahrhundert neu aufkommende Feste wie das Gustav-Adolf-Fest oder der Buß- und Bettag legte man praktischerweise auf katholische Sonderfeiertage wie Fronleichnam und Maria Empfängnis.[90] Die intensiv, oft über mehrere Monate vorbereitete Konfirmation mit Prüfung vor der versammelten Gemeinde bildete den Initiationsritus in die Welt der Erwachsenen.[91] Sie ging häufig mit der Ausschulung einher und machte die männlichen Betroffenen meist auch zu Beitragspflichtigen.[92] Den Paten kam eine wichtige Rolle als Beschenker und Berater der Kinder zu, bis ein »Konfirmations-Brief« der Kinder sie aus diesen Pflichten entließ.[93]

Die Gewissheit, im Besitz der »besseren Wahrheit« und »reineren Gottesverehrung« zu sein, kompensierte reichlich für gelegentliches Ungemach in andersgläubiger Umgebung, hervorgerufen durch gegenseitige Vorurteile oder Sticheleien.[94] Verfehlungen in den eigenen Reihen entlockten den Seufzer: *Zugehen tut's bei uns bald schlimmer als in der katholischen Kirche.*[95] Diese kleinen evangelischen Welten am Land kannten aber auch das »Ab- und Gesundbeten«, abendlich erzählte Geschichten von Hexen, Gespenstern und der wilden Jagd oder vom schlechten Ausgang mutwilliger Störung der Totenruhe.[96] Die durchgängig männlichen »Kirchansager« verkündeten den Tod eines Hausgenossen auch dem Vieh und besonders den Bienen mit derselben Formel

Abb. 47: Konfirmanten der evangelischen Pfarrgemeinde Rottenmann (Foto 1904), aus: Aufbrüche. Festschrift zum Jubiläum 150 Jahre Evangelischer Gottesdienst in Rottenmann, 1993.

Eine intensiv und oft über mehrere Monate vorbereitete Konfirmation mit Prüfung vor der versammelten Gemeinde bildete in den traditionellen protestantischen Gemeinden den Initiationsritus in die Welt der Erwachsenen. Sie ging häufig mit der Ausschulung einher und machte die männlichen Betroffenen meist auch zu Beitragspflichtigen. Den Paten kam eine wichtige Rolle als Beschenker und Berater der Kinder zu, bis ein »Konfirmations-Brief« der jungen Erwachsenen sie aus diesen Pflichten entließ.

wie den Menschen: mit Einladung zu Begräbnis, Kirchgang und Totenmahl.[97] Bei den Nachtwachen im Trauerhaus wurde in den evangelischen Häusern gesungen, in den katholischen gebetet.

Das Heiraten über die Konfessionsgrenze wurde tunlichst vermieden. Das »Umstehen«, d.h. den Bekenntniswechsel, hatte gegebenenfalls der einheiratende Teil zu leisten, damit der Hof im jeweiligen konfessionellen Besitzstand blieb.[98] Die evangelischen Hochzeiten am Land aber wurden festlich begangen. Sie hoben sich damit deutlich von den nüchtern-schlichten Trauungszeremonien in den alten und neuen städtischen Gemeinden ab, wo sie nicht selten zu »Haustrauungen« (analog dazu »Haustaufen« und »Hauskommunionen«) privatisiert wurden.[99]

In vielem diesen alpinen Milieus lutherischer Prägung vergleichbar erscheinen die nicht weniger ärmlichen reformierten »Toleranzgemeinden« der Tschechen in Böhmen und Mähren. Als Relikte besonderer Reformationstraditionen hatten sie längere Zeit geschwankt, welcher der beiden tolerierten Bekenntnisse sie sich zurechnen wollten. Das Pendel hatte schon in der ersten Hälfte des 19. Jahrhunderts immer stärker zur reformierten Kirche hin ausgeschlagen. Deren puritanische Auffassungen von kirchlichem Gebaren entsprachen der schlichten Mentalität der tschechischen »Geheimprotestanten« mehr als die reichere liturgisch-sakramentale Praxis der »halbpapistischen« Lutheraner:

Der liturgische Gesang der Slowaken, ihr Priestergewand, die Altarkerzen, die Hostie beim Abendmahl, die Kruzifixe und das Kreuzeszeichen beim Segnen, wie dies alles bei den slowakischen und auch den schlesischen Lutheranern üblich und beliebt war, erinnerte zu sehr an den so lange mit Gewalt aufgezwungenen katholischen Gottesdienst.[100]

Im Gefolge der Revolution von 1848 entdeckten theologische Wortführer der Reformierten … *die Kraft der hussitischen Tradition und der Brüdertradition in ihrer kulturellen, nationalen und sozialen Tragweite* und ließen *jene Toleranzpsychologie der dankbaren armen Verwandten* hinter sich.[101] Die alte Option für die muttersprachliche Rezeption des Gotteswortes im *fast magischen Herangehen an die geheiligte Kralicer Bibel*[102] ging scheinbar recht nahtlos in neue nationale Positionen über, die aus einem anwachsenden Arsenal von Versatzstücken einer national-religiösen Ideologie[103] bedient wurden. Sie drängten auf eine Scheidung der Kirchentraditionen entlang der Sprachgrenzen – Fanal einer Ablöse der konfessionellen durch die Nationale Frage.

Der zunehmende Druck richtete sich vor allem gegen den Oberkirchenrat, in dem beide protestantische Kirchentraditionen organisatorisch zusammengebunden waren. Seine Existenz wurde als »Zwangsehe« diffamiert und zum »Schreckgespenst einer Union« aufgebauscht. Die Angriffe auf das oberste Kirchenorgan kulminierten 1871 in der Forderung nach einer eigenständigen böhmisch-mährischen Synode; sie konnten

Abb. 48: Eine Mädchenklasse des Jahrganges 1888/89 der Evangelischen Schule am Wiener Karlsplatz (Foto 1888/89), aus: 125 Jahre Evangelische Schule am Karlsplatz 1861–1986, Wien 1986.

Bis zum Reichsvolksschulgesetz von 1869 bildeten die evangelischen Schulen auch in der Westhälfte der Monarchie das Grundelement der protestantischen Gemeindestruktur. Erst danach verlagerte sich das Kirchenleben vielerorts in Richtung Pfarre. Protestantische Lehrer stellten in vielen Gegenden des Reiches die primären kirchlichen Ansprechpartner dar und leiteten wöchentlich im Schul-/Bethaus die Lesegottesdienste oder jäh fällige Begräbnisse. In den Großstädten des Reiches manifestierte sich das traditionell hohe protestantische Schulethos in der kirchlichen Trägerschaft für angesehene Gymnasien.

nur mit Aufbietung aller verfügbaren bürokratischen Instrumente abgewehrt werden.[104] Aus reformierter Binnensicht bildeten die letzten vier Jahrzehnte vor 1918 eine Phase der Neuformierung des böhmischen Protestantismus. Sie war gekennzeichnet durch ein Zurücklassen der bisherigen ländlichen Enge bzw. das Vordringen in städtische und gebildete Sphären, ferner den Ausbau der kirchlichen Infrastruktur und verstärkte Auslandskontakte der Prediger. Damit einher gingen aber auch wachsende inner-protestantische Spannungen und die Bildung freikirchlicher Gruppen – ungeachtet etlicher Bemühungen, die Bekenntnisgrenzen im Beschwören der alten »böhmischen Unität« zu überwinden.[105]

In den traditionellen protestantischen Milieus war bis ca. 1870 nicht so sehr die Kirche als vielmehr die evangelische Schule das Grundelement der gemeindlichen Infrastruktur. Protestantische Lehrer stellten in vielen Gegenden des Reiches die primären kirchlichen Ansprechpartner dar (als Beichtvater, Seelsorger) und leiteten wöchentlich im Schul-/Bethaus die Lesegottesdienste oder jäh fällige Begräbnisse. Ins-besondere galt dies für die entlegenen Diasporagemeinden Galiziens und der Buko-wina. Dort wurde die Geschlossenheit der ländlichen protestantischen Milieus zudem durch die meist gegebene Identität von Sprach- und Bekenntnisgrenzen gefördert. Durch Zu-, Ab- und Auswanderungen unterlag sie dementsprechend aber auch einigen Fluktuationen.[106]

Das vor allem gegen den Schuleinfluss der katholischen Kirche gemünzte Reichs-volksschulgesetz von 1869 grub auch den evangelischen Schulen das Wasser ab. So redu-zierte sich etwa in Kärnten die Zahl der evangelischen Volksschulen bis zur Jahrhun-dertwende von 34 auf zwei.[107] Das Kirchenleben verlagerte sich vielerorts in Richtung Pfarre. Eine Bestandsaufnahme des Gustav-Adolf-Vereines dokumentiert die evange-lisch-kirchliche Infrastruktur der westlichen Reichshälfte an just dieser Wegscheide und illustriert die unterschiedlichen regionalen Gewichtungen zwischen Kirche und Schule:

Tabelle III: Schulische und kirchliche Infrastruktur der Evangelischen Kirchen AB und HB in den Kronländern bzw. Teilregionen Cisleithaniens (Stand 1869)

Kronland bzw. Teilregion und Bekenntnis	Seelenzahl (Anteil an Kronland-Einwohnern)	Schulgemeinden / Lehrer / mittleres Gehalt (N)	Kirchengemeinden / Seelsorger / mittleres Gehalt	Gläubige je Lehrer	Gläubige je Seelsorger	Gläubige je Kirchenmann
Böhmen AB (ohne Asch)	19.032 (= 0,4 %)	18 / 24 / 353 fl (5)	39 / 25 / 651 fl (12)	793	761	388
Evang. Enklave Asch AB	16.641 (= 0,3 %)	17 / 30 / 264 fl (--)	3 / 4 / 1.113 fl (--)	292	4.160	489
Böhmen HB	63.439 (= 1,2 %)	55 / 57 / 238 fl (1)	52 / 46 / 409 fl (20)	1.113	1.379	616
Schlesien AB	68.019 (= 14,0 %)	57 / 81 / 324 fl (31)	18 / 20 / 470 fl (15)	840	3.401	673
Mähren AB	20.441 (= 1,0 %)	15 / 18 / 286 fl (4)	19 / 15 / 372 fl (14)	1.136	1.363	619
Mähren HB	37.283 (= 1,9 %)	38 / 36 / 214 fl (4)	26 / 20 / 392 fl (19)	1.036	1.864	666
Galizien AB + HB	28.574 + 3.200 (= 0,6 %)	85 / 98 / 169 fl (54)	72 / 24 / 503 fl (16)	324	1.324	260
Bukowina AB + HB	9.490 + 825 (= 2,0 %)	14 / 18 / 181 fl (13)	18 / 5 / 734 fl (3)	573	2.063	448
Wien AB + HB*	20.000 + 4.000 (= 1,4 %)	1 / 23 / ?	1 / 7 / 1.986 fl (--)	1.043	3.429	800
Rest-Niederösterreich AB	ca. 3.500 (= 0,2 %)	6 / 8 / 358 fl (2)	8 / 4 / 960 fl (2)	438	875	292
Kärnten AB	17.253 (= 5,0 %)	34 / 34 / 140 fl (11)	26 / 17 / 525 fl (22)	507	1.015	338
Oberösterreich AB	15.293 (= 2,1 %)	20 / 24 / 260 fl (8)	16 / 12 / 583 fl (3)	637	1.274	425
Steiermark AB	7.013 (= 0,6 %)	9 / 12 / 372 fl (7)	12 / 7 / 723 fl (5)	584	1.002	369
Küstenland AB + HB	1.030 + 520 (= 0,3 %)	2 / 5 / 878 fl (--)	4 / 4 / 1.585 fl (--)	310	388	172
Tirol/Vorarlberg AB + HB	270 + 500 (= 0,09 %)	1 / 1 / 540 fl (--)	3 / 2 / 1.175 fl (--)	770	385	257
Salzburg AB	500 (= 0,3 %)	-- / -- / --	2 / 1 / 1.000 fl (--)	----	500	500
Krain HB	407 (= 0,09 %)	1 / 1 / 360 fl (--)	2 / 1 / 700 fl (--)	407	407	204
Gesamt (19.303.658 Einw.)	336.840 (= 1,7 %)	373 / 470 / 252 fl (140)	321 / 214 / 594 fl (131)	717	1.574	492

Quelle: Julius A. Kolatschek, Die evangelische Kirche Oesterreichs in den deutsch-slavischen Ländern, Wien 1869.

N: Stellen mit Gehaltsanteilen (inkludiert oder zusätzlich) in Naturalien (Getreide, Brennholz, Grundstücke etc.). * Die für das Land Niederösterreich angegebene exakte Zahl von 27.110 Evangelischen beider Bekenntnisse verteilt sich nach Angaben der Quelle ungefähr im angegebenen Maße auf die zwei Bekenntnisse bzw. Teilregionen; für die Gesamtseelenzahl am Tabellenende wurde jedoch die exakte Zahl für Niederösterreich gesamt eingerechnet.

Auswertung der Tabelle:

Die höchste Dichte an evangelischen Schulen wies demnach – abgesehen von der evangelischen Enklave Asch bzw. der besonderen Minderheitensituation im Küstenland und in der Krain – Galizien auf, gefolgt von Niederösterreich (ohne Wien) und Kärnten. Die evangelischen Lehrer Kärntens waren auch am schlechtesten entlohnt, nur wenig besser ihre Kollegen in Galizien, der Bukowina und bei den Reformierten Mährens.

In Galizien und der Bukowina wurden zudem am meisten Lehrer (54 von 98 bzw. 13 von 18) zum Teil oder zusätzlich in Naturalien entlohnt. Nach dem Indikator »Konfessionsschule« müssen die Lutheraner Mährens, gefolgt von den Reformierten Böhmens und Mährens, den Evangelischen Wiens sowie den Lutheranern Schlesien und Böhmens (ohne Asch) als die am meisten »säkularisierten« Protestanten Alt-Österreichs angesehen werden.

Seelsorglich am besten betreut erscheinen naturgemäß die besonders wenigen und kleinen Gemeinden im Küstenland sowie in Salzburg, Tirol/Vorarlberg und der Krain. Gerade die volkskirchlichen Verhältnisse von Asch und Schlesien gingen umgekehrt mit der geringsten seelsorglichen Betreuung einher. Materiell am schlechtesten gestellt waren die Pfarrer beider evangelischer Konfessionen Mährens gefolgt von den reformierten Pfarrern Böhmens und den lutherischen Pfarrern Schlesiens. Die besten Stellen hatten die städtischen Gemeinden in Wien, im Küstenland und in Tirol sowie die Enklave Asch anzubieten.

Zieht man die oft stark »pastoral-kirchliche« Rolle der Lehrer in vielen evangelischen Regionen in Betracht, so zeigt sich insgesamt eine vergleichsweise hohe kirchliche »Betreuungsdichte«, vor allem wiederum in Regionen ohne ländliche Gemeinden bzw. in der sprachlichen »Diaspora«: Im Küstenland kam auf 172 Gläubige ein »Kirchenmann«, in der Krain auf 204 und in Tirol und Galizien auf 257 bzw. 260. Nach dem Indikator »Personaldichte« erscheinen die Evangelischen Wiens, die Reformierten Mährens und Böhmens sowie die Lutheraner Schlesiens und Mährens als die am wenigsten kirchlich geprägten Personengruppen innerhalb des Protestantismus Cisleithaniens.

Hatten 337.000 Evangelische der westlichen Reichshälfte somit 1869 noch 373 Schulgemeinden gebildet und 470 Lehrer besoldet, so beschieden sich 594.000 Glaubensgenossen 1913 mit nur mehr 174 konfessionellen Schulen.[108] Es wären noch weniger gewesen, wenn während der 1890er Jahre in der deutschen Diaspora des Ostens nicht ein Gegentrend unter »nationalen« Vorzeichen eingesetzt hätte. Die »treudeutschen Kolonisten« wurden gemahnt, dass sie außer ihrem Besitz an zwei Gütern höherer Art Teil hätten, *und diese heißen Kirche und Schule.* Nur in eigenen Schulen könnten ihre Kinder über den Kleinen Katechismus hinaus in den Glauben ihrer Väter eindringen, das Kirchenliedgut (!) internalisieren, ein angemessenes Geschichtsbild vermittelt bekommen und ihre nationale Identität bewahren.[109]

Der »Patriarch« der Evangelischen in der Bukowina, Josef Fronius (Pfarrer von Czernowitz 1878 bis 1912), stellte sein ausgeprägtes Organisations- und Geldbeschaffungstalent ganz in den Dienst der Sache, ein konfessionell-nationales Schulnetz zu erhalten bzw. auf- und auszubauen.[110] Honoratioren der protestantischen Gemeinden und evangelische Pfarrer engagierten sich in der Folge auch federführend für konfessionsübergreifende (!) deutsche Vereinigungen (vor allem den Bund der christlichen Deutschen in Galizien bzw. in Czernowitz). Sie förderten zudem den Aufbau von Raiffeisenkassen mit dem Zweck, den finanziell bedrängten Volksgenossen unter die Arme zu greifen und das nun primär »nationale« Schulnetz finanziell abzusichern.[111]

In der dreisprachigen lutherischen Kirche des österreichischen Schlesien (zuletzt ca. 20.000 deutsch-, 69.000 polnisch- und 7.000 tschechischsprachige Evangelische) führten die geschilderten strukturellen Voraussetzungen je länger je mehr zu regelrechten Wahlkämpfen bei Pastorenbestellungen, die häufig mit negativen Begleiterscheinungen wie Stimmenfang, Diffamierungen etc. einhergingen. Umstritten waren dabei nicht nur die nationale Herkunft oder Gesinnung sondern auch die theologischen Positionen der Kandidaten. Bekenntnisbewussten Gemeinden mit reichen lokalen Traditionen (u.a. der »Gnadenkirche« von Teschen seit 1709) und einem starken pietistischen Erbe traten in der Folge meist Pastoren gegenüber, die zuerst in Wien, dann an deutschen Universitäten rationalistisch und kulturprotestantisch geformt worden waren.

Deutsch- und polnischnationale Geistliche und Lehrer suchten die breite Schicht der einheimischen und regionalpatriotisch orientierten (slawischen) »Schlonsaken« auf ihre Seite zu ziehen. Sie gewannen an Terrain gegenüber den freisinnigen, im österreichischen Liberalismus engagierten, »schlesisch« bzw. »schwarzgelb« gesinnten Seelsorgern und Lehrern. Deren bekanntester Vertreter war der langjährige Teschener Pastor, Superintendent und Reichsratsabgeordneter Dr. Theodor Haase († 1909). Er erwarb sich mit zahlreichen »aufgeklärten« Projekten (Evangelische Lehrerbildungsanstalt, Schulen, Vereine, Zeitungen, Krankenhaus u.v.a.m.) einen weit über die Provinz hinausgehenden Ruf. Sein selbstbewusstes, unternehmerisches Auftreten (wie »Gott in Schlesien«) und sein Verhalten gegenüber Amtsbrüdern (bis hin zu Gerichtsklagen) verschafften ihm aber auch erbitterte Gegner.[112] Er ist auch Beispiel für die Zugehörigkeit zu einer der evangelischen »Kirchendynastien« der Monarchie, d.h. Großfamilien, deren Männer oft über Generationen und räumlich zwischen Pola und Lemberg breit gestreut kirchliche Amtsträger stellten (Prediger, Pastoren, Lehrer, Senioren, Superintendenten etc.).[113]

Die geschilderten strukturellen Bedingungen scheinen auch das Ihre dazu beigetragen zu haben, dass den kirchlichen Wortführern selbst im ländlich armen (siehe

Beskidendörfer) bzw. rapide industrialisierten Ostschlesien mit seinen regional großen Bevölkerungsverschiebungen (z.B. Witkowitz 1880: 2.590, 1910: 23.151 Bewohner)[114]
auf die Soziale Frage nur unzureichende Antworten einfielen. So wollte das »Seniorat« zur Betreuung der mobilen und noch lange als (vergleichsweise) fromm und wenig
»Sozialismus-anfällig« geltenden schlesischen Arbeiter einen »Reiseprediger« bestellen.
Zwei konkrete Bestellungsversuche 1904 und 1910 scheiterten jedoch an der Präferenz
der Kandidaten für den Schuldienst bzw. am Unwillen der Standortgemeinde, ihren
Unterhalt aufzubringen.[115]

Der gehobene protestantische Zuzug nach Alt-Österreich
und das Patent von 1861 – die erste Transformation

Durch den einsetzenden Fremdenverkehr, die Ansiedlung evangelischer Adeliger samt
Gefolge sowie durch Betriebsgründungen und anderen beruflichen Zuzug hatte sich
ab der Jahrhundertmitte die Präsenz von Protestanten beider Bekenntnisse in bis dahin
rein katholisch geprägten Städten und Regionen der habsburgischen Kronlande stetig
verstärkt. Unter ihnen befanden sich religiös Engagierte, die in ihrer neuen Lebenswelt nicht auf ihr gewohntes kirchliches Leben verzichten wollten. Sie unterzogen sich
deshalb der Mühe, die vielfach weit zerstreut siedelnden Glaubensgenossen organisatorisch zu sammeln. Nach diesem Modell kam es beispielsweise zu Gemeindebildungen
in Bregenz, Meran, Salzburg, Ischl, Gmunden, Laibach und Görz ebenso wie in Eger,
Gablonz, Reichenberg, Pilsen oder Baden.

Durch diese städtischen Neugründungen von Gemeinden veränderten sich sowohl
die gesellschaftliche Wahrnehmung des österreichischen Protestantismus als auch sein
Selbstverständnis erheblich – er erlebte einen ersten von zwei markanten Transfor-
mationsschüben. Ähnlich wie die zweite war auch schon diese erste Transformation
nicht wenig von Personen, Ideen und Mitteln aus protestantischen deutschen Landen
geprägt. Abgesehen jedoch von den Kämpfen um die »Glaubenseinheit« von Tirol und
Vorarlberg [116] sowie mancherorts ausgefochtenen Streitigkeiten um den bleibend katholischen Charakter von Stadtfriedhöfen [117] verlief diese Transformation deutlich frikti-
onsärmer als die zweite und wurde vom milden Schein des Protestantengesetzes von
1849 bzw. des Protestantenpatents von 1861 verklärt.

In Vorarlberg betrieben die zugezogenen Industriellen Melchior Jenny und John
Douglass bereits seit den 1830er Jahren – vorerst vergeblich – die Gründung einer pro-
testantischen Gemeinde, die beide protestantischen Bekenntnisse vereinen sollte. Ihre
Nachkommen aber saßen im ersten Presbyterium einer Gemeinde in Bregenz. Sie

Abb. 49: Besucher der Einweihungsfeier des protestantischen Teils des Wiener Zentralfried-
hofs (Foto 1904), Fotoarchiv WIEN MUSEUM.

Das Protestantenpatent von 1861 und seine praktischen Folgen für Bestattungsfragen führten
in etlichen Städten zu Konflikten zwischen Kommunalverwaltungen und der katholischen
Kirche hinsichtlich der Weihe und damit den »katholischen« Charakter von Friedhöfen, auf
denen nun auch Anderskonfessionelle gleichberechtigt zur ewigen Ruhe gebettet werden
konnten. In vielen Städten wurden daraufhin Teile der großen kommunalen Friedhöfe in konfessionelle Sektionen untergliedert.

trat mit einer 63-köpfigen »Generalversammlung der in Vorarlberg wohnenden Protestanten« auf Schloss Babenwohl unter Vorsitz seines Besitzers Ernst Freiherr von
Poellnitz mit 2. Juni 1861 ins Leben. Dankbar vermerkte man namhafte Mittel, welche die Gustav-Adolf-Vereine Leipzig, Stuttgart und Wien sowie die protestantischen
Unterstützungsvereine von Basel, Zürich und St. Gallen, einige gekrönte Häupter und

Vorarlberger Geschäftsleute dafür bereitgestellt hatten. Der katholische Fürstbischof Vinzenz Gasser von Brixen hatte vergeblich gegen ihre behördliche Genehmigung eingewendet, dass den überwiegend ausländischen 396 Petenten zugunsten der Gemeindebildung nur siebzig in Vorarlberg ansässige Protestanten gegenüberstanden. Sein Generalvikar fürchtete den »verderblichen« Einfluss, den etliche dieser Exponenten mit ihrem Reichtum bzw. als Fabrikbesitzer und Arbeitgeber ausüben könnten.[118] Poellnitz regierte auch im Bregenzer Stadtleben mit. Als Kurator und – in reformierter Tradition – Vorsitzender des Presbyteriums bestimmte er weitgehend das Anfangsgeschehen, vor allem den Bau einer neugotischen, mit 410 Plätzen äußerst großzügig dimensionierten Kirche. Er überwarf sich in Kompetenzfragen nach einiger Zeit mit dem aus Biberach nach Bregenz berufenen ersten evangelischen Pfarrer Vorarlbergs, der 1866 seine Kündigung einreichte. Auch dessen Nachfolger aus Württemberg scheiterte bald an diesem »schweren Missionsposten«.[119]

In Ischl initiierte das Großherzogspaar von Mecklenburg-Schwerin mit der Zusicherung eines jährlichen Legats ab dem Jahr 1860 die Einrichtung einer evangelischen Schulgemeinde. Der jährlich mit zur Kur anreisende Pfarrer versammelte auch andere Kurgäste und Einheimische zum Gottesdienst. Im Jahr 1872 gab die Behörde ihr Einverständnis zur Gründung einer Filialgemeinde. Keine zehn Jahre später wurde ein umgebauter Salinen-Kornstadel als Kirche eingeweiht, für die der Großherzog eine Orgel gestiftet hatte.[120] Ähnlich sammelte sich in Gmunden evangelisches Kirchenleben um das seit 1866 dort residierende Königshaus von Hannover, dessen »Liebesgaben« durch jene des Gustav-Adolf-Vereins ergänzt wurden (Gemeindegründung 1870, Kirchweihe 1876).[121]

In Salzburg erlaubte König Ludwig I. von Bayern ab 1848 den nach und nach zugewanderten, fast alle dem gehobenen Bürgertum oder Militär angehörenden ca. vierhundert Evangelischen die Nutzung des Empfangssaales im Schloss Leopoldskron als Gottesdienstraum. Als dieser nach dreizehn Jahren wegen Baufälligkeit als Versammlungsort ausfiel, stellte der liberale Gemeinderat der Stadt von sich aus den Rathaussaal zur Verfügung, wo 1863 die erste evangelische Gemeinde des neu erstandenen Kronlandes Salzburg gegründet wurde.[122] Im jungen und begabten Coburger Unternehmersohn Heinrich Aumüller fand man alsbald einen Pfarrer, der durch Persönlichkeit und Auftreten sich und seiner Gemeinde für Jahrzehnte hohes Ansehen im öffentlichen Leben Salzburgs sicherte. Sein Geschick und seine Kontakte zu adeligen und vermögenden Kreisen in Deutschland beförderten maßgeblich auch die Etablierung protestantischen Lebens in der Stadt: u.a. den Kirchenbau an prominenter Stelle, Schul- und Vereinsgründungen sowie die Errichtung von Stiftungen.[123]

In Görz stand die aus Triest stammende und geadelte Industriellenfamilie Záhony am Anfang der Gemeindegründung. Sie unterstützte zusammen mit etlichen deutschen Gustav-Adolf-Vereinen weitreichende Investitionen in die kirchliche Infrastruktur.[124] In Laibach waren circa zweihundert in der Stadt und Umgebung siedelnde Evangelische seit 1847 gottesdienstlich von Triest aus notdürftig versorgt worden. Ein Legat der »protestantischen Schutzfrau im Kaiserhaus«, Erzherzogin Maria Dorothea († 1855), sowie die großzügige »Hauptliebesgabe« des deutschen Gustav-Adolf-Vereins von 1851 ermöglichte die Gemeindegründung sowie den Bau einer großzügigen Kirche für 500 (!) Personen samt Turm, Glocke und Orgel.[125]

Aus beruflichen Gründen Zugewanderte formten oder belebten auch die Gemeinden im westböhmischen Eger, im nordböhmischen Gablonz und Reichenberg,[126] im südböhmischen Pilsen und Budweis[127] sowie in Baden bei Wien.[128] Der meist hohe Anteil an vermögenden und gebildeten neuen Gemeindegliedern sorgte auch hier für Achtung und Entgegenkommen örtlicher Behörden. Durch die guten Verbindungen zu den Unterstützungsvereinen im Ausland kam es zu vergleichsweise raschen Ausbauten ansehnlicher kirchlicher Infrastrukturen: mit Anmietungen von Gottesdiensträumen, Regelungen für die Seelsorge sowie mit dem Bau und der Ausstattung von Kirchen und Pfarrhäusern etc. In Eger etwa erwarb die erst zwei Jahre vorher begründete Gemeinde *einen in der schönsten Lage befindlichen Bauplatz* für Kirche, Pfarr- und Schulhaus. Gustav-Adolf-Vereine und eine Kollekte in mehreren Ländern hatten ein Polster von über 60.000 Gulden (!) geschaffen.[129]

Die wirtschaftlich bedingte Fluktuation innerhalb der Trägerkreise konnte neue Stadtpfarren dieser Art aber auch sehr rasch auf einen »Aussterbe-Etat« bringen. Einige von ihnen registrierten für die 1880er und 1890er Jahre Stagnationen bzw. deutliche Rückgänge des Gemeindelebens. Alte Gemeinden wie Wien schwenkten in diesen Jahren von einem geradezu »katholischen« (mit etlichen Marienfesten, Leopoldi etc.) auf einen radikal purifizierten »protestantischen« Festkalender um.[130] Die solcherart vermehrten und öffentlich präsenten Kirchengemeinden verstärkten die Wahrnehmung der protestantischen Kirchen als Organisationen des gebildeten und unternehmerischen gehobenen Bürgertums, die bisher nur Gemeinden wie Wien, Prag, Budapest oder Triest genährt hatten, wo etwa Adeligen und börsenmäßigen Kaufleuten eigene Kirchenbänke reserviert waren.[131]

Abb. 50: Gottliebin Müller, Witwe des Wagenbauers Philipp Müller, mit ihren Söhnen Ernst, Samuel und Karl sowie zwei Schwiegertöchtern (Foto um 1870), aus: Hans Kretz, Chronik der Evangelischen Gemeinde Mödling, Mödling 2000.

Die Mödlinger Familie Müller mit Darmstädter Wurzeln organisierte nach ihrem Zuzug 1829 lutherische Haus- und Waldandachten in Mödling und Umgebung. Ab 1861 luden sie dreimal jährlich zu hohen Festtagen einen evangelischen Pfarrer aus Wien ein, um für die örtlichen Protestanten Gottesdienste zu halten. 1874 erfolgte der Bau einer ersten protestantischen Kirche am Ort. Sohn Karl Müller fungierte nach der Gemeindegründung vierzig Jahre lang als einer ihrer »Presbyter«. Ein »Presbyterium« (= der »Ältestenrat«) stellt gleichsam den »Aufsichtsrat« einer Gemeinde dar und hat traditioneller Weise über das Gebaren der geistlichen Amtsträger und die sittliche »Zucht der Gemeinde« zu wachen.

Politisierende »Neu-Lutheraner« der Los-von-Rom-Bewegung
– die zweite Transformation

In der ungarischen Hälfte des Habsburgerreiches hatte der Vorwurf der Illoyalität im Gefolge der Revolution von 1848 besonders den ersten Teil der Untersuchungszeit bestimmt und vor allem die Reformierten betroffen. Auf der anderen Seite der Leitha und den dort sehr viel weniger kompakten protestantischen Milieus vorwiegend lutherischer Prägung prägte er vor allem die letzten eineinhalb Jahrzehnte vor 1914. Und das relativ unvermutet: durch die im Gefolge des Badeni'schen Sprachenstreits einsetzende Übertrittspropaganda der sog. Los-von-Rom-Bewegung. Sie knüpfte an weltanschaulich motivierte, zahlenmäßig eher unerhebliche Konversionstendenzen seit 1848 an und wurde alsbald von neo-konfessionellen evangelischen Netzwerken Deutschlands kirchlich aufgefangen. Das war zum einen das 1842 reorganisierte übernationale Gustav-Adolf-Werk. Dieser Verband hat in den 66 Jahren seines Bestandes bis 1898 neben knapp zwanzig Millionen Mark für 1.729 Gemeinden im Deutschen Reich auch fast zehn Millionen Mark für 1.203 Gemeinden der Donaumonarchie aufgebracht.[132] Noch sehr viel expliziter nahm sich dem Anliegen der 1887 gegründete, dezidiert antikatholische und deutschnationale Evangelische Bund an.[133]

Was den Zuwachs an Mitgliedern und den Ausbau der Infrastruktur anlangt, machte die Los-von-Rom-Bewegung die evangelische Kirche AB zur Hauptnutznießerin der gestiegenen innenpolitischen Spannungen und zur konfessionellen Karte im Nationalitäten- und Parteienstreit. In einem Resümee von 1910 wurden ihr 56.000 Übertritte gutgeschrieben, weiters die Errichtung von 155 neuen gottesdienstlichen Stätten und die Gründung von 44 deutsch-evangelischen Pfarrgemeinden sowie mehr als dreihundert Predigtstellen. Über hundert Geistliche aus dem Deutschen Reich hätten sich demnach in diesen Dienst an der konfessionellen Sache gestellt.[134]

Die rezente Literatur übernimmt die zeitgenössisch kolportierte Zahl von etwa 70.000 Übertritten zwischen 1898 und 1918 für Cisleithanien.[135] Dies dürfte zu hoch gegriffen sein, da gemäß Statistik der Zuwachs der primär betroffenen Lutheraner zwischen 1891 und 1910 insgesamt nur um 64.000 Personen die allgemeine Bevölkerungszunahme übertraf.[136] Außeracht gelassen wird meist auch der jüdische Anteil am Zuzug, der ab 1895 erkennbar anschwoll (zwischen 1904 und 1912: 1.380 direkte Übertritte). Seine Dimension ist überdies um den Faktor der schwer fassbaren mittelbaren Konversionen zu ergänzen, die vom jüdischen über das katholische Bekenntnis zum Protestantismus führten. Ihm sind wohl kaum nationale Motive zu unterstellen, eher schon der Wunsch nach Assimilation ohne allzu verbindliche Folgen (v.a. im Ehegesetz). Seine

Abb. 51: Festversammlung zur Grundsteinlegung der evangelischen Kirche Innsbruck (Foto 1905), Fotoarchiv der Evangelischen Pfarrgemeinde A.B. und H.B Innsbruck / Christuskirche.

Im Gefolge der vorwiegend politischen Los-von-Rom-Bewegung kam es mittels massiver finanzieller Unterstützung aus dem protestantischen Deutschland vielerorts zum Auf- oder Ausbau einer protestantischen Infrastruktur: Neu errichtet wurden 155 gottesdienstliche Stätten, neu gegründet 44 deutsch-evangelische Pfarrgemeinden sowie mehr als dreihundert Predigtstellen; über hundert Geistliche aus dem Deutschen Reich (»Los-von-Rom-Vikare«) haben sich in den Dienst der konfessionellen Sache gestellt. Dieses beachtliche Engagement bewirkte, dass es letztlich zu einer besseren kirchlichen Integration der Neuzugänge kam, als von der politisch überfrachteten Ausgangslage her zu erwarten gewesen wäre.

bekanntesten Vertreter waren Arnold Schönberg, Egon Friedell, Hugo Bettauer und Robert Hecht.[137]

Die Übertrittsbewegung konzentrierte sich erwartungsgemäß auf die nationalen Spannungsgebiete in Nordböhmen (v.a. Egerland, Komotau, Dux, Gablonzer Gebiet)

und der Südsteiermark (u.a. Fürstenfeld, Stainz, Leibnitz, Cilli, Marburg, Radkers-
burg) bzw. dort und anderswo auf Industrieregionen (z.B. Mur-Mürz-Furche) sowie
mittlere bis größere Städte (Salzburg, Graz, Wien). Nach vereinzelten soziologischen
Aufstellungen zu schließen rekrutierte sie sich fast ausschließlich aus Beamten, Unter-
nehmern und Intellektuellen einerseits sowie Arbeitern, Handwerkern, Angestellten und Dienstboten andererseits. Praktisch keinen Zuzug gab es aus der bäuerlichen
Bevölkerung. In Salzburg waren unter den 359 »Apostaten« der katholischen Kirche
bis 1906: 58 Geschäftsleute, 41 Arbeiter, 40 Handwerker, 32 Privatbeamte, 27 Staats-
diener, 23 Handelsangestellte, 20 Dienstmädchen, 16 Magistratsbeamte, 14 Mittel-
schüler, elf Hochschüler, je zehn Ärzte, Fabrikanten, Kaufleute; je neun Fabrikdirek-
toren und Verwalter, je acht Magistratsdiener, Staatsbahndiener, Hausbesitzer; je fünf
Professoren, Künstler, Schauspieler, Offiziere sowie vier Redakteure. Das Presbyterium
der Gemeinde Graz versuchte gegen das Jahr 1905 hin den anfänglichen Werbeeifer zu
dämpfen, weil es eine »Proletarisierung« der Gemeinde befürchtete.[138]

Karl-Reinhart Trauner versucht mehr bemüht als schlüssig die »Los-von-Rom-
Bewegung« sachlich und zeitlich von einer »Evangelischen Bewegung« zu scheiden und
letztere vorwiegend religiös-kirchlich zu definieren. Die nicht zuletzt von ihm selbst
materialreich geschilderten Gegebenheiten unterstützen die These von zwei gesonder-
ten Prozessen nicht. Die »Evangelische Bewegung« erscheint darin schlichtweg als jener
Hauptteil der vorwiegend (gesellschafts-)politisch motivierten »Los-von-Rom-Bewegung«, der in einen Beitritt zur Evangelischen Kirche mündete und dessen nachfolgende kirchliche Integration vor allem durch Finanz-, Personal- und Argumentations-
hilfen des stark national- und kulturprotestantisch definierten Evangelischen Bundes
gefördert wurde.[139]

Die politische Initiative wurde von politischen und konfessionellen Kontrahenten als
»Los-von-Österreich-Bewegung« gebrandmarkt und von katholisch-kirchlicher Seite
mit Aufklärungs- und Abwehrinitiativen beantwortet. Sie verursachte auch innerhalb
der evangelischen Gemeinden selbst erhebliche Spannungen.[140] Die theologisch Ver-
sierten unter ihren Betreibern bemühten sich redlich, den »konfessionellen Friedens-
bruch« mittels eng verzahnten religiösen und nationalen Argumenten zu rechtfertigen
sowie auf die kirchliche »Veredelungsfähigkeit« der vorerst profanen Übertrittsmotive
hinzuweisen:

*Ob einer von dem Heilsbedürfnis seiner eigenen Seele getrieben oder in der Sorge um die
beste geistige Kraft für die großen heiligen Güter des Volkslebens evangelisch wird, das
ist schließlich einerlei.*[141]

Abb. 52: Einweihungsfeier eines evangelischen Kinderheimes in Fürstenfeld (Foto 1913), Fotoarchiv der Evangelischen Pfarrgemeinde Fürstenfeld.

Politisch motivierte Bewegungen konnten im Nebeneffekt zuweilen auch eine höhere Sensibilisierung der Betroffenen für religiöse Fragen bewirken. So hatte die Los-von-Rom-Bewegung in der Westhälfte des Reiches ab 1900 zwar überwiegend religiös-indifferente Proponenten und Zielgruppen. Das hohe finanzielle und personelle Engagement zugunsten dieser Bewegung führte jedoch in den neuen (seltener auch in den alten) protestantischen Gemeinden auch zur Zunahme der »Kirchlichkeit«. Es schlug sich in höheren Statistikwerten über religiöse Vollzüge nieder (s. Relation Taufe-Konfirmation).

Und tatsächlich scheint es nicht zuletzt durch die massiven reichsdeutschen Investitionen in die personelle (»Los-von-Rom-Vikare«)[142] und bauliche Infrastruktur der alten und neuen evangelischen Gemeinden zu einer besseren kirchlichen Integration der Neuzugänge gekommen zu sein, als dies von der politisch überfrachteten Ausgangslage her zu erwarten gewesen wäre.[143] Rein statistisch gesehen haben die Vorgänge nicht nur die Fluktuation in einzelnen Gemeinden sondern auch deren konfessionelle Entschiedenheit erhöht, nimmt man das Verhältnis Taufen zu Konfirmationen als Gradmesser. Am Beispiel der Gemeinde Salzburg (1890: 812 Evangelische): Eintritte pro Jahr 1880–97: 4, 1898–1913: 64; Austritte pro Jahr 1880–97: 3,7 und 1898–1913: 11; Taufen 1870–79: 358, Konfirmationen 1884–93: 187 (= 52 %); Taufen 1900–09: 619, Konfirmationen 1914–23: 448 (= 72 %).[144]

Diese Vorgänge bildeten den zweiten großen Transformationsprozess des Protestantismus Alt-Österreichs. Er verschob ihn stärker noch als der vorangegangene in Richtung kleinstädtischer Mittelstandskirche, deutschnationaler Politisierung und konfessioneller Kampfesstimmung. Innerkirchlich bedeutete er eine Stärkung des National- und Kulturprotestantismus. Sichtbar wurde das etwa an neuen Vereins- und Versammlungstypen und den bei »Los-von-Rom-Gemeinden« beliebten »Familienabenden« mit gemischt konfessionell-kulturellem Programm und deutschnationalem Einschlag.[145]

Einen leichten Gegentrend zu dieser Entwicklung stellten wie in der Osthälfte des Reiches einige wenige, meist von konservativ-protestantischer Seite initiierte Unternehmungen dar. Dazu gehörten auch hier die sog. Innere Mission sowie vereinzelte Sozialprojekte wie jene der Elvine Gräfin de la Tour in Kärnten[146] oder der Aufbau eines professionellen weiblichen Pflegedienstes durch »Diakonissen«. Letzterer stellte einen neuen kirchlichen Karriereweg für evangelische Frauen abseits des Pfarrhauses dar, wurde jedoch nur sehr zögerlich aufgegriffen[147]:

18. Jahresbericht des Diakonissenmutterhauses Gallneukirchen: *Wir zählten Ende 1908 fünfundneunzig Schwestern: 50 eingesegnete, 40 Probeschwestern, 5 Vorprobeschwestern. (1906 = 82.) Ihrer sozialen Stellung nach waren 38 Dienstmädchen und Fabrikarbeiterinnen, 28 kamen aus dem Kaufmanns- und Gewerbestand, 21 aus der Landwirtschaft, fünf waren Töchter von Beamten, je eine Professors-, Pfarrers- und Lehrerstochter. Ob nicht noch mehr Töchter auch aus Pfarrerskreisen müßig stehen?*[148]

Rudolf Leeb hat überzeugend dargelegt, dass erst mit der skizzierten zweiten Transformation die Ausbildung der seither in protestantischen Kirchenkreisen Österreichs dominierenden »Diaspora-Mentalität« einherging. Sie grenzte sich zugleich kämpferisch wie empfindlich von ihrer Umgebung ab und spitzte das Bild von der Vergangenheit dramatisch auf eine Verfolgungs- und Leidensgeschichte hin zu: *Die »Neuprotestanten« begannen die Geschichte der Altprotestanten für diese selbst zu interpretieren.*[149] Traditionen eines evangelischen Patriotismus bzw. dynastischer Anhänglichkeit (v. a. für Josef II., Franz Josef I.)[150] aus Dankbarkeit für erwiesene Huld und gewährte Integration ins zivile und militärische gesellschaftliche Leben[151] wurden dadurch dauerhaft in den Hintergrund gedrängt.

Der vielgestaltige Protestantismus der Donaumonarchie – ein Resümee

Der vielgestaltige Protestantismus Alt-Österreichs bzw. Österreich-Ungarns ist zwischen 1848 und 1918 optisch und gesellschaftlich sehr viel präsenter geworden. Grundlagen und Ausdruck dafür waren ein reger Zuzug aus dem Ausland, die deutliche rechtliche Aufwertung, beachtliche Initiativen aus eigener und fremder Kraft und vielfältige infrastrukturelle Maßnahmen.[152] Seine basisdemokratischen Einrichtungen haben das Überleben etlicher traditioneller, weltabgewandter Milieugruppen ermöglicht. Andererseits bildeten sie Einfallstore für politische und gesellschaftliche Spannungen, die auf lokaler und regionaler Ebene zu Zerreißproben bis hin zu organisatorischen Abspaltungen führen konnten.[153]

Die wenigen und notorisch schwachen überregionalen kirchlichen Einrichtungen hatten alle Mühe, nach innen und gegenüber den politischen Instanzen jenes notwendige Maß an Geschlossenheit zu gewährleisten, das Voraussetzung für die gesellschaftliche Anerkennung und das Bestehen gegenüber den übrigen Religionsgemeinschaften war, vor allem gegenüber dem ebenfalls einen Prozess der »Rekonfessionalisierung« durchlaufenden Katholizismus.

Handicaps oder Lebenshilfen?

Die Bedeutung der Konfessionen
für den Lebensalltag der Bevölkerung

Es war von vornherein ein gewagtes Unterfangen, eine »lebensweltliche« Studie aller relevanten Konfessionen der Habsburgermonarchie zu schreiben. Es ist zu hoffen, dass die Leser zumindest das redliche Bemühen um eine ausgewogene Darstellung werden anerkennen können. Selbst wenn das nicht der Fall sein sollte, so hat die nicht wenig zeitaufwendige Arbeit im persönlichen Bereich doch seine Wirkung gehabt: Das systematische Eindringen in fünf konfessionell-historische Diskursfelder hat den Blickwinkel des Autors stärker auf Zusammenhänge hin geweitet, als dies das universitäre Alltagsgeschäft bisher bewirkte. Das intensive Studium der Binnenliteraturen hat auch mehr vergleichbare Elemente zutage gefördert, als gemeinhin zu erwarten waren.[1] Die Religionsgemeinschaften der Monarchie ruhten auf einem starken Fundament aus volksreligiösen Vorstellungen und Praktiken auf, die in kreativer Wechselwirkung zu ihren offiziellen Positionen standen. Eine zunehmend religionskritische Zeit zwang sie, neue Vorkehrungen für ein »Leben mit dem Glauben« zu treffen: für Gottesdienste, religiöse Lebensgestaltung, soziale Hilfe, die Formung der Kinder zu sorgen. Sie kreierten dafür oft recht ähnliche Modelle.

Zusammenhänge zwischen religiösen Vorgaben und den Lebenschancen von Betroffenen sind wiederholt deutlich geworden. Es genügt an dieser Stelle, einige markante Beispiele herauszugreifen. Unübersehbar werden diese Zusammenhänge in den Ausführungen, die vom Schicksal der Frauen in den jeweiligen konfessionellen Milieus handelten. Ihnen wurde in streng jüdisch-orthodoxen Lebensräumen oft der gesamte soziale Erhalt der Familie aufgebürdet, wenn ihre Ehepartner sich ausschließlich dem »Lernen« heiliger Texte verschrieben. Von religiösen Studien waren Mädchen im selben Milieu praktisch ausgeschlossen, was ihnen mitunter aber einen Startvorteil in der

---

[1] Eine umfassende vergleichende Auswertung dieser Studie bietet der Autor in Band IX (»Soziale Strukturen«) der Reihe »Habsburgermonarchie 1848 bis 1918«, hg. v. Helmut Rumpler und Peter Urbanitsch, im Kapitel: Soziale Integration durch Religion? Die Konfessionellen Milieus der Habsburgermonarchie und ihr Einfluss auf die Lebenspraxis der Bevölkerung, in Druck.

Aneignung weltlichen Wissens verschaffte. Aus religiösen Motiven waren auch die meisten Frauen bei den Muslimen Bosniens noch zur Zeit der österreichisch-ungarischen Okkupation nach 1878 räumlich fast vollständig separiert und von der Schulbildung praktisch ausgeschlossen, was ihre Lebenssituation zweifellos massiv bestimmte. Formen der »Kirchenzucht« in reformierten Gemeinden dürfte das ohnehin schwere Los der Mütter lediger Kinder kaum erleichtert haben, ebenso wenig ihre moralische Zurechtweisung bei der kirchlichen »Aussegnung« von Wöchnerinnen durch katholische Priester.

In ihrer Alltagsrelevanz kaum zu überschätzen sind die vielfach restriktiven Vorgaben der Religionsgemeinschaften für eheliche Verbindungen. Ihre Vorbehalte gegenüber Eheschließungen über die Religionsgrenze hinweg müssen insbesondere in konfessionellen Mischgebieten unzählige persönliche Konflikte und Dramen bedeutet haben, ohne sie quellenmäßig quantifizieren zu können. Das gesetzlich fundierte Scheidungsverbot für Katholiken war hingegen ambivalent. Einerseits bedeutete es einen wirksamen Schutz vieler Frauen davor, aus niederen Motiven verstoßen zu werden. Andererseits kettete es vor allem jene Paare in zerrütteten Ehen aneinander, denen mangelnde finanzielle Ressourcen keine brauchbaren Arrangements für eine »Trennung von Tisch und Bett« erlaubten. Eingriffe ins Eheleben bedeuteten zweifellos die weitreichenden Beschränkungen für den Sexualverkehr durch die ostkirchlichen Fastenregeln ebenso wie die im »Brautunterricht« vermittelten Sexualtabus im katholischen Bereich – ihre Befolgung oder Missachtung entzieht sich dem Blick des Historikers.

Mindestens ebenso einschneidend für das jeweilige persönliche Schicksal waren gesetzliche Bestimmungen für katholische Ordensleute, die an ihrer Berufung scheiterten – auch wenn die Zahl der Betroffenen vergleichsweise eine sehr viel kleinere war. Nicht selten drohte zur Untersuchungszeit noch die Einweisung in eine kirchliche »Korrekturanstalt«, der man schlimmsten Falles nur durch Flucht entkam. Die

Abb. 53: Zwei für ein »Suzanna-Spiel« kostümierte Juden des Ortes Rónaszek im ungarischen Komitat Máramaros (Foto 1909), Museum für Völkerkunde in Budapest.

In unterschiedlicher Intensität gab es in allen Konfessionsfamilien ein bemerkenswertes Neben- und Ineinander von offiziellen rituellen Angeboten und volksreligiösen »abergläubischen« Praktiken. Es kennzeichnete vor allem (aber nicht nur) ländliche Regionen. Hinsichtlich der Alltagspräsenz inoffizieller religiöser Praktiken rangierte vermutlich die muslimischen und ostjüdischen Lebenswelten an der Spitze, gefolgt von den ostkirchlichen über die katholischen und ländlich protestantischen bis hin zu den assimiliert jüdischen und kulturprotestantischen Milieus.

Forderung des Zölibats für römisch-katholische Priester wiederum erschwerte die Nachwuchspflege auf mindestens zweifache Weise. Zum einen bedeutet(e) sie gleichsam ein »Arbeitsverbot« für Verheiratete im »Weinberg des Herrn«. Der Vergleich mit den anderen Glaubensgemeinschaften macht indes auf eine weitere abträgliche Folge aufmerksam: Es verhindert(e) auch das Phänomen der »Priesterfamilien«, aus dem die unierten Katholiken wie praktisch alle anderen Konfessionen einen wesentlichen Teil ihres Nachwuchses an Amtsträgern bezogen.

Zu schlechter Letzt kann auf die unnötigen Probleme hingewiesen werden, die sich im innerchristlichen Bereich zwangsläufig dadurch ergaben, dass sich die westlichen und östlichen Kirchenleitungen über die Jahrhunderte nicht auf einen gemeinsamen Festkalender einigen konnten. Vor allem in den konfessionellen Mischgebieten wie Galizien oder Rumänien und den dort häufigen konfessionellen Mischehen muss diese teilweise bis heute andauernde »kalendarische Sturheit« das Zusammenleben vieler Betroffener beeinträchtigt haben – es sei denn, sie konnten den Vorteil einer praktisch verdoppelten Feiertagszahl genießen.

Auf der anderen Seite haben die Ausführungen zahlreiche Belege für positive Wirkungen der religiösen Bindungen und des Engagements der organisierten Religionsgemeinschaften anklingen lassen. In ihrer Bedeutung kaum zu überschätzen ist beispielsweise der solidarisierende Effekt der Tatsache, dass alle Konfessionen lokale und überregionale Netzwerke aus Tausenden Gemeinden gebildet haben. Auch ihre Leistungen in der kollektiven und individuellen Sinnstiftung durch (in ihrer Binnenlogik) konsistente Weltdeutungen stehen wohl außer Zweifel. Ihre rituellen und symbolischen Angebote für die Tages-, Wochen-, Jahres- und Lebensgestaltung strukturierten

Abb. 48: Muslimische Frau aus Mostar in der Herzegowina in einer traditionellen Burka (Foto aus dem Album »Seine Majestät unser allergnädigster Kaiser und König Franz Josef I. in Bosnien und der Hercegovina. 30. V. – 3. VI. 1910.«), Bildarchiv ÖNB.

Frauen waren in vielen traditionell religiösen Milieus die Säulen der konfessionellen Identität. Die Erinnerungsliteratur betont die prägende Rolle der Mütter für die Vermittlung erster religiöser Erfahrungen (durch Gesten oder Gebete). Die stärksten Konsequenzen religiöser Regelwerke trafen wohl die muslimischen Frauen Bosniens, die auf weite Strecken gänzlich aus der Öffentlichkeit (inklusive der Schulen und Moscheen) verbannt blieben. Zu ihnen konnten nicht einmal die Volkszähler der Monarchie vordringen. Nicht viel weniger rigide präsentieren sich die Bedingungen einiger strenger ostjüdischer Milieus, in denen die Geburt eines Mädchens den Behörden häufig nicht einmal angezeigt wurde. In beiden Milieus waren nicht zuletzt religiöse Überlegungen dafür ausschlaggebend, dass Mädchen bereits sehr früh verheiratet wurden.

Abb. 55: Der Klagenfurter evangelische Pfarrer Carl Rolf (1864–85) samt Familie (Foto vor 1885), aus: Festschrift zur 100-jährigen Gründungsfeier der evangelischen Pfarrgemeinde Klagenfurt 1864–1964, Klagenfurt o.J. (wohl 1964).

Mit nahe liegender Ausnahme des römisch-katholischen Klerus bildeten die Familien der »Religionsdiener« aller anderen Konfessionen einen guten Nährboden für das Heranwachsen neuer Generationen von Amtsträgern. Daraus entstanden mitunter weit verästelte »Pfarrers-«, »Popen-« oder »Rabbinerdynastien« von vielen Generationen. In diesen »besonderen« Familien nahmen meist auch die Ehefrauen eine zwar kirchen- bzw. konfessionsrechtlich nicht definierte, für den Zusammenhalt und die Dynamik der Milieus aber bedeutende Rolle ein.

den Alltag und gaben ihm konfessionell differierende Rhythmen. Die allzu seltenen lebensweltlichen Schilderungen konfessioneller Milieus der Donaumonarchie lassen darauf schließen, dass in dieser Hinsicht vor allem die Angebote aus dem traditionell jüdischen, ostkirchlichen und katholischen Bereich von besonderer Prägekraft waren.

Abb. 56: Ruthenischer Leichenzug in Berezow im galizischen Bezirk Peczenizyn (Foto vor 1918), Fotoarchiv des Österreichischen Museums für Volkskunde in Wien.

Biographien und lebensweltliche Milieuschilderungen betonen die emotionale Kraft des religiösen Angebotes der Konfessionen, vor allem jene aus dem traditionell jüdischen, ostkirchlichen und katholischen Bereich. Zu den positiven Wirkungen der religiösen Bindungen und des Engagements der organisierten Religionsgemeinschaften gehörten zweifellos ihre kollektiven und individuellen Sinnstiftungen in Form einer konsistenten Weltdeutung für das konkrete Leben und über den Tod hinaus, die von ihren Netzwerken aus zahllosen lokalen Gemeinden angeboten wurden. Dazu zählten weiters ihre strukturierenden, Rhythmus gebenden, rituellen und symbolischen Angebote für die Tages-, Wochen- und Jahres- und Lebensgestaltung.

Hinsichtlich ihrer Wirkung hinein in unzählige individuelle und kollektive Lebenswelten kaum zu überschätzen ist auch das Engagement der Kirchen und Religionsgemeinschaften auf dem Schulsektor der Zeit. Es bedeutete zweifellos eine millionenfache Verbesserung der Lebens-Chancen Betroffener. Primär diente es der Vermittlung

215

Abb. 57: Szene aus einer Fortbildungslehranstalt für weibliche Dienstboten der »Kongregation der Töchter der göttlichen Liebe« in Wien (Foto vor 1914), Bildarchiv der Frauenkongregation »Gesellschaft der Töchter der Göttlichen Liebe«.

Die religiöse Mobilisierung von Frauen erfolgte wohl am intensivsten in jenen Regionen, die von der »katholischen Bewegung« des 19. Jahrhunderts erfasst worden sind. Eine ihrer markanten Erscheinungen war eine beachtliche Reihe an »Gründerinnen« von Vereinsgruppen und Frauenkongregationen. Eine von ihnen war eine umtriebige Lehrerin aus Bayern, Franziska Lechner, die zwischen 1869 bis zu ihrem Tod 1894 eine Gemeinschaft von über 500 Frauen in 31 Häusern in der gesamten Monarchie (von Troppau bis Sarajewo) organisierte. Diese bemerkenswerte Einzeichnung eines neuen »Kontinents der Frauen« in die bisherige katholisch-religiöse Landkarte ist in ihrer Art und diesem Umfang kirchengeschichtlich präzedenzlos. Ein hoher Tribut dafür waren die strengen Unterordnungspflichten sowie eine teilweise markant niedrige Lebenserwartung vieler betroffener Frauen, speziell jener in den kräftezehrenden Pflegediensten.

wichtiger »kultureller Codes« der jeweiligen Gemeinschaft. Somit war es nicht uneigennützig und arbeitete dem inneren Zusammenhalt zu. Doch die damit einhergehenden Anstrengungen für Ausbildung und Fortkommen ganzer Generationen sind eine Leistung, die Respekt abnötigt. Sie fußte auf der beachtlichen und vielfach unbedankten Opferbereitschaft vieler meist schlecht bemittelter lokaler Schulerhalter. In Nachwirkung alter Traditionen war dieses Engagement besonders bei den protestantischen Kirchgemeinden sehr ausgeprägt und hatte insbesondere für die osteuropäischen deutschen Siedlungsenklaven sowie in Siebenbürgen eine hohe integrativ-kulturelle Bedeutung. In der Westhälfte des Reiches erlebte es durch das Reichsvolksschulgesetz von 1869 einen markanten Einbruch, da viele Konfessionsschulen in der Folge an die Öffentliche Hand abgetreten wurden. In Ungarn jedoch entstand durch die konfessionelle Konkurrenzsituation so etwas wie ein belebender Schul-Wettbewerb, der im Wesentlichen durch den gesamten Untersuchungszeitraum andauerte.

Zu guter Letzt muss das herausragende soziale Wirken aller Konfessionen zur Sprache gebracht werden. In allen drei »abrahamitischen« Religionsgruppen (Juden, Christen, Muslime) baute es auf traditionellen Motivationen und Vorkehrungen auf. Schon diese überlieferten, teilweise ritualisierten Formen sicherten insbesondere im orthodox-jüdischen, ostkirchlichen und muslimischen Bereich Ungezählten ein leidliches Auskommen, wenn nicht überhaupt das Überleben. Gut dokumentiert ist dies für eine Heerschar jüdischer »Luftmenschen« Galiziens. Kräftige Lebenszeichen setzte dieses konfessionelle Sozialengagement aber auch im aufgeklärt jüdischen, noch mehr aber im Einflussbereich der Katholischen Bewegung. Die traditionelle religiöse Mildtätigkeit reifte dabei allmählich zu höchst eindrucksvollen Initiativen und sozialen Einrichtungen mit zunehmend professionellem Charakter heran.

Alles in allem kann somit wohl der Schluss gewagt werden, dass die positiven Effekte des Faktors »Religion« im Alltag der Habsburgermonarchie zwischen 1848 und 1918 überwogen. Die Religionsgemeinschaften bildeten ihre wohl alltagsrelevantesten »Sinnprovinzen«. Ohne sie wären ihre Länder kulturell ärmer und sozial kälter gewesen; und sie hätten unter den sozialen Spannungen und überhitzten Nationalismen der Zeit wohl noch heftiger leiden müssen, als sie dies auch mit ihnen taten.

Gott erhalte, Gott beschütze …

Die Donaumonarchie – eine »Religiöse Großmacht«?

In der Literatur wird die Donaumonarchie häufig als »katholische Großmacht« des 19. Jahrhunderts bezeichnet. Vorwiegend »katholisch« war sie vor allem im Vergleich mit den anderen europäischen Mächten der Zeit: dem »anglikanischen« Weltreich Großbritanniens, dem zuletzt radikal laikalen Frankreich, dem protestantisch-preußisch dominierten Kaiserreich der Deutschen, dem muslimischen Osmanischen Reich und dem orthodoxen russischen Zarenreich. Betont katholisch waren auch die regierende Dynastie und der überwiegende Teil ihres hohen Adels. Verfassungen, Gesetzgebung und Verwaltungspraxis privilegierten die römische Kirche in vielfacher Weise.

Die Ausführungen zu den einzelnen Konfessionsfamilien haben jedoch gezeigt, dass die kaiserliche bzw. behördliche Förderung im Untersuchungszeitraum allen anerkannten Kirchen und Glaubensgemeinschaften in ähnlicher Weise galt. Die Donaumonarchie hat offenkundig mehr als andere Großmächte auf die »religiöse Karte« gesetzt: die gezielte Förderung der Konfessionen sollte sie gemeinsam zu Stützen der Gesellschaft machen und zeigen, dass ein friedliches Nebeneinander verschiedener Traditionen möglich ist. Dieses Ziel ist nur zum Teil erreicht worden. Dennoch ist festzuhalten, dass die Konfessionsgrenzen bis 1918 auch den verschiedentlich gegen sie anrennenden Nationalismen grosso modo standgehalten haben. Und die »Religionsdiener« aller Arten legten in der Regel einen höheren Grad an Loyalität gegenüber dem ungewöhnlichen Staatsgebilde an den Tag als der Durchschnitt der sonstigen Intelligenzija ihrer jeweiligen Volksgruppe.

Die Erwartungen an die Religionen seines Reiches bzw. die angestrebte Kooperation zu gegenseitigem Nutzen fasste Kaiser Franz Josef I. in einer Ansprache an die katholischen Bischöfe des Reiches in einer Weise zusammen, wie sie in abgewandelter Form wohl die Mehrheit seiner Untertanen in allen Konfessionen hätte unterschreiben können:

Sie können sich bei der Lehre des Glaubens und der Verwaltung Ihres Amtes stets des Schutzes der Staatsgewalt sicher sein. Ich selbst bin ein treuer Sohn der Kirche, die mich in schwerer Stunde Ergebenheit gelehrt, die mir so oft im Unglück Trost geboten, die mir und meinem Hause eine treue Führerin auf allen Lebenswegen gewesen.[2]

---

2   Zitiert mit Quellenangabe bei Klieber, Politischer Katholizismus, S. 16.

Abb. 58: Kaiser Franz Josef im Gespräch mit dem evangelischen Pfarrer Karl Krčal neben anderen kirchlichen Würdenträgern im Rahmen des Empfangs von Honoratioren der Stadt Bregenz während des Kaiserbesuches 1884 zur Eröffnung der Arlbergbahn (Foto 1884), aus: Evangelisch in Vorarlberg. Festschrift zum Gemeindejubiläum, hg. v. Wolfgang Olschbaur und Karl Schwarz, Bregenz 1987.

Die Politik der Habsburgermonarchie hat mehr als jene anderer Großmächte auf die »religiöse Karte« gesetzt. Die Förderung aller anerkannten Kirchen und Religionsgemeinschaften sollte diese zu festen Stützen der Gesamtgesellschaft werden lassen. Das behördliche Wohlwollen sollte auch dazu beitragen, dass die »Religionsdiener« als Teil der traditionellen Eliten möglichst loyal zum Gesamtstaat und seinen Instanzen standen. Ein damit einhergehender Patriotismus erstreckte sich bis in die Zeit der Los-von-Rom-Bewegung auch noch auf die autochthonen Kreise des Protestantismus.

Anmerkungen

Über »Mentalitäten« und »Lebenswelten« / Vom Leben mit dem Glauben / Von den Steinchen lückenhafter Mosaikbilder

1   Vgl. Franz Josef Brüggemeier und Jürgen Kocka (Hg.), Geschichte von unten, Geschichte von innen. Kontroversen um die Alltagsgeschichte, Hagen 1985; Hans Ulrich Wehler, ›Barfußhistoriker: woher sie kommen und was sie wollen‹, in: *Die Zeit*, Nr. 45, 2. November 1984; ders., Neoromantik und Pseudorealismus in der neuen Alltagsgeschichte, in: ders., Preußen ist wieder chic … Politik und Polemik in 20 Essays, Frankfurt 1983, S. 102; Peter Borscheid, Alltagsgeschichte – Modetorheit oder neues Tor zur Vergangenheit, in: W. Schieder und V. Sellin (Hg.), Sozialgeschichte in Deutschland, 3. Band, Göttingen 1987, S. 78–100.

2   Iggers, Geschichtswissenschaft, S. 75, bezugnehmend auf Giovanni Levi, On Microhistory, in: Peter Burke (Hg.), New Perspectives on Historical Writing, University Park (Pennsylvania) 1991, S. 114–139.

3   Iggers, Geschichtswissenschaft, S. 74.

4   Wolfgang Hardtwig, Alltagsgeschichte heute. Eine kritische Bilanz, in: Winfried Schulze (Hg.), Sozialgeschichte, Alltagsgeschichte, Mikro-Historie. Eine Diskussion, Göttingen 1994, S. 19.

5   Vgl. Lipp, Histoire Social, S. 65–66; nur mehr als Adjektiv (›alltagsgeschichtliche Historiker‹) bzw. als eines der einschlägigen Themenfelder (›Alltag – Erfahrung – Selbstzeugnisse‹) taucht der Begriff auf bei Susanne Burghartz, Historische Anthropologie/Mikrogeschichte, in: Joachim Eibach und Günther Lottes (Hg.), Kompass der Geschichtswissenschaft, Göttingen 2002, S. 206–218.

6   Reinhard, Lebensformen Europas. Eine historische Kulturanthropologie, München 2004.

7   Vgl. die Klage darüber bzw. der puristische Versuch der (Re-)Konstruktion einer »handlungstheoretisch und wissenschaftssoziologisch relevanten Konzeption von ›Lebenswelt‹« von: Michael Gabriel, Lebenswelt und Handeln, in: Hanns Haas, Robert Hoffmann und Robert Kriechbaumer (Hg.), Salzburg. Städtische Lebenswelt(en) seit 1945, Wien-Köln-Weimar 2000, S. 37–56.

8   Carola Lipp, Alltagskulturforschung im Grenzbereich von Volkskunde, Soziologie und Geschichte. Aufstieg und Niedergang eines interdisziplinären Forschungskonzeptes, in: Zeitschrift für Volkskunde 89/1 (1993), S. 1–33.

9   Alf Lüdtke, Stofflichkeit, Macht-Lust und Reiz der Oberflächen. Zu den Perspektiven von Alltagsgeschichte, in: Winfried Schulze (Hg.), Sozialgeschichte, Alltagsgeschichte, Mikro-Historie. Eine Diskussion, Göttingen 1994, S. 75.

10   Vielbeachtet etwa die Kontroverse eines Internationalen Symposiums in Rom 1981 zwischen

Erwin Iserloh und Victor Conzemius, publiziert in: Römische Quartalschrift 80 (1985), S. 5–48.

11 Hans Reinhard Seeliger, Kirchengeschichte – Geschichtstheologie – Geschichtswissenschaft. Analysen zur Wissenschaftstheorie und Theologie der katholischen Kirchengeschichtsschreibung, Düsseldorf 1981, Kapitel: Überständige Probleme, S. 105–106.

12 Hans Küng, Das Christentum. Wesen und Geschichte, München 1994, S. 91–94.

13 Vgl. Gabriele De Rosa, Die sozial-religiöse Geschichtsschreibung in Italien, in: Theologische Quartalschrift 1993/4, S. 301–311.

14 Aus einer Fülle einschlägiger Arbeiten seien erwähnt: Michael Mitterauer, Religion in Lebensgeschichten, in: Beiträge zur historischen Sozialkunde 19/4 (1989), S. 103–104; Andreas Heller, Therese Weber und Oliva Wiebel-Fander (Hg.), Religion und Alltag. Interdisziplinäre Beiträge zu einer Sozialgeschichte des Katholizismus in lebensgeschichtlichen Aufzeichnungen, Wien 1990; Nils-Arvid Bringéus (Hg.), Religion in Everyday Life, Stockholm 1994; Michael Mitterauer (Hg.), Kreuztragen. Drei Frauenleben, Wien ²1997; Meta Niederkorn, Gott und die Welt. Aspekte des Klosterlebens im Mittelalter, in: Ernst Bruckmüller (Hg.), Alltagserfahrungen in der Geschichte Österreichs, Wien 1998, S. 21–49; Christine Aka, Nicht nur sonntags. Vom Leben mit dem Glauben 1880–1960, Münster 2003; Marlies Mattern, Leben im Abseits. Frauen und Männer im Täufertum (1525–1550) – eine Studie zur Alltagsgeschichte, Frankfurt u.a. 1998.

15 Siehe Urs Altermatt, Prolegomena zu einer Alltagsgeschichte der katholischen Lebenswelt, in: Theologische Quartalschrift 1993/4, S. 259–271; ders., Kirchengeschichte im Wandel. Von den kirchlichen Institutionen zum katholischen Alltag, in: Zeitschrift für Schweizerische Kirchengeschichte 87 (1993), S. 15–31.

16 Siehe Heinz Hürten, Alltagsgeschichte und Mentalitätsgeschichte als Methoden der Kirchlichen Zeitgeschichte, in: Kirchliche Zeitgeschichte 1992/1, S. 28-30; Andreas Holzem, Geßlerhüte der Theorie? Zu Stand und Relevanz des Theoretischen in der Katholizismusforschung, in: Theologische Quartalschrift 1993/4, S. 272–287.

17 Andreas Holzem, Geßlerhüte der Theorie? Zu Stand und Relevanz des Theoretischen in der Katholizismusforschung, in: Theologische Quartalschrift 1993/4, S. 286.

18 Das Teilkapitel ist eine überarbeitete und erweiterte Form des Beitrages: Klieber, Konkretisierung und Korrektiv der Kirchengeschichte, in: Klieber, Alltagsgeschichte, S. 243-247.

19 Das Symposium fand unter dem Motto »Dialog Kirchen-Profan-Geschichte Wien 2003« am 23./24. November 2003 an der Universität Wien unter dem Titel statt: *Land der Perchten - Land der Dome*. Elemente und Beispiele einer religiösen/kirchlichen Alltagsgeschichte des Donau-Alpen-Adria-Raumes.

20 Rupert Klieber u.a., Impulse für eine religiöse Alltagsgeschichte des Donau-Alpen-Adria-Raumes, Wien 2005.

21 Frank Fätkenheuer, Lebenswelt und Religion. Mikro-historische Untersuchungen an Beispielen aus Franken um 1600, Göttingen 2004.

22 Z.B. das Motiv eines »Kidnapping« des Jesuskindes zur Errettung des jeweils eigenen, vom Wolf oder Krieg entrissenen Kindes im Hochmittelalter wie im 19. Jahrhundert: Wolfram, Sanctus, in: Klieber, Alltagsgeschichte, S. 74.

23 Vgl. Leeb, Zwei Konfessionen, bzw. Conzemius, Ultramontanismus, in: Klieber, Alltagsgeschichte, S. 129–150 bzw. S. 151–165.

24 Das gilt insbesondere für zwei einschlägige Handbücher jüngeren Datums: Adam Wandruszka und Peter Urbanitsch (Hg.), Die Habsburgermonarchie 1848–1918, Band IV: Die Konfessionen, Wien 1995; Rudolf Leeb u.a., Geschichte des Christentums in Österreich. Von der Spätantike bis zur Gegenwart, [Ergänzungsband der Reihe: Österreichische Geschichte, hg.v. Herwig Wolfram], Wien 2003.

25 Die Kategorie »Sinnprovinzen« in Zusammenhang mit Definitionen zu »Lebenswelten« vgl. Haas, Städtische Lebenswelten, S. 10.

Vom disparaten Umgang mit einem fordernden Erbe
»Religion« im Leben der jüdischen Reichsbevölkerung

1 Lichtblau, Lebensgeschichten, Bericht Else Bergmann (*1886) für Prag, S. 409; ebda., Bericht Samson Tyndel (*1878) für Kolomea/Galizien, S. 193–194, 196–199.

2 Lichtblau, Lebensgeschichten, S. 100–102; zu Tiszaeszlár siehe: Patai, Jews, S. 349–353.

3 Vgl. Toury, Jüdische Presse, S. 71–72; zur gesamten Kontroverse Rohling und die Gegenwehr des Floridsdorfer Rabbiners Joseph Bloch: Bloch, Erinnerungen, S. 59–76, 81–141.

4 Zu Pressburg: Häusler, Assimilation, S. 62; zu Prag: Kieval, Czech Jewry, S. 8, 78–79; zu Budapest: Patai, Jews, S. 353.

5 Siehe dazu Lichtblau, Integration, S. 469, bzw. die teilweise unkritische Studie über die katholische Abstinenzbewegung von Jan Mikrut, Neues begann in Galizien. Geschichte eines Priesterlebens, Wien 1995.

6 Lichtblau, Lebensgeschichten, Bericht Alfred Marill (*1886 in Kolomea/Galizien), S. 213.

7 Zur Bandbreite und Tendenz jüdischer Presseorgane siehe: Toury, Jüdische Presse. Als Beispiel für einen Abwehrverein (»Verein zur Abwehr des Antisemitismus«, gegründet 1891) samt Engagement des Salzburger katholischen Klerikers Josef Anton Schöpf (1822–1899) zu seinen Gunsten siehe: Fellner, Judenhut, S. 351–360. Vgl. auch Kornberg, Vienna. Zur Presse der ungarischen Orthodoxie vgl. Pietsch, Reform, S. 74–75.

8 Lichtblau, Lebensgeschichte, Bericht Robert Lichtblau (*1873 in Wien), S. 484.

9 Lichtblau, Lebensgeschichte, Bericht Moritz Güdemann (*1835 in Hildesheim, seit 1866 Prediger der Wiener Israelitischen Kultusgemeinde), S. 479. Ähnliches registrierte der liberale Publizist und spätere Grazer Universitätsprofessor für seine polnische Krakauer Heimat in den 1870er Jahren, bevor er sich enttäuscht vor ihr abwandte; siehe Kozińska-Witt, Ludwig Gumplowicz's Programme p. 78: *At most Poles might accept Jews as partners in political and public life, not as personal or family friends.*

10 Schmidl, Juden, S. 54–55.

11 Schmidl, Juden. S. 80–81.

12 Vgl. zum schillernden Antisemitismus Luegers: Bloch, Erinnerungen, S. 240–250; Großmann,

Lebensgeschichte, S. 119–120: *Er […] war, wie so viele echte Wiener, mit Juden aufs innigste befreundet. Dieser Mann, der den jüdischen Witz in seiner Nähe gar nicht entbehren konnte, trat öffentlich als ziemlich wüster Antisemit auf, wenn er auch im Haß eine gewisse Gemütlichkeit nie ganz verleugnen konnte und also, wie so viele Wiener, den Haß mehr spielte, als wirklich erlebte. […] Lueger war das Musterbeispiel eines Antisemiten, der die Juden nicht entbehren konnte. Weder als Freunde noch als Feinde.* […] Der Erfolg der Christlichsozialen in Wien bzw. einigen Ländern der Monarchie fußte zweifellos auf mehreren Komponenten und kann nicht einseitig auf ihren Antisemitismus zurückgeführt bzw. reduziert werden, wie bei Lichtblau, Integration, S. 466–467. Über den Stellenwert des Antisemitismus innerhalb des politischen Agierens einer christlichsozialen Landespartei vgl. Klieber, Politischer Katholizismus, S. 203–210.

13 Cohn, Theodor Herzl's Conversion; über die Zusammenhänge der Massenbewegungen von Christlichsozialen, Zionisten und Sozialdemokraten bzw. die Stellung österreichischer jüdischer Intellektueller dazu vgl.: Wistrich, Jewish Intellectuals.

14 Vgl. McCagg, Jewish Nobles.

15 Haber, Budapest, S. 28.

16 Horel, Grande Bourgeoisie, S. 69–70.

17 Haber, Anfänge, S. 33. Beispiele zum literarischen Niederschlag der ambivalenten Situation des ungarischen Judentums bis 1900 siehe: Ungvári, Jewish Question, S. 67–72.

18 Siehe u. a. Pietsch, Reform, S. 39; Berkley, Vienna, S. 47.

19 Siehe die Schilderung Peter Altenbergs bei Großmann, Lebensgeschichte, S. 109: *Seine furchtbarsten und grandiosesten Wutreden aber hatten antisemitische Färbung.*

20 Vgl. Burri, Theodor Herzl, S. 240–243; Hödl, Zionismus.

21 Laut Böck, Emma und Victor Adler, S. 90, bezeichnete sich z.B. Victor Adler selbst als *Antisemit von der strengsten Observanz.*

22 Autobiographie Großmann, Lebensgeschichte, S. 24–25.

23 Rosenfeld, Judenfrage, S. 16, zitiert nach: Gaisbauer, Davidstern, S. 11.

24 Siehe vor allem: Lichtblau, Lebensgeschichten; für Galizien: Bergner, Winternächten; für Böhmen und Mähren: Iggers, Die Juden; für Ungarn: Haber, Budapest.

25 Vgl. Wistrich, Die Juden Wiens, S. 20–21.

26 Vgl. Gaisbauer, Davidstern, S. 10–17; eine ausführliche Schilderung der Ghetto-Gesellschaft vor 1848 in Pressburg: Mayer, Kaufmann, S. 1–172.

27 Schoeps, Schtetl, S. 162 und 166.

28 Z.B. das tagelange Putzen des Hauses vor Pessach, um jeden noch so kleinen Rest von Chametz (= Gesäuertem) zu entfernen: vgl. Edelstein, Schabbatnachmittage, S. 28–29; Zborowski/Herzog, Schtetl, S. 305.

29 Zur Talmud-Gelehrsamkeit als höchster Wert der »Schtetl«-Gesellschaft bzw. zum Ansehen eines »talmid chacham« (= Talmud-Gelehrten) siehe u.a.: Schoeps, Schtetl, S. 163; vgl. auch Langer, Neun Tore, S. 39.

30 Lichtblau, Lebensgeschichten, Bericht Ottilie Bondy für Prag, S. 340; ähnlich ebda., Bericht Adele von Mises für Podhorce bei Brody, S. 187.

31 Bloch, Erinnerungen, S. 7.

32 Schoeps, Schtetl, S. 163.

33 Wolf, Juden, S. 92.

34 Edelstein, Schabbatnachmittage, S. 41–43.

35 Zborowski/Herzog, Schtetl, S. 96–97.

36 Rüthers, Töchter, S. 111.

37 Das Leben in zwei spirituellen Welten (der Männer und Frauen) schildert eindrücklich: Rüthers, Töchter, S. 228–232.

38 Vgl. für das böhmische Judentum in der ersten Hälfte des 19. Jahrhunderts Kieval, Czech Jewry, S. 6.: *Public education remained largely the domain of the poor and dispossessed.*

39 Vámbéry, Was ich durchgemacht habe, S. 48.

40 Zborowski/Herzog, Schtetl, S. 67–70.

41 Bergner, Winternächten, S. 82.

42 Edelstein, Schabbatnachmittage, S. 70–71.

43 Schoeps, Schtetl, S. 164; zur legendären Untermauerung der Kaddisch-Pflicht männlicher Nachkommen, die von Reichen auch mittels Vermächtnissen geregelt werden konnte, siehe: Kompert, Ghetto, S. 286–287.

44 Hödl, Bettler, S. 41; Bergner, Winternächten, S. 96.

45 Rüthers, Töchter, S. 234–242.

46 Bergner, Winternächten, S. 119. Laut Rozenblit, Jewish Identity, S. 107, betonte auch der einflussreiche Wiener jüdische Kultusdiener Mannheimer († 1865) gegenüber einem Freund, dass seine Frau das eigene Haar trug.

47 Bergner, Winternächten, S. 35–42, 105–109 bzw. zur mangelnden Dauerhaftigkeit einer so arrangierten Ehe S. 103: *Auch an der Tochter Ettl – für die man einen Doktor der Medizin »gekauft« hatte – hatte meine Schwester keine Freude. Der Mann verließ sie, ging nach Sowjet-Rußland, und ihr gelang es fast nicht, eine Scheidung mit ihm zustande zu bringen.* Vgl. auch Rüthers, Töchter, S. 138–145.

48 Zur Entwicklung des Heiratsalters im ashkenasischen Judentum siehe: Lowenstein, Ashkenazic Jewry.

49 Lowenstein, Ashkenazic Jewry, S. 160–161 bzw. 170.

50 Zborowski/Herzog, Schtetl, S. 97.

51 Schoeps, Schtetl, S. 164–165.

52 Am Beispiel der Gemeinde Eisenstadt: Fürst, Sitten und Gebräuche, S. 72–78.

53 Hödl, Galician Jewish Migration, S. 149–152.

54 Hödl, Bettler, S. 36.

55 Schwara, Luftmenschen, S. 137.

56 Schoeps, Schtetl, S. 164; Zborowski/Herzog, Schtetl, S. 328.

57 Edelstein, Schabbatnachmittage, S. 71–72.

58 Vgl. mit Angaben zu weiterführender Literatur: Häusler, Probleme, S. 69 bzw. 72–78.

59 Langer, Neun Tore, S. 18.

60 Mitterauer, Generationen, S. 88–89.

61 Häusler, Probleme, S. 77.

62 Langer, Neun Tore, S. 31.

63 Langer, Neun Tore, S. 33, 51.

64 Dies registrierte sogar Martin Buber: *Wohl ist die legendäre Größe der Ahnen in den Enkeln geschwunden, und etliche bemühen sich, durch allerhand kleine Magie ihre Macht zu bewahren* […]. Zitiert nach: Strelka, Erzählungen, S. 180. Zu Geschäftsbeteiligungen der Zaddikim siehe Zborowski/Herzog, Schtetl, S. 136.

65 Langer, Neun Tore, S. 22, 35.

66 Langer, Neun Tore, S. 35.

67 Zborowski/Herzog, Schtetl, S. 133–134.

68 Langer, Neun Tore, S. 18, 26.

69 Iggers, Juden, S. 228.

70 Langer, Neun Tore, S. 16: […] *das Tor ins Reich der Chassidim* […] *ist mit einer langen Kette körperlicher und seelischer Entbehrungen verschlossen.*

71 Vgl. Langer, Neun Tore, S. 42.

72 Langer, Neun Tore, S. 17, 46.

73 Langer, Neun Tore, S. 44.

74 Wolf, Juden, S. 95–97.

75 McCagg, History, S. 114.

76 Strelka, Erzählungen, S. 179.

77 Bergner, Winternächten, S. 115.

78 Siehe die Aussage des einflussreichen orthodoxen Rabbiners Hillel Lichtenstein von Szikszó in Nordostungarn, zitiert bei Pietsch, Reform, S. 68: *Die ärgsten Feinde des Judentums sind diejenigen, die nach dem Muster der Schlange im Paradies und nach dem Beispiel Amaleks verfahren. Es sind diejenigen Rabbiner, die darauf dringen, dass die Israeliten den Sabbat, die Ehe- und Reinheitsgesetze halten. Sie erziehen die Kinder in der Thora und für die Thora, veranlassen aber auch, dass diese Kinder fremde Sprachen lernen.*

79 Laut Pietsch, Reform, S. 78.

80 Lichtblau, Lebensgeschichten, Bericht Samson Tyndel (*1878 in Kolomea/Galizien), S. 193.

81 Zum wechselnden Charakter der Privatlehrer siehe: Bergner, Winternächten, S. 80–82, 84–90.

82 Lichtblau, Lebensgeschichte, Bericht Ernst Müller (*1880 in Misslitz/Mähren), S. 497. Musterbeispiel eines »Wunderknaben« doppelter Bildung: Goldziher, Tagebuch.

83 Bloch, Erinnerungen, S. 64–72.

84 Lichtblau, Lebensgeschichte, Bericht Moritz Güdemann (*1835 in Hildesheim, seit 1866 Prediger der Wiener Israelitischen Kultusgemeinde), S. 475. Siehe auch Rózsa, Bücher, S. 81–82.

85 Rózsa, Bücher, S. 75–76.

86 Zum jüdischen Anteil an der Revolution siehe: Lichtblau, Integration, S. 449–455.

87 Vgl. Schmidl, Juden, S. 53; Einhorn, Revolution.

88 Wistrich, Die Juden Wiens, S. 29–30 bzw. mit weiterführender Literatur S. 32.

89 Vgl. Kieval, Czech Jewry, S. 4.

90 Bloch, Erinnerungen, S. 20.

91 Wistrich, Die Juden Wiens, S. 34, 47; zu Stojalowski: Staudacher, Bauernagitator; zu Vrba: Kieval, Czech Jewry, S. 69.

92 Am Beispiel Prag siehe: Kieval, Czech Jewry, S. 68 bzw. 76–77.

93 Vgl. Großmann, Lebensgeschichte, S. 135. Zur Problematik Judentum – Sozialismus siehe v. a.: Wistrich, Socialism.

94 Für Ungarn siehe Don/Magos, Demographic Development, S. 190–192. Für den allgemeinen Trend zugunsten größerer Städte siehe auch: Bihl, Die Juden, S. 11–12.

95 Wistrich, Die Juden Wiens, S. 40–50.

96 Don/Magos, Demographic Development, S. 192–196.

97 Zur Rolle der Juden in der wirtschaftlichen Entwicklung Ungarns nach 1850 siehe : Fejtö, Hongrois, S. 162–166.

98 Horel, La Grande Bourgeoisie, S. 62–63.

99 Beller, Vienna, S. 43–44 bzw. 54.

100 Horel, La Grande Bourgeoisie, S. 65.

101 Haber, Anfänge, S. 142–143.

102 Stessel, Wine, S. 86–90.

103 Gombrich, Réflexions.

104 Siehe Loewenberg, Pagan Freud.

105 Lichtblau, Lebensgeschichte, Bericht Paul Barnay (*1884) für Wien, S. 516.

106 Lichtblau, Lebensgeschichte, Bericht Ernst Müller (*1880 in Misslitz/Mähren), S. 489; Braun, Abschied, S. 107–112.

107 McCagg, History, S. 170–171.

108 Mitterauer, Generationen, S. 126 und 134.

109 Zur traditionellen Gestaltung dieser Feste siehe: Zborowski/Herzog, Schtetl, S. 306–316.

110 Siehe abschätzige Urteile von Arthur Schnitzler, Karl Kraus, Fritz Mauthner, Hans Kohn, wiedergegeben bei Beller, Vienna, S. 84–85.

111 Horel, La Grande Bourgeoisie, S. 69.

112 Kafka, Brief, S. 42–44. Vgl. Ardelt, Vater-Sohn-Konflikte.

113 Ziegerhofer, Haß der Feinde, S. 81, bzw. Fellner, Judenhut, S. 336.

114 Pietsch, Reform, S. 49.

115 Fellner, Judenhut, S. 368–374.

116 Stessel, Wine, S. 93.

117 McCagg, History, S. 172–173.

118 Wistrich, Die Juden Wiens, S. 25.

119 Lichtblau, Lebensgeschichte, Bericht Paul Barnay (*1884) für Wien, S. 519 und 522.

120 Riff, Assimilation, S. 85–86; zu Adler siehe: Gaisbauer, Davidstern, S. 372, 375; zur persönlichen Tragik des nicht zuletzt aufgrund anhaltenden antisemitischen Kesseltreibens gestürzten Erzbischofs Kohn siehe: Bloch, Erinnerungen, S. 182–184.

121 Lichtblau, Lebensgeschichte, Bericht Moritz Güdemann (*1835 in Hildesheim, seit 1866 Prediger der Wiener Israelitischen Kultusgemeinde), S. 470, bezüglich der Nachkommen nobilitierter Juden.

122 Lichtblau, Lebensgeschichte, Bericht Moritz Güdemann (*1835 in Hildesheim, seit 1866 Prediger der Wiener Israelitischen Kultusgemeinde), S. 469.

123 Palotai, Sonntagsmesse, S. 124.

124 Honigmann, Austritte, S. 459–461.

125 Samter, Judentaufen, S. 32–37. Samter berichtet jedoch S. 49 mit Berufung auf die Allgemeine Evangelisch-Lutherische Kirchenzeitung von 1889, Spalte 734, von einer erfolglosen evangelische Judenmission in Prag, deren verteilte Bibeln letzlich im Straßenkot landeten.

126 Staudacher, Konvertitennamen, S. 83.

127 Siehe Böck, Emma und Victor Adler, S. 95.

128 Riff, Assimilation, S. 73; die statistischen Angaben aus Kieval, Czech Jewry, S. 13–14.

129 Riff, Assimilation, S. 76.

130 Riff, Assimilation, S. 81–82 bzw. 84–85.

131 Riff, Assimilation, S. 80–81.

132 Gegründet 1869; gemäß Landesverordnung 1893 zuständig für Graz sowie Graz/Umgebung und alle Israeliten der Steiermark und Kärntens; 1900: 1620 Mitglieder.

133 Hödl, Haß der Feinde, S. 77,

134 Beispiele für Kandidatenfindungen, Vertragsklauseln und Streitfälle bei Brämer, Rabbiner, S. 95–202. Parteienkämpfe in Gemeindevertretungen schildert auch McCagg, History, S. 114 (Lemberg), S. 172 (Czernowitz).

135 Lichtblau, Lebensgeschichte, Bericht Moritz Güdemann (*1835 in Hildesheim, seit 1866 Prediger der Wiener Israelitischen Kultusgemeinde), S. 474.

136 Vgl. Wolf, Wertheimer, S. 185–198; Mitterauer, Generationen, S. 118–120.

137 Vgl. Brämer, Rabbiner, S. 88–94, Kapitel: Das Rabbinat in Bedrängnis.

138 Ausführliche Schilderung bei Patai, Jews, S. 312–322; Bihl, Judentum Ungarns, S. 29. Zum jüdischen »Schisma« in Ungarn siehe auch: Fejtö, Hongrois, S. 99–110.

139 Haber, Budapest, S. 20–22.

140 Wolf, Wertheimer, S. 198–235; zur überregionalen Bedeutung der Pressburger Jeschiwa vgl. Pietsch, Reform, S. 13–14.

141 Patai, Jews, S. 324–327.

142 Vgl. Wistrich, Jews, S. 124–126.

143 Ziegerhofer, Haß der Feinde, S. 82.

144 Kieval, Czech Jewry, S. 36–40.

145 Kieval, Czech Jewry, S. 40–48.

146 Kieval, Czech Jewry, S. 60–61.

147 Zur Frage der kulturellen Anpassung vgl. Lichtblau, Integration, S. 460.

148 Vgl. Wolf, Mannheimer, S. 45–46.

149 Wistrich, Die Juden Wiens, S. 26.

150 Zum Ringen die Normativität der einzelnen Gesetzesunterlagen siehe u. a.: Wolf, Wertheim, S. 186–187.

151 Rozenblit, The Jews, S. 10–11.

152 Till, Geschichte, S. 119–120.

153 Rozenblit, Jewish Identity, S. 110–123.

154 Bihl, Judentum, S. 18.

155 Zur besonderen Problematik der jüdischen Identität im Nationalitätendiskurs der Monarchie: Lichtblau, Integration, S. 460–465.

156 Rozenblit, The Jews, S. 6–9; zum sukzessive zunehmenden Traditionsbewusstsein der Wiener Rabbiner vgl.: Rozenblit, Jewish Identity.

157 McCagg, History, S. 170–171. Zu Triest in extenso: Schächter, Enigma; Ara, Juifs.

158 Rozenblit, The Jews, S. 3.

159 Hödl, Galician Jewish Migration, S. 154–155.

160 Haber, Budapest, S. 20.

161 Hödl, Galician Jewish Migration, S. 155–156.

162 Laut Hödl, Galician Jewish Migration, S. 157. Vgl. auch Hödl, Bettler, S. 137–138 samt Aufzählung von Vereinen galizischer Juden in Wien.

163 Hödl, Galician Jewish Migration, S. 159.

164 Wolf, Juden, S. 126–131.

165 Häusler, Probleme, S. 77; Bloch, Erinnerungen, S. 311: *Bei uns Juden existiert in jeder, auch in der kleinsten jüdischen Gemeinde eine Beerdigungs-Brüderschaft. Sie hat die obligatorische Pflicht, jede Leiche, auch des ärmsten Juden, der Beerdigung in einem besonderen Grabe zuzuführen. [...] Diese Vereine sind bei uns älter als die Kultusgemeinden, so alt wie die jüdische Diaspora.* Zur Parallelität des bruderschaftlichen Totendienstes im christlichen Bereich vgl. Rupert Klieber, Bruderschaften und Liebesbünde nach Trient, Frankfurt am Main 1999.

166 Fürst, Sitten und Gebräuche, S. 61–65; Häusler, Probleme, S. 77.

167 Lichtblau, Lebensgeschichte, Moritz Güdemann (*1835 in Hildesheim, seit 1866 Prediger der Wiener Israelitischen Kultusgemeinde), S. 476–477.

168 Hödl, Galician Jewish Migration, S. 160–163.

169 Hödl, Zionismus, S. 50–51.

170 Haber, Anfänge, S. 35.

171 Lichtblau, Lebensgeschichte, Bericht Ernst Müller (*1880 in Misslitz/Mähren), S. 497; zur ambivalenten Haltung der orthodoxen Judenschaft gegenüber der zionistischen Bewegung siehe auch Gaisbauer, Davidstern, S. 414–424.

172 Vgl. Wistrich, Zionism, S. 100.

173 Zitiert nach Strelka, Erzählungen, S. 178.

174 Berkley, Vienna, S. 119–120.

175 Beispiel einer vergleichbaren Generationenfolge: Mendelsohn, Assimilation.

176 Zur bemerkenswerten Übereinstimmung konservativer und liberaler religiöser Wortführer innerhalb der jüdischen Gemeinde Wiens in der Verurteilung zionistischer Positionen siehe: Wistrich, Zionism, S. 101–106.

177 Siehe Haber, Anfänge, S. 29–36.

178 Haber, Anfänge, S. 39.

179 Lichtblau, Lebensgeschichte, Bericht Ernst Müller (*1880 in Misslitz/Mähren), S. 497.

180 Großmann, Lebensgeschichte, S. 105.

181 Zur Dimension und Dramatik der Flüchtlings- und Umsiedlungsbewegung siehe: Hoffmann–Holter, »Abreisendmachung«; zum Thema des zionistischen Bemühen um die jüdischen Flüchtlinge aus Galizien siehe S. 108–117.

182 Samter, Judentaufen, S. 96–97; vgl. Pinto, L‹ebreo nuovo.

183 Vgl. Embacher, Außenseiterinnen, Kapitel: Kommunismus und Sozialismus: eine neue Religion?, S. 71–73.

Vom Leben in national vereinnahmten Traditionswelten
Die ostkirchlichen Milieus an der Peripherie des Reiches

1 Vgl. Plöchl, Die Wiener orthodoxen Griechen, 1983. Zur Diskussion über die adäquate Bezeichnung der Gemeindemitglieder als »Griechen« oder »Balkanorthodoxe« gemäß den *Balkan orthodox merchants* des amerikanischen Historikers Trajan Stojanovich siehe: Peyfuss, Balkanorthodoxe Kaufleute, S. 258–268.

2 Vgl. die Schilderung einer typischen bäuerlichen Behausung Galiziens bei Iwan Franko (1856-1916), Der galizische Bauer, wiedergegeben bei Pollack, Nach Galizien, S. 50–52.

3 Im Unterschied etwa zu Vulpius wird die »ukrainisch-sprachige« Bevölkerung unter österreichischer wie russischer Herrschaft in der vorliegenden Studie durchgehend als »Ukrainer« und nicht mit den historischen Namen »Ruthenen« oder »Kleinrussen« bezeichnet.

4 Vgl. Werdt, Galizien, S. 96-97; eine Auflistung westlich angeregter Praktiken, durch die sich die ukrainische Kirche vor ihrer Angleichung von der russischen Kirche unterschied, bietet: Polanska-Vasylenko, Ukrainian Church.

5 So wurden die Unionskirchen beispielsweise im zaristischen Einflussbereich durch behördlichen Zwang (1839 bzw. 1875) vollständig in die russische Orthodoxie eingeebnet.

6 Für Begleitumstände bzw. öffentliche Diskussion siehe: Himka, Religion and Nationality, S. 28–32.

7 Turczynski, Die kirchlichen Verhältnisse der Bukowina, S. 102.

8 Moriariu-Andriewicz, Apologie, S. 7.

9 Viele einschlägige historische Beispiele aus Galizien referiert: Korczok, Griechisch-Katholische Kirche, S. 24–105.

10 Korczok, Griechisch-Katholische Kirche, S. 110–121.

11 Vgl. Klieber, Lemma: Nationalkirche, in: Enzyklopädie der Neuzeit, hg.v. Friedrich Jaeger, Band 8, Stuttgart-Weimar 2008, Sp. 1090–1097.

12 Korczok, Griechisch-Katholische Kirche, S. 136–146.

13 Ausführlich dargelegt bei Turczynski, Orthodoxe und Unierte, S. 399-428.

14 Onciul, Religionsfond, S. 155–158, bzw. Namenslisten der Einzelklöster in: Starea Mănăstirilor, S. 5–23.

15 Păcurariu, Rumänisch Orthodoxe Kirche, S. 520.

16 Pelecz, Geschichte der Union, S. 1095.

17 Prokschi, Nonnen in der Serbischen Orthodoxen Kirche, S. 42.

18 Gemeint ist die Jahrhunderte alte Kontroverse zwischen lateinischen und griechischen Theologen, ob der Heilige Geist vom Vater (wie vom altkirchlichen Credo-Text proklamiert) oder eben auch vom Sohn (= filioque) ausgehe, wie es das lateinische Credo ab der Jahrtausendwende bekannte.

19 Der Kleine Katechismus der griechisch-katholisch-orientalischen Kirche, S. 115-117, listet an gebotenen Festtagen auf: Maria Geburt, Tempeleinführung, Verkündigung, Entschlafung; Christi Geburt, Taufe, Darstellung im Tempel, Verklärung, Einzug in Jerusalem, Auferstehung, Himmelfahrt; dazu Pfingsten und Kreuzauffindung.

20 Laut Pelesz, Union der Ruthenischen Kirche, S. 743: Ab 15.11. bis Weihnachten (sog. Phillipovka), vom Sonntag nach Pfingsten bis zum Apostelfest Peter und Paul (Petrovka), 14 Tage vor Maria Entschlafung (15.8.) sowie das 40tägige vorösterliche Große Fasten, dem ein dreiwöchiges Teilfasten vorangeht. Leicht variierende Fastenvorgaben im Katechismus der griechisch-katholisch-orientalischen Kirche, S. 117, und bei Levin, Sex and Society, S. 163.

21 Levin, Sex and Society, Kapitel: The Timing of Marital Sex, S. 163–169.

22 Gemäß Pelesz, Union der Ruthenischen Kirche, S. 743, wurden die traditionellen Fasttage in Galizien ... *bis auf den heutigen Tag* [= 1879] *so streng gehalten, dass sich das Volk ... auch von den Milchspeisen mit einer anerkennenswerthen Gewissenhaftigkeit enthält.*

23 Vgl. die Schilderung des Bojkenlandes bei Pollack, Nach Galizien, S. 67: ... *die Gemüsegärten neben den aus rohen Bohlen gezimmerten Hütten von gelben Sonnenblumen gesäumt, aus denen die Bäuerinnen das Fastenöl preßten.*

24 Himka, Galician Villagers, S. 138.

25 Berg, Aus dem Osten, S. 113.

26 Manastyrski, Ruthenen, S. 250.

27 Das landesstatistische Amt in Lemberg zählte in den 1870er Jahren: 34 Bezirke mit 100–120, 22 Bezirke mit 120–150 und 16 Bezirke mit 150–200 arbeitsfreien Tagen jährlich; Angabe bei: Korczok, Griechisch-Katholische Kirche, S. 24.

28 Bihl, Die armenischen Kirchen im Habsburgerreich, S. 87.

29 Am Beispiel des Streits zwischen Rumänen und Ukrainern in der Bukowina: N.N., *Die gr.-or. Kirchenfrage.*

30 Anschauliche Beispiele für die bis zu gedruckten Apologien gesteigerten innerkirchlichen, zwischenkirchlichen wie politischen Auseinandersetzungen der Bukowina bieten die in der Nationalbibliothek Wien verwahrten Broschüren: *Anthorismos oder berichtigende Erörterung* [...], Hermannstadt 1863; *Apologie der orthodoxen griechisch-orientalischen Kirche der Bukowina,* gezeichnet durch Erzbischof Silvester Morariu-Anriewicz, samt Anhängen, Czernowitz 1885 bzw. 1889; *Zur Vertheidigung des verstorbenen gr.-or. Theologie-Professors Constantin Popowicz von Euseb Popowicz,* Czernowitz 1891.

31 Pollack, Nach Galizien, S. 125.

32 Zum Begriff der »Inkulturation« siehe: Klieber, Inkulturation.

33 Vgl. Hudal, Die serbisch-orthodoxe Nationalkirche, S. 72, 80.

34 Vgl. Vrankić, Religion und Politik in Bosnien, S. 135–138.

35 Zu der im 17. Jahrhundert und – entgegen der in Handbüchern verbreiteten Ansicht – bereits vor den liturgischen Reformen Patriarch Nikons hervorgetretenen und zuletzt dissidenten Bewegung vgl. N. Lupinin, Religious Revolt in the XVIIth Century: The Schism of the Russian Church, Princeton 1984.

36 Vgl. Krammer, Errichtung des russisch-orthodoxen altgläubigen Bistums von Bielokrinica.

37 Zu den teilweise verworrenen Aktionen der konkurrierenden Altgläubigen-Gruppen sowie zu deren kirchlicher Binnenorganisation siehe Polek, Lippowaner II, S. 26–46.

38 Polek, Lippowaner II, S. 45–46.

39 Polek, Lippowaner-Colonien, S. 9–12; vgl. Pollack, Nach Galizien, S. 126–127. Zur erneuten Zunahme der Bevölkerungszahl, dokumentiert ab der Zählung 1890, siehe Polek, Lippowaner I, S. 21.

40 Mark, Galizien, S. 43.

41 Pollack, Nach Galizien, S. 101–102.

42 Gedruckte deutsche Buchbesprechung zu: Mgr. L. Chotkowsk, Historya polityczna dawnych klasztorów panieńskich w Galicyi (1773–1848), [*Extrait du Bulletin de l'Académie des Sciences de Cracovie. Janvier – Février 1905*], S. 28.

43 Silbernagl, Kirchen des Orients, S. 297.

44 Polek, Armenier, S. 30.

45 Tragut, Armenier in Österreich, S. 10–11. Zu Anzahl, kirchlichen Infrastruktur und liturgischen Gebräuchen der Armenier Alt-Österreichs siehe: Bihl, Die armenischen Kirchen, S. 479–488.

46 Vgl. Heuberger, Armenier und Kopten in Wien.

47 Bihl, Die armenischen Kirchen im Habsburgerreich, S. 92.

48 Siehe Demeter Dan, Glaube und Gebräuche der Armenier bei der Geburt, Hochzeit und Beerdigung, Sonderdruck des III. Heftes des X. Jahrganges der Zeitschrift für österreichische Volkskunde.

49 Vgl. Krikorian, Die Armenische Kirche, S. 221.

50 *Polen und Ruthenen in Galizien – im Lichte der Bevölkerungs- und Steuerstatistik. Dargestellt vom Landtagsabgeordneten Dr. Franz Stefczyk*, Lemberg 1912.

51 Sbierna, Rumänen, S. 227.

52 Vgl. Kaindl, Huzulen, S. 271–282.

53 Silbernagl, Kirchen des Orients, S. 278.

54 Magosci, Religion and Identity, S. 119.

55 Zur zeitgenössischen Schilderung eines typischen ukrainischen Dorfes siehe Iwan Franko, Der galizische Bauer, in: Die Zeit, zitiert nach: Pollack, Nach Galizien, S. 50–52. Ähnlich: Bülow, Moment-Aufnahmen, S. 51.

56 Manastyrski, Ruthenen, S. 239.

57 Laut Pelesz, Geschichte der Union, S. 741, überlebten von vormals 35 Nonnenklöstern in Galizien nur zwei kleinere.

58 Kluczenko, Physische Beschaffenheit, S. 176–177.

59 Manastyrski, Ruthenen, S. 249.

60 Onciul, Religionsfond, S. 164.

61 Barwiński, Volksleben der Ruthenen, S. 392, bzw. Manastyrski, Ruthenen, S. 254.

62 Onciul, Religionsfond, S. 166.

63 Manastyrski, Ruthenen, S. 257.

64 Pelesz, Geschichte der Union, S. 743–744.

65 Himka, Priests and Peasants, S. 4.

66 Himka, Sheptyts'kyi, S. 35.

67 Zu den spannungsgeladenen Debatten vgl. Russkaja Rada, *Die gegenwärtige Lage der Ruthenen*, Lemberg 1892.

68 Sirka, Nationality Question, S. 80–81; Beispiele für sprachunkundige Lehrer wurden auch in Landtagsreden angeprangert, siehe: Rede Antoniewicz, in: Ruthenen in Galizien, S. 11.

69 Schematismus der Volksschulen, S. 803.

70 Himka, Priests and Peasants, S. 6.

71 Angabe bei Jan Mikrut, Bischöfe aus Galizien berichten an Kaiser Franz I., Wien 1995, S. 209.

72 Zur Omnipräsenz des Branntweins bei festlichen Anlässen vgl. Manastyrski, Ruthenen, bzw. Barwiński, Volksleben der Ruthenen, sowie Temple, Gebirgsbewohner, S. 15.

73 Karl Emil Franzos, Vom Don zur Donau, zitiert nach Pollack, Nach Galizien, S. 171–172.

74 Vgl. Vulpius, Ukrainische Nation, S. 249–251.

75 Himka, Priests and Peasants, S. 10.

76 Zur gesellschaftlichen Entwicklung in Galizien vor 1914 vgl. Kappeler, Geschichte der Ukraine, S. 136-139.

77 Himka, Priests and Peasants, S. 12–14; die Schreibweise des Bischofsnamens folgt Himka.

78 Binder, Parteiwesen, S. 227.

79 Himka, Priests and Peasants, S. 13.

80 Siehe Korcsok, Griechisch-Katholische Kirche, Kapitel IV.A.: Die ‚puristische Bewegung in Galizien', S. 121-136.

81 Himka, Religion and Nationality, S. 32–42.

82 Iwanowicz, Bedeutung des Basilianerordens, S. 33–40.

83 Vgl. Wendland, Russophile, S. 195.

84 Zur Rolle Sheptyckyis siehe: Himka, Sheptyts'kyi, S. 29–46.

85 Redlich, Sheptyts'kyi and the Jews, S. 149–151.

86 Adriányi, Kirche Osteuropas, S. 47.

87 Korcsok, Griechisch-Katholische Kirche, S. 153–157.

88 Vgl. Turij, Griechisch-Katholiken, Lateiner und Orthodoxe.

89 Zahlen bei: Köpeczi, Geschichte Siebenbürgens, S. 557, bzw. bei Oancea, Romanian Orthodox Church, S. 77–78.

90 Bis 1865 durch die Versammlung der Bezirks-Erzpriester: Radics, Partikularkirchen, S. 60.

91 Köpeczi, Geschichte Siebenbürgens, S. 556.

92 Beispiele für stark tendenzielle Abhandlungen: Kondrinewitsch, Die rumänische unierte Kirche, S. 186-192, Păcurariu, Geschichte der Rumänischen Orthodoxen Kirche, S. 357-373; Păcurariu, Romanian Church in Transylvania; Leb, Rumänische Orthodoxe Kirche. Zur Unionsfrage auch: Fiedler, Die Union.

93 Wlislocki, Siebenbürger Rumänen, S. 26-27, berichtet von drei omnipräsenten Gruppen mit einem ausgeprägtem Verhaltenskodex: Fruntasi (Vornehme), Mijlocasi (Mittlere), Codasi (Hintermänner).

94 Vgl. die Beschreibungen rumänischer Bräuche rund um die Geburt: Wlislocki, Siebenbürger Rumänen, S. 6–11.

95 Zu den bescheidenen Lebensbedingungen der »Wallachen« im Banat siehe: Berg, Aus dem Osten, S. 101–112.

96 Einzelbeispiele aus Berg, Aus dem Osten, S. 116–117, bzw. Wlislocki, Siebenbürger Rumänen, S. 30–33; Schmidt, Romänen Siebenbürgens, S. 40.

97 Oancea, Romanian Orthodox Church, S. 62 bzw. 66.

98 Kirchenkritische Kommentierung der Trennung der ungarischen Orthodoxie bei: Radics, Partikularkirchen.

99 Oancea, Romanian Orthodox Church, S. 78.

100 Oancea, Romanian Orthodox Church, S. 77–78

101 Oancea, Romanian Orthodox Church, S. 85.

102 Oancea, Romanian Orthodox Church, S. 66–67.

103 Oancea, Romanian Orthodox Church, S. 86.

104 Oancea, Romanian Orthodox Church, S. 58.

105 Oancea, Romanian Orthodox Church, S. 88–89.

106 Vgl. die (apologetischen) Ausführungen bei Păcurariu, Rumänisch Orthodoxe Kirche, S. 476–477.

107 Bocşan, Confession en Transyvanie, S. 156–161.

108 Oancea, Romanian Orthodox Church, S. 89., bzw. Păcurariu, Rumänisch Orthodoxe Kirche, S. 487.

109 Păcurariu, Rumänisch Orthodoxe Kirche, S. 488–489.

110 Păcurariu, Rumänisch Orthodoxe Kirche, S. 487–488.

111 Cotlarciuc, Ehe- und Familienrecht der Rumänen, S. 15.

112 Turczynski, Orthodoxe und Unierte, S. 428–448.

113 Vgl. Kaser, Orthodoxe Konfession und serbische Nation, S. 121–123.

114 Ausführliche dargelegt bei Bremer, Ekklesiale Struktur, S. 21–65.

115 Merick, Serbian Orthodox Church, S. 78.

116 Hudal, Die serbisch-orthodoxe Nationalkirche, S. 72.

117 Vrankić, Religion und Politik in Bosnien, S. 227; Donia, Bosnia, S. 101–102.

118 Kaser, Orthodoxe Konfession und serbische Nation, S. 120.

119 Vilovsky, Die Serben, S. 292–293.

120 Hudal, Die serbisch-orthodoxe Nationalkirche, S. 59.

121 Hudal, Die serbisch-orthodoxe Nationalkirche, S. 61.

122 Siehe z.B. Kapitel Grab- und Totenfetische bei Krauss, Volksglaube der Südslaven, S. 133–147, oder zum Brauchtum der Ernte- und Weihnachtszeit bei Vilovsky, Die Serben, S. 157–161.

123 Klosterfamilien umfaßten auch alle Dienstboten etc.: Hudal, Die serbisch-orthodoxe Nationalkirche, S. 74, 76, 82.

124 Rückläufige Tendenz, Statistik und Charakteristik für Serbien siehe: Marković, Serbische Hauskommunion, 1903; Vilovsky, Die Serben, S. 137–144.

125 Vilovsky, Die Serben, S. 166–174.

126 Vilovsky, Die Serben, S. 149–152; vgl. Kretzenbacher, Serbisch-orthodoxe »Wahlverbrüderung«, S. 163–183.

127 Merick, Serbian Orthodox Church, S. 122.

128 Bremer, Ekklesiale Struktur, S. 130–141.

129 Englisch, Die serbische St. Sava-Kirche, S. 269–270; Pollack, Nach Galizien, S. 143.

130 Vrankić, Religion und Politik in Bosnien, S. 315.

131 Păcurariu, Rumänisch Orthodoxe Kirche, S. 528–529.

132 Olentchouk, Die Ukrainer, S. 217–218.

Die Herausforderung einer streitbaren Volks- und Kleruskirche
»Katholischsein« unter einer »Apostolischen« Majestät

1 Zu konfessionellen Implikationen: Nagl, Auseinandersetzung, S. 145–158, 228–234; zum Zillertal vgl. Maleczek, Vertreibung.

2 Am Beispiel des Jahres 1848 laut Gyémánt, Confession, S. 759–760: Orthodoxe 33,2 %, griechische Katholiken 27,8 %, lateinische Katholiken 10,2 %, Kalvinisten 16,4 %, Lutheraner 10 %, Unitarier 2 %.

3 Die Etablierung von »Altkatholiken« in Ablehnung der Beschlüsse des Ersten Vatikanischen Konzils 1869/70 erfolgte um den deutschen Kirchenhistoriker Ignaz Döllinger ab 1872. Vgl. Bradley, Old Catholics. Vgl. zur Gesamtproblematik auch: Zankl, Geschichte, S. 431–437; Plass, Altkatholische Kirchengemeinde; Halama, Altkatholiken.

4 Siehe Statistik der Tabelle 3, in: Habsburgermonarchie, Band IV. Die Zahl der Konfessionslosen in Böhmen stieg laut Urban, Religion, S. 111, bis zum Weltkrieg noch einmal kräftig an, blieb aber unter 7.000 Personen.

5 Zur Bedeutung des Stephanskultes für die nationale Identitätsbestimmung der Ungarn im 19. und 20. Jahrhundert siehe: Árpád von Klimó, St. Stephen's Day.

6 Lombardo, Chioggia, S. 413.

7 Shedel, Religion and Dynastic Loyalty, S. 78–81 und 85. Rituelle Details der beiden Feierlichkeiten auch bei: Bled, Wien, S. 182–184.

8 Vgl. Pototschnig, Entwicklung; Csizmadia, Entwicklung. Über die Auswirkungen der Patronate auf die Auswahl und Karriere von Klerikern siehe: Lewis, Kirche, S. 55–57.

9 Z.B. Starawies im galizischen Tarnopol (seit 1822), Mariaschein im böhmischen Kunka, das ungarische Kalocsa Collegium sowie die Prager Strakasche Akademie (ab 1850), die Stella Matutina (Feldkirch), die Kalksburg bei Wien (seit 1856) und das Linzer Petrinum (ab 1897). Siehe Stimmer, Eliten, S. 104.

10 Zum komplexen Verhältnis zwischen Kirchen und staatlichem Gefüge in Ungarn siehe: Péter, Church-State Relations, S. 3–17.

11 Näher dargelegt bei: Tolomeo, Questione Religiosa, S. 354–361.

12 Vgl. Congdon, Endre Ady's Summons.

13 Mit dem etwa zeitgleichen, namensgebenden Pendant der freikirchlichen Szene Amerikas verbanden ihn zentrale Anliegen: z.B. der Nachdruck auf die sog. Letzten Dinge und die Rettung biblisch-dogmatischer Aussagen vor wissenschaftlicher Relativierung, insbesondere im Gefolge der Diskussion um Darwin.

14 Solche »Sicherungen« waren u.a.: eine in Jahrhunderten gewachsene Tradition theologischen Denkens, die fast unausschöpfbare Möglichkeiten der Hebung und Neukombination von Lehrelementen bot; eine Heerschar hoch motivierter Experten in allen katholischen Ländern, die sich unverdrossen daran abmühte, Interpretationsspielräume und Grenzen normierender Aussagen auszuloten und neue Freiräume in unverfänglichen Gebieten zu erschließen (z.B. der Sozialen Frage); schließlich eine dogmatisch und juristisch gut abgesicherte »Justierungskompetenz« der römischen Zentrale, die im Extremfall auch als unüberwindlich angesehene Sperren mit einem Federstrich beseitigten konnte.

15 Nemes, Kulturkampf, S. 120–121.

16 Pfleger, Kulturkampf, S. 45.

17 Zum Feindbild »Freimaurerei« samt dem »mit ihm verbündeten Judentum« vgl. Linsmaier, Publizistik, S. 199–200.

18 Zur Stimulation der katholischen Bewegung durch Gegner vgl. Mader, Movimento Sociale Cattolico, S. 325; zum Begriff »passive Modernisierung« vgl.: Fattorini, Modernizzazione »passiva«.

19 Albert und Niederle, Physische Beschaffenheit, S. 390.

20 Klieber, Politischer Katholizismus, S. 40; vgl. auch Block, Zustände, S. 249.

21 Coronini-Cronberg, Volksleben, S. 170–171.

22 Coronini-Cronberg, Volksleben, S. 183–184.

23 Sobotka, Feste und Bräuche der Slawen, S. 440.

24 Sobotka, Feste und Bräuche der Slawen, S. 452.

25 Sobotka, Feste und Bräuche der Slawen, S. 456.

26 Gremel, Mein Leben, S. 52–53.

27 Rank, Volksleben Böhmerwald, S. 588–589.

28 Meißner, Zwerger, S. 48, bzw. ders., Glaubens- und Tugendhelden, S. 19–23. Zu Maria von Mörl († 1868) siehe: Priesching, Maria von Mörl.

29 Bornemann, Freinademetz, S. 518–519, Anmerkung 12. Gemäß einer Anmerkung des Autors könnte diese Gepflogenheit allerdings auch bedeutend jüngeren Ursprungs und nur eine vorübergehende Erscheinung gewesen sein.

30 Mayer, Fessler, S. 9–10, verweist auf die biographischen Gemeinsamkeiten der Genannten: Alle drei waren Bauernsöhne aus Tirol oder Vorarlberg, hatten ihre Ausbildung im Seminar Brixen erhalten, wo sie später auch lehrten, und waren von Bischof Bernhard Galura († 1856) geformt und gefördert worden.

31 Baumann, Brauchtum, S. 390–391.

32 Die Datenbank PASSIO des Hauses der Bayerischen Geschichte über Passionsspiele im Alpenländischen Raum listet einhundert Spielorte im Raum Schweiz, Baden, Bayern, Böhmen, Österreich (inkl. das »westungarische« Burgenland) für die Periode 1799 bis 1945 auf, davon 9 auf Böhmen und 48 in Österreich (Grenzen nach 1918); siehe Internet-Homepage mit reichen Literaturangaben: www.bayern.de/HDBG/ps/psstart.htm (erstellt 1997), abgefragt am 7.12. 2005. Zur Lokaltradition südböhmischer Weihnachtsspiele: Milz, Volksschauspiele.

33 Rank, Volksleben Böhmenwald, S. 575–576 bzw. Fotographien 587.

34 Gremel, Mein Leben, S. 26–27, 44–47, 50–55, 58–62, 108–113.

35 Bzgl. des Bekreuzigens siehe auch Tomasin, Volkscharakteristik, S. 191, für die ländliche Umgebung von Triest: *Wenn in seiner Pfarre Ave Maria oder die Sterbeglocke geläutet wird, unterbricht man das Gespräch, läßt die Arbeit stehen; Jedermann entblößt das Haupt und betet. Man bekreuzigt sich selbst, bevor man morgens das Haus verläßt, wenn der Blitz leuchtet und der Donner kracht, das Brot, bevor man es anschneidet, den Mund, wenn man gähnt, die Erde, bevor man den Pflug über sie zieht.*

36 Leb, Abel, S. 46–47. Abel popularisierte ein solcherart »praktisches Christentum« ab den 1890er Jahren in einer gezielten »Männerseelsorge« (Frauen wurden höflich aber bestimmt aus den Predigten komplimentiert). Am Höhepunkt der Bewegung nahmen Tausende Männer an den jährlichen Wallfahrten nach Klosterneuburg bzw. nach Mariazell teil. Vgl. NN., Pater Abel.

37 Z.B. Nagl, Fastenordnung; Rauscher, Fastenordnung.

38 Siehe Verlautbarung für die gesamte Kirchenprovinz Wien (Diözesen Wien, St. Pölten, Linz): *Fasten-Ordnung für das Jahr 1913*, Wien 1913. Im Vergleich dazu: Rauscher, Fastenordnung 1868.

39 Glöckel, Braut-Unterricht, S. 40.

40 Gremel, Mein Leben, S. 71.

41 Glöckl, Braut-Unterricht, S. 23–24. Laut Vater, Brautunterricht, S. 14, haben sich auch Eheleute einer »standesgemäßen Enthaltsamkeit« zu befleißigen; insbesondere sei alles untersagt, was *bloß der sinnlichen Befriedigung wegen geschieht.*

42 Vgl. Studie mit Feldforschung für Südtirol: Clementi, Aussegnung und Unreinheit, S. 8–38, 128–130. Erwähnt noch für die 1920er Jahre auch bei: Gremel, Mein Leben, S. 287–288.

43 Am Beispiel Slowenien siehe Sadl, Emotiology in Slovenia, S. 960.

44 Aufzeichnung Josef Jodlbauer (*1877 in Grieskirchen/Oberösterreich), in: Haselgruber, Frömmigkeit, S. 75.

45 Beispiele bei Haselgruber, Frömmigkeit, S. 81–85.

46 Vgl. Erinnerung Helene Schuster (*1904 in Siebenhirten bei Wien), in: Haselgruber, Frömmigkeit, S. 76–77.

47 Klieber, Politischer Katholizismus, S. 41 bzw. Beispiele dafür S. 268, Anm. 20.

48 ASV, Nunziatura di Vienna / Vannutelli / Vol. XVI. / 571 / Obolo di S.Pietro 1880–1882, p. 517–518v: Schreiben Haynald an Nuntius Vannutelli, Coloczae 17.1.1882.

49 Klieber, Politischer Katholizismus, S. 13–14.

50 Mitterauer, Familienformen, S. 123–125 bzw. 179–184.

51 Mioni, Diözese Triest-Capodistria, S. 45–46.

52 Z.B. 1893 durch ein 40stündiges Gebet in der Stadtpfarrkirche Dornbirn in den drei letzten Faschingstagen: Johler, Fastnacht, 127.

53 Zitiert bei Klieber, Politischer Katholizismus, S. 58.

54 Klieber, Politischer Katholizismus, S. 13. Zum Wunsch »rein« zu sterben: Bruckner, Arbeiterapostel, S. 41.

55 Feldkircher Zeitung am 19.7.1871 und öfter.

56 Beispiele bei Weitensfelder, Vorarlberg, S. 60–61.

57 Zumindest für den Bereich der Salzburger Erzdiözese gut belegt: Greinz, Salzburg, S. 30–31.

58 Siehe Beneš, Königgrätz, S. 139–140: insgesamt 465 Seelsorgestellen, 61 Missionen, 14 davon mit genauen Angaben zur Kommunikantenzahl. Bei Annahme, dass 4/5 der katholisch Getauften grundsätzlich Kommunion-fähig waren (ausgeschlossen Kinder vor der Erstkommunion), ergibt dies eine Frequenz von 18.788 aus 27.805 (= 68 %); die weiteren Angaben schwanken zwischen 44 und 107 Prozent (im letzteren Fall natürlich inklusive auswärtiger Teilnehmer).

59 Römisches Zentralarchiv der Redemptoristen, Chroniken unter der Rubrik: B. PROVINCIAE // SERIES-A. / PROVINCIA AUSTRIACA. // Chronica / Labores apostolici I // 1820–1870 // XVII; Prov. Austriaca // Chronica et Labores ap. // II // 1866–1870 // ab p. 72: Conspectus / Laborum apostolicorum singulorum Collegiorum SS.Red. Prov. Austriacae anno 1867. / Ministerium externi. // [hier:] Aktivitäten der Ordensniederlassung in Innsbruck, Einträge für Uttendorf und Brandenberg, p. 95–100. Das Originalzitat lautet: *Medicus hujus regionis, qui antea scandalum incredulitatis nec non impoenitentiae publice praebuit, misericordia divina conversus exemplum dedit poenitentiae, ita ut omnes mirarentur.* »*Ubi abundavit delictum, superabundavit gratia.*«

60 Rumpl, Linzer Stadtpfarrer, S. 239.

61 Gruden, Diözese Laibach, S. 14.

62 Bowman, Priest, S. 77, bzw. Toscani, S. 220.

63 Vgl. Scheicher, Erinnerungern II, S. 354.

64 Am Beispiel der Diözese Pavia: Guderzo, La Chiesa, S. 384–385.

65 Anfänge des Seminarbetriebs 1832, Ausbau 1842 und 1856; von 1862 bis 1882 und wieder ab 1891 Vollgymnasium: Stradner, Diöcese Seckau, S. 53–54.

66 Mioni, Diözese Triest-Capodistria, S. 21–23.

67 Beneš, Diöcese Königgrätz, S. 12–13.

68 Klieber, Salzburgs Kirche, S. 224–225.

69 Leb, Heinrich Abel, S. 9.

70 Vgl. Bruckner, Arbeiterapostel, S. 38, 41.

71 Am Beispiel des Salzburger Seminars und seines Direktors Katschthaler: Klieber, Katschthaler, S. 336–337.

72 Scheicher, Erinnerungen II, S. 370.

73 Scheicher, Erinnerungen II, S. 483, 489. Das Priesterkolleg St. Augustin in Wien (sog. Frintaneum) sollte begabten und vorbildlichen Klerikern aus allen Teilen der Monarchie ein Doktoratsstudium ermöglichen und ein Reservoir kaisertreuer Bischofskandidaten schaffen. Die Anstalt ist Gegenstand eines großen Forschungsprojektes, an dem das Institut für Kirchengeschichte in Wien federführend beteiligt ist. Vgl. Frankl, Frintaneum.

74 Scheicher, Erinnerungen II, S. 244–247.

75 Schöniger, Enthüllungen, S. 8–9.

76 Vgl. Ohorn, Kloster, S. 74–75.

77 Scheicher, Erinnerungen II, S. 228–229. Die berüchtigte Strenge des Regens des Wiener Priesterseminars, Ernest Maria Müller (1822–1888, Regens 1863 bis 1885), schildert: Mathias, Priesterseminar, S. 182–184; vgl. Bowman, Priest, S. 108–111.

78 Leb, Heinrich Abel, S. 9.

79 Scheicher, Erinnerungen II, S. 156.

80 Bringemeier, Priester- und Gelehrtenkleidung, S. 94–97 bzw. Abbildung 55.

81 § 48 der »Statuten des F.B.Priesterseminars in Trient, Trient 1908, S. 31–32.

82 Almanach des katholischen Klerus Oesterreichs 1912, Wien 1912, ohne Seite (letzter Inseratenteil bei der Erzdiözese Wien).

83 Scheicher, Erinnerungen II, S. 173–174.

84 Zahlen gemäß Leisching, Kirche, Tabelle 12.

85 Scheichers, Erinnerungen II, S. 158–161.

86 Vgl. Vrankić, La Chiesa, S. 73.

87 Z.B. schrumpfte die Zahl der Männer- und Frauenklöster in Galizien zwischen 1772 und 1848 um etwas die Hälfte: Mark, Galizien, S. 26.

88 Siehe dazu: Huber, Visitation.

89 Z.B. eine Kongregation der Augustiner Chorherren Cisleithaniens; siehe: Röhrig, Chorherren-Kongregation.

90 Huber, Visitation, S. 194, 216. Einen guten historischen und statistischen Überblick zur österreichischen Ordenslandschaft – mit zahlreichen Ausgriffen auf die Verhältnisse in Ungarn – bietet (mit Stand 1911): Žák, Österreichisches Klosterbuch.

91 Huber, Ohorn.

92 Zu Freinademetz: Bornemann, Freinademetz; zu Mayr: Gütl, Schriften; zu Pfanner: Balling, Missionsabt.

93 Žák, Klosterbuch, S. 425–426.

94 Vgl. Rücker, Motivationen der Frauen, 6 und 69–101.

95 Sedlák, Jahrhundert, S. 5–13 und 91–94; Žák, Klosterbuch, S. 327–328.

96 N.N., Lebensbild der ehrwürdigen Gründerin und Generaloberin der Kongregation der Töchter der göttlichen Liebe Mutter Franziska Lechner, Wien 1905, S. 15–38. Bezüglich der Josefsverehrung, S. 23.

97 GA-KTGL EIIa, 10: Chronik der Congregation der Töchter der göttlichen Liebe, verfasst aus Anlass des 25jährigen Bestandes der Gesellschaft. Wien 1893, Zusammenstellung S. 94.

98 Meiwes, Weibliche Berufsarbeit, S. 463–468.

99 Beispiele für elterlichen Nachdruck schildern: Ohorn, Kloster, 38–40; Weißensteiner, Swoboda, S. 388.

100 Vgl. Klieber, Politischer Katholizismus, S. 41.

101 Zitiert bei Klieber, Politischer Katholizismus, S. 53.

102 Scheicher, Erinnerungen II, S. 373.

103 Amadei, Restaurazione, S. 240–244.

104 Rumpl, Linzer Stadtpfarrer, S. 246.

105 Klieber, Katschthaler, S. 354.

106 Wie im Falle Franz Senn und seiner Pfarre Nauders in Tirol: Wolfgang G. Schöpf, Franz Xaverius Senn, in: Biographisch-Bibliographisches-Kirchenlexikon Band XXIV (2005), Spalten 1336–1348.

107 Nagl, Auseinandersetzung, S. 170 und 187.

108 (Unkritische) biographische Skizze von Mikrut, Arbeiterseelsorger, S. 271.

109 Wolfgang G. Schöpf, Franz Xaverius Senn, in: Biographisch-Bibliographisches-Kirchen-lexikon Band XXIV (2005), Spalten 1336–1348.

110 Hofinger, Der Mistapostel bzw. Scheicher, Priesterleben, S. 256–261.

111 Sauer, Füster; Bowman, Culture. Zur bewegten Stimmung im Seminar von Udine: Seminario di Udine, S. 346–348. Zur Situation in Wien und Prag: Boyer, Political Radicalism, S. 122–136. Zur Lombardei: Fario, Partecipazione; Ondei, Clero Mantovano.

112 Goffi, L'erà risorgimentale, S. 277.

113 Für Pavia: Guderzo, La Chiesa, S. 382–388; vgl. Bertazzoli, Ottocento, S. 105–113. Für Mantua: Brunelli, Dominazione, S. 178. Ähnlich gespannt die Situation in der Diözese Brescia: Taccolini, Chiesa, 106–112.

114 Huber, Frind, S. 282–285.

115 Vgl. Klieber, Priestergewerkschaften.

116 Rabas, Reformbestrebungen, S. 260–262.

117 Rosminis Schriften »La Costituzione secondo la giustizia sociale«, »Delle cinque piaghe della Santa Chiesa«, gedruckt 1848 in Mailand, von Rom verurteilt 1849, richteten sich u.a. gegen die Kirchenpolitik Österreichs in Norditalien. Zu Günther: Bunnell, Infallibility, S. 153–159; Dietrich, Günther. Zu Ehrhard: Ehrhard, Ehrhard.

118 Scheicher, Arme Brüder, S. 43. Vgl. Csáky, Modernismus, 333; Scheicher, Erinnerungen II, 485.

119 Vgl. unter anderem: Feigl, Musil.

120 Kecmanović, Bildnis; zur Rolle der bosnischen Franziskaner siehe auch: Nikić, Aufstand. Vgl. für den slowenischen Klerus: Rumpler, Katholische Kirche.

121 Angaben bei Liveanu, Propriété, S. 288. Laut Realencyklopädie für protestantische Theologie und Kirche 1908, Stichwort: Ungarn, befanden sich vor 1914 knapp 1 Million Hektar Grund in kirchlichem Besitz.

122 Adriányi, Kirche in Ungarn, 234–236.

123 Gatz, Bischöfe, 266.

124 Vgl. Gatz, Bischöfe.

125 Runggaldier, Zwerger, S. 20–22; Klieber, Katschthaler, S. 329-330.

126 Huber, Kirche in Mähren-Schlesien, S. 18-19.

127 Gatz, Die Bischöfe, 261.

128 Adriányi, Ungarn.

129 Huber, Bischofsernennungen, S. 89–90. Den komplexen Vorgang einer Nominierung für das oberungarische Neusohl 1850 schildert Hrabovec, Ernennung. Allgemein siehe: Saurer, Aspekte.

130 Vgl. Trogrlić, Tendenzen.

131 Adriányi, Kirche und Nationalitätenfrage, S. 48, 54.

132 Vgl. Slovak, Strossmayer; Just, Strossmayer.

133 Im Jahr 1900 war in 789 von 3.215 römisch-katholischen Pfarreien Ungarns Slowakisch die Sprache der Seelsorge (= 24,5%; ungarisch 55,2%, deutsch 16,9%). Siehe Adriányi, Kirche und Nationalitätenfrage, S. 50–52.

134 Vgl. Heindl, Bischofsernennungen.

135 Vgl. Goldinger, Rudigier.

136 Niessen, Transylvanian Catholics, S. 45–50.

137 Niessen, Transylvanian Catholics, S. 50.

138 Zur Problematik siehe: Csáky, Modernismus.

139 Wodka, Kirche, S. 360–363.

140 Zum Begriff Versäulung: Righart, Entstehen, S. 69; er beschränkt den Begriff im Unterschied zur vorliegenden Studie inhaltlich auf den politischen Bereich und zeitlich auf die Jahre 1887 bis 1907.

141 Mioni, Diözese Triest-Capodistria, S. 60–62; für die lombardische Diözese Cremona in den 1850er Jahren: Goffi, L'età risorgimentale, S. 280. Zur Problematik Bruderschaften vgl. Klieber, Bruderschaften.

142 Siehe Klieber, Bruderschaften, S. 589–591; Klieber, Versicherungen, S. 63–66.

143 Ladenbauer, Diözese Königgrätz, S. 123.

144 Vgl. Gordon, Challenge; Bled, Catholicisme.

145 Zur katholischen Auswandererfürsorge siehe: Holzweber, Engagement; Drnovšek, Attitude.

146 Klieber, Politischer Katholizismus, S. 55.

147 Siehe biographische Skizze von Rinnerthaler, Ledóchowska, S. 193.

148 Vgl. die Biographie von Mikrut, Diener.

149 Zum internationalen Agieren kirchennaher Konservativer siehe: Lamberts, Austrian Catholic Conservatives; Bled, Fondements, S. 330–334.

150 U.a. in Olmütz, Innsbruck, Salzburg: Neitzel, Gesellenverein, S. 63–64. Demnach existierten im Todesjahr Adolf Kolpings 1865 insgesamt bereits 400 Vereine mit ca. 80.000 Mitgliedern, die sich auf spezifische Weise selbst organisierten und ihre Mitglieder im Vereinssinne zu gesellschaftspolitisch aktiven Männern schulten.

151 Lukan, Arbeiterorganisation, S. 170, 190.

152 Dokumentationen unter diesem Titel existieren für die (Erz-)Diözesen: Budweis, Gurk, Königgrätz, Laibach, Prag, Salzburg, St. Pölten, Seckau und Triest-Capodistria (siehe Bibliographie).

153 Zum Begriff »managers of the Catholic milieu« und dem vergleichsweise geringeren Anteil des Klerus an dieser Rolle in Österreich siehe Weichlein, Catholicism, S. 235: *Austria provides thereby one of the few examples of a situation in which the clergy was probably not the decisive factor in the persistence of Catholicism.*

154 Lukan, Arbeiterorganisation, S. 170; Anić, Frauen, S. 127.

155 Klieber, Solidaraktionen

156 Klieber, Finanzierung.

157 Oer, Fürstbischof, S. 315.

158 Vgl. Klieber, Efforts.

159 ASV, Segreteria di Stato, Epoca Moderna 1883, Rubrica 100, fasc.2, fol. 303. Das Originalzitat lautet: *In Ungheria la più gran parte delle offerte proviene dai Vescovi e dal clero secolare o regolare. Il popolo cattolico dà relativamente pochissimo, appunto perchè è abituato a contemplare le grandi ricchezze degli alti dignitari ecclesiastici e non già a dare ma a ricevere dai medesimi sussidi di ogni genere. Si figura quindi che se il Cardinal Primate e con esso molti Arcivescovi, Vescovi, Prevosti,*

Canonici, Abati nuotano nella agiatezza, il papa, che è molto superiore a tutti, deve essere molto più ricco.

160 Die Tabelle hat gewisse Unschärfen durch die von den Diözesangrenzen abweichenden Landesgrenzen. Die Zahlen der Protestunterschriften wurden zu den in den Schematismen der Diözesen angegebenen Katholikenzahlen in Relation gesetzt, wobei der betroffene Anteil von »Erwachsenen« jeweils pragmatisch mit <u>zwei Dritteln der Gesamtzahl</u> angenommen wurde, was angesichts hoher Kinderzahlen bzw. nicht weniger aus sonstigen Gründen ausgeschlossener Personengruppen (geistig Behinderte, Mittellose, Pflegefälle etc.) einigermaßen nahe an die Realität herankommen sollte.

161 Vgl. Simons, Catholic Political Movement.

162 Zur Ouvertüre solchen Engagements in Gestalt einiger Domherrn im Ungarn der 1840er Jahre siehe: Fazekas, Political Catholicism. Zur geringen Präsenz von Klerikern im böhmischen Landtag (abseits der ex-offo-Mitglieder und des Großgrundbesitzes): Schmid-Egger, Klerus, S. 84.

163 Zur Begrifflichkeit vgl. die »milieuanalytischen« Modelle von Lepsius, Parteiensystem, und Loth, Katholiken.

164 Vgl. Czáky, Kirche in Ungarn, 289–301.

165 Vgl. Scheicher, Arme Brüder, S. 193–208

166 Siehe Peter M. Judson, Steven Beller, Ernst Hanisch, Anton Pelinka beim: Historiography Roundtable. Placing John Boyer's Work in Austrian Historiography, in: Contemporary Austrian Studies 6 (1998), S. 174–220.

167 Vgl. zur Entwicklung in Slowenien: Ratej, Political Catholicism, S. 86; in Salzburg: Klieber, Politischer Katholizismus, S. 183–193; in Tirol u.a.: Schober, Katholizismus; in Ungarn: Czáky, Kirche in Ungarn, S. 311–320, und Gergely, Christlichsoziale Bewegung; für Böhmen und Mähren: Marek, Der tschechische politische Katholizismus; Trapl, Political Catholicism, S. 38–43. Zur Rolle des Antisemitismus für die katholische Bewegung u.a. Sauer, Vereinswesen, S. 42–45. Zur kurialen Unterstützung: Greipl, Römische Kurie.

168 Rudolf Eichhorn und Josef Scheicher (nicht wie im Beitrag: Schleicher!) als erste »Priesterpolitiker« Niederösterreichs: Mader, Movimento, S. 334. Zur allgemeinen Problematik: Kalyvas, Party Formation.

169 Laut Boyer, Priests, S. 368, in den 1880er Jahren der bischöflich meistgehasste Priester der Monarchie.

170 Vgl. Staudacher, Stojałowski.

171 Zum Erfolg einer Tiroler christlichsozialen »Bauern-Zeitung« (1902: Auflage 2000; 1913: 9.000): Cole, Identität, S. 193.

172 Sármány-Parsons, Religious Art. Zur komplexen Problematik des regen Restaurierens, Neu- und Ausbauens von Kirchen im 19. Jahrhundert siehe auch: Krause, Ecclesiastical Art.

173 Zur herausgestrichenen Kirchlichkeit christlichsozialer Parteigrößen: Boyer, Culture, S. 164–174.

174 Zitiert mit Herkunftsvermerk bei Bled, Wien, S. 279. Zeugnis für die neue Kirchlichkeit des Wiener (Klein-)Bürgertums sind auch die vielen Stiftervermerke in Kirchbauten des ausgehenden 19. Jahrhunderts. Boyer, Religion, S. 40, spricht von einem »revival of Catholic religious practice in Vienna …« nach 1890.

175 Boyer, Priests, S. 368, bzw. Boyer, Religion, S. 37–41.

176 Eine Schilderung der Vorfälle im sog. Wahrmundjahr 1907/08 bzw. »Grazer Bauernsturm« 1908 bietet der Wikepedia-Eintrag zum K.Ö.H.V. Carolina Graz, abgefragt am 9.1. 2008. Zu diesem und anderen Vorfällen vgl.: Hartmann, Kulturkampf; Binder, Katholische Studenten.

177 Vgl. Schober, Belmonte, S. 298–299. Laut Liebmann, Katholisches Leben, S. 20, etablierte sich 1888 eine erste katholische Studentenverbindung in Graz. Laut Fajkmajer, Duell, S. 11–12, blieben in Wien die katholischen Verbindungen Norica und Austria ihrer Duell-Gegnerschaft treu. Zu universitären und anderen gesellschaftlichen Turbulenzen, eindrucksvoll fokussiert auf das »Jubiläumsjahr« 1908, vgl. Blaukopf, Fröhliche *Apocalypse Now*.

178 Vgl. Ortner, Universität.

179 Zur tschechischen Nationsbildung und ihren antagonistischen kirchlichen wie antiklerikalen Nationskonzepten siehe u.a.: Wessel, Tschechische Nation. Der Ergebnisband einer einschlägigen Tagung im Herbst 1999 steht leider noch aus; siehe: Dolezel, Religion.

180 Bzgl. Dalmatien bzw. Kroatien siehe: Wörsdörfer, »Slawischer« und »lateinischer« Katholizismus; Okey, Slavonic Liturgy; Malfèr, Slawische Liturgie. Bzgl. der ungarischen Unierten: Adriányi, Bestrebungen. Zu den Versuchen, eine spezifisch tschechische kirchliche Nationalidentität in Anknüpfung an Cyrill und Method zu kreieren: Machilek, Cyrill-Method-Idee.

181 Huber, Frind, S. 286–289. Laut, Ohorn, Kloster, S. 78, litt auch das weiterhin ungeteilte Prager Priesterseminar unter steten nationalen Gehässigkeiten.

182 Zu Tschiderer: Grisar, Tschiderer, S. 259–287, 372–375; zu Endrici: Benvenuti, Gioseffinismo.

183 Informationen aus dem offiziellen Führer des Museums beim Denkmal: Le Monument de la Paix et la Bataille d'Austerlitz / Friedensdenkmal und Schlacht bei Austerlitz, redigiert von Jaromír Hanák, Erstauflage Brno 2000, benutzte Auflage 2007.

184 Gremel, Mein Leben, S. 75.

185 Kramer, Haidegger, S. 108–109. Zur Problematik der Kriegshirtenbriefe vgl.: Achleitner, Gott im Krieg. Zur staatstragenden Rolle der tschechischen katholischen Parteien bis zum Ende des Weltkriegs: Trapl, Political Catholicism, S. 40–42.

186 Zum komplexen Phänomen »Reichspatriotismus« in seiner letzten Phase siehe: Lorenz, Patriotismus.

Kinderstube für einen europäischen Islam?
Die Muslime im Reichsverband

1 Einen Überblick zur Fülle der Literatur bietet: Džaja, Bosnische Kirche, 1978; Fine, Bosnian Church, 1975; Bieber, Muslim Identitiy, S. 13–28. Vgl. auch Džaja, Konfessionalismus, 1984/35, S. 267–292.

2 Lopasic, Islamisation, S. 182.

3 Die räumlichen Gegebenheiten, spirituellen Praktiken sowie Scheich-Dynastien örtlicher, bis ins 20. Jahrhundert aktiver *tekkes* beschreibt: Algar, Some Notes, S. 168–203. Vgl. Zheliazkova, Islam in Bosnia, S. 187–208.

4 Zur einflussreichen Rolle der Derwisch-Orden am Balkan siehe v.a. Balivet, L'Islamisation

des Balkans Ottomans, S. 11–20. Zu den zahlreichen und häufig synkretistischen Praktiken des Heil- und Schadenszaubers siehe u.a. Kapitel »Aberglauben« in: Poppović, *Bosnien und Hercegovina*, S. 35–38; ebenso den gedruckten Vortrag Krauss, Medizinische Zaubersprüche, 1887.

5 Donia/Fine, Bosnia, S. 78, bzw. Donia, Muslims, S. 6.

6 Vgl. Okey, Schooling in Austro-Hungarian Bosnia, S. 41-63.

7 Laut Angabe der Revue du Monde Musulman 1907/7, S. 296, wurde der *Reis ul-ulema* damals jährlich mit 16.000 Kronen besoldet.

8 Siehe die trotz polemischem Tonfall glaubwürdigen Passagen einer zeitgenössischen Broschüre samt Wiedergabe einschlägiger Verordnungen: Kallay, *Mohammedaner in Bosnien*, S. 58 bzw. 100–112. Vgl. Donia, Muslims of Bosnia, S. 27–29, wonach Konversionen aufgrund der spannungsgeladenen ethnischen Situation besonders heikel und häufigster Grund für öffentliche Unruhen waren.

9 Donia/Fine, Bosnia, S. 76.

10 Laut Zheliazkova, Islam in Bosnia, S. 206, hatten sich bis zum Ende des 18. Jahrhundert ca. 130.000 Flüchtlinge in Bosnien niedergelassen. Vgl. Kettani, Islam in Post-Ottoman Balkans, S. 395.

11 Zu den alten Spannungen zwischen Muslimen und katholischen bzw. orthodoxen Christen vgl. Anton Hangi, Die Moslim's in Bosnien-Hercegovina. Ihre Lebensweise, Sitten und Gebräuche / Autorisierte Übersetzung von Hermann Tausk, Sarajevo 1907, S. 21–22; Separatdruck eines Beitrages der Augsburger Allgemeinen Zeitung: *Christen in Bosnien*, Wien 1853.

12 Die Zahlenangaben zur Emigration schwanken enorm. Die vorliegende Angabe sowie zahlreiche einschlägige Literaturangaben bei: Popovic, L'Islam balkanique, S. 272–273. Gute Gründe und Belege lassen jedoch auch die Annahme von 150.000 Emigranten bei Al-Arnaut, Two *Hijras*, S. 243, als möglich erscheinen.

13 Mahfoûs, L'Islam en Bosnie, S. 292–293.

14 Gravier, L'Émigration, S. 213–224.

15 Zur Emigrationsbewegung bzw. zur innerislamischen Gegensteuerung siehe Al-Arnaut, Two *Hijras*, S. 242–253; Gravier, L'Émigration, S. 223: [...] *Le Mousavat, organe des musulmans de Bosnie et en particulier des seigneurs propriétaires, n'a cessé de prêcher contre l'émigration.*; zur Werbung jungtürkischer Kräfte um bosnische Anhänger des Kalifats vgl. Hanioglu, The Young Turks, 2001. Zu administrativen Gegenmaßnahmen siehe die Kapitel zur Auswanderung in: *Gesammelte Reden*, Baron von Bojnik S. 12–14, Sektionschef Pitner S. 1–2.

16 Die Ergebnisse der Volkszählung 1910, zitiert bei: Babuna, Bosnian Muslims, S. 204–205.

17 Okey, Schooling in Austro-Hungarian Bosnia, S. 53.

18 Siehe die einschlägigen, mitunter bebilderten und mit passenden Zeugnissen der Volkspoesie illustrierten Passagen bei Hangi, Die Moslim's, S. 11, 56-68, 167–191.

19 Heuberger, Muslime im alten Österreich, S. 114.

20 Mit Bezug auf eine zeitgenössische Statistik: Gravier, L'Émigration, S. 215.

21 Alle Angaben zur Schulsituation samt Quellen- und Sekundärliteraturhinweise siehe: Popovic, L'Islam balkanique, S. 280–283. Die dort zitierte Aufstellung von S. Ćeric (1971) zum Verhältnis von Alt- und Neuschulen ist wohl fehlerhaft zitiert, da sie zwar eine deutliche Zunahme religiöser Neuschulen angibt (1907–1914: von 88 auf 203; dagegen *mektebs* alter

Ordnung: 1907-1915 von 940 auf 1.233 mit ca. 53.000 Schülern), für die gleiche Zeit aber einen drastischen Schülerschwund suggeriert (von 7.636 auf 5.455).

22 Mahfoūs, L'Islam, S. 305.

23 Beschrieben bei Hangi, Die Moslim's, S. 72.

24 Kallay, *Mohammedaner*, S. 55.

25 Mahfoūs, L'Islam, S. 305–307.

26 Balić, Österreich und das islamische Kulturerbe, S. 279.

27 Ebda.

28 Laut Mahfoûz, L'Islam en Bosnie, S. 307.

29 *Islamismus*, Sarajewo 1886. Vgl. Hangi, Die Moslim's, S. 33–34, 43.

30 *Islamismus*, S. 8–9.

31 Popovic, L'Islam balkanique, S. 279.

32 Vgl. Donia/Fine, Bosnia, S. 110–111; Beispiele bei Pederin, Islamischer Progessismus, S. 185–204.

33 Popovic, L'Islam balkanique, S. 285–287, charakterisiert bzw. listet 28 periodisch erscheinende Publikationsorgane für die Zeit von 1878 bis 1918 auf.

34 Zur Mobilisierung entlang lokaler »Netzwerke« siehe programmatisch: Donia, Muslims of Bosnia, XI–XIX.

35 Mahfoūs, L'Islam, S. 299–301; zur Rolle Stadlers: Donia, Muslims of Bosnia, S. 28–29.

36 Mahfoūs, L'Islam, S. 302.

37 Zur Interpretation von Parteien als »politischen Ausschüssen« von Milieugruppen vgl. Rupert Klieber, Politischer Katholizismus in der Provinz, Wien-Salzburg 1994, S. 5–7.

38 Sugar, Industrialization, S. 29.

39 Brass, Ethnicity and Nationalism, 1991; vgl. dazu die hpts. auf Brass fußenden Ausführungen von Babuna, Bosnian Muslims, S. 195–218.

40 Bzgl. der Selbstbezeichnung gegenüber Regierungsstellen siehe Babuna, Bosnian Muslims, S. 210–211.

41 Vgl. Popovic, Les Musulmans de Hongrie, S. 177–179.

42 Lederer, Islam in Hungary, S. 11, berichtet von zwei Vorstößen zum Bau einer Moschee in Budapest.

43 Bihl, Islam in Österreich, S. 591.

44 Laut Bihl, Islam in Österreich, S. 589–590.

45 Zahlenangabe bei Lederer, Islam, S. 9.

46 Bihl, Islam in Österreich, S. 591–592.

Gesellschaftliche Eliten im Widerstreit der Loyalitäten?
Protestantische Lebenswelten

1   Vgl. Mecenseffy, Evangelische Lehrer: Sie listet 58 Wiener Universitätsprofessoren abseits der Theologie auf.

2   Vgl. Eltz-Hoffmann, Heinrich Gottlieb Aumüller; Eckardt, Geschichte der evangelischen Gemeinde in Prag.

3   Siehe v.a. Loesche, Geschichte des Protestantismus.

4   Tóth, Die kulturelle Integration, S. 191–192, wiedergegeben bei Brandt, Protestantismus im dualistischen Ungarn, S. 191.

5   Fiedler, Pfarrgemeinde Schlaining, S. 53–54.

6   Reingrabner, Eigenart der burgenländischen Protestantengeschichte, S. 171; etliche Beispiele für die »Eigenheiten« von Gemeinden liefert auch Fiedler, Reaktion, u.a. S. 35–38.

7   Selle, Kirchensteuer, S. 7.

8   Schematismus 1913, S. 2, 14–20.

9   Von seiner Gemeinde abgelehnt wurde etwa der reformierte Wiener Dr. Cornelius August Wilkens (1861–79): siehe Karner, Reformierte Pfarrer, S. 134–136. Streitfälle zwischen Pastoren und ihren Gemeinden schildert auch Loesche, Inneres Leben, S. 217–272.

10 Als die Gemeinde Holzschlag sich von der Mutterpfarre Schlaining unabhängig machte, verpflichtete man sich 1859 auf einen Lebensunterhalt des künftigen Pfarrers .. *mit 200 fl. C.M., 15 Metzen Weizen, 8 Klafter Hartholz, 15 Zentner Heu, 15 Zentner Stroh, 350 Häuptl Kraut, 21 Metzen Kartoffeln, 10 Metzen Rüben, 80 Pfund Rindschmalz und den üblichen Stolarien:* Fiedler, Pfarrgemeinde Schlaining, S. 48. Laut Kolatschek, Evangelische Kirche, S. 218, ernährte Pfarrer Peter Novák im mährischen Ober-Dubenky seine Familie mittels *84 fl. , 21 M. Korn, 10 M. Hafer, 3 Kirchenopfer, Beichtpfennig, 27 Kl. Holz, Schmalz von jedem Bauer 1 Seitel.*

11 Sanktion in Mitterbach laut Honegger, Evangelisches Leben, S. 36: *Die, welche die Kirchensteuer nicht zahlen wollen, werden von der Kanzel verlesen.*

12 Zu Gemeindeämtern vgl. Schmidt, Pfarrgemeinde Großpetersdorf, S. 173, 178.

13 Graf, Spaltung des Protestantismus, S. 158, wiedergegeben bei Brandt, Protestantismus im dualistischen Ungarn, S. 181. Vgl. Kaiser, Formierung des protestantischen Milieus, S. 258–259.

14 Vom Zusammenwirken von Wirtschaftskrise, Modernisierungskonflikten, Naturkatastrophen und geistigen Präpositionen bei der Genese einer lokalen Nazarener-Gemeinschaft handeln Szigeti/Kardos, A magyarországi nazarénusok, S. 144–190, beschrieben bei: Brandt, Sonderformen des ungarischen Protestantismus, S. 277–279.

15 Benedek, Das Udvarhelyer Comitat, S. 335–336.

16 Szivos, Csongrád und Csanád, S. 473–476.

17 Angaben bei Révész, Ungarn, S. 235.

18 Benedek, Das Udvarhelyer Comitat, S. 335.

19 Wilbur, Unitarianism, S. 157 und 164; demnach wäre den Predigern explizit aufgetragen worden, jegliche Angriffe auf andere Bekenntnisse bzw. jeden Proselytismus zu unterlassen.

20 Zahlenangabe bei Révész, Ungarn, S. 242; Wilbur, Unitarianism, S. 157, schreibt von zuletzt

75.000 Gläubigen in etwa 160 Kongregationen (Gemeinden), inkludiert dabei aber auch 54 *filialae* ohne eigenen Seelsorger.

21 Vgl. Wilbur, Unitarianism, S. 157–164.

22 Entsprechende Tafeln für Ungarn ohne Kroatien und Slawonien bei Karner, Felekezetek, S. 67–68, übersetzt bei Brandt, Protestantismus im dualistischen Ungarn, S. 229–233.

23 Karner, Felekezetek, Tafel XI, übersetzt bei Brandt, Protestantismus im dualistischen Ungarn, S. 232–233.

24 Téglás, Torda-Aranyoser Comitat, S. 201.

25 Wilbur, Unitarianism, S. 164.

26 Karner, Felekezetek, Tafel XI, übersetzt bei Brandt, Protestantismus im dualistischen Ungarn, S. 233.

27 Wilbur, Unitarianism, S. 154–157; siehe auch Révész, Ungarn, S. 242.

28 Wilbur, Unitarianism, S. 164; vgl. McLachlan, Transylvania and British Unitarians, S. 73–79.

29 Siehe extrem »vernunftbetonte« Programmschrift einer »Unitarischen Kirchengemeinschaft in Österreich«, hervorgegangen aus einer »neukatholischen« Gemeinde von Wien: Unitarische Gemeinde, Verfassung, 1869.

30 Einen guten Überblick über die (sozial-)geschichtliche Literatur, die Benennung zahlreicher Forschungsdesiderata und Erschließung von Ergebnissen ungarisch-sprachiger Studien bietet: Brandt, Protestantismus im dualistischen Ungarn, S. 185–187.

31 Jókai, Volksleben an der Theiß, S. 38.

32 Ballagi, Biharer Ebene, S. 409; vgl. Géresi, Nagy-Károly, Szatmár und ihre Umgebung, S. 364; Szivos, Hajduckengebiet, S. 320–321; Király, Harangod und Taktaköz, S. 273; Baksay, Jazygien und Kumanien, S. 248–250; Gyarmathy, Kalotaßeger Volk, S. 182.

33 Jókai, Debreczin, S. 293–294 und 305.

34 Brandt, Protestantismus im dualistischen Ungarn, S. 192, bzw. entsprechende Tabellenwerte dort S. 232–233.

35 Révész, Ungarn, S. 235 bzw. 242.

36 Von dieser Ausnahme schreibt: Baksay, Volksbräuche, S. 124: ... *selbst der Calvinist fastet an diesem Tag und kocht nur Weichselsuppe und Mohnmehlspeise.*

37 Vgl. entsprechende Passagen zu einzelnen reformiert geprägten Regionen im sog. »Kronprinzenwerk«: Jókai, Volksleben an der Theiß, S. 40; Kandra, Ebene am Mátra-Fuß, S. 272; Király, Harangod und Taktaköz, S. 276; Szivos, Hajduckengebiet, S. 324.

38 Baksay, Jazygien und Kumanien, S. 250. Weitere Beispiele bei Jókai, Debreczin, S. 305.

39 Beispiele bei Kandra, Ebene am Mátra-Fuß, S. 272; zum innerkirchlichen Streit darüber: Brandt, Protestantismus im dualistischen Ungarn, S. 200. Laut Kósa, Vallási, S. 219, wäre die traditionelle Kirchenzucht nach 1850 erloschen; dagegen sprechen jedoch die sehr viel länger anhaltende Diskussion darüber sowie die vorherigen Belegstellen aus späteren Jahren.

40 Gyenge, Pfarrgemeinde H.B. Oberwart, S. 22; vgl. Gyenge, Kirchenzucht.

41 Schmidt, Pfarrgemeinde Großpetersdorf, S. 170.

42 Loesche, Österreich, S. 324.

43 Beispiele für die Zeit vor 1848, z.B. das Anbeißen des Kirchenschlüssels bei Epilepsie, bei Bucsay, Protestantismus in Ungarn, S. 79.

44 Gyarmathy, Kalotaßeger Volk, S. 184.

45 Laut Baksay, Volksbräuche, S. 100, häufig: A.B.F.R.A. für *a boldog feltámadás reménye alatt* (= in der Hoffnung seliger Auferstehung).

46 Kandra, Ebene am Mátra-Fuß, S. 272: *In religiöse Andacht versenken sich mehr die Weiber …*

47 Die entsprechende Quellenlage und Forschungsdiskussion, getragen v.a. durch Beiträge des ungarischen Volkskundlers László Kósa, bei: Brandt, Protestantismus im dualistischen Ungarn, S. 199–203.

48 Brandt, Der ungarische Protestantismus, S. 70.

49 Siehe die auf einer Auswertung der protestantischen Zeitschrift *Protestáns Szemle* [Protestantische Rundschau] basierenden Ausführungen bei Brandt, Protestantismus im dualistischen Ungarn, S. 217. Beispiele für ein kirchliches Vorspiel der politischen Karriere bieten demnach etwa Lajos Kossuth bzw. die beiden Parteiführer Kálmán und István Tisza. Vgl. auch Gottas, Protestantismus in Österreich und Ungarn, S. 35.

50 Spiegel-Schmidt, Evangelische Kirche in Südosteuropa, S. 7.

51 Schwarz, Projekt einer protestantischen Reichskirche, S. 444, 450.

52 Vgl. Spiegel-Schmidt, Evangelische Kirche in Südosteuropa, S. 6.

53 Gottas, Protestantismus in Österreich und Ungarn, S. 27.

54 Zur Klage darüber in zeitgenössischen protestantischen Zeitschriften: Tóth, Banner auf dem Zion, S. 191–193.

55 Am Beispiel des rührigen kirchlichen Organisators, Kossuth-Vertrauten und als Hochverräter verfolgten Pfarrers Gottlieb August Wimmer von Oberschützen: Teppersberg, Die Flucht; Zimmermann, Gottlieb August Wimmer. Protestantische Geistliche und Lehrer wurden laut Bucsay, Protestantismus in Ungarn, S. 92, bei Tragen eines verbotenen Kossuth-Bartes besonders streng gemaßregelt. Vgl. Reingrabner, Patriotismus.

56 Ausnahmen bei: Kováts, Soziologie, S. 38–39; vgl. Zuthem, Protestantismus und Arbeiterbewegung.

57 Brandt, Der ungarische Protestantismus, S. 68–69.

58 Bucsay, Schrifttum, S. 27; dazu auch: Brandt, Protestantismus im dualistischen Ungarn, S. 216–217; vgl. Bucsay, Protestantismus in Ungarn, S. 104.

59 Gottas, Protestantismus in Österreich und Ungarn, S. 32.

60 Zsilinszky, Békés, S. 442/444. Andere Beispiele aus dem »Kronprinzenwerk« z.B.: Király, Harangod, S. 276: [das Volk ist] *.. sowohl von Natur als auch, Dank den guten Schulen, welche durch Kirchen und Gemeinden überall erhalten werden, sehr intelligent.*; Jókai, Debreczin, S. 314: *Jede Confession erhält ihre Schulen selbst, die Professoren sind so zahlreich, daß sie eine eigene Gesellschaftsclasse bilden.*

61 Révész, Ungarn, S. 235.

62 Haselsteiner, Schul- und Berufsstruktur in Ungarn, S. 177.

63 Spiegel-Schmidt, Evangelische Kirche in Südosteuropa, S. 5.

64 Die Evangelische Kirche Ungarns AB zählte im Jahr 1854 laut einer bei Röhrig, Gemeinden des Banats, S. 33, zitierten Statistik zu ihren Gliedern 201.598 Deutsche, 183.028 Magyaren, 435.038 Slowaken.

65 Am Beispiel Schlainings aufgrund einer Senioratsversammlung 1876: Fiedler, Pfarrgemeinde Schlaining, S. 56–57.

66 Vgl. Hudak, Kirche unserer Väter, 54–56.

67 Fabiny, Bewährte Hoffnung, S. 48–56.

68 Folberth, Siebenbürgen, S. 258.

69 Teutsch, ev. Kirche in Siebenbürgen, S. 532.

70 Vgl. Borbis, Kirche Ungarns, S. 498–507.

71 Teutsch, ev. Kirche in Siebenbürgen, S. 546.

72 Folberth, Siebenbürgen, S. 258–259.

73 Teutsch, ev. Kirche in Siebenbürgen, S. 528–529.

74 Teutsch, ev. Kirche in Siebenbürgen, S. 548.

75 Teutsch, ev. Kirche in Siebenbürgen, S. 548–549.

76 Teutsch, ev. Kirche in Siebenbürgen, S. 562–563.

77 Schullerus, Hermannstädter Comitat, S. 454–456.

78 Vgl. die Schilderung des Haushaltes der »Pfarrerdynastie« Fronius in Abtsdorf: Fronius, Leben und Wirken, S. 150–151.

79 V.a. der erste evangelische Präsident des k.k. Oberkirchenrates Joseph Andreas Zimmermann sowie der Abgeordnete zum erweiterten Reichsrat Carl Maager: siehe Folberth, Siebenbürger Sachsen.

80 Schullerus, Hermannstädter Comitat, S. 464; vgl. Schullerus, Pflanzen im Glauben und Brauch.

81 Teutsch, ev. Kirche in Siebenbürgen, S. 457–458 bzw. 496.

82 Röhrig, Gemeinden des Banats, konstatiert mangelnden intellektuellen, auch kirchlichen Nachwuchs bei den Banater Schwaben aufgrund ihrer steten landwirtschaftlichen Expansion ins Umfeld.

83 Zur Bandbreite der innerkirchlichen Positionen im Protestantismus in Böhmen und Ungarn vgl.: Filipi, Theologische Strömungen; Binder, Protestantismus, S. 15–16, 22–24; Reingrabner, Verkündigung.

84 Vgl. Unterlercher, Leben eines Kärntner Bergbauernbuben; Mecenseffy, Lebensgeschichte Eder.

85 Siehe v.a. Mörtl, Evangelische Holzknechte, mit zahlreichen Quellentexten und Bildzeugnissen.

86 Bünker, Pfarrer in Kärnten, S. 147–148; der Eintrag in eine Rottenliste mündet in den Seufzer: *Wenn Gott einen strafen will, den macht er zum Pfarrer in Eisentratten.*

87 Mecenseffy, Lebensgeschichte Eder, Teil I, S. 15.

88 Mecenseffy, Lebensgeschichte Eder, Teil I, S. 13.

89 Unterlercher, Leben eines Kärntner Bergbauernbuben, S. 42.

90 Orač, Evangelische Volkskultur, S. 135.

91 Zur intensiven Konfirmationsschulung: Honegger, Evangelisches Leben, S. 38.

92 Orač, Evangelische Volkskultur, S. 68–71.

93 Mecenseffy, Lebensgeschichte Eder, Teil I, S. 15–16; Unterlercher, Leben eines Kärntner Bergbauernbuben, S. 42; Orač, Evangelische Volkskultur, S. 57–58.

94 Mecenseffy, Lebensgeschichte Eder, Teil I, S. 8.

95 Mecenseffy, Lebensgeschichte Eder, Teil I, S. 6, 8.

96 Unterlercher, Leben eines Kärntner Bergbauernbuben, S. 81–85 bzw. 89–91.

97 Orač, Evangelische Volkskultur, S. 112.

98 Orač, Evangelische Volkskultur, S. 82–83.

99 Pichler, Bürgertum und Protestantismus, S. 224

100 Říčan, Das Reich Gottes, 153.

101 Hromádka, Von der Reformation, S. 250.

102 Hromádka, Von der Reformation, S. 247.

103 Siehe Konzept des Prager Pastors Košut im Nationalkomitee 1848: Kühnert, Zentrifugale Kräfte, S. 85–86. Vgl. Kořalka, tschechisches Geschichtsbewußtsein.

104 Kühnert, Zentrifugale Kräfte, S. 88–94.

105 Hromádka, Von der Reformation, S. 253; Říčan, Die Böhmischen Brüder, S. 280–282; Říčan, Das Reich Gottes, S. 166–176.

106 Für die Bukowina: Polek, Protestantismus in der Bukowina, S. 370–374; zum Alltag in dieser konfessionellen wie sprachlichen Diaspora siehe: Frick, Erinnerungen.

107 Engel, Kärnten; vgl. dazu die mit vielen Beispielen illustrierte Klage über die damit einhergehende finanzielle Doppelbelastung vieler Gemeinden durch öffentliche wie konfessionelle Schulen: *Verzeichnis der hilfsbedürftigen evang. ref. Schulen in Böhmen*, hg.v. *Ausschuss für die evang. reform. Schulen in Böhmen*, Prag 1870.

108 Schematismus der Evangelischen Kirche 1913, S. 2.

109 Penkala, Evangelische Privatschule in Galizien.

110 Fronius, Leben des Pfarrers Fronius, 162–163; Lebouton, Evangelische Pfarrgemeinde Czernowitz, S. 5.

111 Siehe Röskau-Rydel, Galizien, S. 136–145; ähnlich Turczynski, Bukowina, S. 263–266. Direktor einer Zentralstelle der Raiffeisenkassen für Galizien wurde demnach der vorher in der Bukowina tätige Pfarrer Georg Faust; 1913 umfasste der Verband 41 Kassen mit 2835 Mitgliedern.

112 Patzelt, Evangelische Kirche in Österreichisch-Schlesien, S. 183–200; ders., Protestantismus, S. 179.

113 Vater Adolf Theodor Haase († 1870) war Superintendent von Galizien und der Bukowina; Cousin Dr. Hermann und Sohn Wolfgang Haase waren Präsidenten des Oberkirchenrates. Zu den »Pfarrerdynastien« Haase und Wehrenpfennig siehe auch: Sakrausky, Evangelische Kirche, S. 5; Reingrabner, Protestanten, S. 229.

114 Patzelt, Evangelische Kirche in Österreichisch-Schlesien, S. 179.

115 Patzelt, Evangelische Kirche in Österreichisch-Schlesien, S. 176–180.

116 Zu den heftigen Kontroversen dort siehe v. a. Ospelt, Protestantenpatent; Völker, Tirol.

117 Am Beispiel Salzburg: Klieber, Bruderschaften, S. 512.

118 Olschbaur, Gemeinde in Vorarlberg, S. 22–27.

119 Olschbaur, Eduard Kohler, S. 38–39.

120 Temmel, Evangelisch in Oberösterreich, S. 122–123.

121 Temmel, Evangelisch in Oberösterreich, S. 149.

122 Eltz-Hoffmann, Heinrich Gottlieb Aumüller, S. 7–9.

123 Eltz-Hoffmann, Heinrich Gottlieb Aumüller, S. 51–56.

124 Patzelt, Evangelisches Leben am Golf von Triest, S. 232–233.

125 Patzelt, Evangelisches Leben am Golf von Triest, S. 79.

126 Vgl. Schmidt, Evangelium in Gablonz III, S. 87–94 und 240–246.

127 Bauer, Evangelium in und um Pilsen II, S. 204–213 bzw. III, S. 97–104.

128 Fronius, Aus meinem Leben, S. 29–37.

129 Kolatschek, Evangelische Kirche, S. 59.

130 Mayr, Presbyter Sickel, S. 46–47.

131 Patzelt, Evangelisches Leben, S. 231.

132 Laut Zimmermann, Gustav Adolf-Stiftung, S. 256.

133 Siehe v.a. Fleischmann-Bisten, Orientierung.

134 Lehmann, Durch evangelisches Neuland, S. 25f, zitiert bei: Trauner, Los-von-Rom-Bewegung, S. 414–415.

135 Zahl ohne stringente Herleitung bei Trauner, Los-von-Rom-Bewegung, S. 395; Rudolf Leeb errechnete, laut ebda. Fußnote 1, aus diversen statistischen und kirchlichen Angaben für das Gebiet der Republik Österreich (ohne Burgenland, inkl. der italienischen und slowenischen Gebiete der Monarchie) 29.000 Konversionen zwischen 1897 und 1912. Ohne Quellenangabe ist eine Nennung bei Vrba, Österreichs Bedränger, S. 375–376, wonach die protestantischen Kirchen von 1899 bis 1902 22.706 Übertritte und 3.573 Austritte verbuchten, der weitaus überwiegende Teil jeweils von und zur katholischen Kirche. Bedeutend höhere Angaben liefert Heydt, Evangelische Bewegung, S. 9, mit 76.192 bzw. 95.752 Übertritten von 1897 bis 1914 bzw. 1918.

136 Siehe Tabelle III in: Wandruszka, Konfessionen, nach S. 88, wonach die Bevölkerung im gegebenen Zeitraum um 20 %, die Seelenzahl der evangelischen Kirche A.B. jedoch um 40 % bzw. ca. 128.000 Mitglieder anstieg.

137 Unterköfler ‚Judenchristen‘, S. 111–115. Diesem Zuzug stand eine kleine aber stetige Gegenbewegung von den evangelischen Kirchen zum Judentum gegenüber (1904–1912: 136 Personen).

138 Für Salzburg: Klieber, Politischer Katholizismus, S. 25. Für Graz: Trauner, Los-von-Rom-Bewegung, S. 439.

139 U.a. Trauner, Los-von-Rom-Bewegung, S. 15–18.

140 Leeb, Der österreichische Protestantismus, S. 200–208; Rampler, Evangelische Pfarrer, S. 19ff, 27f, 141.

141 Selle, Parochie, S. 24. Weitere Beispiele: Heydt, Evangelische Bewegung; Quaas, Evangelische Wallfahrt; Fürer, Evangelische Bewegung. Siehe den Ausspruch des »Vaters der Übertrittsgemeinden«, Superintendent D. Meyer-Zwickau vom Evangelischen Bund laut Heydt, S. 35: *In der evangelischen Bewegung in Oesterreich handelt es sich darum, einen beträchtlichen und tüchtigen Teil unseres Volkstums dem religiös-mörderischen Einfluß des Romanismus zu entrücken* [...]. Loesche, Deutsch-evangelische Kultur, 1–34, spricht u.a. von der »Vermählung« des Völkischen mit dem Evangelischen.

142 Siehe für die Steiermark: Rampler, Evangelische Pfarrer, S. 149, 154, 244, 266.

143 Vgl. Nachruf Eckardt bei Zimmermann, Karl Paul Eckardt, S. 87: Sein Verdienst wäre es gewesen, dass die Bewegung in der Steiermark .. *nicht im Nurpolitischen versandete, sondern in die geregelten Bahnen evangelisch-kirchlichen Gemeindelebens einmünden konnte*, [...].

144 Jüttner, Pfarrgemeinde Salzburg, S. 48–52.

145 Z.B. Bericht aus Hohenelbe in: *Der österreichische Protestant*, Jg. 1901 S. 22.

146 Vgl. Reingrabner, S. 84–85.

147 Siehe u.a. Hudak, Kirche unserer Väter, S. 60–61; ders., Karpatendeutsche, S. 21–22.

148 *Achtzehnter Jahresbericht über das Diakonissen-Mutterhaus Gallneukirchen, O.-Ö. für die Zeit vom 16. Oktober 1906 bis 31. Dezember 1908.*, Linz 1909.

149 Leeb, Der österreichische Protestantismus, S. 210. Beispiel einer solcherart zugespitzten Neuinterpretation der österreichischen Protestanten-Geschichte: Loesche, Protestantismus in Österreich.

150 Vgl. die penible Auflistung kaiserlicher Gunsterweise, v.a. seiner Beiträge zu Kirchenbauten zwischen 1860 und 1888 im Umfang von 13.350 fl, bei: Witz, Kaiser Franz Josef I.

151 Zu Umfang und bürokratischer Bevormundung der (dreisprachigen) evangelischen Militärseelsorge: Hanak, Evangelische Militärseelsorge.

152 Zur ab 1848 bewusst und mit großen Aufwand gesteigerten optischen Präsenz mittels Kirchenaus- und -neubauten siehe u.a.: Gerhold, Kunst und Kultur; Bachner, Evangelische Kirchen; Polster, Kirchenbau.

153 Siehe am Beispiel der slowakischen Lutheraner, bei denen v.a. Geistliche Wortführer des nationalen Erwachens waren und Konzepte eines ‚christlichen Nationalismus‘ entwickelt wurden: u.a. Heimler, Luthertum, S. 82–83, 94.

Abkürzungen

ASV   Archivio Segreto del Vaticano, Vatikanstadt
GA-KTGL   Generalarchiv der Kongregation der Töchter der Göttlichen Liebe, Wien
JGPÖ   Jahrbuch der Gesellschaft für die Geschichte des Protestantismus in Österreich
ÖNB   Österreichische Nationalbibliothek

Verzeichnis der zeitgenössischen Schriften
sowie der verwendeten Sekundärliteratur

NN., Pater **Abel** S.J. und die Wiener Männerfahrten nach Maria-Zell, Wien 1907

Gabriel ADRIÁNYI, Die Bestrebungen der ungarischen Katholiken des byzantinischen Ritus um eigene Liturgie und Kirchenorganisation um 1900, in: Ostkirchliche Studien 21 (1972), 116-131

Gabriel ADRIÁNYI, Ungarn und das I. Vaticanum, Köln-Wien 1975

Gabriel ADRIÁNYI, Die katholische Kirche und die Nationalitätenfrage in Ungarn im 19. und 20. Jahrhundert, in: Der Donauraum 20 (1975), 47–57

Gabriel ADRIÁNYI, Geschichte der Kirche Osteuropas im 20. Jahrhundert, München u.a. 1992

Gabriel ADRIÁNYI, Geschichte der katholischen Kirche in Ungarn, Köln-Weimar-Wien 2004

Max AHNER, Die evangelische Bewegung in Böhmen, Leipzig o.J. [1900]

Christine AKA, Nicht nur sonntags. Vom Leben mit dem Glauben 1880–1960, Münster 2003

Muhamed Mufaku AL-ARNAUT, Islam And Muslims in Bosnia 1878–1918: Two Hijras And Two Fatwās, in: Journal of Islamic Studies 5/2 (Juli 1994), 242–253

Eduard ALBERT und Lubor NIEDERLE, Die physische Beschaffenheit der Bevölkerung, in: Die Österreichisch-Ungarische Monarchie in Wort und Bild, Band: Böhmen (I. Abteilung), Wien 1896, 363–391

Hamid ALGAR, Some Notes on the Naqshbandī Ṭarīqat in Bosnia, in: The World of Islam XIII/1971, 168–203

Urs ALTERMATT, Kirchengeschichte im Wandel. Von den kirchlichen Institutionen zum katholischen Alltag, in: Zeitschrift für Schweizerische Kirchengeschichte 87 (1993), 15–31

Urs ALTERMATT, Prolegomena zu einer Alltagsgeschichte der katholischen Lebenswelt, in: Theologische Quartalschrift 1993/4, 259–271

Roberto AMADEI, Dalla Restaurazione a Leone XIII, in: Storia Religiosa della Lombardia. Diocesi di Bergamo, hg.v. A. Caprioli, A. Rimoldi, L. Vaccaro, Brescia 1988, 235–258

Adrian VAN ANDEL, Die evangelische Deputation aus Böhmen nach England und Schottland in den Monaten Mai und Juni 1868, Prag 1868

Rebeka ANIĆ, Die Frauen in der Kirche Kroatiens im 20. Jahrhundert, Wien 2004

Angelo ARA, Les Juifs à Trieste entre le XIXe et le XXe Siecle, in: Etudes Danubiennes 10/2 (1994), 139–146

Rudolf G. ARDELT, Vater-Sohn-Konflikte und das Problem der nationalen Identität: Österreichisches Judentum im Fin de Siècle, in: Zeitgeschichte 15 (1988), 439–451

Aydin BABUNA, Nationalism and the Bosnian Muslims, in: East European Quarterly, 33/2 1999, 195–218

Susanne BACHNER, Die evangelischen Kirchen des Historismus in Oberösterreich, Dipl. Wien 1994

Alexander BAKSAY, Jazygien und Kumanien, in: Die Österreichisch-Ungarische Monarchie in Wort und Bild, Band Ungarn II: Das Alföld, Gesamtband 9, Wien 1891, 231–259

Alexander BAKSAY, Ungarische Volksbräuche, in: Die Österreichisch-Ungarische Monarchie in Wort und Bild, Band Ungarn II: Das Alföld, Gesamtband 9, Wien 1891, 69–148

Alexander BAKSAY, Ungarische Volksbräuche, in: Die Österreichisch-Ungarische Monarchie in Wort und Bild, Band Ungarn II: Das Alföld, Gesamtband 9, Wien 1891, 69–149

Smail BALIĆ, Österreich und das islamische Kulturerbe, in: Österreichische Osthefte 1973 15/3, 275–282

Michel BALIVET, Aux Origines de L'Islamisation des Balkans Ottomans, in: Revue du Monde Musulman et de la Méditerranée 66, 1992/4, 11–20

Aladar BALLAGI, Die Biharer Ebene, in: Die Österreichisch-Ungarische Monarchie in Wort und Bild, Band Ungarn II: Das Alföld, Gesamtband 9, Wien 1891, 401–435

Adalbert Ludwig BALLING: Missionsabt Franz Wendelin Pfanner. Ordensgründer und Rebell, in: Faszinierende Gestalten der Kirche Österreichs 7, Wien 2003, 239–264

Jürgen BÄRSCH und Bernhard SCHNEIDER (Hg.), Liturgie und Lebenswelt. Studien zur Gottesdienst- und Frömmigkeitsgeschichte zwischen Tridentinum und Vatikanum II., Münster 2006

Peter F. BARTON, Die Autobiographie des Badener Pfarrers Robert Fronius, in: JGPÖ 97 (1981), 1–108

Peter F. BARTON, Das evangelische Galizien und die evangelischen Kirchen Österreich-Ungarns und Deutschlands, in: Berhard Zimmermann (Hg.), Geist und Glaube, Wien 1977, 7–17

Peter F. BARTON, Georg Loesches Autobiographie, in: JGPÖ 99 (1983), 3–29

Peter F. BARTON, Geschichte der Evangelischen in Österreich, in: Dieter Knall (Hg.), Auf den Spuren einer Kirche. Evangelisches Leben in Österreich, Wien 1987, 11–64

Peter F. BARTON, Vom Kaisertum Österreich zur Massendemokratie der Republik. Hundert Jahre ‚Gesellschaft für die Geschichte des Protestantismus in Österreich', in: JGPÖ 96 (1980), 11–52

Peter F. BARTON, Das ‚evangelische Niederösterreich' vor und nach 1781, in: JGPÖ 98 (1982), 7–20

Peter F. BARTON, Protestantismus in Wien in der zweiten Hälfte des 19. Jahrhunderts, in: Othmar Wessely (Hg.), Bruckner-Symposium 1983: Johannes Brahms und Anton Bruckner, Linz 1985, 55–62

Alexander BARWIŃSKIJ, Das Volksleben der Ruthenen, in: Die österreichischen Monarchie in Wort und Bild, Band XIX: Galizien, Wien 1898, 376–440

Carl Julius BAUER, Das Evangelium in und um Pilsen. Teil II: Die Anfänge der Gemeindebildung von Pilsen im XIX. Jahrhundert bis 1862 und die Gründung der evangelischen Gemeinde als Filiale von Prag 1862–1872, in: JGPÖ 23 (1902), 204–213

Carl Julius BAUER, Das Evangelium in und um Pilsen. Teil III: Die selbständige Gemeinde, in: JGPÖ 24 (1903), 97–128

Winfried BAUMANN, Brauchtum und religiöse Kunst in der Bayerisch-Böhmischen Kulturlandschaft, in: Bohemia 23 (1982), 388–398

Steven BELLER, Herzl, Wien 1996

Steven BELLER, Patriotism and the National Identity of Habsburg Jewry, 1860–1914, in: Year Book [Leo Baeck Institute] XLI (1996), 215–238

Steven BELLER, Vienna and the Jews, 1867–1938, Cambridge 1989 bzw. Wien und die Juden 1867–1938, Wien-Köln-Weimar 1993

Alexius BENEDEK, Das Udvarhelyer Comitat, in: Die Österreichisch-Ungarische Monarchie in Wort und Bild, Band Ungarn VI, Gesamtband 23, Wien 1902, 328–344

Ferdinand BENEŠ, Das Sociale Wirken der katholischen Kirche in der Diöcese Königgrätz (Königreich Böhmen), Wien 1897

Sergio BENVENUTI, Il Gioseffinismo nel Giudizio del Vescovo di Trento Celestino Endrici, in: Studi Trentini di Scienze Storiche LXXIII/1 (1994), 37–102

Edmund BERG, Aus dem Osten der österreichischen Monarchie. Ein Lebensbild von Land und Leuten, Dresden 1860

Heinrich BERGER, Jüdische Handwerker und ihr sozialer Hintergrund in Wien während des Liberalismus, in: Aschkenas 4/1 (1994), 337–363

Hinde BERGNER, In den langen Winternächten. Familienerinnerungen aus einem Städtel in Galizien (1870–1900), Salzburg-Wien 1995

George E. BERKLEY, Vienna and Its Jews. The Tragedy of Success 1880s–1980s, Cambridge Mass. 1987

Michele BERTAZZOLI, Il difficile Ottocento: l'occupazione francese, la dominazione austriaca, il risorgimento italiano, in: Storia Religiosa della Lombardia. Diocesi di Crema, hg.v. A. Caprioli, A. Rimoldi, L. Vaccaro, Brescia 1993, 95–126

Willibald BEYSCHLAG, Bund, evangelischer, in: Realencyklopädie für protestantische Theologie und Kirche, 3. Band, Leipzig 1897, 549–553

Florian BIEBER, Muslim Identitiy in the Balkans before the Establishment of Nation States, in: Peter Mentzel (Hg.), Muslim Minorities in the Balkans, [Nationalities Papers, 28/1], 2000, 13–28.

Wolfdieter BIHL, Die Juden in der Habsburgermonarchie 1848–1918, in: Studia Judaica Austriaca, Band VIII: Zur Geschichte der Juden in den östlichen Ländern der Habsburgermonarchie, 5–73

Wolfdieter BIHL, Das Judentum Ungarns 1780–1914, in: Studia Judaica Austriaca, Band III (1976): Studien zum ungarischen Judentum, 17–31

Wolfdieter BIHL, Die armenischen Kirchen, in: Adam Wandruszka und Peter Urbanitsch (Hg.), Habsburgermonarchie 1848–1918, Band IV: Die Konfessionen, Wien ²1995, 479–488

Wolfdieter BIHL, Die armenischen Kirchen im Habsburgerreich, in: Alfred Stirnemann, Gerhard Wilflinger (Hg.), Religion und Kirchen im alten Österreich, Innsbruck 1996, 86–93

Wolfdieter BIHL, Zur Stellung des Islam in Österreich, in: Österreichische Osthefte, 1991/3, 585–597

Dieter A. BINDER, »… und zum Schutze der Altäre sieh uns, Herr, im Kampf bereit …«. Katholische Studenten und politischer Katholizismus, in: Historisches Jahrbuch der Stadt Graz 27/28 (1998), 71–83

Harald BINDER, Parteiwesen und Parteibegriff bei den Ruthenen der Habsburgermonarchie, in: Peter Jordan u.a. (Hg.), Ukraine [Veröffentlichung des Österreichischen Ost- und Südosteuropa-Instituts], Wien 2000, 211–240

Ludwig BINDER, Deutschtum und Protestantismus in Ungarn im 19. Jahrhundert, in: Südostdeutsches Archiv 30/31 (1987/88), 11–28

Herta BLAUKOPF, 1908: Fröhliche Apocalypse Now. Kunstschau, Rekatholisierung, Kriegsgefahr, in: Austriaca 50 (2000), 27–44

Jean-Paul BLED, Aux origines du catholicisme social autrichien, in: Etudes Danubiennes X/2 (1994), 95–107

Jean-Paul BLED, Les Fondements du Conservatisme Autrichien 1859–1879, Paris 1988

Jean-Paul BLED, Wien. Residenz – Metropole – Hauptstadt, Wien-Köln-Weimar 2002

Joseph S. BLOCH, Erinnerungen aus meinem Leben, Wien-Leipzig 1922

Wilhelm BLOCK, Die kirchlichen und politischen Zustände Oesterreichs seit den letzten 120 Jahren, Lippstadt 1870

Susanne BÖCK, Entfernung von der bürgerlichen Welt. Emma und Victor Adler, in: L'Homme. Zeitschrift für Feministische Geschichtswissenschaft, 7/1 (1996), 90–96

Nicolae BOCŞAN u.a., Ethnie et confession en Transylvanie (du XIIIe au XIXe siècles), Cluj-Napoca 1996

Johannes BORBIS, Die evangelisch-lutherische Kirche Ungarns in ihrer geschichtlichen Entwicklung, Nördlingen 1861

Fritz BORNEMANN, Der selige P. J. Freinademetz 1852–1908. Ein Steyler China-Missionar, Rom 1976

Peter BORSCHEID, Alltagsgeschichte – Modetorheit oder neues Tor zur Vergangenheit, in: W. Schieder und V. Sellin (Hg.), Sozialgeschichte in Deutschland, 3. Band, Göttingen 1987, 78–100

William D. BOWMAN, The National and Social Origins of Parish Priests in the Archdiocese of Vienna, 1800–1870, in: Austrian History Yearbook XXIV (1993), 17–49

William D. BOWMAN, Priest and Parish in Vienna, 1780 to 1880, Boston 1999

William BOWMAN, Religious Culture and the Revolution of 1848 in Vienna, in: Consortium on Revolutionary Europe 1750–1850 23 (1994), 506–512

John W. BOYER, Culture and Political Crisis in Vienna. Christian Socialism in Power, 1897–1918, Chicago-London 1995

John W. BOYER, Catholic Priests in Lower Austria, in: Proceedings of the American Philosophical Society 118/4 (1974), 337–369

John W. BOYER, Political Radicalism in Late Imperial Vienna. Origins of the Christian Social Movement 1848–1897, Chicago-London 1981

John W. BOYER, Religion and Political Development in Central Europe around 1900: A View from Vienna, in: Austrian History Yearbook XXV (1994), 13–57

J.F.N. BRADLEY, The Old Catholics and Pan-Slavism in Bohemia in 1904, in: The Slavonic and East European Review 39 (1960–61), 512–516

Andreas BRÄMER, Rabbiner und Vorstand. Zur Geschichte der jüdischen Gemeinde in Deutschland und Österreich 1808–1871, Wien-Köln-Weimar 1999

Fritz BRAND, Zwanzig Jahre Evangelische Pfarrgemeinde Knittelfeld 1915–1935, ohne Ort und Jahr [1936]

Juliane BRANDT, Neue Literatur zu Sonderformen des ungarischen Protestantismus, in: Südostforschungen 57 (1998), 277–286

Juliane BRANDT, Der ungarische Protestantismus und die westeuropäische soziale Entwicklung im Spiegel der Zeitschrift ‚Protestáns Szemle' 1889–1914, in: Hungarológia 7 (1995), 55–87

Juliane BRANDT, Protestantismus und Gesellschaft im dualistischen Ungarn, in: Südostforschungen 55 (1996), 179–240

Paul R. BRASS, Ethnicity and Nationalism. Theory and Comparison, New Delhi 1991

Robert BRAUN, Abschied vom Wienerwald. Ein Lebensbekenntnis, Graz-Wien-Köln 1971

Thomas BREMER, Ekklesiale Struktur und Ekklesiologie in der Serbischen Orthodoxen Kirche im 19. und 20. Jahrhundert, Würzburg 1992

Martha BRINGEMEIER, Priester- und Gelehrtenkleidung, Münster 1974

Nils-Arvid BRINGÉUS (Hg.), Religion in Everyday Life, Stockholm 1994

Johann BRUCKNER, Der Arbeiterapostel von Wien P. Anton Maria Schwartz, Wien 1935

Franz Josef BRÜGGEMEIER und Jürgen KOCKA (Hg.), Geschichte von unten, Geschichte von innen. Kontroversen um die Alltagsgeschichte, Hagen 1985

Eveline BRUGGER u.a. (Hg.), Geschichte der Juden in Österreich [Österreichische Geschichte, hg.v. Herwig Wolfram, Band 15], Wien 2006.

Roberto BRUNELLI, La dominazione austriaca: 1708–1866, in: Storia Religiosa della Lombardia. Diocesi di Mantova, hg.v. A. Caprioli, A. Rimoldi, L. Vaccaro, Brescia 1988, 151–181

N.N., Die gr.-or. Kirchenfrage in der **Bukowina** und die Jungruthenen. Von einem gr.-or. rumänischen Priester, Czernowitz 1906

Mihály BUCSAY, Das Nebeneinander der Konfessionen und das Streben nach christlicher Einheit in Ungarn von der Reformationszeit bis zur Gegenwart, in: JGPÖ 90/91 (1975), 77–91

Mihály BUCSAY, Der Protestantismus in Ungarn 1521–1978. Ungarns Reformationskirchen in Geschichte und Gegenwart, Teil II: Vom Absolutismus bis zur Gegenwart, Wien-Köln-Graz 1979

Michael BUCSAY (Hg.), Das evangelisch-theologische Schrifttum in Ungarn, Heft 1: Die neuen Kirchengesetzbücher; Soziologie und Weltanschauungsfragen, Halle 1940

Heinrich von BÜLOW, Moment-Aufnahmen oder Augenblickbilder aus Galizien, Wien 1893

J. K. BÜNKER, Die evangel. Pfarrer in Kärnten vom Toleranzpatent bis zur Gegenwart. Ein Beitrag zur Presbyterologie, in: JGPÖ 34 (1913), 145–158

Adam BUNNELL, Before Infallibility. Liberal Catholicism in Biedermeier Vienna, London-Toronto 1989

Susanne BURGHARTZ, Historische Anthropologie/Mikrogeschichte, in: Joachim Eibach und Günther Lottes (Hg.), Kompass der Geschichtswissenschaft, Göttingen 2002, 206–218

Michael BURRI, Theodor Herzl and Richard von Schaukal: Self-Styled Nobility and the Sources of Bourgeois Belligerence in Prewar Vienna, in: Austrian History Yearbook XXVIII (1997), 223–246

William Jr. Mc CAGG, A History of Habsburg Jews, 1670–1918, Bloomington 1989

William Mc CAGG, Jewish Nobles and Geniuses in Modern Hungary, New York 1972

Mgr. L. CHOTKOWSKI, Historya polityczna dawnych klasztorów panieńskich w Galicyi (1773–1848) [Politische Geschichte der älteren Nonnen-Klöster in Galizien (1773–1848)]. Extrait du Bulletin de l'Académie des Sciences de Cravovie Janvier – Février 1905 [Sonderdruck]

Alois CIGOI, Das Sociale Wirken der katholischen Kirche in der Diöcese Gurk (Herzogthum Kärnten), Wien 1896

Siglinde CLEMENTI, Die Aussegnung und die Unreinheit der Wöchnerin. Zur Geschichte eines Kirchenbrauches und seiner Idee, Phil.Dipl. Wien 1994

Henry J. COHN, Theodor Herzl's Conversion to Zionism, in: Jewish Social Studies 32/2 (1970), 101–110

Laurence COLE, Das letzte Aufgebot der Gegenreformation: Zum österreichischen Kulturkampf in Tirol, in: Christopher Clark und Wolfram Kaiser (Hg.), Kulturkampf in Europa im 19. Jahrhundert, Leipzig 2003, 97–115

Laurence COLE, »Für Gott, Kaiser und Vaterland«. Nationale Identität der deutschsprachigen Bevölkerung Tirols 1860–1914, Frankfurt – New York 2000

Lee CONGDON, Endre Ady's Summons to National Regeneration in Hungary, 1900–1919, in: Slavic Review 33/1 (1974), 302–322

Victor CONZEMIUS, Ultramontanismus als Bewegung von unten. Das Beispiel der Schweiz, in: Rupert Klieber u.a., Impulse für eine Religiöse Alltagsgeschichte des Donau-Alpen-Adria-Raumes, Wien-Köln-Weimar 2005, 151–165

Franz CORONINI-CRONBERG, Volksleben in Görz und Gradiska, in: Die Österreichisch-Ungarische Monarchie in Wort und Bild, Band 10: Das Küstenland (Görz, Gradiska, Triest und Istrien), Wien 1891, 161–190

Nico COTLARCIUC, Beiträge zum lebenden Ehe- und Familienrecht der Rumänen insbesondere jener im Süden der Bukowina, [Sonderdruck aus dem XIX. Jahrgang, Hefte I–III, der Zeitschrift für österreichische Volkskunde], Wien 1913

Móric CSÁKY, Österreich und der Modernismus. Nach den Berichten des österreichischen Botschafters am Vatikan 1910/11, in: Mitteilungen des Österreichischen Staatsarchivs 17/18 (1964/1965), 322–336

Moritz CSÁKY, Die römisch-katholische Kirche in Ungarn, in: Die Habsburgermonarchie 1848–1918, hg.v. Adam Wandruszka und Peter Urbanitsch, Band IV, Wien 1995, 248–331

Andor CSIZMADIA, Die Entwicklung des Patronatsrechtes in Ungarn, in: Österreichisches Archiv für Kirchenrecht 25 (1974), 308–327

Johannes DANTINE, Klaus THIEN, Michael WEINZIERL (Hg.), Protestantische Mentalitäten, Wien 1999

Paul DEDIC, Die Geschichte des Protestantismus in Olmütz, in: JGPÖ 57 (1936), 121–153

Zwölfter Jahresbericht des Vereines für die evangelische Diakonissensache in Wien. Vom 1. Januar bis 31. December 1892., Wien 1893

Vierzehnter Jahresbericht über das 12. Jahr des evang. Diakonissen-Mutterhauses Gallneukirchen erstattet auf der Jahresversammlung des oberösterreichischen evang. Vereines für Innere Mission in Wels am 15. November 1901

Achtzehnter Jahresbericht über das Diakonissen-Mutterhaus Gallneukirchen, O.-Ö. für die Zeit vom 16. Oktober 1906 bis 31. Dezember 1908., Linz 1909

Zwanzigster Jahresbericht über das Diakonissen-Mutterhaus Gallneukirchen, Ob.-Öst. für die Zeit vom 1. Jänner 1912 bis Ende September 1914, Linz 1914

Dreiunddreißigster Jahresbericht des Vereines für die evangelische Diakonissensache in Wien. Vom 1. Januar bis 31. Dezember 1913., Wien 1914

Donald J. Dietrich, Anton Günther: Catholic Liberal in the Hapsburg Empire, in: Journal of Church and State 23/3 (1981), 497–517

Heidrun Dolezel, Religion und Gesellschaft in den böhmischen Ländern, in: Bohemia 41 (2000), 162–166

Yehuda Don and George Magos, The Demographic Development of Hungarian Jewry, in: Jewish Social Studies XLV 3–4 (1983), 189–216

Robert J. Donia / John V.A. Fine jr., Bosnia and Hercegovina: A Tradition Betrayed, London 1994

Robert J. Donia, Islam Under the Double Eagle. The Muslims of Bosnia and Hercegovina, 1878–1914, New York 1981

Marjan Drnovšek, The Attitude of the Slovene Catholic Church to Emigration to the United States of America Before 1914, in: Slovene Studies 14/2 (1992), 169–184

Srećko M. Džaja, Der bosnische Konfessionalismus – Ein Phänomen der weltgeschichtlichen Peripherie, in: Saeculum 1984/35, 267–292

Srećko M. Džaja, Die »Bosnische Kirche« und das Islamisierungsproblem Bosniens und der Herzegowina in den Forschungen nach dem Zweiten Weltkrieg, München 1978

Karl Eckardt, Geschichte der vereinigten deutschen evangelischen Gemeinde A.B. und H.B. in Prag. Zur Erinnerung an die hundertjährige Jubelfeier der deutschen evangelischen Kirche St. Michael, Prag 1891

Alfred Eckert, Geschichte der evangelischen Gemeinde und der Heilandskirche in Mürzzuschlag Steiermark, in: JGPÖ 81 (1965), 121–149

Rabbi Berl Edelstein, Schabbatnachmittage im Obstgarten. Zerbrochene Welten meiner chassidischen Kindheit, Wien-Köln-Weimar 1999

François Ehrhard, Albert Ehrhard (1862–1940) et la Crise de Conscience du Catholicisme a Vienne, au Tournant du Siecle, in: Etudes Danubiennes V/1 (1989), 65–79

Ignaz Einhorn, Die Revolution und die Juden in Ungarn, Budapest 2001 [= Nachdruck: Leipzig 1851]

Lieselotte von Eltz-Hoffmann, Heinrich Gottlieb Aumüller, Salzburg 2001

Helga Embacher, Außenseiterinnen: bürgerlich, jüdisch, intellektuell – links, in: L'Homme 2/2 (1991), 57–76

Reinhold Engel, Der Protestantismus in Kärnten [Blatt: Evangelischer Pressverband, Waiern 1934]

Julius Ergenzinger, Bis zur Bürgerschule. Geschichte der vereinigten evangelischen Schulen in Wien von 1794 – 1870, Wien 1872

Tibor Fabiny, Geschichte der Evangelischen Kirche in Ungarn, Budapest 1995

Tibor Fabiny, Bewährte Hoffnung. Die Evangelisch-Lutherische Kirche Ungarns in vier Jahrhunderten, Erlangen 1984

Tibor Fabiny, Luthertum in der ungarischen Kultur. Führer durch die Dauerausstellung, Budapest 1997

Karl Fajkmajer, Das Duell in der Geschichte des deutschen Studententums, Wien-Leipzig 1907

Emilio Fario, La Partecipazione del Clero Montovano ai Moti Rivoluzionari del 1848 e alla Congiura del 1850, in: Rassegna Storica del Risorgimento 43/2 (1956), 329–332

Frank FÄTKENHEUER, Lebenswelt und Religion. Mikro-historische Untersuchungen an Beispielen aus Franken um 1600, Göttingen 2004

Emma FATTORINI, Modernizzazione «passiva" della chiesa e del movimento cattolico nell'Europa tra '800 e '900. Spunti di riflessione in Gramsci, in: Dimensioni e problemi della Ricerca Storica 1988/1, 69–106

Csaba FAZEKAS, The Dawn of Political Catholicism in Hungary, 1844–1848, in: Hungarian Studies 13/1 (1998/99), 13–26

Erich FEIGL, Musil von Arabien. Vorkämpfer der islamischen Welt, Wien-München 1985

François FEJTÖ, Hongrois et Juifs. Histoire millénaire d'un couple singulier (1000–1997), Paris 1997

Günter FELLNER, Vom Judenhut zum Trachtenhut? Diskurse über Kleidung und Politik in Salzburg (1800–1900), in: Archiv für Kulturgeschichte 83 (2001), 331–376

Joseph FIEDLER, Die Union der in Ungarn zwischen der Donau und der Drau wohnenden Bekenner des griechisch-orientalischen Glaubens, Wien 1862

Karl FIEDLER, Geschichte der evangelischen Stadtgemeinde A.B. Stadt Schlaining, in: JGPÖ 75 (1959), 3–63

Karl FIEDLER, Die Reaktion der burgenländischen evangelischen Pfarrgemeinden A.B. auf den ungarischen Freiheitskampf und die Maßnahmen der darauffolgenden Ära Bach-Thun (1848–1860), in: JGPÖ 78/79 (1963), 17–45

Pavel FILIPI, Theologische Strömungen des tschechischen Protestantismus in der zweiten Hälfte des 19. Jahrhunderts, in: JGPÖ 110/III (1994/95), 201–214

John V.A. FINE, The Bosnian Church: A New Interpretation. A Study of the Bosnian Church and Its Place in State and Society from the Thirteenth to the Fifteenth Centuries, Boulder / New York 1975

Walter FLEISCHMANN-BISTEN, Die Orientierung der österreichischen Protestanten nach dem ‚Reich' 1903 bis 1938 – dargestellt am Beispiel des ‚Evangelischen Bundes zur Wahrung der deutsch-protestantischen Interessen', in: JGPÖ 112 (1996), 119–135

Gerhard FLOREY, Bischöfe, Ketzer, Emigranten. Der Protestantismus im Lande Salzburg von seinen Anfängen bis zur Gegenwart, Graz u.a. 1967

Carl FOHRINGER, Das Sociale Wirken der katholischen Kirche in der Diöcese St. Pölten (Erzherzogthum Österreich unter der Enns), Wien 1900

Otto FOLBERTH, Minister Thun und die Siebenbürger Sachsen, in: JGPÖ 80 (1964), 47–65

Otto FOLBERTH, Siebenbürgen nach dem Ausgleich von 1867. Wie Sachsen und Rumänen der Magyarisierung Widerstand leisteten, in: Österreichische Osthefte 10/5 (1968), 257–267

Zehnter Jahresbericht des **Frauen-Vereins** zur Unterstützung der evangelischen Mädchenschule in Hermannstadt für die Jahre 1894, 1895 und 1896, Hermannstadt 1896

Karl Heinz FRANKL und Rupert KLIEBER (Hg.), Das Priesterkolleg St. Augustin »Frintaneum« in Wien 1816 bis 1918. Kirchliche Elite-Bildung für den Donau-Alpen-Adria-Raum, Wien-Köln-Weimar 2008

Karl Heinz FRANKL und Peter G. TROPPER (Hg.), Das »Frintaneum« in Wien und seine Mitglieder aus den Kirchenprovinzen Wien, Salzburg und Görz (1816–1918). Ein biographisches Lexikon, Klagenfurt-Ljubljana-Wien 2006

Adam FRICK, Erinnerungen eines Alt-Österreichers 1883–1975, Wien 1984

M. H. FRIEDLÄNDER, Tiferet Jisrael. Schilderungen aus dem inneren Leben der Juden in Mähren in vormärzlicher Zeit, Brünn 1878

Robert FRONIUS, Leben und Wirken des Pfarrers und Seniors Josef Fronius, in: JGPÖ 65/66 (1944/1945), 149–172

A. FÜRER, Überblick über die evangelische Bewegung in Oesterreich, Hofgeismar 1902

Alfred FÜRST, Sitten und Gebräuche einer Judengasse (Minhag Asch), Székesfehérvár 1908

Adolf GAISBAUER, Davidstern und Doppeladler. Zionismus und jüdischer Nationalismus in Österreich 1882–1918, Wien-Köln-Graz 1988

Erwin GATZ, Die Bischöfe der Kirchenprovinzen Wien und Salzburg von 1785/1803 bis 1962. Herkunft, Werdegang und Aufstieg, in: Archivum Historiae Pontificiae 21 (1983), 259–274

Evangelischer **Gemeindebote** für Nordmähren. Deutsch-evangelische Monatsschrift [in Verbindung mit Vikar Waitkat in Mähr.-Ostrau und anderen evangelischen Geistlichen herausgegeben von Wilhelm Mühlpforth, evang. Pfarrer in Olmütz], 1903: Folgen 1–12, 1904: Folgen 1 und 2

Koloman GÉRESI, Nagy-Károly, Szatmár und ihre Umgebung, in: Die Österreichisch-Ungarische Monarchie in Wort und Bild, Band Ungarn II: Das Alföld, Gesamtband 9, Wien 1891, 357–383

Jenő GERGELY, Die christlichsoziale Bewegung in Ungarn 1903–1914, in: Annales Universitatis Scientiarum Budapestinensis / Sectio Historica, Tomus XVI, Budapest 1975, 81–116

Ernst-Christian GERHOLD und Johann-Georg HADITSCH, Evangelische Kunst und Kultur in der Steiermark, Graz 1996

Leopold GLÖCKL, Braut-Unterricht. Nach bewährten Autoren bearbeitet und mit Erlaubnis der geistlichen Behörde herausgegeben, St. Pölten 1900³

Gianpiero GOFFI, L'età risorgimentale: L'episcopato Novasconi (1850–1867), in: Storia Religiosa della Lombardia: Diocesi di Cremona, a cura di A. Caprioli, A. Rimoldi, L. Vaccaro, Brescia 1998

Walter GOLDINGER, Bischof Rudigier und die Wiener Zentralstellen, in: Historisches Jahrbuch der Stadt Linz 1985 (1986), 149–156

Ignác GOLDZIHER, Tagebuch, in: Haber, Budapest, 51–59

Ernst H. GOMBRICH, Réflexions sur la vie culturelle a Vienne autour de 1900, in: Austriaca. Cahiers Universitaires d'Information sur l'Autriche 50 (2000), 45–61

Bertram M. GORDON, The Callenge of Industrialization: The Catholic Church and the Working Class in and around Vienna, 1815–1848, in: Austrian History Yearbook IX/X (1973/1974), 123–142

Friedrich GOTTAS, Zur Geschichte des Protestantismus in Oberungarn, in: JGPÖ 110–111 (1994/95), 131–149

Friedrich GOTTAS, Der Protestantismus in Österreich und Ungarn vom Ende des 18. Jahrhunderts (1781) bis zum Anfang des 20. Jahrhunderts (1918), in: JGPÖ 109 (1993), 5–36

Friedrich Wilhelm GRAF, Die Spaltung des Protestantismus. Zum Verhältnis von evangelischer Kirche, Staat und ‚Gesellschaft' im frühen 19. Jahrhundert, in: Wolfgang Schieder (Hg.), Religion und Gesellschaft im 19. Jahrhundert, Stuttgart 1993, 157–191

G. GRAVIER, L'Émigration des Musulmans de Bosnie-Herzégovine, in: Revue de Paris, 1911/1, 213–224

Christian GREINZ, Das Sociale Wirken der katholischen Kirche in der Erzdiöcese Salzburg, Wien 1898

Egon Johannes GREIPL, Römische Kurie und katholische Partei. Die Auseinandersetzung um die Christlichsozialen in Österreich im Jahre 1895, in: Quellen und Forschungen 64 (1984), 284–344

Maria GREMEL, Mit neun Jahren im Dienst. Mein Leben im Stübl und auf dem Bauernhof, Wien 1983

Josef GRISAR, Il Vescovo di Trento Giovanni Nepomuceno de Tschiderer e la situazione della Chiesa in Austria e nel Tirolo nel corso della prima metà del secolo XIX, [lateinisch 1936] Bologna 1997

Stefan GROSSMANN, Ich war begeistert. Eine Lebensgeschichte, Berlin 1931

Josef GRUDEN, Das Soziale Wirken der katholischen Kirche in der Diözese Laibach (Herzogtum Krain), Laibach 1906

Giulio GUDERZO, La Chiesa pavese dall'età delle riforme alla seconda guerra mondiale, in: Storia Religiosa della Lombardia. Diocesi di Pavia, hg.v. A. Caprioli, A. Rimoldi, L. Vaccaro, Brescia 1995

Der evangelische Verein der **Gustav Adolf-Stiftung**. Geschichte des Vereins mit besonderer Berücksichtigung der deutsch-slavischen Länder Oesterreichs., hg.v. österreichischen Hauptverein der Gustav Adolf-Stiftung in Wien., Wien 1867

Clemens GÜTL (Hg.), »Adieu ihr lieben Schwarzen«. Gesammelte Schriften des Tiroler Afrikamissionars Franz Mayr (1865–1914), Wien-Köln-Weimar 2004

Dr. A. v. GUTTRY, Galizien. Land und Leute, München-Leipzig 1916

Sigmund GYARMATHY, Das Kalotaßeger Volk und die Kalotaßeger Stickerei, in: Die Österreichisch-Ungarische Monarchie in Wort und Bild, Band Ungarn VI, Gesamtband 23, Wien 1902, 182–187

Ladislaus GYÉMÁNT, Confession and State in Transylvania in Mid-Nineteenth Century, in: History of European Ideas 20 (1995), 759–764

Imre GYENGE, Geschichte der Evangelischen Pfarrgemeinde H.B. Oberwart, in: JGPÖ 93 (1977), 3–44

Imre GYENGE, Glaube und Kirchenzucht in der reformierten Pfarrgemeinde Oberwart, in: Evangelischer Glaube und Geschichte. Grete Mecenseffy zum 85. Geburtstag, hg.v. Alfred Raddatz und Kurt Lüthi, Wien 1984, 102–112

John HAAG, Austrian Jews from Emancipation to Holocaust, in: Contemporary Austrian Studies 2 (1994), 222–237

Peter HABER, Die Anfänge des Zionismus in Ungarn (1897–1904), Köln-Weimar-Wien 2001

Peter HABER (Hg.), Jüdisches Städtebild Budapest, Nördlingen 1999

Christian HALAMA, Altkatholiken in Österreich. Geschichte und Bestandsaufnahme, Wien-Köln-Weimar 2004

Julius HANAK, Die evangelische Militärseelsorge im alten Österreich unter besonderer Berücksichtigung ihrer Eingliederung in den kirchlichen Verband, in: JGPÖ 88 (1972), 3–74

Anton HANGI, Die Moslim's in Bosnien-Hercegovina. Ihre Lebensweise, Sitten und Gebräuche / Autorisierte Übersetzung von Hermann Tausk, Sarajevo 1907

Sükrü HANIOGLU, Preparation for a Revolution. The Young Turks, 1902–1908, Oxford 2001

Ernst HANISCH, Der Priester als Mann – eine geschlechterspezifische Perspektive im 20. Jahrhundert, in: Rupert Klieber u.a., Impulse für eine Religiöse Alltagsgeschichte des Donau-Alpen-Adria-Raumes, Wien-Köln-Weimar 2005, 211–221

Wolfgang HARDTWIG, Alltagsgeschichte heute. Eine kritische Bilanz, in: Winfried Schulze (Hg.), Sozialgeschichte, Alltagsgeschichte, Mikro-Historie. Eine Diskussion, Göttingen 1994, 19

Gerhard HARTMANN, Der Kulturkampf auf der Universität Graz zwischen 1888 und 1914, in: Die Vorträge der 6. österreichischen Studentenhistorikertagung Graz 1984, hg.v. Österreichischen Verein für Studentengeschichte, Wien 1985, 29–48.

Angelica M.M.C. HASELGRUBER, »Weil viel Glaube im Haus war, gab es nicht den mindesten Aberglauben«. Die Frömmigkeit der ländlichen Unter- und Mittelschichten Ende 19. / Anfang 20. Jahrhundert, Dipl. Theol. Wien 1995

Horst HASELSTEINER, Schul- und Berufsstruktur in Ungarn im Zeitalter des Dualismus, in: Bericht über den siebzehnten österreichischen Historikertag in Eisenstadt, hg.v. Verband Österreichischer Geschichtsvereine 1989, 175–183

Heiko HAUMANN (Hg.), Luftmenschen und rebellische Töchter. Zum Wandel ostjüdischer Lebenswelten im 19. Jahrhundert, Köln-Weimar-Wien 2003

Wolfgang HÄUSLER, Assimilation und Emanzipation des ungarischen Judentums um die Mitte des 19. Jahrhunderts, in: Studia Judaica Austriaca, Band III (1976): Studien zum ungarischen Judentum, 33–79

Wolfgang HÄUSLER, Probleme der Geschichte des westungarischen Judentums in der Neuzeit, in: Burgenländische Heimatblätter 42 (1980), 32–38, 69–100

Manfred HEIM, Einführung in die Kirchengeschichte, München 2000

Heinrich HEIMLER und Friedrich SPIEGEL-SCHMIDT, Deutsches Luthertum in Ungarn, Düsseldorf 1955

Waltraud HEINDL, Die Wiener Nuntiatur und die Bischofsernennungen in Ungarn 1848–1850, in: Mitteilungen des Österreichischen Staatsarchivs 24 (1971), 400–432

Andreas HELLER, Therese WEBER und Oliva WIEBEL-FANDER (Hg.), Religion und Alltag. Interdisziplinäre Beiträge zu einer Sozialgeschichte des Katholizismus in lebensgeschichtlichen Aufzeichnungen, Wien 1990

Valeria HEUBERGER, Armenier und Kopten in Wien. Eine Pilotstudie über die armenisch-apostolische und koptische Kirchengemeinde in Wien, Dipl.Phil. Wien 1986

Valeria HEUBERGER, Muslime im alten Österreich, in: Alfred Stirnemann, Gerhard Wilflinger (Hg.), Religion und Kirchen im alten Österreich, Innsbruck 1996, 106–123.

Fritz von der HEYDT, Die evangelische Bewegung in Oesterreich. Eine Stoffsammlung, Berlin 1938[2]

John-Paul HIMKA, Galician Villagers and the Ukrainian National Movement in the Nineteenth Century, London 1988

John-Paul HIMKA, Priests and Peasants: The Greek Catholic Pastor and the Ukrainian National Movement in Austria, 1867–1900, in: Canadian Slavonic Papers XXI, No. 1, Ottawa, 1–14; wieder abgedruckt in: Ders., The Greek Catholic Church and Ukrainian Society in Austrian Galicia, [Sonderdruck des Ukrainian Studies Fund], Harvard 1986.

John-Paul HIMKA, Religion and Nationality in Western Ukraine: The Greek Catholic Church and the Ruthenian National Movement in Galicia, 1867–1900, Montreal u.a. 1999

John-Paul HIMKA, Sheptyts'kyi and the Ukrainian National Movement before 1914, in: Paul Robert Magosci (Ed.), Morality and Reality – The Life and Times of Andrei Sheptyts'kyi, Edmonton 1989, 29–46

John-Paul HIMKA, The Greek Catholic Church and Nation-Building, 1772–1918, in: Harvard Ukrainian Studies VIII, No. 3/4, Cambridge, 426–452; wieder abgedruckt in: Ders., The Greek Catholic Church and Ukrainian Society in Austrian Galicia, [Sonderdruck des Ukrainian Studies Fund], Harvard 1986

John-Paul HIMKA, The Greek Catholic Church and Ukrainian Society in Austrian Galicia, [Sonderdruck des Ukrainian Studies Fund], Harvard 1986

Lothar HÖBELT, Die ‚Los-von-Rom‘-Bewegung, in: Etudes Danubiennes X/1 (1994), 43–53

Klaus HÖDL, Als Bettler in die Leopoldstadt. Galizische Juden auf dem Weg nach Wien, Wien-Köln-Weimar 1994

Klaus HÖDL, Der Zionismus als »Therapie« – Zionistische Strategien zur Bekämpfung des Antisemitismus, in: Zeitgeschichte 24 (1997), 49–61

Klaus HÖDL, Galician Jewish Migration to Vienna, in: Polin. Studies in Polish Jewry 12 (1999), 147–163

Winfried HOFINGER, Der Mistapostel. Ein Leben für den Bauernstand. Adolf Trientl, 1817–1897, Innsbruck 1992

Andreas HOLZEM, Geßlerhüte der Theorie? Zu Stand und Relevanz des Theoretischen in der Katholizismusforschung, in: Theologische Quartalschrift 1993/4, 272–287

Markus HOLZWEBER, »Und wir sollen es zulassen, dass unsere Landsleute verkauft und verschachert werden?« Katholisches Engagement für Emigranten der Habsburgermonarchie in der »Alten« und »Neuen« Welt (1880–1918), Phil.Diss. Wien 2005

Frank HONEGGER, 200 Jahr Evangelisches Leben am Ötscher. Geschichte der evangelischen Pfarrgemeinde Mitterbach, im Eigenverlag 1950

Peter HONIGMANN, Die Austritte aus dem Judentum in Wien 1868–1944, in: Zeitgeschichte 15/11–12 (1988), 452–466

Catherine HOREL, La Grande Bourgeoisie Juive de Budapests au tournant du siècle, un model d'assimilation?, in: Etudes Danubiennes 14 (1998), 59–70

Catherine HOREL, Orthodoxes et néologues: le Congrès des Juifs de Hongrie et la scission de la communauté. 1868–1869, in: Etudes Danubiennes X/1 (1994), 25–42

Emilia HRABOVEC, Die Ernennung Moyzes' zum Bischof der Diözese von Banská Bystrica / Neusohl (1850), in: Der Donauraum 37/3 (1997), 13–21

Josef L. HROMÁDKA, Von der Reformation zum Morgen, Leipzig 1959

Karel HRUBÝ, Kirche und Arbeiter, in: Ferdinand Seibt (Hg.), Bohemia Sacra. Das Christentum in Böhmen 973–1973, Düsseldorf 1974, 258–268

Kurt A. HUBER, Anton Ohorn (1846–1924). Ein Beitrag zum Priesterproblem im 19. Jahrhundert, in: Joachim Bahlcke und Rudolf Grulich (Hg.), Kurt Augustinus Huber – Katholische Kirche und Kultur in Böhmen. Ausgewählte Abhandlungen, Münster 2005, 693–709

Kurt A. Huber, Bischofsernennungen für Budweis 1851–1885, in: Archiv für Kirchengeschichte von Böhmen–Mähren–Schlesien, Band VII (1985), 89–110

Kurt A. Huber, Die Apostolische Visitation des St. Thomasklosters in Alt-Brünn 1853/1855, in: Archiv für Kirchengeschichte von Böhmen–Mähren–Schlesien, Band V (1978), 190–217

Kurt A. Huber, Kirche in Mähren-Schlesien im 19. und 20. Jahrhundert, in: Archiv für Kirchengeschichte von Böhmen–Mähren–Schlesien, Band V (1978), 9–100

Kurt A. Huber, Weihbischof Dr. Wenzel Frind (1843–1932), in: Archiv für Kirchengeschichte von Böhmen–Mähren–Schlesien, Band III (1973), 281–319

Adalbert Hudak, Die evangelischen Karpatendeutschen aus der Slowakei, Düsseldorf 1972

Adalbert Hudak, Die Kirche unserer Väter. Weg und Ende des deutschen Luthertums in der Slowakei, Stuttgart 1953

Alois Hudal, Die serbisch-orthodoxe Nationalkirche, Graz und Leipzig 1922

Dr. Stanislaus von Hupka, Über die Entwicklung der westgalizischen Dorfzustände in der 2. Hälfte des 19. Jahrhunderts. Eine wirtschafts- und kulturgeographische Studie, Teschen 1910

Heinz Hürten, Alltagsgeschichte und Mentalitätsgeschichte als Methoden der Kirchlichen Zeitgeschichte, in: Kirchliche Zeitgeschichte 1992/1, 28–30

Georg G. Iggers, Geschichtswissenschaft im 20. Jahrhundert. Ein kritischer Überblick im internationalen Zusammenhang, Göttingen 1993, Kapitel 2.4: Alltagsgeschichte, Mikrohistorie und Historische Anthropologie. Die Infragestellung der Historischen Sozialwissenschaft, 73–87

Wilma Iggers (Hg.), Die Juden in Böhmen und Mähren. Ein historisches Lesebuch, München 1986

Eine Entgegnung vom Standpunkte des **Islamismus** auf die [...] anonyme Broschure ‚Bosniens Gegenwart und nächste Zukunft‘ [= Sonderdruck einer übersetzten Serie von Entgegnungen in der bosnisch-türkischen Zeitung Vatan, Sarajewo 1886]

I. Iwanowicz, Über die historische Bedeutung des Basilianerordens in Galizien und seine gegenwärtigen Verhältnisse, Leipzig 1885

Johannes Jellinek, Die Evangelische Gemeinde Bad Ischl. Eine kurze Übersicht ihrer Geschichte, Bad Ischl 1927

Erich Johanny, Die Evangelische Kirche. Ein Leitfaden zur Orientirung über ihre Geschichte, Lehre, Gebräuche und österreichische Verfassung, Selbstverlag 1901

Maurus Jókai, Das Volksleben an der Theiß, in: Die Österreich-Ungarische Monarchie in Wort und Bild, Band Ungarn II: Das Alföld, Gesamtband 9, Wien 1891, 36–57

Maurus Jókai, Debreczin, in: Die Österreichisch-Ungarische Monarchie in Wort und Bild, Band Ungarn II: Das Alföld, Gesamtband 9, Wien 1891, 283–318

Ferencz Jószef, Kleiner Unitarier-Spiegel. Kurzer Inbegriff der Geschichte, der Dogmen, der Kirchenverfassung und der Ceremonien der Unitarier-Kirche, Wien 1879

Walter Jüttner, Die Pfarrgemeinde Salzburg nach statistischen Gesichtspunkten (Zum 100-jährigen Bestand der Gemeinde), in: JGPÖ 78/79 (1963), 47–64

Josef Kabrda, Le Système Fiscal de L'Église Orthodoxe dans L'Empire Ottoman, Brünn 1969

Franz Kafka, Brief an den Vater, [Bibliothek der Provinz 1], Weitra 2000

Friedrich Kaindl, Die Huzulen, in: Die Österreichisch-Ungarische Monarchie in Wort und Bild, Band XX: Bukowina, Wien 1899, 271–282

Jochen-Christoph Kaiser, Die Formierung des protestantischen Milieus. Konfessionelle Vergesellschaftung im 19. Jahrhundert, in: Religion im Kaiserreich. Milieus – Mentalitäten – Krisen, hg.v. Olaf Blaschke und Frank-Michael Kuhlemann, Gütersloh 1996, 257–289

Benjenin Kallay, Die Lage der Mohammedaner in Bosnien, Wien 1900

Stathis N. Kalyvas, From Pulpit to Party. Party Formation and the Christian Democratic Phenomenon, in: Comparative Politics 30/3 (1998), 293–312

Kabos Kandra, Die Ebene am Mátra-Fuß, in: Die Österreichisch-Ungarische Monarchie in Wort und Bild, Band Ungarn II: Das Alföld, Gesamtband 9, Wien 1891, 259–273

Andreas Kappeler, Kleine Geschichte der Ukraine, München 1994

Károly Karner, A felekezetek Magyarországon a statisztika megvilágításában, Debrecen 1931

Peter Karner (Hg.), Die Evangelische Gemeinde H.B. in Wien, Wien 1986

Peter Karner, Reformierte Pfarrer und Lehrer, in: Die Evangelische Gemeinde H.B. in Wien, hg.v. Peter Karner, Wien 1986, 124–155

Karl Kaser, Orthodoxe Konfession und serbische Nation in Bosnien-Hercegovina, in: Südostdeutsches Archiv Band XXVI/XXVII 1983/1984, 114–124

Kleiner Katechismus der griechisch-katholisch-orientalischen Kirche, [Verlag der griechischen Gemeinde österr. Unterthanen] Wien 1878

Jacob Katz, Aus dem Ghetto in die bürgerliche Gesellschaft, Jüdische Emanzipation 1770–1870, Frankfurt a.M. 1986

Ilija Kecmanović, Bildnis eines bosnischen Franziskaners. Zum 50. Todestag von Fra Grga Martić, in: Südostforschungen XV (1956), 402–426

M. Ali Kettani, Islam in Post-Ottoman Balkans: A Review Essay, in: Journal. Institute of Muslim Affairs, Vol. 9/2, July 1988, 381–403

Hillel J. Kieval, The Making of Czech Jewry. National Conflict and Jewish Society in Bohemia, 1870–1918, New York / Oxford 1988

Paul Király, Harangod und Taktaköz, in: Die Österreichisch-Ungarische Monarchie in Wort und Bild, Band Ungarn II: Das Alföld, Gesamtband 9, Wien 1891, 273–283

Gerold Albrecht Kirchmayr, Die evangelische Presse in Oesterreich, Phil.Diss. Wien 1952

Rupert Klieber, Bruderschaften und Liebesbünde nach Trient. Ihr Totendienst, Zuspruch und Stellenwert im kirchlichen und gesellschaftlichen Leben am Beispiel Salzburg (1600–1950), Frankfurt u.a. 1999

Rupert Klieber, Efforts and Difficulties in Financing the Holy See by means of Peterspence – or can Ultramontanism be quantified?, in: Vincent Viaene (ed.), The Papacy and the New World Order. Vatican Diplomacy, Catholic Opinion and International Politics at the Time of Leo XIII 1878–1903 / La papauté et le nouvel ordre mondial. Diplomatie vaticane, opinion catholique et politique internationale au temps de Léon XIII, Leuven University Press 2005, 287–302

Rupert Klieber, Erzbischof Johannes Kardinal Katschthaler (1900–1914). Skizze einer kulturkampflustigen Amtsperiode, in: Mitteilungen der Gesellschaft für Salzburger Landeskunde 129/1989, 295–373

Rupert Klieber, Solidaraktionen österreichischer Katholiken im Kampf um den Kirchenstaat (1859–1870) – quantifizierbarer Ultramontanismus?, in: Römische Historische Mitteilungen 43 (2001), 653–679

Rupert KLIEBER, Politischer Katholizismus in der Provinz. Salzburgs Christlichsoziale in der Parteienlandschaft Alt-Österreichs, Wien-Salzburg 1994

Rupert KLIEBER, Versicherungen fürs Fegefeuer. Bruderschaften und Liebesbünde nach Trient am Beispiel Salzburg (1600–1950), in: Revue d'Histoir Ecclésiastique 96/1–2 (2001), 34–70

Rupert KLIEBER, Verhinderte Priestergewerkschaften? Vom Schicksal 'freier' Standesorganisationen österreichischer Kleriker 1896–1907, in: 23. Historikertag Salzburg 2002. Tagungsbericht, hg.v. Verband Österreichischer Historiker und Geschichtsvereine in Zusammenarbeit mit dem Salzburger Landesarchiv, Salzburg 2003, 303–309

Rupert KLIEBER u.a., Impulse für eine religiöse Alltagsgeschichte des Donau-Alpen-Adria-Raumes, Wien 2005

Rupert KLIEBER, Von den erdigen Füßen der Pilger. Religiöse Alltagsgeschichte als Konkretisierung und Korrektiv der Kirchengeschichte, in: Rupert Klieber u.a., Impulse für eine Religiöse Alltagsgeschichte des Donau-Alpen-Adria-Raumes, Wien-Köln-Weimar 2005, 243–247

Rupert KLIEBER, Der Pfarrer neue Kleider? – Die Konzeption 'Alltagsgeschichte' und ihre Implikationen für die Historiographie der christlichen Kirchen, in: Rupert Klieber u.a., Impulse für eine Religiöse Alltagsgeschichte des Donau-Alpen-Adria-Raumes, Wien-Köln-Weimar 2005, 11–17

Rupert KLIEBER, Im Schatten der geistlichen Vergangenheit? Salzburgs Kirche und katholisches »Milieu« im langen 19. Jahrhundert, in: Gerhard Ammerer und Alfred Stefan Weiß (Hg.), Die Säkularisation Salzburgs 1803. Voraussetzungen – Ereignisse – Folgen, Frankfurt am Main u.a. 2005, 218–241

Rupert KLIEBER, Vom »Scherflein der Witwe« und dem »Schatz Leos XIII.« – Die Finanzierung des Heiligen Stuhles durch die katholische Welt 1870 bis 1914, in: Römische Historische Mitteilungen 48 (2006), 465–488

Rupert KLIEBER, Inkulturation – eine historische und theologische Herausforderung, in: Rupert Klieber und Martin Stowasser (Hg.), Inkulturation. Historische Beispiele und theologische Reflexionen zur Flexibilität und Widerständigkeit des Christlichen, Wien 2006, 9–14

Rupert KLIEBER, Konfessionelle Lebenswelten der Habsburgermonarchie 1848–1918. Versuch einer Kirchlichen Sozial- und Religiösen Alltagsgeschichte, Theol.Diss. Wien 2007

Rupert KLIEBER und Karl SCHWARZ (Hg.), Österreichs Kirchen im 20. Jahrhundert – eine Bibliographie, Sonderband 1 der Österreichischen Historischen Bibliographie, Graz 2007

Rupert KLIEBER, Lemma: Nationalkirche in: Enzyklopädie der Neuzeit, hg. v. Friedrich Jaeger, Band 8, Stuttgart-Weimar 2008, Sp. 1090–1097

Rupert KLIEBER, Die Nuntien in Wien im langen 19. Jahrhundert (1802–1919). Promotoren des Ultramontanismus in Österreich und Ungarn?, in: Gli Archivi della Santa Sede e il Regno d'Ungheria (secc. 15–20). In memoriam di Lajos Pásztor, hg.v. Gaetano Platania, Matteo Sanfilippo und Péter Tusor [Collectanea Vaticana Hungariae, vol. 4], Budapest-Roma 2008, 209–221

Árpád von KLIMÓ, St. Stephen's Day: Politics and Religion in 20th-century Hungary, in: East Central Europe / L'Europe du Centre Est: Eine wissenschaftliche Zeitschrift 26/2 (1999), 15–29

Basil KLUCZENKO, Physische Beschaffenheit der Bevölkerung, in: Die Österreichisch-Ungarische Monarchie in Wort und Bild, Band XX: Bukowina, Wien 1899, 175–190

Gabriele KOHLBAUER-FRITZ, Yiddish as an Expression of Jewish Cultural Identity in Galicia and Vienna, in: Polin. Studies in Polish Jewry 12 (1999), 164–176

Julius KOLATSCHEK, Die evangelische Kirche Oesterreichs in den deutsch-slavischen Ländern. Eine Darstellung des Arbeitsfeldes des evangelischen Vereins der Gustav Adolf = Stiftung in den genannten Ländern und zugleich ein Beitrag zur Geschichte des österreichischen Protestantismus, Wien 1869

Julius KOLATSCHEK, Die evangelische Volksschule Oesterreichs in tabellarischer Darstellung, Wien 1872

Alexander KOLLER, Nuntienalltag. Überlegungen zur Lebenswelt eines kirchlichen Diplomatenhaushaltes im 16. und 17. Jahrhundert, in: Rupert Klieber u.a., Impulse für eine Religiöse Alltagsgeschichte des Donau-Alpen-Adria-Raumes, Wien-Köln-Weimar 2005, 95–108

Leopold KOMPERT, Aus dem Ghetto, Leipzig 1887[3]

Josef KONDRINEWITSCH, Die rumänische unierte Kirche, in: Der Donauraum (1961), 186–192

Bela KÖPECZI (Hg.), Kurze Geschichte Siebenbürgens, [Institut für Geschichte der Ungarischen Akademie der Wissenschaften], Budapest 1990

Jiří KOŘALKA, Protestantismus und tschechisches Geschichtsbewußtsein im 19. Jahrhundert, in: Johannes Dantine, Klaus Thien, Michael Weinzierl (Hg.), Protestantische Mentalitäten, Wien 1999, 153–166

Dr. Anton KORCZOK, Die Griechisch-Katholische Kirche in Galizien [hg.v. Osteuropa-Institut in Breslau, Fünfte Abteilung: Religionswissenschaft, Heft 1], Leipzig-Berlin 1921

Jacques KORNBERG, Vienna, the 1890s: Jews in the Eyes of Their Defenders. (The Verein zur Abwehr des Antisemitismus), in: Central European History 28 (1995), 153–173

Hans-Jürgen KORNRUMPF, Scheriat und christlicher Staat: Die Muslime in Bosnien und in den europäischen Nachfolgestaaten des Osmanischen Reiches, in: Saeculum 35/1984, 17–30

Hans KÜNG, Das Christentum. Wesen und Geschichte, München 1994

László KÓSA, A vallási közönyösség térfoglalása a 19. sz. közepén, in: Népi kultura – népi társadalom. Folclorica et etnographica. A Magyar Tudomános Akadémia Néprajzi kutató csoportjának évkönyve XIII, Budapest 1983, 211–235

J. Stephan KOVÁTS, Soziologie und Weltanschauungsfragen, in: Gyözö Bruckner (Hg.), Das Evangelisch-Theologische Schrifttum in Ungarn. Heft 1, Halle 1940

Hanna KOZIŃSKA-WITT, Ludwig Gumplowicz's Programme for the Improvement of the Jewish Situation, in: Polin. Studies in Polish Jewry, XII (1999), p. 73–78

Hans KRAMER, Prälat Dr. Wendelin Haidegger. Ein Tiroler Politiker und Publizist, in: Tiroler Heimat XXXI/XXXII (1967/1968), 103–115

Michael KRAMMER, Die Errichtung des russisch-orthodoxen altgläubigen Bistums von Bielokrinica in der Bukowina und die Auswirkungen auf das politische Verhältnis Österreichs und Rußlands, in: Alfred Stirnemann und Gerhard Wilflinger (Hg.), Rußland und Österreich, Innsbruck 1999, 87–94

Walter KRAUSE, The Role of Neo-Gothic in the Ecclesiastical Art of Austrian Historicism, Centropa 2003/3, 184–193

Friedrich Salomon KRAUSS, Medizinische Zaubersprüche aus Slavonien, Bosnien, der Hercegovina und Dalmatien, [gedruckter Vortragstext] Wien 1887

Friedrich KRAUSS, Volksglaube und religiöser Brauch der Südslaven, Münster 1890

Leopold KRETZENBACHER, Serbisch-orthodoxe ‚Wahlverbrüderung‘ zwischen Gläubigenwunsch und Kirchenverbot von heute, in: Südost-Forschungen 1979/38, 163–183

Mesrob KRIKORIAN, Die Armenische Kirche. Materialien zur armenischen Geschichte, Theologie und Kultur, Frankfurt u.a. 2002

Wilhelm KÜHNERT, Zentrifugale Kräfte in der Evangelischen Kirche Altösterreichs mit besonderer Berücksichtigung des böhmisch-mährischen Raumes, in: JGPÖ 94 (1978), 82–95

John MCLACHLAN, Links between Transylvania and British Unitarians from the Seventeenth Century onwards, in: Transactions of the Unitarian Historical Society 17/2 (1980), 73–79

Willibald LADENBAUER, Das Sociale Wirken der katholischen Kirche in der Diöcese Budweis, Wien 1899

Emiel LAMBERTS, The Leading Role of Austrian Catholic Conservatives in the »Black International« (1870–1878), in: Wiener Zeitschrift zur Geschichte der Neuzeit 1/1 (2001), 39–54

Christian LANDERL (Red.), 100 Jahre Evangelische Kirche Steyr-Stadt 1898-1998, Steyr 1998

Georg LANGER, Neun Tore. Das Geheimnis der Chassidim, München 1959

Ioan Vasile LEB, Die Rumänische Orthodoxe Kirche im Wandel der Zeiten, Cluj-Napoca 1998

Josef LEB, P. Heinrich Abel S.J. Der Männerapostel Wiens – ein Lebensbild, Innsbruck 1926

Ekkehard LEBOUTON, Die Evangelische Pfarrgemeinde A.B. Czernowitz zwischen den beiden Weltkriegen (1918–1940), in: JGPÖ 84 (1968), 3–72

György LEDERER, Islam in Hungary, in: Central Asian Survey 1992, 11/1, 1–23

Rudolf LEEB, Zwei Konfessionen in einem Tal. Vom Zusammenleben der Konfessionen im Alpenraum in der Zeit des »Geheimprotestantismus« und zum Verständnis der Konfessionalisierung, in: Rupert Klieber u.a., Impulse für eine Religiöse Alltagsgeschichte des Donau-Alpen-Adria-Raumes, Wien-Köln-Weimar 2005, 129–150

Rudolf LEEB, Der österreichische Protestantismus und die Los-von-Rom-Bewegung, in: Johannes Dantine, Klaus Thien, Michael Weinzierl (Hg.), Protestantische Mentalitäten, Wien 1999, 195–230

N.N., Lebensbild der ehrwürdigen Gründerin und Generaloberin der Kongregation der Töchter der göttlichen Liebe Mutter Franziska **Lechner**, Wien 1905

H. LEHMANN, Durch evangelisches Neuland in Böhmen. Eine Wanderung, Halle/Saale 1910²

Peter LEISCHING, Die römisch-katholische Kirche in Cisleithanien, in: Die Habsburgermonarchie 1848-1918, Band IV: Die Konfessionen, hg.v. Adam Wandruszka und Peter Urbanitsch, Wien 1995², 1–247

Birgit LENART, Österreichische Pressvereine und was aus ihnen geworden ist, Phil.Diss. Salzburg 1982

Josef LENZENWEGER, Die Ernennung des Abtes Cölestin Ganglbauer von Kremsmünster zum Fürsterzbischof von Wien, in: Cremifanum 777–1977. Festschrift zur 1200-Jahr-Feier des Stiftes Kremsmünster, hg. vom Oberösterreichischen Landesarchiv und von der Kulturabteilung Linz 1977, 121–144

Mathieu LEPETIT, Un regard sur l'Historiographie allemande: Les mondes de l'Alltagsgeschichte, in: Revue d'Histoire moderne et contemporaine, 45 (1998), 466–486

M. Rainer Lepsius, Parteiensystem und Sozialstruktur. Zum Problem der Demokratisierung der deutschen Gesellschaft, in: Wilhelm Abel (Hg.), Wirtschaft, Geschichte und Wirtschaftsgeschichte, Stuttgart 1966, 371–393

Giovanni Levi, On Microhistory, in: Peter Burke (Hg.), New Perspectives on Historical Writing, University Park (Pennsylvania) 1991, 114–139

Eve Levin, Sex and Society in the World of the Orthodox Slavs (900–1700), Ithaka-London 1989

Gavin Lewis, Kirche und Partei im Politischen Katholizismus, Wien-Salzburg 1977

Albert Lichtblau, The Jews' Search for Zugehörigkeit in Austria up to 1938, in: Histoire Sociale 33 (2000), 231–250

Albert Lichtblau (Hg.), Als hätten wir dazugehört. Österreichisch-jüdische Lebensgeschichten aus der Habsburgermonarchie, Wien-Köln-Weimar 1999

Albert Lichtblau, Integration, Vernichtungsversuch und Neubeginn – Österreich-jüdische Geschichte 1848 bis zur Gegenwart, in: Eveline Brugger u.a. (Hg.), Geschichte der Juden in Österreich, Wien 2006, S. 447–565

Erwin Liebert, Geschichte und Gegenwart des Protestantismus in Vorarlberg unter besonderer Berücksichtigung seiner Beziehungen zur Schweiz, in: JGPÖ 96 (1980), 379–392

Maximilian Liebmann, Katholisches Leben in der Zeit Fürstbischof Zwergers, in: Kirche, Künstler und Konflikte. 100 Jahre Herz-Jesu-Kirche Graz, hg.v. G. Celedin, F. Bouvier, M. Liebmann, Graz-Wien-Köln 1991

Monika Linsmaier, Die katholische Publizistik. Ein Beitrag zur Wiener Pressegeschichte der zweiten Hälfte des 19. Jahrhunderts, Phil.Diss. Wien 1979

Carola Lipp, Alltagskulturforschung im Grenzbereich von Volkskunde, Soziologie und Geschichte. Aufstieg und Niedergang eines interdisziplinären Forschungskonzeptes, in: Zeitschrift für Volkskunde 89/1 (1993), 1–33

Carola Lipp, Histoire Sociale et Alltagsgeschichte, in: Actes de la Recherche en Sciences Sociales, 106–107 (Mars 1995), 53–66

Vasile Liveanu, La Répartition de la Propriété Foncière en Transylvanie. Fin du XIXᵉ Siècle – Début du XXᵉ, in : Revue Roumaine d'Histoire 1970, 271–290

Georg Loesche, Von der Duldung zur Gleichberechtigung. Archivalische Beiträge zur Geschichte des Protestantismus in Österreich 1781–1861 [zugleich: JGPÖ 32/33], Wien 1911

Georg Loesche, Geschichte des Protestantismus in Österreich [zugleich: JGPÖ 40/41], Wien–Leipzig 1921

Georg Loesche, Deutsch-evangelische Kultur in Österreich-Ungarn, Leipzig 1915

Georg Loesche, Inneres Leben der österreichischen Toleranzkirche. Archivalische Beiträge zur Kirchen- und Sittengeschichte des Protestantismus in Österreich 1781–1861 [zugleich: JGPÖ 36], Wien-Leipzig 1915

Georg Loesche, Österreich, in: Realencyklopädie für protestantische Theologie und Kirche, Band XIV, Leipzig 1904, 311–332

Peter Loewenberg, The Pagan Freud, in: Austrians and Jews in the Twentieth Century. From Franz Joseph to Waldheim, London / New York 1992, 124–141

Pietro Giorgio Lombardo, Chioggia dal 1849 al 1866. Appunti, in: Rassegna Storica del Risorgimento LXV/4 (1978), 411–424

Reinhold LORENZ, Schwarz-gelber Patriotismus. Der Katholizismus als Klammer der Habsburgermonarchie von 1848 bis 1918, in: Wort und Wahrheit 22/1 (1967), 372–377

Wilhelm LOTH, Katholiken im Kaiserreich. Der politische Katholizismus in der Krise des wilhelminischen Deutschlands, Düsseldorf 1981

Steven M. LOWENSTEIN, Ashkenazic Jewry and the European Marriage Pattern: A Preliminary Survey of Jewish Marriage Pattern, in: Jewish History 8 (1994), 155–175

Alf LÜDTKE, Alltagsgeschichte. Zur Aneignung der Verhältnisse, in: Österreichische Zeitschrift für Geschichtswissenschaften 2 (1991), 104–113

Alf LÜDTKE, Stofflichkeit, Macht-Lust und Reiz der Oberflächen. Zu den Perspektiven von Alltagsgeschichte, in: Winfried Schulze (Hg.), Sozialgeschichte, Alltagsgeschichte, Mikro-Historie. Eine Diskussion, Göttingen 1994, 75

Walter LUKAN, Die christlichsoziale Arbeiterorganisation bei den Slowenen. Von den Anfängen bis zum Verfall der Habsburgermonarchie, in: Österreichische Osthefte 31/3 (1989), 170–199

Ferdinand MAASS, Die österreichischen Jesuiten zwischen Josephinismus und Liberalismus, in: Zeitschrift für Theologie und Kirche 80 (1958), 66–100

Franz MACHILEK, Welehrad und die Cyrill-Method-Idee im 19. und 20. Jahrhundert, in: Archiv für Kirchengeschichte von Böhmen – Mähren – Schlesien VI (1982), 156–183

Hubert MADER, Lo Sviluppo del Movimento Sociale Cattolico in Austria (XVIII–XX seculo) secondo la Recente Storiografia, in: Bolletino dell'Archivio per la Storia del Movimento Sociale Cattolico in Italia 1982, Heft 17/3 (1982), 315–354

Paul Robert MAGOSCI (Ed.), Morality and Reality – The Life and Times of Andrei Sheptyts'kyi, Edmonton 1989

Paul Robert MAGOSCI, Religion and Identity in the Carpathians: East Christians in Poland and Czechoslovakia, in: Christianity and the Eastern Slavs, ed. by Boris Gasparov and Olga Raevsky-Hughes, Band 1, Berkeley u.a. 1993, 116–138

Imzâ MAHFOÛZ, L'Islam en Bosnie et Herzégovine, in: Revue du Monde Musulman, Paris 1907/7, 289–309

Jan M. MAŁECKI, Cracow Jews in the 19th Century: Leaving the Ghetto, in: Acta Poloniae Historica 76 (1997), 85–96

Werner MALECZEK, Glaube und Heimat. Die Vertreibung der Zillertaler Inklinanten vor 150 Jahren, in: Das Fenster 42 (1987), 4152–4158

Stefan MALFÈR, Der Kampf um die slawische Liturgie in der österreichisch-ungarischen Monarchie – ein nationales oder religiöses Anliegen?, in: Mitteilungen des Österreichischen Staatsarchivs 44 (1996), 165–193

Alexander MANASTYRSKI, Die Ruthenen, in: Die Österreichisch-Ungarische Monarchie in Wort und Bild, Band XX: Bukowina, Wien 1899, 228–271

Pavel MAREK, Der tschechische politische Katholizismus in den Jahren 1890–1914, in: Mitteilungen des Instituts für österreichische Geschichtsforschung 111. Band (2003), 445–469

Rudolf A. MARK, Galizien unter österreichischer Herrschaft. Verwaltung – Kirche – Bevölkerung, Marburg 1994

Milan MARKOVIĆ, Die serbische Hauskommunion (Zadrŭga) und ihre Bedeutung in der Vergangenheit und Gegenwart, Leipzig 1903

Leopold MATHIAS, Das Wiener Priesterseminar. Seine Entstehung im Jahre 1758 und sein Wandel durch die Jahrhunderte, Theol.Diss. Wien 1975

Marlies MATTERN, Leben im Abseits. Frauen und Männer im Täufertum (1525–1550) – eine Studie zur Alltagsgeschichte, Frankfurt u.a. 1998

Gottfried MAYER, Josef Feßler und sein Kreis. Ein Beitrag zur Frühgeschichte des Ultramontanismus in Österreich bis zum Protestantenpatent 1861, Phil.Diss. Wien 1980

Sigmund MAYER, Ein jüdischer Kaufmann 1831 bis 1911. Lebenserinnerungen von Sigmund Mayer, Berlin-Wien 1926²

Josef Karl MAYR, Der Presbyter Theodor Sickel, in: JGPÖ 67 (1951), 36–58

Grete MECENSEFFY, Geschichte des Protestantismus in Österreich, Graz-Köln 1956

Grete MECENSEFFY (Hg.), Die Lebensgeschichte des Bischofs Dr. Hans Eder, von ihm selbst erzählt. Zweiter Teil: Wirken als Pfarrer, Senior und Superintendent, in: JGPÖ 86 (1970), 3–66

Grete MECENSEFFY, Evangelische Lehrer an der Universität Wien, Graz-Wien-Köln 1967

Ferdinand MEISSNER, Fürstbischof Johannes Baptist Zwerger von Graz-Seckau, in: Tiroler Heimatblätter 45 (1970), 47–50

Ferdinand MEISSNER, Glaubens- und Tugendhelden Tirols, in: Tiroler Heimatblätter 44/10–12 (1969), 19–23

Relinde MEIWES, Weibliche Berufsarbeit in Gesellschaft und Kirche. Katholische Frauenkongregationen im 19. Jahrhundert, in: Sigrid Schmitt (Hg.), Frauen und Kirche (Mainzer Vorträge, Bd. 6). Stuttgart 2002, 115–133

Ezra MENDELSOHN, From Assimilation to Zionism in Lvov: The Case of Alfred Nossig, in: The Slavonic and East European Review XLIX (1971), 521–534

Rade MERICK, The Serbian Orthodox Church in the Austrian-Hungarian Empire: Its History an Organization, and Their Continuing Impact, Dipl. 1979 [Micropublished by Theological Research Exchange Network]

Jan MIKRUT, Ein aktiver Arbeiterseelsorger an der Wende der Zeit. Carl Rondonell (1873–1955), in: Faszinierende Gestalten der Kirche Österreichs 10, Wien 2003, 269–288

Jan MIKRUT, Der Diener Gottes Fürst Ladislaus Batthyány-Strattmann. Familienvater und Arzt, in: Faszinierende Gestalten der Kirche Österreichs 3, Wien 2001, 9–46

Michael L. MILLER, The Rise and Fall of Archbishop Kohn: Czechs, Germans, and Jews in Turn-of-the-Century Moravia, in: Slavic Review 65/1 (2006), 446–474

Alois E. MILZ, Religiöse Volksschauspiele in Südböhmen, in: Archiv für Kirchengeschichte von Böhmen–Mähren–Schlesien, Band V (1978), 290–304

Ugo MIONI, Diözese Triest-Capodistria, Wien 1909

Michael MITTERAUER, Familienformen und Illegalität in ländlichen Gebieten Österreichs, in: Archiv für Sozialgeschichte XIX (1979), 123–188

Michael MITTERAUER (Hg.), Kreuztragen. Drei Frauenleben, Wien ²1997

Michael MITTERAUER, Religion in Lebensgeschichten, in: Beiträge zur historischen Sozialkunde 19/4 (1989), 103–104

Michael MITTERAUER (Hg.), «Gelobt sei, der dem Schwachen Kraft verleiht". Zehn Generationen einer jüdischen Familie im alten und neuen Österreich, Wien-Graz-Köln 1987

Heidrun Irene MITTERMAIR, Wiener Protestantismus zur Jahrhundertwende. Berühmte Persönlichkeiten zwischen 1880 und 1914, Dipl. Wien 1996

Viktor MÖCKESCH, Evangelische Pfarrer und Lehrer aus Siebenbürgen im Burgenland, in: Süd-
ostdeutsche Vierteljahresblätter 24 (1975), 120–121

Max MONSKI, Im Dienst am eigenen Volk 1912–1922. Denkschrift der Evangelischen Gesellschaft
in Österreich nach Vollendung ihres zehnten Jahres ihren Freunden dargereicht 1923, Wien
1923

Max MONSKI, Im Kampf um Christus. Erlebnisse und Erfahrungen eines Achtzigjährigen aus
sechsfachem Jubiläum, Wien-Mödling 1956

Silvester MORARIU-ANDRIEWICZ, Apologie der orthodoxen griechisch-orientalischen Kirche der
Bukowina [gedrucktes Memorandum], Czernowitz 1885

Otto MÖRTL, Evangelische Holzknechte vom Ötscher bis zur Rax, Bad Vöslau 1992

Michael MOXTER, Kultur als Lebenswelt. Studien zum Problem einer Kulturtheologie, Tübingen
2000

Edgar MÜLLER, Kurzgefasste Geschichte der evangelischen Gemeinden in der Bukowina unter
besonderer Berücksichtigung der Jahre 1918 bis 1940, in: JGPÖ 88 (1972), 75–168

Franciscus NAGL, Fastenordnung für das Jahr 1913, Wien 1913

Susanne NAGL, Die Auseinandersetzung zwischen Kirche und Landeshoheit in Tirol im 19. Jahrhundert, Phil.Diss. Innsbruck 1979

Sarah C. NEITZEL, The Salzburg Catholic Gesellenverein: An Alternative to Socialism, in: Journal of Religious History (Australia) 12/1 (1982), 62–73

Robert NEMES, Die Komorner Kriegserklärung: Der Kulturkampf in Ungarn, in: Comparativ:
Leipziger Beiträge zur Universalgeschichte und Vergleichenden Gesellschaftsforschung 12/5–6
(2002), 116–133

Robert NEMES, Hungary's Antisemitic Provinces: Violence and Ritual Murder in the 1880s, in:
Slavic Review 66/1 (2007), 20–44

Meta NIEDERKORN, Gott und die Welt. Aspekte des Klosterlebens im Mittelalter, in: Ernst
Bruckmüller (Hg.), Alltagserfahrungen in der Geschichte Österreichs, Wien 1998, 21–49

James P. NIESSEN, Transylvanian Catholics and the Papacy in the Era of the Syllabus Errorum, in:
Hungarian Studies 10/1 (1994), 45–53

Andrija NIKIĆ, Der Aufstand in der Herzegowina 1875/78, dargestellt auf Grund von Archivma-
terial der Katholischen Kirche, in: Südostforschungen XXXVII (1978), 69–91

Jean NOUZILLE, Calvinism et pouvoir en Transylvanie, in: Etudes Danubiennes X/2 (1994), 163–
173

David M. OANCEA, The Romanian Orthodox Church in Austria-Hungary, Dipl. Crestwood NY
1987 [Micropublished by Theological Research Exchange Network]

Karl-Heinz OHLIG (Hg.), Der frühe Islam. Eine historisch-kritische Rekonstruktion anhand
zeitgenössischer Quellen, Berlin 2007

Anton OHORN, Aus Kloster und Welt. Das Buch meines Lebens, Mügeln 1918

Robert OKEY, Problems of Schooling in Austro-Hungarian Bosnia 1878–1914: Cultural Mission
And Slav Nationalism, in: Victor Karady und Wolfgang Mitter (Hg.), Bildungswesen und
Sozialstruktur in Mitteleuropa im 19. und 20. Jahrhundert, Köln-Wien 1990, 41–63

Robin OKEY, Austro-Hungarian Diplomacy and the Campaigne for a Slavonic Liturgy in the Catholic Church, 1881-1914, in: The Slavonic and East European Review 70 (1992), 258–283

Elizaveta OLENTCHOUK, Die Ukrainer in der Wiener Politik und Publizistik 1914–1918. Ein Beitrag zur Geschichte der österreichischen Ukrainer (Ruthenen) aus den letzten Jahren der Österreichisch-Ungarischen Monarchie, Diss.Phil. Wien 1998

Wolfgang OLSCHBAUR, Eduard Kohler – Aus dem Leben des ersten Pfarrers der Evangelischen in Vorarlberg, in: Wolfgang Olschbaur und Karl Schwarz (Hg.), Evangelisch in Vorarlberg. Festschrift zum Gemeindejubiläum, Bregenz 1987, 36–39

Wolfgang OLSCHBAUR, Zur Gründungsgeschichte der evangelischen Gemeinde in Vorarlberg, in: Wolfgang Olschbaur und Karl Schwarz (Hg.), Evangelisch in Vorarlberg. Festschrift zum Gemeindejubiläum, Bregenz 1987, 22–35

Isidor Ritter von ONCIUL, Der griechisch-orientalische Religionsfond, in: Die österreichisch-ungarische Monarchie in Wort und Bild, Band XX: Bukowina, Wien 1899, 155–174

Emilio ONDEI, Il Clero Mantovano e i Processi Politici dell'Austria, in: Rassegna Storica del Risorgimento 51/2 (1964), 257–262

Wolfgang Heimo ORAČ, Evangelische Volkskultur des oberen Ennstales im 20. Jahrhundert, Diss. Graz 1989

Lukas OSPELT, Das Protestantenpatent von 1861 im Spiegel der öffentlichen Meinung Tirols und Vorarlbergs, Dipl. Innsbruck 1993

Mircea PĂCURARIU, Geschichte der Rumänischen Orthodoxen Kirche, Erlangen 1994

Mircea PĂCURARIU, The Policy of the Hungarian State concerning the Romanian Church in Transylvania under the Dual Monarchy (1867–1918), Bucharest 1986

Erzsi K. PALOTAI, Sonntagsmessen, in: Haber, Budapest, 119–127

Raphael PATAI, The Jews of Hungary. History, Culture, Psychology, Detroit 1996

Herbert PATZELT, Geschichte der Evangelischen Kirche in Österreichisch-Schlesien, Dülmen 1989

Herbert PATZELT, Evangelisches Leben am Golf von Triest, München 1999

Herbert PATZELT, Der Protestantismus im Teschener Schlesien in Vergangenheit und Gegenwart und seine Bedeutung für die evangelische Kirche in Österreich, in: JGPÖ 88 (1972), 169–183

Ivan PEDERIN, Islamischer Progessismus im Werk von Osman Nuri Hadžić und Ivan Milićević, in: Südost-Forschungen 44/1985, 185–204

Julian PELESZ, Geschichte der Union der ruthenischen Kirche mit Rom, Zweiter Band: Von der Wiederherstellung der Union mit Rom bis auf die Gegenwart (1598–1879), Wien 1880

Georg PENKALA, Über die Stellung und Bedeutung der evangelischen Privatschule in Galizien, Teschen 1891

Lászlo PÉTER, Church-State Relations and Civil Society in Hungary: A Historical Perspective, in: Hungarian Studies 10/1 (1995), 3–33

Andrea PETRITSCH, 125 Jahre Evangelische Pfarrgemeinde A. und H.B. Wiener Neustadt, in: JGPÖ 102/103 (1986/87), 92–141

Max Demeter PEYFUSS, Balkanorthodoxe Kaufleute in Wien. Soziale und nationale Differenzierung im Spiegel der Privilegien für die griechisch-orthodoxe Kirche zur heiligen Dreifaltigkeit, in: Österreichische Osthefte 1975 17/3, 258–268

Peter PFLEGER, Gab es einen Kulturkampf in Österreich?, München 1997

Dietlind PICHLER, Bürgertum und Protestantismus in Österreich. Emilie Ludwig und ihre Familie (1860–1900), Phil.Diss. Wien 2000

Walter PIETSCH, Zwischen Reform und Orthodoxie. Der Eintritt des ungarischen Judentums in die moderne Welt, Berlin 1999

Vincenzo PINTO, L'ebreo nuovo nazionalista nell'opera di Nathan Birnbaum (1882–1907), in: Studi Storici 40 (1999), 713–753

Konrad PLASS, Die Altkatholische Kirchengemeinde in Linz, in: Historisches Jahrbuch der Stadt Linz 1970 (1971), 99–112

Willibald M. PLÖCHL, Die Wiener orthodoxen Griechen. Eine Studie zur Rechts- und Kulturgeschichte der Kirchengemeinden zum Hl. Georg und zur Hl. Dreifaltigkeit und zur Errichtung der Metropolis von Austria, Wien 1983

Dr. J. POLEK, Ausbreitung des Protestantismus in der Bukowina, in: JGPÖ 25 (1904), 364–374

Johann POLEK, Die Armenier in der Bukowina, Czernowitz 1906

Johann POLEK, Die Lippowaner in der Bukowina, Band I: Geschichte ihrer Ansiedlung, Czwernowitz 1896, bzw. Band II: Religion und Kirchenwesen, Czernowitz 1898

Johann POLEK, Die Lippowaner-Colonien in der Bukowina [Separatdruck der Mittheilungen der kais. königl. Geographischen Gesellschaft in Wien], Wien 1885

Martin POLLACK, Nach Galizien – Von Chassiden, Huzulen, Polen und Ruthenen. Eine imaginäre Reise durch die verschwundene Welt Ostgaliziens und der Bukowina, Wien-München 1984

N. POLONSKA-VASYLENKO, The Distinguishing Characteristics of the Ukrainian Church, in: Ukrainian Review 1959–60/8, 78–94

Martina POLSTER, Der evangelisch A.B. Kirchenbau seit dem Toleranzpatent Josephs II. bis 1900 im heutigen Burgenland, Phil.Dipl. Wien 1995

Alexandre POPOVIC, L'Islam balkanique. Les musulmans du sud-est européen dans la période post-ottomane, Berlin 1986

Alexandre POPOVIC, Les Musulmans de Hongrie dans la Période Post-Ottomane, in: Studia Islamica LV/1982, 171–186

Dr. L. POPPOVIĆ, Bosnien und Hercegovina. Volksthümliche Beschreibung der Sitten, Lebensweise und Gebräuche der dortigen Völker […], Wien 1878

Franz POTOTSCHNIG, Die Entwicklung des österreichischen Patronatsrechtes im 19. Jahrhundert, in: Österreichisches Archiv für Kirchenrecht 18 (1967), 196–246

Rudolf PROKSCHI, Ein neuer Aufbruch bei den Nonnen in der Serbischen Orthodoxen Kirche im 20. Jahrhundert, Würzburg 1996

[Zeitschrift] Der österreichische **Protestant**, Klagenfurt, Jahrgang XXVI 1901

Peter PULZER, The Tradition of Austrian Antisemitsm in the Nineteenth and Twentieth Centuries, in: Patterns of Prejudice 27/1 (1993), 31–46

Edmund QUAAS, Eine evangel. Wallfahrt an Böhmens Grenze, Leipzig 1906

Josef RABAS, Reformbestrebungen im tschechischen katholischen Klerus, in: Archiv für Kirchengeschichte von Böhmen–Mähren–Schlesien, Band III (1973), 254–280

Alfred RADDATZ, Verborgen – geduldet – gleichberechtigt: Evangelisch in Österreich, in: Religion und Kultur an Zeitenwenden. Auf Gottes Spuren in Österreich, hg.v. Norbert Leser, Wien 1984, 32–40

Emilian RADICS, Die Orthodox-orientalischen Partikularkirchen in den Ländern der ungarischen Krone. Eine rechtsgeschichtliche Abhandlung, Budapest 1886

Vincenc RAJŠP, Der Glaubens- und Kirchenalltag in Slowenien 1945–1990, in: Rupert Klieber u.a., Impulse für eine Religiöse Alltagsgeschichte des Donau-Alpen-Adria-Raumes, Wien-Köln-Weimar 2005, 181–192

Josef RANK, Volksleben der Deutschen im Böhmerwald, in: Die Österreichisch-Ungarische Monarchie in Wort und Bild, Band: Böhmen (I. Abteilung), Wien 1896, 564–603

Mateja RATEJ, Development of Political Catholicism in Styria in 1918–1923, in: Studia Historica Slovenica 3/1 (2003), 85–120

Joseph Othmar Cardinal RAUSCHER, Fastenordnung für das Jahr 1868, Wien 1868

Gesammelte REDEN. Gehalten in der I. Session des Bos.-Herc. Landtages, Sarajewo 1910

Gustav REINGRABNER, Über die Eigenart der burgenländischen Protestantengeschichte, in: JGPÖ 97 (1981), 147–172

Gustav REINGRABNER, Zum Inhalt der Verkündigung im westungarischen Luthertum des 19. Jahrhunderts, in: JGPÖ 98 (1982), 240–251

Gustav REINGRABNER, König, Vaterland, Volk – der Patriotismus der westungarischen Evangelischen im Revolutionsjahr, in: Die Revolution von 1848/49 im österreichisch-ungarischen Grenzraum, hg.v. Burgenländischen Landesmuseum Eisenstadt, Eisenstadt 1996, 45–56

Gustav REINGRABNER, Aus der Kraft des Evangeliums. Geschehnisse und Personen aus der Geschichte des österreichischen Protestantismus, Erlangen 1986

Gustav REINGRABNER, Protestanten in Österreich. Geschichte und Dokumentation, Wien u.a. 1981

Franz REISCHER, Der Protestantismus in Klagenfurt und Unterkärnten im 19. und 20. Jahrhundert, in: JGPÖ 100 (1984), 41–143

Koloman RÉVÉSZ und Franz BALOGH, Ungarn, in: Realencyklopädie für protestantische Theologie und Kirche, hg.v. Albert Hauck, 20. Band, Leipzig 1908, 235–245

Rudolf ŘIČAN, Das Reich Gottes in den böhmischen Ländern. Geschichte des tschechischen Protestantismus, Stuttgart 1957

Rudolf ŘIČAN, Die Böhmischen Brüder. Ihr Ursprung und ihre Geschichte, Berlin 1961

Michael Anthony RIFF, Assimilation and Conversion in Bohemia. Secession from the Jewish Community in Prague 1868–1917, in: Year Book [Leo Baeck Institute] XXVI (1981), 73–88

Hans RIGHART, Das Entstehen der katholischen Versäulung in Österreich 1887 – 1907, in: Zeitgeschichte 11/3 (1983), 69–87

Alfred RINNERTHALER, Maria Theresia Ledóchowska. Die Mutter der Schwarzen und die Gründerin der St. Petrus Claver-Sodalität, in: Faszinierende Gestalten der Kirche Österreichs 3, Wien 2001, 181–211

Ritchie ROBERTSON, 'Urheimat Asien'. The Re-Orientation of German and Austrian Jews, 1900–1925, in: German Life & Letters 44 (1996), 182–192

Floridus RÖHRIG, Die Gründung der österreichischen Chorherren-Kongregation und ihre Vorgeschichte, in: Viktor Flieder (Hg.), Festschrift Franz Loidl zum 65. Geburtstag, 2. Band, Wien 1970, 320–353

Hans Walter RÖHRIG, Die Geschichte der deutsch-evangelischen Gemeinden des Banats, Leipzig 1940

Gabriele De Rosa, Die sozial-religiöse Geschichtsschreibung in Italien, in: Theologische Quartalschrift 1993/4, 301–311

Max Rosenfeld, Die polnische Judenfrage, Wien-Berlin 1918

Isabel Röskau-Rydel, Galizien, in: Deutsche Geschichte im Osten Europas. Galizien, Bukowina, Moldau, hg.v. Isabel Röskau-Rydel, Berlin 2002, 15–212

Martin Rössler, Die Evangelische Kirche in Österreich in den Jahren 1848–1861 unter besonderer Berücksichtigung der Entwicklung des evangelischen Schulwesens in Oberösterreich, Dipl. Wien 1995

Marscha L. Rozenblit, The Jews of Germany and Austria: A Comparative Perspective, in: Austrians and Jews in the Twentieth Century. From Franz Joseph to Waldheim, London u. a. 1992, 1–18

Marsha L. Rozenblit, Jewish Identity and the Modern Rabbi: The Cases of Isak Noa Mannheimer, Adolf Jellinek, and Moritz Güdemann in Nineteenth-Century Vienna, in: Year Book [Leo Baeck Institute] XXXV (1990), 103–131

Marsha L. Rozenblit, The Jews of the Dual Monarchy, in: Austrian History Yearbook 23 (1992), 160–180

Marsha L. Rozenblit, Die Juden Wiens 1867–1914. Assimilation und Identität, Wien-Köln-Graz 1988

Ignác Rózsa, Die fünf Bücher Arons, in: Haber, Budapest, 73–83

Franziska Rücker, Gesellschaftliche und religiöse Motivationen der Frauen zum Klostereintritt zwischen 1850 und 1914. Ein Vergleich zwischen Wien und Salzburg, Dipl.Theol. Wien 2001

Ludwig Rumpl, Die Linzer Stadtpfarrer des 19. und 20. Jahrhunderts, in: Historisches Jahrbuch der Stadt Linz 1965, Linz 1966, 223–270

Helmut Rumpler, Katholische Kirche und Nationalitätenfrage in Kärnten. Die Bedeutung des Klagenfurter Priesterseminars für die Ausbildung des slowenischen Klerus (1848–1920), in: Südostdeutsches Archiv XXX/XXXI (1987/1988), 40–77

Eugen Runggaldier, Johannes Baptist Zwerger. Fürstbischof von Seckau 1867–1893, Bozen 1993

[Verein] »**Russkaja Rada**« (Hg.), Die gegenwärtige Lage der Ruthenen in Galizien in nationaler, politischer und ökonomischer Beziehung, auf Grund parlamentarischer Enunciationen der ruthenischen Landtagsabgeordneten in den Jahren 1889 – 1892, Lemberg 1892

Monica Rüthers, Tewjes Töchter. Lebensentwürfe ostjüdischer Frauen im 19. Jahrhundert, Köln-Weimar-Wien 1996

Zdenka Sadl, The »Affective« Revolution: Cognitive Turn in Contemporary Social Sciences: Emotiology in Slovenia, (1850–1930), in: The European Legacy: Toward New Paradigms 1/3 (1996), 958–963

Oskar Sakrausky, Die Deutsche Evangelische Kirche in Böhmen, Mähren und Schlesien, Band 1: 1919–1921, Heidelberg-Wien 1989

Ilona Sármány-Parsons, Religious Art and Modernity in the Austro-Hungarian Empire around 1900, in: Ritchie Robertson und Judith Beniston (HFg.), Catholicism and Austrian Culture, Edinburgh 1999, 79–100

Edith Sauer, Die politischen Aspekte der österreichischen Bischofsernennungen 1867–1903, Wien-München 1968

Walter SAUER, Anton Füster – Priester der Wiener Revolution 1848, in: Zeitgeschichte 1974, 249–256

Walter SAUER, Katholisches Vereinswesen in Wien. Zur Geschichte des christlichsozial-konservativen Lagers vor 1914, Salzburg 1980

Johann SBIERNA und S. Fl. MARIAN, Die Rumänen, in: Die Österreichisch-Ungarische Monarchie in Wort und Bild, Band XX: Bukowina, Wien 1899, 191–228

Joseph SCHEICHER, Arme Brüder. Ein Stück Zeit- und Kirchengeschichte, Stuttgart 1913

Josef SCHEICHER, Erlebnisse und Erinnerungen, Band II: Aus der Studienzeit, Wien-Leipzig 1908

Josef SCHEICHER, Interessantes Priesterleben, Stuttgart 1923

Kurzgefasster **Schematismus** der evangelischen Kirche Augsburgischen u. Helvetischen Bekenntnisses in Böhmen und Mähren., hg.v. Franz Smetánka, Oberkraupen 1877

Schematismus der Allgemeinen Volksschulen und Bürgerschulen in den im Reichsrathe vertretenen Königreichen und Ländern, bearbeitet und herausgegeben von der k.k. Statistischen Central-Commission, Wien 1902

Schematismus der Evangelischen Kirche Augsburgischen und Helvetischen Bekenntnisses in Österreich 1913, hg.v. k.k. evangelischen Oberkirchenrate Augsb. und Helv. Bek., Wien 1913

Josef SCHINDLER, Das Sociale Wirken der katholischen Kirche in der Prager Erzdiöcese (Königreich Böhmen), Wien 1902

Barbara SCHMID-EGGER, Klerus und Politik in Böhmen um 1900, München 1974

Arthur SCHMIDT, Das Evangelium in Gablonz und Umgebung. Teil III: Der Ausbau der evangelischen Gemeinde in Gablonz und die Ausbreitung des Evangeliums in Nordböhmen, in: JGPÖ 16 (1895), 85–110 und 227–252

Johann SCHMIDT, Geschichte der evang. Pfarrgemeinde A.B. in Großpetersdorf (Burgenland), in: JGPÖ 51 (1930), 148–180

Wilhelm SCHMIDT, Das Jahr und seine Tage in Meinung und Brauch der Romänen Siebenbürgens, Hermannstadt 1866

Richard SCHOBER, Belmonte und Aehrenthal. Österreichisch-vatikanische Beziehungen im Schatten der Wahrmundaffäre, in: Mitteilungen des Österreichischen Staatsarchivs 27 (1974), 295–336

Richard SCHOBER, Politischer Katholizismus am Fallbeispiel Deutschtirols, in: Studi Trentini di Scienze Storiche LXXII/4 (1993), 601–634

Josef SCHÖNIGER, Die Enthüllungen der sozialdemokratischen Flugschrift: »Die Kirchengebühren«, Zettlitz bei Karlsbad 1898

Verzeichnis der hilfbedürftigen evang. ref. **Schulen** in Böhmen, Prag 1871

Heinrich SCHULIG, Geschichte des Protestantismus im Herzogthume Jägerndorf (Letzter Teil), in: JGPÖ 13 (1892), 196–207

Adolf SCHULLERUS, Das Hermannstädter Comitat, in: Die Österreichisch-Ungarische Monarchie in Wort und Bild. Ungarn VI, 23. Band, Wien 1902, 432–450

Adolf SCHULLERUS, Sächsisches Pfarr- und Gesellschaftsleben, in: Die Österreichisch-Ungarische Monarchie in Wort und Bild. Ungarn VI, 23. Band, Wien 1902, 450–465

Pauline SCHULLERUS, Pflanzen im Glauben und Brauch der Siebenbürger Sachsen, Hermannstadt 1908

Ueber den Stand des öffentlichen **Schulwesens** der evangelischen Landeskirche A.B. in Siebenbürgen, hg. Vom Landesconsistorium der genannten Kirche, Hermannstadt 1873

Winfried SCHULZE (Hg.), Sozialgeschichte, Alltagsgeschichte, Mikro-Historie. Eine Diskussion, Göttingen 1994

Karl SCHWARZ, Zum Projekt einer protestantischen Reichskirche in der Habsburgermonarchie (1850), in: Österreichische Osthefte 27 (1985), 439–454

Jaroslav ŠEBEK, Im Dienst für Gott und die Nation. Katholische Kirche und Klerus in den böhmischen Ländern im 19. und frühen 20. Jahrhundert, in: Karl Heinz Frankl und Rupert Klieber (Hg.), Das Priesterkolleg St. Augustin »Frintaneum« in Wien 1816 bis 1918. Kirchliche Elite-Bildung für den Donau-Alpen-Adria-Raum, Wien-Köln-Weimar 2008, 181–194

Johann Nepomuk SEDLÁK (übersetzt von Robert Novotný), Ein halbes Jahrhundert im Krankendienste. (1856–1906). Zum Andenken an das 50jährige Jubiläum der Kongregation der Grauen Schwestern bei Sct. Bartholomäus auf der Altstadt in Prag, Prag 1906

Hans Reinhard SEELIGER, Kirchengeschichte – Geschichtstheologie – Geschichtswissenschaft. Analysen zur Wissenschaftstheorie und Theologie der katholischen Kirchengeschichtsschreibung, Düsseldorf 1981

Friedrich SELLE, Die Kirchensteuer in der österreichischen evangelischen Kirche. Ein Wort an diese und an ihre Freunde im Reich, Leipzig 1905

Friedrich SELLE, Eine österreichische evangelische Parochie (Steyr in Oberösterreich), Steyr 1903

Volker SELLIN, Einführung in die Geschichtswissenschaft, Göttingen ²2001

James SHEDEL, Emperor, Church, and People: Religion and Dynastic Loyalty during the Golden Jubilee of Franz Joseph, in: The Catholic Historical Review, LXXVI (1990), 71–92

Isidor SILBERNAGL, Verfassung und gegenwärtiger Bestand sämmtlicher Kirchen des Orients, Landshut 1865

Thomas W. SIMONS Jr., Vienna's First Catholic Political Movement: The Güntherians, 1848–1857, in: The Catholic Historical Review LV (1969/1970), 173–194

Ann SIRKA, The Nationality Question in Austrian Education. The Case of Ukrainians in Galicia 1867–1914, Frankfurt u.a. 1980

Charles J. SLOVAK, J.J. Strossmayer as a Balkan Bishop, in: Balkan Studies 18/1 (1977), 121–144

Primus SOBOTKA, Feste und Bräuche der Slawen, in: Die Österreichisch-Ungarische Monarchie in Wort und Bild, Band: Böhmen (I. Abteilung), Wien 1896, 438–459

Friedrich SPIEGEL-SCHMIDT, Die evangelische Kirche in Südosteuropa, in: JGPÖ 85 (1969), 3–19

Waltraud STANGL, Das Archiv der Evangelischen Kirche in Österreich, in: Scrinium. Zeitschrift des Verbandes österreichischer Archivare, 48 (1994), 385–403

Anna STAUDACHER, Der Bauernagitator Stanisław Stojałowski: Priester, Journalist und Abgeordneter zum österreichischen Reichsrat, in: Römische Historische Mitteilungen 25 (1983), 165–202

Franz STEFCZYK, Polen und Ruthenen in Galizien im Lichte der Bevölkerungs- und Steuerstatistik, Lemberg 1912

Peter Bernhard STEINER, Mariahilf – Stationen eines Kults zwischen Passau, Amberg, Innsbruck,

München und Wien, in: Rupert Klieber u.a., Impulse für eine Religiöse Alltagsgeschichte des Donau-Alpen-Adria-Raumes, Wien-Köln-Weimar 2005, 109–127

Gernot STIMMER, Eliten in Österreich 1848–1970, Wien-Köln-Graz 1997

Alfred STIRNEMANN und Gerhard WILFLINGER (Hg.), Religion und Kirchen im Alten Österreich, Innsbruck-Wien 1996

Wilhelm STRITAR (Hg.), Festschrift: 100 Jahre Evangelischer Gottesdienst in Scheibbs, Melk 1995

Peter F. SUGER, Industrialization of Bosnia-Hercegovina 1878–1918, Seattle 1963

Ernst SUTTNER, Österreichs Politik gegenüber der griechisch-katholischen Kirche Galiziens, in: Ostkirchliche Studien 46 (1997), 3–14

Jenő SZIGETI und László KARDOS, Boldog emberek közössége. A magyarországi nazarénusok [Gemeinschaft glücklicher Menschen. Die ungarischen Nazarener], Budapest 1988

Béla SZIVOS, Csongrád und Csanád, in: Die Österreichisch-Ungarische Monarchie in Wort und Bild, Band Ungarn II: Das Alföld, Gesamtband 9, Wien 1891, 468–486

Béla SZIVOS, Das Hajduckengebiet, in: Die Österreichisch-Ungarische Monarchie in Wort und Bild, Band Ungarn II: Das Alföld, Gesamtband 9, Wien 1891, 319–339

Mario TACCOLINI, La Chiesa bresciana nei secoli XIX e XX, in: Storia Religiosa della Lombardia. Diocesi di Brescia, hg.v. A. Caprioli, A. Rimoldi, L. Vaccaro, Brescia 1992, 93–145

Festschrift zum 80. Jahrestag der Einweihung der Evangelischen Kirche in **Tadten**, Gols-Tadten 1994

Stefan TÉGLÁS, Das Torda-Aranyoser Comitat, in: Die Österreich-Ungarische Monarchie in Wort und Bild, Band Ungarn VI, Gesamtband 23, Wien 1902, 197–222

Leopold TEMMEL, Evangelisch in Oberösterreich. Werdegang und Bestand der Evangelischen Kirche, Linz 1982

Rudolf TEMPLE, Die Gebirgsbewohner in Galizien. Beitrag zur Völkerkunde des Kaiserthumes Österreich, Wien 1860

Christoph TEPPERBERG, Die Flucht Gottlieb August Wimmers im Winter 1848/49, in: Burgenländische Heimatblätter 44 (1982), 13–20

Friedrich TEUTSCH, Geschichte der ev. Kirche in Siebenbürgen, Band II: 1700–1917, Hermannstadt 1922

Friedrich TEUTSCH, Zur Geschichte der Kirchen- und Schulautonomie in Siebenbürgen, Sonderdruck aus den 'Politischen Heften', Hermannstadt o.J

Rudolf TILL, Geschichte der Spanischen Juden in Wien, in: Jahrbuch des Vereines für Geschichte der Stadt Wien 5/6 (1947), 108–123

Evangelisch in **Tirol**. Festschrift zur 100-Jahr-Feier der evang. Gemeinden Innsbruck und Meran, hg.v. den Evangelischen Pfarrgemeinden A. und H.B. Innsbruck, Innsbruck 1975

Xenio TOSCANI, Reclutamento e ruolo dei sacerdoti secolari dal concilio di Trento all'Unità d'Italia, in: Storia Religiosa della Lombardia, hg.v. A. Caprioli, A. Rimoldi, L. Vaccaro, Brescia 1989, 209–230

Ivan TÓTH, Banner auf dem Zion. Eine Kirchliche Zeitschrift, allen Angelegenheiten der Evangelischen Kirche A.B. gewidmet, in: Karl Schwarz und Peter Švorc, Die Reformation und ihre Wirkungsgeschichte in der Slowakei. Kirchen- und konfessionsgeschichtliche Beiträge, Wien 1996, 183–194

Zoltán Tóth, Die kulturelle Integration der ungarischen Ethnika in einer Kleinstadt um die Jahrhundertwende, in: Ethnicity and Society in Hungary 2, Budapest 1990, 191–221

Jacob Toury, Die Jüdische Presse im Österreichischen Kaiserstaat. Ein Beitrag zur Problematik der Akkulturation 1802–1918, Tübingen 1983

Jasmine Tragut, Armenier in Österreich. Katalog zur Ausstellung an der Universitätsbibliothek der Karl-Franzens-Universität Graz, Graz 1995

Miloš Trapl, Political Catholicism and the Czechoslovak people's party in Czechoslovakia: 1918–1938, Boulder 1995

Karl R. Trauner, Die studentische Los-von-Rom-Bewegung, in: JGPÖ 107-108 (1991/1992), 137–165

Karl-Reinhart Trauner, ‚Los von Rom!' in Graz, in: Historisches Jahrbuch der Stadt Graz 27/28 (1998), 85–108

Karl-Reinhart Trauner, Die Los-von-Rom-Bewegung. Gesellschaftspolitische und kirchliche Strömung in der ausgehenden Habsburgermonarchie, Szentendre 1999

N.N., Statuten des F.B. Priesterseminars in **Trient**, Trient 1908

Marko Trogrlić, Die Tendenzen der österreichischen Dalmatienpolitik 1855–1865. Vier kirchenpolitische Beispiele, in: Südostforschungen 61–62/3 (2002), 171–188

Christine Tropper, Bestrafung von Verbrechern, Disziplinierung von Unbotmäßigen oder Versöhnung der Sünder mit Gott? Zur Funktion des Gurker Geistlichen Gerichtes in der frühen Neuzeit, in: Rupert Klieber u.a., Impulse für eine Religiöse Alltagsgeschichte des Donau-Alpen-Adria-Raumes, Wien-Köln-Weimar 2005, 79–94

Emanuel Turczynski, Die Bukowina, in: Deutsche Geschichte im Osten Europas. Galizien, Bukowina, Moldau, hg.v. Isabel Röskau-Rydel, Berlin 2002, 213–328

Emanuel Turczynski, Die kirchlichen Verhältnisse der Bukowina als Modell einer konfliktökonomischen Integration, in: Alfred Stirnemann, Gerhard Wilflinger (Hg.), Religion und Kirchen im alten Österreich, Innsbruck 1996, 99–105

Emanuel Turczynski, Orthodoxe und Unierte, in: Adam Wandruszka, Peter Urbanitsch (Hg.), Habsburgermonarchie 1848–1918, Band IV: Die Konfessionen, Wien ²1995, 399–478

Oleh Turij, Die Griechisch-Katholische Kirche und die Entstehung der ukrainischen nationalen Bewegung in Galizien, in: Ostkirchliche Studien 47/1998, 3-21

Oleh Turij, Griechisch-Katholiken, Lateiner und Orthodoxe in der Ukraine: Gegeneinander, nebeneinander oder miteinander?, Lviv 2001

N.N., Anonymus, Die evangelische Kirche Oesterreichs und die **Uebertrittsbewegung**. Von einen evangelischen Pfarrer Oesterreichs, Erlangen 1899

N.N., Il Seminario di **Udine**. Seminario patriarcale di Aquileia ed arcivescovile di Udine, Udine 1902

Tamás Ungvári, The »Jewish Question« in Europe. The Case of Hungary, New York 2000

Unitarische Gemeinde in Wien (Hg.), Grundsätze und Verfassung der unitarischen Kirchengemeinschaft in Oesterreich, Wien 1869

Herbert Unterköfler, Die Evangelische Kirche in Österreich und ihre ‚Judenchristen', in: JGPÖ 107-108 (1991/1992), 109–136

Michael Unterlercher, In der Einschicht. Das Leben eines Kärntner Bergbauernbuben /

Erinnerungen eines Siebzigjährigen, Klagenfurt 1975 (Nachdruck der Originalausgabe von 1832)

Otto URBAN, Religion, Kirchen und die tschechische Gesellschaft im 19. Jahrhundert, in: Etudes Danubiennes X/2 (1994), 109–116

Ármin VÁMBÉRY, Was ich durchgemacht habe, in: Haber, Budapest, 45–49

Franz VATER, Ein seelsorglicher Unterricht für Brautleute, Warnsdorf 1916

Theodor Ritter Stefanović VILOVSKY, Die Serben im südlichen Ungarn, in Dalmatien, Bosnien und in der Herzegovina, Wien und Teschen 1884

Karl VÖLKER, Georg Loesche. Ein Beitrag zur Geschichte der Wiener evang.-theol. Fakultät, in: JGPÖ 54 (1933), 3–56

Karl VÖLKER, Das Protestantenpatent in Tirol, in: JGPÖ 53 (1932), 61–94

Starea VOROBCHIEVICI, Starea Mănăstirilor din Arhidieceza ortodoxă a Bucovinei, Suceava 1913

Petar VRANKIĆ, La chiesa cattolica nella Bosnia ed Erzegovina al tempo del vescovo Fra Raffaele Barišić (1832–1863), Rom 1984

Petar VRANKIĆ, Religion und Politik in Bosnien und der Herzegowina (1878–1918), Paderborn 1998

Rudolf VRBA, Oesterreichs Bedränger – Die Los-von-Rom Bewegung. Studien über politische, religiöse, und sociale Zustände der Gegenwart, Prag 1903

Ricarda VULPIUS, Ukrainische Nation und zwei Konfessionen. Der Klerus und die ukrainische Frage 1861–1921, in: Jahrbücher für Geschichte Osteuropas 2001 N.F. 49/1, 240–256

Georg WACHA, Wiener Votivkirche und Linzer Dom, in: Historisches Jahrbuch der Stadt Linz 1976 (1977), 149–182

Josef WÄCHTER, Das Evangelische Waisenhaus A.C. zu Hermannstadt, seine Gründer und Wohlthäter, Hermannstadt 1859

Oskar WAGNER, Der Protestantismus Galiziens und der Bukowina in der Zeit des politischen Umbruchs 1918/19, in: Zeitschrift für Ostforschung 32 (1983), 244–273

Hans Ulrich WEHLER, ,Barfußhistoriker: woher sie kommen und was sie wollen', in: Die Zeit, Nr. 45, 2. November 1984

Hans Ulrich WEHLER, Neoromantik und Pseudorealismus in der neuen Alltagsgeschichte, in: Hans Ulrich Wehler, Preußen ist wieder chic ... Politik und Polemik in 20 Essays, Frankfurt 1983, 102

Siegfried WEICHLEIN, Corporate Catholicism and Social Change. Recent American Literature on Religion in Central Europe, in: Journal of Urban History 28/2 (2002), 231–239

Johann WEISSENSTEINER, Univ.-Prof. Heinrich Swoboda (1861–1923). Dozent für christliche Archäologie und kirchliche Kunst – Pionier und Theoretiker der Großstadtseelsorge, in: Faszinierende Gestalten der Kirche Österreichs 9, Wien 2003, 383–426

Hubert WEITENSFELDER, Das liberale und deutschnationale Lager in Vorarlberg von 1860 bis 1918, in: Georg Sutterlüty (Hg.), Ruf aus Vorarlberg um Gleichberechtigung. Politik in Vorarlberg vor 1918, Regensburg 2002, 55–64

Anna Veronika WENDLAND, Die Rückkehr der Russophilen in die ukrainische Geschichte, in: Jahrbücher für Geschichte Osteuropas 2001 N.F. 49/1, 178–199

Christoph von WERDT, Halyč-Wolhynien – Rotreußen – Galizien, in: Jahrbücher für Geschichte Osteuropas, N.F. 46/1998, 69–98

Martin Schulze WESSEL, Tschechische Nation und katholische Konfession vor und nach der Gründung des tschechoslowakischen Nationalstaates, in: Bohemia 38 (1997), 311–327

Earl Morse WILBUR, A History of Unitarianism. In Transylvania, England, and America, Cambridge-Massachusetts 1952

Josef WINKLER, Konfirmanden-Büchlein für die evangelische Jugend. Nebst Grundzügen der Geschichte der christlichen Kirche., Wien 1892

Wolfgang WISCHMEYER, Methodische Fragen zur Interpretation des archäologischen Befundes auf dem Hemmaberg, in: Rupert Klieber u.a., Impulse für eine Religiöse Alltagsgeschichte des Donau-Alpen-Adria-Raumes, Wien-Köln-Weimar 2005, 55–63

Robert S. WISTRICH, Austrian Legacies: Jews and the Question of National Identity, in: Partisan Review 69/3 (2002), 355–366

Robert S. WISTRICH (Hg.), Austrians and Jews in the Twentieth Century. From Franz Joseph to Waldheim, London / New York 1992

Robert S. WISTRICH, Jewish Intellectuals and Mass Politics in Fin-de-Siècle Vienna, in: Partisan Review 60 (1993), 51–62

Robert S. WISTRICH, Die Juden Wiens im Zeitalter Kaiser Franz Josephs, Wien-Köln-Weimar 1999

Robert S. WISTRICH, Socialism and the Jews. The Dilemmas of Assimilation in Germany and Austria-Hungary, Rutherford 1982

Robert S. WISTRICH, Zionism and Its Religious Critics in fin-de-siècle Vienna, in: Jewish History 10/1 (1996), 93–111

M. Theresia WITTEMANN, Draußen vor dem Ghetto. Leopold Kompert und die ‚Schilderung jüdischen Volkslebens‘ im Böhmen und Mähren, Tübingen 1998

Achter Bericht des Vereines ‚Evangelische **Witwen- und Waisenhilfe**‘in Klagenfurt für die Zeit vom 1. Christmonds 1910 bis 1. Christmonds 1911., Klagenfurt 1911

C. A. WITZ, Das Evangelische Wien, Wien 1887

Ch. Alphonse WITZ, Kaiser Franz Josef I. und die Evangelische Kirche. Festschrift im Auftrage der Gesellschaft für die Geschichte des Protestantismus in Österreich, Wien 1888

Heinrich WLISLOCKI, Aus dem Leben der Siebenbürger Rumänen, [Sammlung gemeinverständlicher wissenschaftlicher Vorträge, Neue Folge. Vierte Serie, Heft 87], Hamburg 1889

Josef WODKA, Kirche in Österreich. Wegweiser durch ihre Geschichte, Wien 1959

Gerson WOLF, Die Juden, Wien-Teschen 1883

Gerson WOLF, Isak Noa Mannheimer, Prediger. Eine biographische Skizze, Wien 1863

Gerson WOLF, Joseph Wertheim. Ein Lebens- und Zeitbild, Wien 1868

Gerson WOLF, Judentaufen in Oesterreich, Wien 1863

Herwig WOLFRAM, Sanctus/sancta utilis esse debet, in: Rupert Klieber u.a., Impulse für eine Religiöse Alltagsgeschichte des Donau-Alpen-Adria-Raumes, Wien-Köln-Weimar 2005, 65–78

Cölestin WOLFSGRUBER, Kirchengeschichte Österreich-Ungarns, Wien-Leipzig 1909

Rolf WÖRSDÖRFER, »Slawischer« und »lateinischer« Katholizismus im Nationalitätenkonflikt. Der Streit um die Liturgie- und Unterrichtssprache in den adriatischen Diözesen Österreich-

Ungarns, Italiens und Jugoslawiens (1861-1941), in: Archiv für Sozialgeschichte 40 (2000), 171–201

Alfons Žák, Österreichisches Klosterbuch. Statistik der Orden und Kongregationen der katholischen Kirche in Österreich, Wien-Leipzig 1911

Wilhelmine Zankl, Geschichte der Altkatholischen Kirche Österreichs, in: Österreichisches Archiv für Kirchenrecht 31 (1980), 431–448

Mark Zborowski und Elizabeth Herzog, Das Schtetl. Die untergegangene Welt der osteuropäischen Juden, München 1991

Antonina Zheliazkova, The Penetration and Adaption of Islam in Bosnia From the Fifteenth to the Ninetheenth Century, in: Journal of Islamic Studies 5/2 (Juli 1994), 187–208

Anita Ziegerhofer, Laßt Haß der Feinde den Amboß sein, der unsere Einheit schmieden hilft. Ein sozial- und rechtshistorischer Streifzug durch die Israelitische Kultusgemeinde Graz 1877 bis 1939, in: Geschichte und Gegenwart 17/1 (1998), 77–90

Zimmermann, Gustav Adolf-Stiftung, in: Realencyklopädie für protestantische Theologie und Kirche, 7. Band, Leipzig 1899, 252–257

Bernhard H. Zimmermann, Gottlieb August Wimmer (1791–1863), in: Burgenländische Heimatblätter 25 (1963), 163–178

Bernhard H. Zimmermann, Ein Patriarch erzählt. Lebenserinnerungen des ersten Seniors der Steiermark Dr. Karl Paul Eckardt, Graz 1953

Bernhard Hans Zimmermann, Das Luthertum in Eisenstadt in Geschichte und Gegenwart 1532–1932, Evangelischer Preßverband für Österreich ²1934

Michael Zsilinszky, Békés, in: Die Österreichisch-Ungarische Monarchie in Wort und Bild, Band Ungarn II: Das Alföld, Gesamtband 9, Wien 1891, 435–450

Henk J. van Zuthem, Protestantismus und Arbeiterbewegung, in: Winfried R. Garscha und Stefan Wiegang (Hg.), Arbeiterbewegung-Kirche-Religion [ITH-Tagungsberichte Band 27], Wien 1991, 164–180

Die »Konfessionsfamilien« der Habsburgermonarchie im Jahr 1910:
Gesamtzahlen und Größenverhältnisse

	»Österreich« absolut	»Österreich« anteilig	»Ungarn« absolut	»Ungarn« anteilig	Bosnien absolut	Bosnien anteilig	MONARCHIE absolut	MONARCHIE ANTEILIG
Katholiken:	22,530.169	78,9 %	10,888.138	52,1 %	434.061	22,9 %	33,852.368	65,9 %
»Unierte«:	3,419.458	12,0 %	2,025.508	9,7 %	---	---	5,444.966	10,6 %
»Orthodoxe«:	670.335	2,3 %	2,987.163	14,3 %	825.418	43,5 %	4,482.916	8,8 %
»Byzantiner«:	4,089.793	14,3 %	5,012.671	24,0 %	825.418	43,5 %	9,927.882	19,3 %
»Lutheraner«:	444.307	1,6 %	1,340.143	6,4 %	---	---	1,784.450	3,5 %
»Reformierte«:	144.379	0,5 %	2,621.329	12,6 %	---	---	2,765.708	5,4 %
Unitarier:	221	---	74.296	0,3 %	---	---	74.517	0,1 %
Andere Prot.	3.159	---	---	---	---	---	3.159	---
Altkatholiken:	21.288	0,1 %	---	---	---	---	21.288	---
Protestanten:	613.354	2,2 %	4,035.768	19,3 %	---	---	4,649.122	9,1 %
Juden:	1,313.687	4,6 %	932.458	4,5 %	---	---	2,246.145	4,4 %
Muslime:	1.446	---	---	---	612.137	32,3 %	613.583	1,2 %
Sonstige:	23.485	0,1 %	17.452	0,1 %	26.428	1,4 %	67.365	0,1 %
GESAMT:	28,571.934		20,886.487		1,898.044		51,356.465	

Angaben erstellt nach: Adam Wandruszka, Peter Urbanitsch (Hg.), Die Habsburgermonarchie 1848-1918. Bd. IV: Die Konfessionen, Wien 1995, Tabellen 3, 31, 41. Erläuterungen: »Österreich« = alle Länder der westlichen Reichshälfte („Cisleithanien"); »Ungarn« = alle Länder der östlichen Reichshälfte („Transleithanien"); »Unierte« = alle ostkirchlichen Bekenntnisse in Kirchengemeinschaft mit Rom (griechisch-katholisch, armenisch-katholisch); »Orthodoxe« = alle orthodoxen und orientalischen Bekenntnisse ohne Kirchengemeinschaft mit Rom; »Byzantiner« alle Gläubigen sog. (unierten wie selbständigen) »Ostkirchen« sowie ostkirchlicher Sekten (z.B. Lippovaner); »Lutheraner« = Evangelische Augsburger Bekenntnisses; »Reformierte« = Evangelische Helvetischen Bekenntnisses; die Altkatholiken werden aufgrund ihres Erscheinungsbildes, Gebarens und Selbstverständnisses zu den Protestanten gerechnet. Andere Protestanten: Herrnhuter, Anglikaner, Mennoniten

Register der Personen

Register der Orte, Diözesen, Städte und Regionen

böhlau

Karl Heinz Frankl
Rupert Klieber (Hg.)

Kirchliche Elite-Bildung
für den Donau-Alpen-Adria-Raum

Das Priesterkolleg St. Augustin
(„Frintaneum") in Wien 1816 bis 1918

Böhlau

KARL-HEINZ FRANKL UND
RUPERT KLIEBER (HG.)
**DAS PRIESTERKOLLEG
ST. AUGUSTIN „FRINTANEUM"
IN WIEN 1816 BIS 1918**
KIRCHLICHE ELITE-BILDUNG FÜR DEN
DONAU-ALPEN-ADRIA-RAUM

Unter Inspiration des Burgpfarrers Jakob Frint (gest. 1834) gründete Kaiser Franz I. das Priesterkolleg St. Augustin („Frintaneum") in Wien: als Pflanzstätte eines kirchlich wie staatlich loyalen höheren Klerus sowie als Kaderschmiede für verantwortungsvolle Aufgaben in Kirche und Staat. Ein Jahrhundert lang (1816 bis 1918) nominierten die katholischen Bischöfe der Habsburgermonarchie dafür intellektuell begabte und zur spirituellen Formung bereite Jungpriester, die in Wien ein Doktoratsstudium absolvierten und liturgische Dienste in der kaiserlichen Hofkapelle versahen (insgesamt 1.096 Kleriker). Der vorliegende Band ordnet das „Frintaneum" in das gesellschaftliche und kirchliche Umfeld der Zeit ein und präsentiert wichtige Ergebnisse einer vollständigen biogrammatischen Untersuchung der Frintaneums-Absolventen aus den Kirchenprovinzen Görz, Salzburg und Wien. Darüber hinaus werden erstmals auch die zahlreichen Beschickungen aus Ungarn, Böhmen und Mähren in den Blick genommen, für die das Kolleg eine besondere Bedeutung erlangte. Zuletzt wird das „Frintaneum" mit dem „deutschen" Priesterkolleg Santa Maria dell'Anima in Rom verglichen und die Frage erörtert, inwieweit sich die beiden Priester-Fortbildungstätten als „ultramontane" und „staatskirchliche" Konkurrenz gegenüberstanden.

2009. 600 S. GB. M. SU. 155 X 235 MM.
ISBN 978-3-205-78291-9

BÖHLAU VERLAG, WIESINGERSTRASSE 1, 1010 WIEN. T: +43(0)1 330 24 27-0
BOEHLAU@BOEHLAU.AT, WWW.BOEHLAU.AT | WIEN KÖLN WEIMAR

RUPERT KLIEBER UND
HERMANN HOLD (HG.)
IMPULSE FÜR EINE RELIGIÖSE
ALLTAGSGESCHICHTE DES
DONAU-ALPEN-ADRIA-RAUMES

Die Konzeptionen zu „Alltagsgeschichten" sind bereits in die Jahre gekommen, doch sind positive Anregungen daraus noch nicht im wünschenswerten Maße für Geschichten der religiösen Landschaften Mitteleuropas fruchtbar gemacht worden. Die enge Verschränkung von kirchlichen wie außerkirchlichen Elementen gebietet dafür den Dialog zwischen Historikern unterschiedlicher fachlicher Provenienz. Der vom Institut für Kirchengeschichte an der Universität Wien konzipierte Sammelband will dazu beitragen, diesen Diskurs in theoretischer wie praktischer Hinsicht zu fördern. Zwölf renommierte (Kirchen-)Historiker aus betroffenen Ländern wurden eingeladen, für sie wesentliche Elemente einer „Religiösen Alltagsgeschichte" an Beispielen aus dem eigenen Forschungsbereich zu veranschaulichen. Ergebnis der Bemühungen ist ein breites Spektrum von Zugängen zum Themenfeld: Es reicht von christlichen Motiven auf spätantiken Kleidungsstücken (Franz Glaser, Klagenfurt) über die Haushaltsführung der im Norden frierenden italienischen Nuntien des 16. und 17. Jahrhunderts (Alexander Koller, Rom) bis hin zum karitativen Engagement eines Waldsassener Stadtpfarrers für Heimatvertriebene (Manfred Eder, Osnabrück). Exemplarisch führen sie die Stärken und Grenzen von alltagsgeschichtlichen Ansätzen vor Augen.

2005. 252 S. GB. 50 S/W ABB. 170 X 240 MM.
ISBN 978-3-205-77310-8

BÖHLAU VERLAG, WIESINGERSTRASSE I, IOIO WIEN. T: +43(0)I 330 24 27-0
BOEHLAU@BOEHLAU.AT, WWW.BOEHLAU.AT | WIEN KÖLN WEIMAR

Alfons Mucha (1860–1939), Die drei Religionen Bosniens (Ölbilder auf Leinwand 1899/1900),
Museum für angewandte Kunst Prag